制度与变革

中国王朝 600 年

［英］爱德蒙·巴克豪斯
［英］濮兰德 / 著
周融 / 译

北京理工大学出版社
BEIJING INSTITUTE OF TECHNOLOGY PRESS

版权专有　侵权必究

图书在版编目（CIP）数据

制度与变革：中国王朝600年 /（英）爱德蒙·巴克豪斯，（英）濮兰德著；周融译 . — 北京：北京理工大学出版社，2021.4
　ISBN 978-7-5682-9612-0

Ⅰ. ①制… Ⅱ. ①爱… ②濮… ③周… Ⅲ. ①中国历史—明清时代—通俗读物 Ⅳ. ① K248.09

中国版本图书馆 CIP 数据核字（2021）第 043193 号

出版发行 / 北京理工大学出版社有限责任公司
社　　址 / 北京市海淀区中关村南大街 5 号
邮　　编 / 100081
电　　话 /（010）68914775（办公室）
　　　　　（010）82562903（教材售后服务热线）
　　　　　（010）68948351（其他图书服务热线）
网　　址 / http://www.bitpress.com.cn
经　　销 / 全国各地新华书店
印　　刷 / 雅迪云印（天津）科技有限公司
开　　本 / 710毫米 × 1000毫米　1/16
印　　张 / 27
字　　数 / 321千字
版　　次 / 2021年4月第1版　2021年4月第1次印刷
定　　价 / 98.00元

责任编辑 / 朱　喜
文案编辑 / 朱　喜
责任校对 / 刘亚男
责任印制 / 李志强

图书出现印装质量问题，请拨打售后服务热线，本社负责调换

序言
Introduction

  许多读者都对慈禧的性格表现出了浓厚的兴趣，我们关于她的人生与统治写就的著作[1]博得了慷慨的赞赏，这些都让我们深信，现在这部覆盖了更长历史时期与更宽广地域的新作读起来也会同样令人兴趣盎然，对那些想要了解远东最新变化的人来说也不乏裨益。除非我们理解了主宰这个民族的统治方式和日常生活的主流思想与行为——也就是说，他们的回忆与本能，他们的社会、宗教与经济体系，否则是无法真正设身处地地体会到他们所遭遇到的祸患与剧变，也无法对他们施以援手，因为这是只有在了解他们的动机、及时预见到他们的需要的前提下才能做得到。要做到稳步地全面认识中国，要深入探索他们的哲学与文明而寻找因果，就有必要从他们的观点来看问题，置身于他们中间，听他们亲口说话，他们说的很多东西都是西方人早已遗忘的，但仍然铭刻在东方人心里。正是因为这个原因，在写这部新著时，正如写慈禧的传记时一样，我们都认为最好的做法是直接引用中国的君主、实录编纂者、笔记作者、信件作者原封不动的原话，还原他们对当时发生的历史

---

[1]《慈禧外纪》，1910 年 Heinemann 出版。——原注

◎ 大清国慈禧皇太后，荷兰画家胡博·华士（1855—1935）绘

事件的记录，希望这样能让欧洲读者们体会到当时人们曾经置身其中和深受触动的气氛。

这部新作旨在写出一部关于北京宫廷生活的信史，首先从明王朝日薄西山和清王朝旭日东升的时期写起——也就是说，从 16 世纪中叶开始写起，一直写到清王朝覆灭。我们并不打算写一部按年代排列的中华帝国的内政或者外交关系大事记，只希望能传达一系列速写式的印象，展现出中国的统治者与他们的宫廷之间的私人关系与家庭关系，还有宫廷与国家政务之间的关系；在这些关系（它们在中国的族长制体制下极为重要）中可以看到王朝的起伏涨落；也可以看到在几代人之间，善恶的种子是如何播种，然后又自食其果。

我们的目标是尽可能完整和如实地再现北京宫廷的氛围，以跟随中国作者的叙事为定则，并不打算按照欧洲作者约定俗成的习惯在某些地方保持缄默，或者将其削短补长。总体来说，我们斗胆认为，历史的爱好者想看到的应当是事物的原状，正如道德论者想要看到的是事物应该有的形状；历史的爱好者在阅读这部很多地方直接引用东方人著述的东方生活史的时候，应当像阅读古代以色列国王的编年史时一样冷静客观，擅长辨识基本的道德伦理与人性，这些书尽管坦率，却能增进我们对历史的了解。

有一小部分道德论者宁可无视历史的镜鉴，不愿意面对不愉快的事实，他们心目中的宇宙就像壁炉边那样安逸，无论如何也不肯改变这种观念，谢天谢地这些人的数量现在越来越少了。曾经有过这么一件事——一家给美国家庭提供励志读物机构的经理，邀请我们写一系列关于中国和中国人的文章；但是他为了保证他的订户的道德感情不受冒犯，在协议中规定了许多条款，其中有一条是"文中不得指涉嫔妃、姬妾或者其他不道德的现象"。《圣经》中约伯坐在炉灰中，拿瓦片刮身体，他的故事不适合做这些人起居室里的读物，正如现在这部《明清外纪》[1]不适合进入这些人的图书馆，他们是生活在高墙保护下的花园里的。然而，约伯式的苦难和哲学，直至今日对远东人民来说仍然是家常便饭，要忠实地描摹他们的生活，就不能不把约伯的故事记在心里。往昔一如今日，当人们流利地谈论着议会和代表制，"愚民"们却"人生在世必遇患难，如同火星飞腾"[2]，因为一个古老的社会体系是西方的慈善机构所无法连根拔除的。在最近的几个月里，中国的许多城池又一次遭遇了化为废墟的命运，路上又一次听到了拉结[3]哀悼她的孩子们的哭声。铁路、电话、要塞和船只——所有这些欧洲物质文明带来的设备，都无法拯救南京市民免受内战之害。今日的东方，就像示巴人和迦勒底人的时代一样；汉朝的子孙"远离稳妥的地步，在城门口被压，并无人搭救；他的庄稼由饥饿的人吃尽了，就是在荆棘里的也抢去了，他的财宝有网罗张口吞灭了"[4]。对于这些生活在过时的家长制体系下、父债子偿的受害者来说，约伯的话就是最寻常的真理。"四面的惊吓要使他害怕，并且追赶他的脚跟。他的力量必因饥饿衰败，祸患要在他旁边等候。他要从所倚靠的帐篷被拔出来，带到惊吓的王那里。不属他的，必住在他的帐篷里，硫黄必撒在他所住之处。"[5]

我们在编纂这部著作时所采用的实录与回忆录，非常能代表东方人看待生死与国家大事的态度。我们并不打算突出描写紫禁城中的种种暴行、淫乱与残酷；我们也不是特意挑出恐怖事件大加渲染，任何中国人自己认为不在日常体验范围之内的东西，我们在此也不会描述。我们只打算从中国人的作品中引用一些符合现实生活的场景——不是感情丰富的人道主义者想象中的现实，而是

---

1 即《制度与变革：中国王朝600年》。
2 见《旧约·约伯记》5:4。——译者注（按：以下注释如非特别注明，均为译者注）
3 《圣经》中的人物。
4 见《旧约·约伯记》5:4、5:5。
5 见《旧约·约伯记》18:11、18:12、18:14、18:15。

日复一日、年复一年的那种现实，正如照耀在皇帝宝座上的阳光和宝座后面的阴影一样从未改变。要做到这一点，我们就需要在斯库拉和卡律布狄斯两块险礁之间选择一条稳稳的中路，既不过分顺从中国编年史家们残酷的现实主义笔法，又不流于我们社会常规下东遮西掩、闭口不言的伪善风气。

读者们若能在阅读此书时忘记西方的思维模式和行为准则，便能最为充分地体会到中国方面记载的历史价值与紧要之处；他们最好能将社会常规与老生常谈从脑海中驱除，尝试去理解东西方道德伦理上的差异，对于思考的结果，也不要用带有偏见或者爱憎的眼光去看待。比如，任何把一夫多妻制看作"不道德行为"的人都不可能在研究中国历史时保持理性的同情，也无法充分理解那些影响时下统治阶级的个人行为与国家政策的主要动机。要抱持正确的见解，我们就必须用研究古代希伯来族长和国王的心态去研究中国的体制与历史；我们应该接受他们有自己的风俗，只是如今我们作为所有世代的子孙，已经决定将这些风俗改变或者废弃。如果在采取这种中立态度时，我们还能意识到西方世界关于道德观念的信仰和常规作为一个整体并非说一不二或者更加优越，那就更好了。在生活中的各种暴行与贪欲的表面之下，东方的沉思的灵魂有着忍受苦难的无穷力量，保留了哲学家的尊严与西方人无法企及的理想之美，从这些理想中，诞生了东方人最高贵的灵感与宗教。东方人尽管在精神和物质进步等方面都不及西方人，然而东方人作为一个整体可以自诩为与自然更加接近，中国人又尤其如此，他们没有可耻的伪善行为，也不会囿于社会常规就弄虚作假，而这些行径占了西方社会的很大一部分。诚然，自古以来东方就接受了一夫多妻制，并因此产生许多混乱的父子关系与家庭风波，比起西方的一夫一妻制来，是稍逊一筹的社会理想；诚然，古代中国的统治者因为后宫众多，造成了许多重大的灾祸；然而，如果我们能冷静地看待这个问题，不时刻想到我们自身的行为标准，我们就会承认，一夫多妻制尽管有其罪恶之处，但也让古代中国人幸免于很多在我们的社会里公正地遭到谴责和鄙视的现象——他们没有我们街头那种可憎的皮肉交易，他们的女人不会性别模糊、无法嫁人，也不会变成争取选举权的激进女子，他们没有我们那些病态的性欲和私通，这些丑事遍布整个欧洲社会，还进入了文学与戏剧。东方人就传统和性情而言都更加宽容，不轻易谈及怪力乱神，在其他事情上也不以貌取人；任何鼓吹仁爱宽厚的信条都会得到他们的肯定；然而即便是中国人也无法免俗，会把基督教文明的成果与他们自己的文明相比较，然后满意地表示东方可不像西方那样天天都打官司和闹离婚。尽管对他们的祖先崇拜我们可能无论是在原则上还是在实践上都无法苟同，但无法否认他们教养出来的孩子尊敬父母，有责任感，而且他们的女人宁死也不肯失节。中国人不爱讨论未知的世界或者通往未知世界的道路，如果他们还能抵制住把孔夫子的制度和欧洲体制相比较的诱惑的话，那就未免是超越人类的忍耐力了；就像托克维尔在美国观察到的那样，民主会让人过分忙碌，失去用于冥思的时间与空间，无法获得内心的和平，如果他们认识不到这一点，那就未免太可惜了。在研究中国历史的时候，最好是记住这些事情。

中国的教育与思想体系所造成的最显而易见的结果之一，是它的文学尽管前后分为七个时期，但全都受到古典文学传统的左右而具备家族式的相似。明朝的史书作者们和他们宋朝的先祖彼此类似，和他们清朝的后裔也并无不同，他们的习语、典故、起承转合，全都是照搬了古代作者的风格。年代不会褪色，传统也不会老去，经书里的珍贵引文永远长盛不衰。古典风格在时间上越是久远，文人墨客们就越对其推崇备至：

"他们处处用典，却总比不上原作。"

整个中国文学都笼罩在儒家传统的阴影里；于是在16世纪明代的编年史家笔下和唐朝人笔下出现了一样的固定用语，一样的模拟前人的语气，一样的由前人表达过的感情，甚至今日袁世凯所下的大总统谕令也和古人的措辞并无不同。

在中国的整个历史进程中，负责编修实录的翰林学士们所记述的历史事件，总是落入固定的俗套与陈腐的模式之中。在儒家学者眼中，全部的人类喜剧都是严格地使用古代典故写就的。对儒家学者来说，日光之下当然并无新事；天上地下的一切事物，四书五经都早已经盖章论定。在 15 世纪，欧洲学者普遍也有过类似的态度；在我们某些闭塞地方的大学里，应当还存在着这样的人物。牛津大学里那些言必称拉丁颂歌或者希腊牧歌的人，他们的想法和行为应当跟北京城里热衷对对联的人也差不多；好在大学里的古典文学专业面对的是完全不同的人群。中华上国与世隔绝，自给自足，造成了他们缺乏一种健康的批评精神，他们的传统所浸润出来的学者并不缺乏蒙田、培根或者伯顿那样的博学广识，但是却没有这些人的幽默和亲切。于是中国的学者就这样日复一日、年复一年，在描述人物与事件时永远单调地重复着约定俗成的老生常谈。古典文学的传统令他们不堪重负，天上地下的各种事物无不让他们联想起孔夫子时代的《诗经》、宋朝理学家的高谈阔论或者李太白的一首诗。所以，时至今日官方的史书作者所使用的措辞仍然和明朝人并无两样就不值得奇怪了；阅读官方史书时，我们在编年史家们身上还发现了一种倾向，就是他们会尽可能地让自己笔下的历史事件符合过往历史的模式。

中国的新党可谓是一事无成，既无多少实际成就可言，也未达成他们发誓要成就的目标。尽管规则公平，事先也被看好，他们并没能抓住大好机会；他们已经被放在天平上称量过了，结果是分量不足。尽管我们能看出他们号召打破偶像的大吵大闹和他们所鼓吹的舶来的理论都更多是乐观的表现，而非真正言之有理，但也必须承认，他们对西方学问的热情是对已经僵化的儒家体制的一种才华横溢的反抗——或者说是一种有意识的反动，他们反对的

是"字句叫人死"[1]；他们是一阵有益身心的清晨的清风，吹散了中国文明阴暗之处的腐朽气味。他们所点亮的明灯再也不会熄灭；旧秩序将会给新秩序让路。如果在摧毁旧的枷锁时，人民的领袖能不忘记从古代圣贤们啜饮过的道德之泉中汲取一些慈悲与智慧，那么对中国和世界来说都是一件好事。

从中国三个世纪的历史中，读者可能会得出不少结论与教训，其中之一就是政治腐败的时期总和太监专权的时期一再重合。中国人对此一向心知肚明；学者、史学家和正人君子们一向都宣称中华帝国的腐败与失序在很大程度上都由宦官干政和弄权所引起，或者加剧，王朝往往也因此衰落乃至覆灭。

---

1 出自《新约·哥林多后书》3:6："他叫我们能承当这新约的执事，不是凭着字句，乃是凭着精意。因为那字句是叫人死，精意是叫人活。"

◎皇城北京一角

清朝初期的统治者们很了解宦官的危害，也采取了明智的预防措施。明朝的命运对他们来说就是前车之鉴，在众多历史教训之上又加了一条，就是沉迷女色的潜在风险，混乱的后宫会导致风气靡乱，阴盛阳衰。他们从中也能看出，昏君的暴行、大臣的卖国和太监的贪婪让皇权与朝廷堕落到了何等可悲的程度，太监不仅祸害了紫禁城，还将他们"毒瘴"般的影响带到了帝国最遥远的边陲。值得注意的是，在明清两代众多有权有势的宦官中间，很少有人表现出像古巴比伦宫廷的太监那样的忠诚与政治操守，或者像饱受希罗多德赞美的波斯权贵太监那样的品质。偶尔有人对皇帝忠心耿耿（尽管也不太多），而且聪明敏锐，具有文学和史学方面的才华；但在我们所涉及的这段中国历史当中，既没有太监将军，也没有太监贤臣可以与阿塔内斯的统治者赫尔米亚斯[1]相媲美，亚里士多德曾经向他留下的头发献祭，对他抱有极大的敬意。

如果我们把中国今日的吏治与军事组织情况跟乾隆治下相比，我们就忍不住会想要知道，究竟为何统治阶级会堕落得如此彻底，一个国家的公共操守和爱国心又为何会如此迅速地衰退。一个半世纪以前，在清朝严格的军事体制下，中国大军还战无不胜攻无不克，拓展了帝国的边疆，清王朝优秀的行政管理给鞑靼、西藏、尼泊尔、缅甸和准噶尔都带来了福祉。在研究了这位伟大君主的漫长统治之后，再对比他的直系继承者们，我们认为清王朝迅速衰落和整个政府体制随之腐化的主要原因是公德与私德的开始败坏，宫廷中的"狐鼠之辈"也获准干预朝政。只要宫中的太监还像顺治时代那样安分守己，宫廷就能保持阳刚气概，吏治也能保持清明。种种奢侈无度、裙带关系和贪赃枉法都是被乾隆的宠臣——大学士和珅带坏的风气，宫中的太监们也重新获得了自明朝灭亡以来还没有过的出头机会。从此，他们又能扮演自己的传统角色了，在紫禁城的深宫之中，他们劝诱少年人犯错，陪同老年人堕落，直到龙椅上的天子逐渐沦为无力自卫的傀儡，掌握在他们灵巧而血迹斑斑的手中。奥林匹斯山有多难攀登，阿佛纳斯洞穴[2]就有多容易跌落；这个民族只通过缓慢的过程前进和上升，但毁灭每次总是迅雷不及掩耳的，腐化的过程很快就能完成。在明清两个朝代各自覆亡之前的一段时间里，这项真理都被衬托得无比鲜明。

---

1 阿塔内斯的赫尔米亚斯（Hermias of Atarneus, ？—公元前341年），小亚细亚阿塔内斯地方的僭主，出身奴隶。公元前341年被波斯人诱捕后杀死。他是亚里士多德的友人，亚里士多德娶了他的养女（一说是侄女）大皮西斯亚斯为妻。关于他是否是阉人并无定论。
2 那不勒斯的一个火山坑，在古代传说中是冥界的入口。

目录 | CONTENTS

001 | 序言
　　 | Introduction

001 | 第一部分　明朝
　　 | The Ming Dynasty

003 | 第1章　中国的哈伦·阿希德
　　 | A Chinese Haroun al Raschid

022 | 第2章　一个声名狼藉的太监
　　 | An Infamous Eunuch

059 | 第3章　李自成起义与北京城的陷落
　　 | Li Tzǔ-ch'eng's Rebellion and the Fall of Peking

090 | 第4章　吴三桂
　　 | Wu San-kuei

104 | 第5章　清王朝建立
　　 | The Manchu Dynasty Established

135 | 第6章　南京的南明朝廷
　　 | The Mings at Nanking

147 | 第7章　扬州十日
　　 | The Sack of Yang Chou-fu

161 | 第8章　明朝末裔
　　 | The Last of the Mings

173 | **第二部分　清朝**
　　　The Manchu Dynasty

175 | 第 9 章　顺治皇帝
　　　The Emperor Shun Chih

182 | 第 10 章　为人父的康熙
　　　K'ang Hsi as a Father

205 | 第 11 章　雍正朝的忧患
　　　The Tribulations of Yung Cheng

220 | 第 12 章　雍正报仇雪恨
　　　Yung Cheng Dispenses Justice

239 | 第 13 章　乾隆大帝
　　　His Majesty Ch'ien Lung

272 | 第 14 章　和珅倒台
　　　The Downfall of Ho Shen

291 | 第 15 章　嘉庆朝：末日初兆
　　　Chia Ch'ing: the Beginning of the End

303 | 第 16 章　道光朝：来自西方的冲击
　　　Tao Kuang : the Impact of the West

320 | 第 17 章　咸丰朝和同治朝：一路下坡
　　　Hsien Feng and T'ung Chih: the Facile Descent

341 | 第 18 章　光绪愁思纷纷
　　　The Sorrows of His Majesty Kuang Hsü

353 | 第 19 章　庚子年（1900）纪事
　　　Memoirs of the Boxer Year

370 | 第 20 章　关于老佛爷
　　　Concerning the Old Buddha

391 | 第 21 章　摄政王的朝廷
　　　The Court Under the Last Regency

406 | **结论**
　　　Conclusion

明朝

The Ming Dynasty

第 1 章　中国的哈伦·阿希德[1]

A Chinese Haroun al Raschid

　　1368年，曾经出家为僧、身兼行政官员与武将的朱元璋，通过成功的起义驱逐了忽必烈大汗的不肖子孙们，建立了明王朝，也就粉碎了伟大的蒙古帝国最后的残余。他为中国的政府制定若干律条，证明了他是第一流的政治家。他清楚地意识到，天朝帝国必须依靠道德力量而非物质力量来统治，被统治者们尊崇统治者，期望统治者是有德的，然而如果统治者失德，就会失去民心。在他以及他声名卓著的侄子永乐[2]统治期间，文学、教育、艺术、工业、商业的发展都系统化地得到鼓励，结果是成就了百姓的富足与王朝的昌明。伟大的明朝的开国皇帝是以剑赢得政权，但他深悉在对抗时间的沧桑变迁时，笔是更强大的武器——他希望这种武器能帮他在民众心中激起爱国的情操与民族主义的本能，而这些是元朝治下的人民早已遗忘了的。他重整吏治与科举考试制度，修订刑法，调整税收，推出了一种新的国家货币。更重要的是，通过吸取一再重复的历史教训，他在都城内严禁官方使用阉人宦官。

1　哈伦·阿希德（763 或 766—809 年），阿拔斯王朝的第五代哈里发，《一千零一夜》里微服私访的传奇君主。
2　事实上，永乐帝朱棣为朱元璋的第四子。

◎明太祖朱元璋

◎永乐大帝明成祖朱棣

◎明宣宗朱瞻基

◎正德皇帝明武宗朱厚照

在接下来的章节里，当读者们读到明王朝的衰亡、李自成的起义、满族势力的兴起，他们会得出结论，明朝的统治者们正是由于未能遵守这些政府运作的基本准则（英明的慈禧太后在1908年临终的病榻上也曾重申这些准则）才最终走向覆亡的，推而广之，王朝的各种数不胜数的灾难也大都因此而致。1430年，永乐皇帝的孙子明宣宗推行的政策提高了宫中仆役的地位，使宦官们得以受到一流的文学教育，这一用意良好的举措酿就了灾难[1]。在明宣宗的继任者统治期间，宦官的势力与宦官干政的现象都日益增强，辉煌的明王朝的衰亡可以说就是从这时候开始的。

后文我们将描述满族入主中原前夕的那个黑暗年代，根据同时代的编年史与官方档案记载，再现当时的各种血腥动乱。但在那以前，让我们先讲述明朝正德皇帝的一些轶事，他的统治时期是在1506年到1522年之间。故事是从同时代的回忆录里摘取的，这样的文献现在已经很罕见了[2]；回忆录让我们得以一窥当时宫廷生活的风貌，这时候明王朝的精力还没有衰颓，明朝的皇帝们也没有沦为紫禁城金色囚笼里的小傀儡。

正德皇帝（"正德"是年号，含义是"常规性的美德"）被中国史家们描述为一位沉迷于感官享乐和奢靡无度的君主。他或许正是如此；不过比他的一些先辈强的是，他至少拥有自己的意志、幽默感与冒险精神，这些都不失为可取之处，正如下面几段他统治时期的插曲所示。

1508年，最低级别的进士——"翰林学士"们在参加资格考试"殿试"，考试后他们将会被皇宫分派到都邑或外省担任官职。皇帝本人会出席考试现场，并且表明自己的意旨。

---

[1] 指明宣宗设立宦官学校"内书堂"。
[2] 以下的五个故事实际上都出自清代吴炽昌笔记《客窗闲话》中的"明武宗遗事五则"。

考生之一名叫林吉士[1]的翰林学士，福建人，嗜好使用生僻的古体字或自造字。考卷上交以后，皇帝陛下对林的作风感到不悦，问他自认有什么权威可以如此矫揉造作。林回答说这些字是古字。皇帝于是写了一个自己捏造的伪字，问林这是什么字。林回答说并不认识，然后皇帝陛下言道："既然一个字可以颠倒着写，那么另一个字为什么不可以呢？你还不够在翰林院读书的资格，命你回原籍再苦读三年，待三年末了再回京城应试。"

林谢恩后退下了。林的亲朋好友都认为他是龙颜震怒的牺牲品，不想再跟他有所往来。林的家境穷困，负担不起回福建的旅费，在北京也没有官员乐意雇他做私塾先生，因为他遭到了皇帝的斥退。他只好靠在前门摆摊卖字为生。前门是鞑靼人建立的大都的主门，直通向皇宫。

由于他的书法功力堪称佳妙，他在文人中引起了相当的轰动。有一天，大概是一年以后，皇帝本人按照习惯，在城中微服私访，路过这个卖字摊时，被周围聚集的书生们的互相推搡和低声赞叹引发了好奇心。

皇帝急于知道这场骚乱的起因，从人群中挤过去，看到一个年轻人正在以可观的速度与技巧挥毫泼墨。他的书法和文章的风格显示出其掌握了第一流的文学语言，皇帝（他并不是没有眼光的）对于他的作品很感兴趣。皇帝已经忘记了这个人的脸，那段时间他沉浸在与后宫一名新得宠的妃子的缠绵里了。

于是他走近，向那人说："你的书法与辞章两者俱佳，为什么不去应科举考试，却把你的才能浪费在这种贱业里呢？"林抬起头，没有认出皇帝陛下，但马上意识到跟他说话的这个人并不是平凡人，于是起身作揖，请对方落座。"我姓林，"他说，"也曾忝居翰林院。"皇帝答道："身为翰林院一员何

---

1 "吉士"实际应当是翰林院庶吉士这一官职的简称，而非原名。

等尊贵，实在不该从事这等街头叫卖的行业。"林说："我去年也曾参加为翰林学士们分授官职的殿试，但是我没能认出御笔所写的一个字，于是陛下命我回福建原籍读书。""那么你是违背御旨，留在京城了？"林说："我家境贫寒，缺少盘缠，卖字是我唯一的谋生手段了。"皇帝问他为什么不做私塾先生。林说："人人都知道我是失宠之人，没有人敢聘请我教书。"然后皇帝说："我会给你推荐一个在邻省做幕僚的职位，至少能改善你的生计。"

◎山西应县木塔明武宗御笔"天下奇观"匾额

林感激拜谢，问皇帝官爵几何，府上何方，想要亲自前去拜访以表谢忱。"不必在意，"皇帝说，"明天在这里等候我的信使。"然后皇帝便转身离开。在场的围观者没有一人认出皇帝，他们都对此人对林的好意感到惊奇。第二天，一人来自宫中的宦官带着一个封口的黄色信封和一百两银子来了。他把这些东西交给林，说："昨天有位官人吩咐我把这些东西交给你，叫你按照信封上所写的指示去做。你不可私自打开信封，否则必遭灾祸。这些银两可做你的旅费。"宦官离去，没有留下名字。林查看信封，只见上书几个大字"亲投山东巡按开拆"。

林欢天喜地地关闭了自己的摊位，与他从前的仆佣雇一辆车，往济南府而去。这时候山东巡按实职空缺，暂由本省司库代理。林抵达省会后，在客店租房住下，梳洗更衣，携仆前往巡按衙门造访。代理巡按作为清官的声誉很高，纪律也很严明；他下属的差役们不敢接受贿赂，求见他是十分不易的。整整三天林都未能成功递送名帖，于是他终于抱怨起来："我从京城来，带有密信须亲自投送，何必如此阻拦我呢？"差役这才通知门吏，门吏准许林入见，但注意到林衣着寒酸，认为这不过是个来打秋风的客人。于是门吏轻蔑地摇着头，说道："我家主人是此省的代理巡按，公务繁忙，无暇会见他未发迹前的旧友。如果你有给他的书信，我可以代投。回到你的下处，等待消息吧。"林只得给了他那个黄色信封，黯然返回客店。

林返回客店刚进屋，客店主人就飞奔过来，毕恭毕敬地对他行礼。"我没能认出您大人，"他说，"对您的随从也不尊重。小人罪该万死。"林怒道："何必嘲笑我的窘境呢？"客店主人正要解释，这时候外面街上传来很大的喧嚷声，有敲锣打鼓和鸣放烟花的响声。一位由巡按派来的副官抵达了，带着很盛大的随从队伍，恭恭敬敬地跪在客店门口。当欢迎仪式结束以后，副官站起身，对林说道："本省司库大人让我们恭请御使大人您到他的官署说话。"

林目瞪口呆，以为自己已经魂飞天外。他几乎是被强拥入一座八抬大轿，身后跟随着浩浩荡荡的仪仗队和骑兵队，他被抬入衙门，停放在巡按会见宾客的中堂门口。本省司库（也就是代理巡按）身穿全套朝服在门口恭候。林从轿子里下来，注意到厅中设有神案，上面点燃了熏香，他受托投递的那个黄色信封被供在神案之上。司库在神案面前跪下，向神圣的皇帝陛下的谕旨致以敬意；然后，他对林作了一揖，说："可否烦请御使大人宣读圣旨？"林打开信封，读道："山东巡按目前空缺。朕命林吉士代理巡按一职。"林这才明白礼遇自己的竟是天子，他跪下向紫禁城的方向九次叩首。司库上前贺喜，并为自己有失远迎表示歉意。林就这样当上了山东巡按，他按照规矩，

◎国子监"圜桥教泽"牌楼

向皇帝陛下上表谢恩,请求亲睹御颜。不久他就收到了皇帝手谕:"朕知你才情,故委任于你。务必克尽厥职,勿令朕失望。三年后回京复命。"

到了指定的时间,林回到京城觐见皇帝,这次皇帝说:"现在你有了在翰林院读书的实力,朕授你翰林院编修之职。在翰林院再读书三年,然后看你配得上一个怎样更高的官职。"

在另一个场合下,皇帝进入宫中负责在上朝后处理事务的枢密院,发现所有官员都聚集着吃早餐。他们站起来迎接他,皇帝说:"吃完以后卿等都到朕的居所来,到时候我们再说话。"随后,他们便面见陛下,皇帝命他们坐下。"你们都在吃米饭,"他说,"你们知道稻米的耕种方法和种植庄稼的艰难吗?在我即位之前,我曾经想象谷物是像野草那样自然生长出来的,不需要在它们身上花费力气。然而现在,因为我经常在乡间巡游,亲眼看到农夫们经受的艰辛,我才意识到古人所云字字是实：'谁知盘中餐，粒粒皆辛苦。'卿等来自帝国的不同行省，北方和南方的风俗习惯差异很大。我现在希望能扩充自己的知识，因此，我要求你们每个人为了我增长见识起见，讲出你们各自省份里的播种、锄草、收获稻米的方法。"碰巧那天大部分的臣子都是农民和农民的儿子出身，所以能够向皇帝提供他所想要的知识。只有某部的尚书，名叫常清[1]，来自一个古老高贵的家族，对这个话题一无所知。皇帝陛下轻蔑地对他说："如果你对你吃的食物如何制作都如此茫然无知，你怎么能够履行公家的职务？你处理所辖事务时不会有严重的疏忽和渎职吗？"

尚书惊慌得只知叩头，他吓糊涂了，含混不清地说："臣是吏部尚书，今早自部署来，最后处理的公务是江苏省巡检一职空缺（巡检是帝国官员中最低的职阶）。这次轮到我的部门提名人选，考虑到上一回是由江苏省巡抚商定人选的。"[2] 皇帝陛下大笑道："这等可悲的日常细务就是你能回答我的全部吗？"他言罢拂袖而去，令大臣们退下。尚书的同僚们问他为何做出如此愚蠢的回答。"我一时惊慌失措，除了这件事再想不起别的事了。"

几天后，皇帝颁布了一道御旨："江苏太湖司巡检缺出，即着尚书常清补授。"尚书接旨后十分悲痛，对同僚们说："这是什么意思？我又该怎么做？我得到了官员名录中最低的官职；我当然必须赴任，但辞别北京前应当请求觐见陛下否？"他的同僚们被这场皇家恶作剧逗乐得不行，回答说："微官末职，何必觐见陛下呢？你只需在午门[3]外叩首谢恩。然后他们会发给你一份就任用的凭据。但圣旨中没有提到要将你降职或革职，恐怕你还是得穿

---

1 原文为 Chang Chin，按明武宗朝并无吏部尚书名字与之读音相近，在故事的原始出处《客窗闲话》中也并未给出这个人物的名字。
2 外省职位中低于一定职阶者，人选轮流由北京的吏部和省政府铨选。——原注
3 紫禁城的南门。——原注

着一品官服去赴任。"

尚书抵达省会,发现巡抚率领当地官员在郊外迎接,以示敬意。他劝他们离开,自己步行前往,以最谦卑的姿态拜会各位官员,并送去名帖,就像一个请愿者。这令官员们感到不安,因为他的官位比他们都高。于是他们劝他留在省会居住,不必前往任所就任。尚书回答:"我怎能违背皇帝的任命呢?我将在第一个吉日前去。"太湖司的知府和县令慌忙改建与装饰他的官署,使其外表和规模尽可能地类似一位巡抚的衙门。在衙门外他们召集了大量衙役和脚夫,还有如林的仪仗队和吹鼓手,大门口还放了到此必须下马的防栅。

尚书一巡检抵达任所,发现他的新官署周围三面都是水稻田,这才明白皇帝陛下的意旨,这是希望他能通过亲自实践懂得农民生计之艰难。于是他斥退了所有随从,每天衣着简单,巡视附近的村庄,与村中父老谈论农民的生活疾苦。他仔细听取他们的苦衷,凡是应当得到改正的情况就记录下来。

◎午门(北面)

他在他们当中生活了五年，为民众排难解纷，得到了信誉和所有人的尊敬。到了1519年，皇帝的近亲宁王发动叛乱，皇帝南下御驾亲征，不久到达江苏省的省会苏州。前任尚书听说皇帝要驾临，匆忙去苏州面见巡抚，说道："我曾位居帝国最高的官职之一，有责任在皇帝陛下驾临时前往迎候。然而我在官员花名册上又忝居末位，没有道理一个小小巡检也可以擅离任所，远赴省会接驾。您认为我该怎么做？"

巡抚和他的官员们说："论职务您在我等之下，这是真的，但论品级我等则在您之下。这样的话，您应当身穿一品官服和补子前往迎驾，排在我们队伍的末了。"尚书表示同意。皇帝在马背上隔着一段距离就认出了前任尚书，于是便叫他过来。"你现在了解农民生活的疾苦了吗？"前任尚书叩头感谢皇帝给予的教训。皇帝命他跟随御驾到行宫，询问他这段时间完成何事。前任尚书将自己所进行的数项改革详尽报告，皇帝陛下大悦，提拔他到比以前还要高的官职，仅次于宰相。

同样是在征讨宁王之乱时，皇帝的龙船停泊在江苏大运河上一个叫清河的地方。皇帝陛下微服登岸，来到附近的一家茶馆，希望能听到一些当地的市井流言。坐在茶馆里的时候，他听到许多人在抱怨某些军官和他们手下对旅人进行压榨与公然的抢劫。每艘通过运河的船，无论运载的是货物还是私人的行李，都会被扣押，直到付清了被敲诈的数目。如果这笔供奉钱不是立等可得的话，船上所有的货物都会被没收，甚至船只也常被损毁。商人行旅为之愤怒号啕，其中许多人还说希望反叛的亲王能打败皇家的军队，因为任何改变都会比现状好。

皇帝决定探知事情究竟，于是他买了一艘小舟，打扮成商人模样，只带了一个贴身卫士和一个小太监，沿运河而下。当皇帝到了重要都会扬州府外的海关，靠近扬子江，他看到几百艘船按队排列，正在被河上的官差和海关官员搜查。有一艘很大的海关官船停泊在岸边，在征收通行费，从船上传来抗议的声音。不菲的费用以皇帝的名义从每艘船征收，名义上是给平叛提供经费。商人们都温顺地向小吏们献上这笔供奉，后者很快就发了财。当搜查到皇帝的船的时候，皇帝陛下躺卧在船尾，对催他起身的宣召不加理会。衙役们粗暴地抓住他，把他带到官船上，在那里他见到一名官员凭桌而坐，被随从簇拥着，就好像是宫廷的主人一般。在皇帝走近的时候，官员开始愤怒地呵斥他道："你是何等样人，敢违抗皇帝陛下的差人，阻碍他们执行公务？国法不能震慑你吗？你就不怕挨板子吗？"皇帝听了轻蔑地微笑，于是官员命令手下把皇帝剥光，要用板子打他。所幸皇帝的贴身卫士身材特别魁伟，一时间甚至吓退了那些执行命令的奴才，因此皇帝才未曾受辱。但官员变得甚至比原来更加恼怒。他喊道："这显然是什么江洋大盗或者匪徒。去逮捕他的船夫。"他们捉来船夫，残酷地鞭打他，要他供认自己事先就知道皇帝是一名大盗。

这时候，皇帝从怀里取出一块玉牌，叫太监把玉牌送给本省的巡按（此时正驻于扬州），命巡按速速前来。巡按服从皇家的命令，仓皇奔赴而来。那名海关官员看到巡按来了，到船头下跪迎接，正要开始诉说自己是如何捕获一名臭名昭著的江洋大盗，这时候巡按看到皇帝正立在主桅杆下。巡按俯伏在尘土中，恭敬地向皇帝请罪。

皇帝保持着沉默，只指示他的贴身卫士夺去那名海关官员的乌纱帽和补子，然后把这些给了船夫，就这样船夫得到了相应的官爵。他说："这顶乌纱帽是为了补偿你的皮肉之苦的。"接下来皇帝命令逮捕那名官员，让他吐出贪赃枉法的所得，将其依法斩首了。当地所有上级官员都因未能阻止这种勒索行为而被严惩，从此以后行船的商旅都得以安然通过。

在皇帝平定宁王叛乱回到北京的那年除夕，他离开紫禁城，到六部的公署转了一圈，因为他知道官员们都回家辞岁了，这个时间官署是空无一人的。但到了吏部，他听见从中堂传来欢唱声，就好像有一大群庆祝者聚集在一起。歌是用南方的曲调唱的。皇帝走进门去，惊奇地发现只有一名小吏在自斟自唱，面前放着一盘肉和一壶酒。这个人殷勤有礼地向客人让座，并为他倒了一杯酒。皇帝问他："你的官阶是什么？为什么你一个人在这里？"他回答："我是浙江人，在本部做一名书吏。到了新年印玺都被封存了，所有官员都回到家里去，和他们的家人一起饮酒作乐。这么多官方档案和文件都变得无人看守了，我觉得这是错误和危险的，于是我便留下来守候，不离开我的岗位。"皇帝说："很好。明天我们再见。"说完他就离开了，小吏把他送到门口，然后又去继续孤独地守夜。

第二天早晨，当整个宫廷和主要的京官们都聚集到皇宫的主要大殿去庆祝新年时，皇帝转向吏部尚书（不久前在太湖司考察民间疾苦的那位）发问："昨晚在吏部值守的小吏叫什么名字？让他来参与我们的朝会。"

尚书立刻派遣一名郎官去召唤小吏前来。于是小吏来到御座前，在三叩九拜之后，他抬头看到皇帝，认出这就是他前一夜遇到的宾客。他浑身战栗，但皇帝叫他安心："不要害怕。你对职务的忠诚和守责值得最高的赞美。你完成服役后能晋升到的最高职位是什么？"小吏回答说："如果我连续五年都没有过失的记录，我至多有希望参加从九品官的铨选。"皇帝陛下说："你想要什么职位呢？""小人想要做的是江苏的太湖司巡检。这个职位先前曾由本部的尚书充任，能得到这个位置会是极大的荣幸，因为近来的一系列变故让这个官职变得非常显眼。但是我目前在本职服役日期未满，与先例不合。"

皇帝笑道："如果朕派你去，哪里需要符合什么先例呢？"小吏欢欣鼓舞，直呼："万岁！""寿与天齐！"于是皇帝命尚书为他准备赴任所需的文书，安排他马上去新的职位就职。

1517年，皇帝微服私访去了宣化府（在北京以北一百二十英里[1]），当时他的各种怪癖和私自出游已经令整个宫廷感到绝望了。宣化府最美的少女叫"凤姐"，那时不过十七岁；她是一个姓李的酿酒者的女儿，她便在酒肆中当垆卖酒。一天，在她父亲外出的时候，正当皇帝某一次微服私访路过，看见了这样一位风姿绰约、国色天香的美人。皇帝感到迷眩不能自持，看她一眼便足以倾国倾城。皇帝走进酒店沽酒，姑娘送酒来的时候，他误以为她是歌伎一流人物，便突然用双臂拥住她，将她抱入内室。她呼喊求救，皇帝陛下急忙掩住她的口，说："朕是天子，如果服从朕的话，从今天起就能得到富贵。"

凑巧凤姐最近不止一次梦见自己变成一颗明珠，被神龙所攫取，但梦总是在这里就结束了。她现在顿悟了梦的真义，相信了皇帝的话，任由他摆布。皇帝欣喜地发现她不是什么歌伎，而是一个纯洁的处子。

她的父亲听到她第一声呼救就赶来了，发现门已经紧紧闩上，听到她的叫声渐渐微弱下去，他以为自己心爱的女儿已经葬身于一场暴行了。他跑去叫来了卫兵；但当卫兵们冲上来的时候，皇帝自己打开门走了出来。他向激愤的李父表露了自己的身份，在场的所有人都向他毕恭毕敬地行礼。皇帝让他们把李凤姐带去嫔妃居住的后宫，对她的父亲则给予千两黄金和很高的官爵。他想要封李凤姐为贵妃，问她是否乐意。李凤姐谦卑地推辞了。"臣妾福薄，命不长久。您给予的尊位，臣妾恐怕折受不起。能获得天子眼中的荣宠，难道不是已经荣幸之至？对如同草芥的我来说，就已经是足够的回报了。我谦恭地请求陛下早日返回京师，以您的臣民为念。这比赐予我封赏能让我

---

[1] 1英里≈1609.3米。

◎居庸关云台

感到安心多了。"

　　皇帝注意到她简单的村姑装束只让她显得更加娇媚，所以并不催促她换上嫔妃穿的宫装。那些日子里她始终在他的身边，同筵席，同起卧。但是她从来不放弃劝他返回北京，终于，皇帝被她的恳求打动了，便同意择日还京。

　　旅行中李凤姐与他并辔齐驱，一直走到长城（离北京四十英里）。一场可怕的风暴发生了，皇帝一行在居庸关外的一所房子里躲避。突然，李凤姐看到了关口雕刻的四大天王，目光炯炯如生，仿佛在怒视她。于是她一阵眩晕，掉落马背。皇帝轻轻地把她扶起来，将她带到关外的一座佛寺。他亲自在床边看护，直到她苏醒过来。她说："臣妾深知自己薄命，无法长久地享受人间的福乐，也无法到紫禁城中陪侍。让我离开您，回家乡去吧。"皇帝回答说："我不能答应你的请求，我宁可放弃天下，也不愿意失去爱卿。"

她悲伤地望着他，发出一声叹息，然后气绝了。

皇帝对他宠姬的哀悼之情是长久又深厚的，他命人把她以皇家之礼埋葬在关口的山顶上。于是他们建起了一座高高的覆盖黄土的坟冢，但令所有人大为吃惊的是，一夜间黄土全部化作了白色；这个贞洁的灵魂，甚至在死后，也在继续有力地显灵。皇帝久久地追忆着她劝他回朝处理国事的话。他说："一个小女子尚且知道天子对万民的责任，我又怎能不听她的忠言呢？"说罢他起驾回宫。史家们记载，之前皇帝并不听从官员们的反复谏言，不肯离开宣化回到帝京。他们说，谁能想到一个卑微的村姑却能令他重拾自己的责任呢！这难道不是古书上说的"柔能克刚"？

1508年[1]，三年一次的选拔举人的秋试在北京举行。像往常一样，数千名书生从各省聚集到帝都。前门外，占卦者和算命先生都忙着在各自的摊位上做生意；其中一个人尤其引起大家的注意，因为他的摊位上贴了一份书法工整的告示，声称他能与史上最著名的术士相媲美。他吹嘘说自己能当场说出任何匿名来找他的官员的官阶和出身，而且他从来没有说错过。一天天过去，他的声名与日俱增，他的算命摊周围总是围了一大群人。很快皇帝也听说了他，有一天皇帝从他的摊位前路过，便加入了人群，看着他做营生。当时是八月初八，上午十一时。忽然间一阵喧哗与骚动。人群一阵波动，向左右分开了，中间一个书生冲过来揪住了算命先生，大喊道："你误了我的功名！要么你死，要么我活。"旁观者想要把打架双方分开，但是不成功。皇帝对他孔武有力的卫士示意，要他分开他们二人，然后问他们在争执些什么。

算命先生回答说："几天前这个人找我算他在最近的考试中的前途，我

---

[1] 与下一则故事均出自清代吴炽昌《客居闲话》的"补明武宗遗事三则"。

许诺说他能获得解元。现在他耽误了进考场，却把自己的不准时怪罪到我头上。他一定是用功成呆子了。"

听了这话书生插进来说："因为你预言我能考中解元，朋友们给我开了庆功宴，结果我喝多了。在仆人终于把我叫醒之后，我匆忙来到考场，但是大门已经上了闩。你听说过有人没参加考试却能名居榜首吗？你难道不是我倒霉的起因吗？"

这两个人又开始大声争吵，直到皇帝对算命先生说："不要吵闹了！假如我让这个书生进入考场，结果他仍然没能获得榜首的话，你愿意认罚吗？"

算命先生回答说："你可以挖掉我的一只眼睛。""好的，"皇帝说，"就这么说定了。"他从桌上取了纸笔，写了几句话，将文书用腰间悬挂的一枚小印玺封好。然后他命卫士带书生去投递文书。对算命先生他则说："别了，半个月后我再来看你算得准不准。"算命先生猜出了他是皇帝，赶紧收起摊位离开了。

这时候，卫士和书生来到了两英里外的考场。皇家信使命令击鼓，作为他递送圣旨的信号。大门上的封条迅速被揭掉，锁也打开了，在场外值守的官员们敲响了一面锣。从里面走出来一个门官，带领卫士和书生来到中堂，那里正坐着皇家的考官们。在皇家使者走近的时候，他们全都跪下，使者走到台阶上，面朝南方宣读圣旨。读毕后，他回去向皇帝复命。

一个学监和一个监考官把书生引到一间空着的考棚里。考官和考生们都同样惊讶于皇帝居然会送他的一个宠臣来参加考试。自然地，主考官看他的考卷时也格外用心，发现他的文章写得很好，逻辑十分严整。他们彼此之间说："这个考生是当今天子特别推荐的，如果我们不让他位居榜首的话，将是对陛下的不敬。"于是他们让他考取了这年的第一名，在呈报皇帝的时候，热情地赞扬了他文笔的优美和特殊的天分。他们还乘机祝贺皇帝能发现这样的人才。

皇帝大声笑起来道："这是天命！"事实上，他本来打算让书生名落孙山的，这样他就能斗赢那个算命先生了，然而命中注定，他那段时间正忙于和最新入后宫的宠姬寻欢作乐，整件事情都被他抛诸脑后了。现在书生考中了第一名，他叹服于算命先生的灵验，想要把他招到宫中。在数次派使者前往而不获之后，皇帝带了一大批随员前往，结果算命先生已经消失无踪了，后来再没有人见过他。

一个春天的早晨，皇帝刚刚离开后宫，趁上朝之前在城中乘车兜风，这时候他遇到了一队送新娘去新郎家的迎亲队列。浩浩荡荡的随从队伍都佩戴着家徽，从迎亲的车马舆从的富丽，可以看出新郎来自一个豪富的家族。皇帝为之惊叹，停下了他的马车，在路边目送着这队人马路过。正当新娘的花

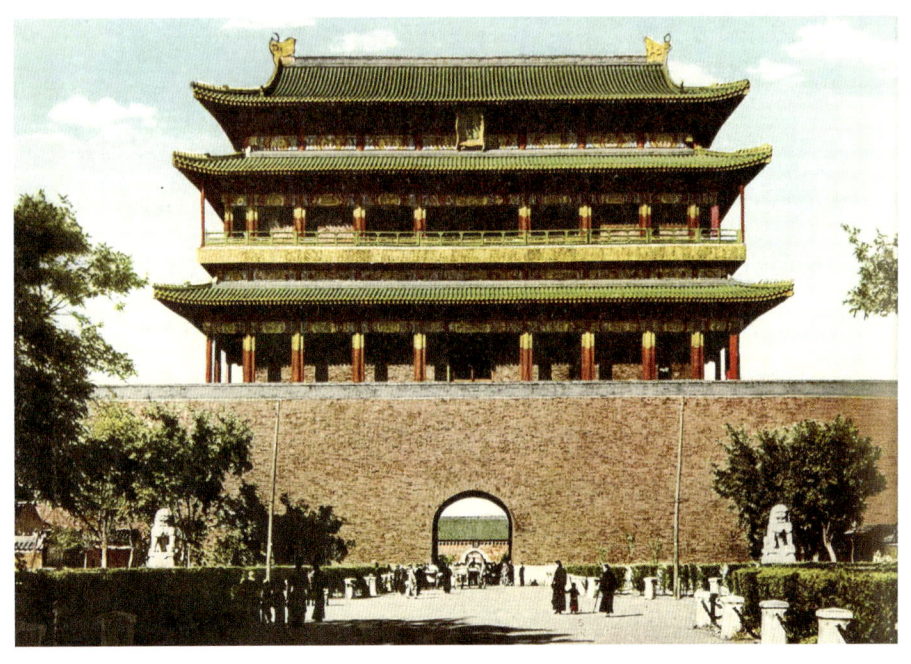

◎正阳门

轿靠近的时候,他看到一个黑大汉,有二十英尺[1]那么高,在花轿前站着,仿佛要阻挡她路过。大汉面露狰狞,异常丑陋;浑身穿戴着甲胄,挥舞着巨杵。他张狂无礼地站在那里,直到忽然间看到了皇帝,然后他似乎犹豫了,终于匆匆奔向了队伍里。皇帝的马车夫完全没有看到这怪物般的显形。皇帝心中惊怪,命马车夫跟随迎亲队伍行进,一直来到了新郎家,那是一座气派煊赫的府邸,应当属于一个令人敬重的古老家族。皇帝从车上下来,进入中堂。那跟随着新娘花轿的黑大汉此刻正站在院子里,但当他看到天子向自己走过来,他就掩住自己的脸,消失不见了。皇帝陛下才想起这天不是什么吉日,而是凶煞相犯的日子;凶煞无疑就是他遇到的这个恶灵了。他想,无论是谁选择了这个大不吉的日子娶亲都害人不浅,决定去看一看到底是谁的选择酿就了如此灾难。

新娘从花轿里下来,一对新人到内室拜天地,他始终等候着。在新娘被送入洞房后,宴会开始了,主人上前邀请婚礼的宾客们就座。宴席一共准备了十六桌,客人按照长幼和等级秩序落座。主人看出皇帝非等闲之辈,所以邀请他坐到最中间一桌的主座,自己在他旁边陪坐。主人这么做的时候,四股都在颤抖,仿佛是在神灵面前一样;主人甚至不敢开口问客人尊姓大名。

皇帝问他是谁选择了婚礼的日子。主人指着第二桌上的一位贵客,说:"他以前是钦天监的堂官,现在告老还乡。他过去是有名的行家;想要为家里的大事选择吉日的人家都会征求他的意见。他至今还从未失手过。"

"叫他来这边,"皇帝说,然后问这位占星家:"我听说你在选择吉日方面是行家。凭着你的秘术,你为什么选择这个黑道日来祸害人家呢?"老者回答说:"并非如此。在今日三时至五时,诚然有一名黑煞神降世,也就

---

[1] 1英尺 ≈ 0.3米。

是所谓'元首宿',但同时又有带来好运的'紫微星'下凡。他的庇佑能够逢凶化吉,把这个时辰变成了上上吉日。所以这场婚礼非但不是祸殃,反而预兆了无穷的后福。"

皇帝找不到话反驳他,于是说:"我刚刚做了一句上联;如果你足够能言善辩,对出下联,你就可以免罚。这是我的上联:

'元首宿逢元首主'"

老者推辞,自称年老衰迈,头脑昏聩。"能否让新郎代我作对呢?"皇帝同意,于是把新郎叫来。听到上联以后,新郎毫不犹豫地对道:

"紫微星照紫微郎。"

皇帝为新郎的才思敏捷感到大喜,说:"有朝一日他会成为翰林学士吧!"老者命新郎伏地谢恩,皇帝才发现自己的身份已经泄露,连忙登车离开。

新郎原本就有举人的身份,下一年又中了进士。在和其他进士一起朝见皇帝的时候,皇帝认出了他,特命他入词苑做汇编,说:"朕曾经叨扰过你的喜宴,现在再补上贺礼吧!"

第 2 章　一个声名狼藉的太监

An Infamous Eunuch

《慈禧外纪》的读者可能会记得，在伟大的慈禧临终的病榻上，她的看护者们按照规矩问她有何遗训。"永远不要，"她说，"永远不要再让女人执掌朝政。这是违背我朝家法的，必须严厉禁止。也注意不要让太监干预朝政。明朝就是毁于宦官专权，它的灭亡应当成为我朝的前车之鉴。"

慈禧很了解法律，尽管她自己没有遵守过。她熟读中国史书，但在宦官擅权这方面，她并未能从历史中吸取教训。尽管她颁布的法令中频繁斥责宫中"狐鼠之辈"的腐败和道德败坏，将他们描述为"拍马溜须的小人"和"狡诈多端的佞幸"，君主对其必须时刻保持警醒，但她仍然允许自己宠幸的如安德海、李莲英享有很高的权威，和她也相差无几。她知道不仅在明朝，在汉朝和唐朝，君主的权力都被这些奴才篡夺和分化，最终走向覆灭。然而她并不动手消灭自己宫廷里的败类，尽管她最贤明的大臣都反对他们。在她的继任者隆裕皇太后治下，宦官们对于清王朝的最终覆亡扮演了不小的角色。

当慈禧谈到明朝因宦官专权而灭亡时，她想到的是万历皇帝和他的三个接替者，明朝的末代君主们，还有声名狼藉的大太监魏忠贤的历史，魏的事迹至今还遭到中国百姓的唾弃。这个恶人的种种恶行，以及他给君主和中国百姓带来的灾难，使得紫禁城一些黑暗的角落显露出来。庄严的传统总是颂扬宫廷表面上的尊荣，下面掩盖的却是致命的钩心斗角、冷血的残暴无情，还有欲望与贪婪；在四书五经和儒家学说的光鲜表面下，潜藏着东方暴君那强烈的激情与难以餍足的雄心。如果说中国的治国经纶如同一面皇家的挂毯，魏忠贤的生平就让它露出了裂缝。他的故事提醒我们，塑造人民命运的，首先是关于人的方程式，是那些统治国家的个人的冲动和本能；其次是在国家生活的外表之下，人的方程式又受到基本的气候与经济环境决定，不会改变，在很大程度上也无法改变。

万历皇帝1573年登上龙座，当时他还是个小孩子，受到宫中的女人和太监们的教育，他一生都没有摆脱过这种影响。在他统治的最后二十年里，他拒绝以正当的渠道通过大臣处理国事，而是全部假手他的大太监们来处理，还有郑贵妃，她是他最喜爱的儿子福王的母亲。

万历皇帝的大儿子朱常洛，是一个有前途的皇子，性格坚强有德行，但是来自郑贵妃和太监们的邪恶谗言败坏了皇帝对他的感情。最终，1615年，在朱常洛三十四岁的时候，郑贵妃想要确保自己生活放荡的儿子福王继承皇位，与她的哥哥程国泰以及两个太监庞保、刘成合谋，打算谋害皇太子。他们的计划细心而又周全，但由于雇来的凶手的无能和朱常洛私人随从的英勇，他们仍然失败了。这次意图除掉皇太子的图谋给公众留下了深刻的印象，不仅在北京是如此，在外省也同样；向整个国家展示了皇宫里的真实事态，为民众对皇家的不信任与不敬打下了基础，这将在后来的李自成起义中显现出来。1615年的一个黄昏，日落前不久，一个手持枣木短棍的男人强行进入了皇太子居住的慈庆宫，打倒了守门的太监，进入了朱常洛的居室；但他到了那里却犹豫了，被按倒后解除了武装。被投入监狱以后，他先是装疯，但后来就想要解释自己的行为。他说，他的名字叫张差，住在皇家东陵附近的

◎万历皇帝明神宗朱翊钧

一个小村子里郑贵妃派她的几个太监到陵墓附近建造一座佛寺,这些人在当地盖了一个砖窑,离张差拾来烧火的一堆柴很近。有人给柴点了火。不满于自己的损失,他到北京来向宫中申诉,在想要进入紫禁城的时候遇到了一个人，告诉他应当拿着一根棍子，作为请愿的标志。在到了皇太子的住处时，他被守门的太监激怒了，但他并不想伤害太子。

皇帝答应了皇太子的请求，下令对这桩案子进行正式审讯。那些负责审问犯人的官员精明地觉察到了郑贵妃和她的哥哥是事件的幕后主使人，竭力想要把案子压下去，把它解释成一个疯子的所作所为。他们打算把张差斩首，然后不了了之，然而其中一名调查者拒绝合作。他提出要深入调查，私下亲审囚犯。他最终得到了一份口供；这次谋杀未遂是被一个太监教唆的，并许诺了丰厚的赏赐。

证据上报给了宫廷，任命了一组新的办案钦差，在对犯人严刑拷问之后，得到了更多的供词。教唆者是两个太监——庞保和刘成，都是郑贵妃的心腹。张差承认接受他们的钱财已经三年了，他们告诉他说，只要他成功地杀死了太子，他从此将不愁吃喝。

案子到了这个阶段，北京开始群情激愤，一个谏官大胆到指控郑贵妃的哥哥是同谋。在一份直截了当的奏章里，他劝告皇帝应当立即下令逮捕犯人提到的两个太监，如果贵妃的哥哥涉案的话，也逮捕他；她有责任劝谏皇帝将其斩首。如果犯人张差被灭口而案子被压下去的话，公众会认定郑贵妃兄妹是有罪的。

这份奏折让皇帝深感烦恼。他自己是慵懒和温和的性格，对残酷和罪行所能达到的程度缺少概念。他更希望能避免进一步的调查，因为调查已经威胁到他心爱的宠妃的名誉了。一名谏官上书要求暂时中止紫禁城的内市[1]，在皇宫大门口设立严格的守卫，以防未来再有类似的袭击。宫廷拒绝关闭内市，但下令这段时间宫中不准购置金属器具或武器。

---

1 明代宫城门外有市场日，售出紫禁城内积攒的废弃之物。——原注

在这当口，大学士方从哲干预了，他直率地警告皇帝，任何对公开审理张差一案的犹豫不决都可能在人们眼中造成很坏的印象，很可能还会有危险的后果。他提醒君王，密谋者之一刘成以前就曾经被控告对皇帝陛下施以巫术。万历被深深触动，转而反对自己的宠妃，怒气冲冲地叫她"为自己打算吧"。[1] 郑贵妃对事件的转折惊惶不已，去恳求皇太子的宽恕和帮助。太子宽宏大量地原谅了她。

第二天早晨，皇帝陛下亲临皇太子的宫殿，举行了一次全体朝臣出席的朝会。在所有人面前，他握着儿子的手，说："你们都看到了我这个孝顺儿子。我极为爱惜他。如果我有杀他的打算，我早就那么做了。为什么你们都要离间我们父子呢？"[2] 他叫内侍把皇太子的三个儿子带来，他们被引领到台阶上皇帝身边。他让朝廷百官好好看看他们。"我的三个孙子都已经长成，"他大声说，"你们还在议论些什么呢？"他问朱常洛还有什么话要说的："告诉我全部实情，不要隐瞒。"皇太子回答说："那个疯子张差必须马上被处死，让这事到此为止吧。"太子又转向百官说道："你们看到了我父子二人是何等亲爱。你们四处散播的谣言只让你们显得像是无君之臣，使我显得像是不孝之子。"万历大声说道："你们听到皇太子的话了吗？"他把这句话重复了三遍，群臣都跪下叩头。

第二天，那个疯癫的张差在朱常洛的调停下被斩首了，他罪行的教唆者

---

[1] 按《明史·郑贵妃传》中万历原话为："外廷语不易解，若须自求太子。"

[2] 这段对话见于《明史·王之寀传》的记载："因执太子手曰：'此儿极孝，我极爱惜。'既又手约太子体，谕曰：'自襁褓养成丈夫，使我有别意，何不早更置？且福王已之国，去此数千里，自非宣召，能翼而至乎？'因命内侍引三皇孙至石级上，令诸臣熟视，曰：'朕诸孙俱长成，更何说？'顾问皇太子有何语，与诸臣悉言无隐。皇太子具言：'疯癫之人宜速决，毋株连。'又责诸臣云：'我父子何等亲爱，而外廷议论纷如，尔等为无君之臣，使我为不孝之子。'帝又谓诸臣曰：'尔等听皇太子语否？'复连声重申之。诸臣跪听，叩头出。"

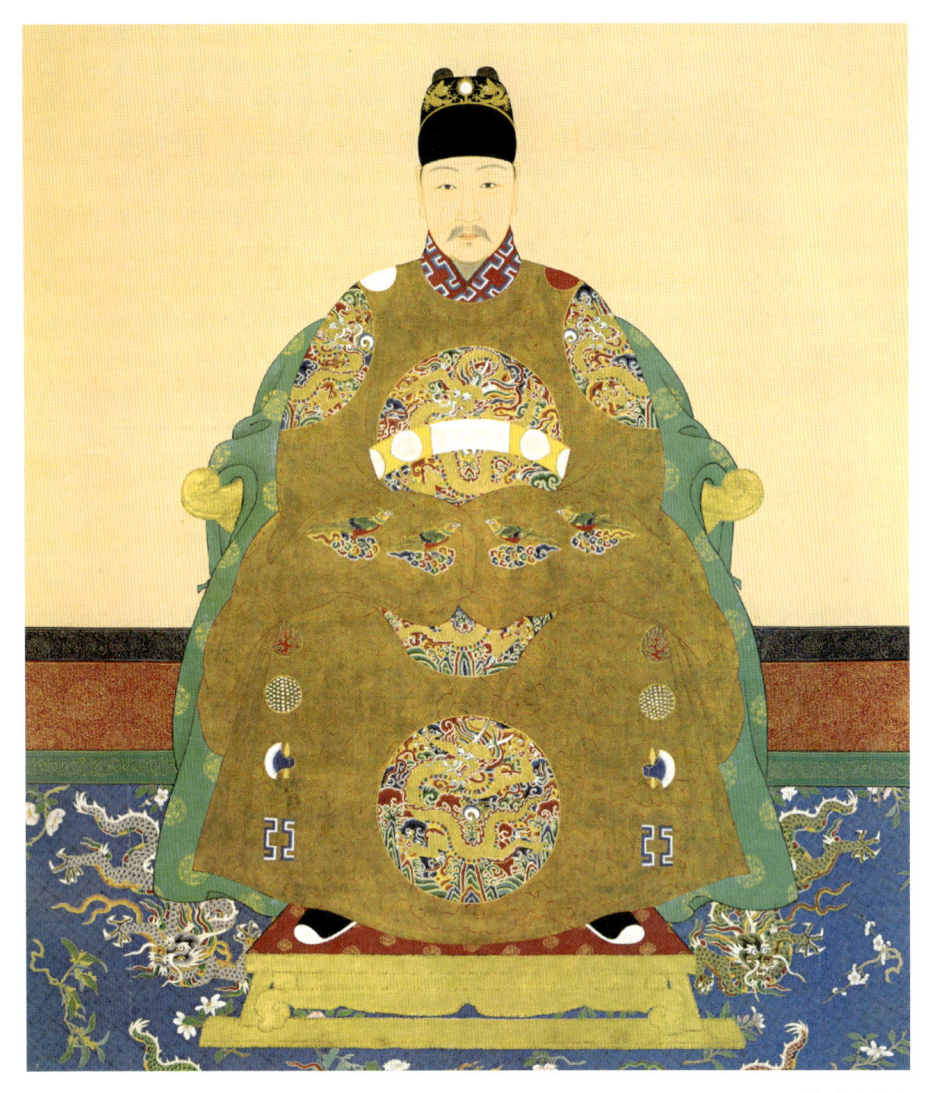

◎明光宗朱常洛

们得到了宽赦[1]。宽宏大量的皇太子为自己缺乏远见的仁慈付出的代价是巨大的。太监们暂时不再利用他们在他父皇手下所获得的权力密谋害他的性命

---

1 此处原文有误，涉案的两个太监庞保、刘成实际上也被处死了。

了；但他们对他的恶意仍然酝酿着，在紫禁城的黑暗角落里等待着时机。

1620 年，万历到了弥留之际，但按照郑贵妃的命令，各部尚书和皇太子都不准入内。又一次谣言四起，在北京城流传得煞是响亮。一个名叫杨涟的勇敢谏官，催促大学士们尽他们的责任，坚持他们应当到场问安。方大学士在经过了许多口舌之后，带领着百官来到了皇帝的寝宫。皇帝的确是奄奄一息了。杨涟和另一个正直的谏官左光斗看到这幕情景，坚持要把正焦急地等在门外的皇太子召进来，听取他父亲最后的遗言，还可以照料他，为他"尝药"。太子被带了进来，正在这时候万历断了气。

朱常洛在历史上以"光宗"（光宗耀祖）的谥号为人所知，如果他能保护自己不受憎恨他的郑贵妃及其太监同党们所害的话，他本是可以拯救王朝免于灭亡的。然而从即位那天开始，他的生命只维持了不到两个月。他死于砒霜的慢性中毒，无疑是被他的太监内侍所毒杀的。

郑贵妃像以往一样，狡诈地不冒风险，同时又稳步地推进她野心勃勃的谋划。新皇帝即位后不久，她就给他送去贵重的礼物：珍珠、宝玉和八个美貌的少女；与此同时，她与朱常洛的宠妃李选侍交好，撺掇她劝说皇帝封自己为皇太后，这马上引起了掌管皇家礼仪的太常寺的一致反对。

皇帝的病情迅速严重起来；在他死前，他的病又因为一个太监（崔文升）使用了一剂极其厉害的泻药而越发加重了。朝廷大为惊慌，都城里流传着天子即将被后宫害死的消息。勇敢的谏官杨涟和左光斗又一次站了出来，要求郑贵妃必须从乾清宫（万历驾崩的地方）中被驱逐，按照不可触犯的传统，这座宫殿本是禁止女性入内过夜的。郑贵妃一开始拒绝离开，但最终，因为害怕民众发生骚乱，她服从了。

杨涟接下来继续弹劾那名让皇帝陛下使用泻药的太监。"这恶棍根本不是医生，本不该获准在神圣的天子身上实验他荒唐的疗法。如果他有一点点

◎乾清宫

医药知识的话,就会知道在病人体弱的情况下,需要的是大补之剂,而非泻药。父皇驾崩,皇帝自然受惊,且国事操劳,正需要加强体质。在这种时候,太监却给他开了泻药。流言说皇帝周围有人不忠,有人策划要他的命。崔文升自我辩解说皇帝身体虚弱是因为放荡过度,事实是他不仅加重皇帝的病症,还毁谤陛下的名誉。陛下在肘腋之间为何要容纳这样的叛徒呢?"另一个谏官则敦促大学士要更加照顾皇帝的龙体,还说处方显然是开错了。

朝廷百官都被召集到皇家寝宫乾清宫的一间耳房。之前有一道特别的诏令命杨涟准备晋见。朝臣们群集在皇帝床边,垂死的君主仔细看着杨涟,就好像打算把自己的儿子们交托给他保护一样。然后他对众臣们说:"朕看到你们很高兴。"大学士回答说:"陛下,求您对服药更谨慎些。"皇帝答道:"我十天以来已经不用药了。"然后他指名封李选侍为皇贵妃。李选侍派人去请皇太子,当着朝廷百官的面,她叫太子为她请求皇后之位。太子照着做了,但他的父亲拒绝了他的请求，结束了这次召见。众臣对她的放肆大感吃惊。

皇帝缠绵病榻，每天都病得更重。五天后，弥留的痛苦开始了，他又一次把宰辅们召到身边，向他们告别。他们敦促他指定继承人，他指着皇长子说："辅佐他做尧舜，"然后他又问起皇家的陵寝。朝臣们装作听不懂，问他指的是不是北京北面他父亲的陵寝。"不，朕说的是自己的陵寝。"大臣们回答说："陛下万寿无疆；为什么现在说起此事？"皇帝于是问道："鸿胪寺有官员进药，他在何处？"大学士回答说："鸿胪寺丞李可灼说他有仙药，但我们认为不可轻信。"皇帝命人去请李可灼为他把脉。李可灼被带了进来，他的诊断十分流利，并推荐了他的药方。皇帝很高兴，同意服药。李可灼受命和太医、宰辅们讨论病情，但最后没能得出结论。大学士刘一燝说他家乡有两个人已经服用过这种特别的药方，一个康复了，另一个死了，所以这种药方并不是万能的。礼部认为服药太危险，但还没讨论出结果，就又被召到皇帝身边。李可灼随后匆匆调好了药，也就是著名的"红丸"，献给了皇帝，皇帝将药丸吞服。他微微气喘，赞叹道："忠臣！"[1] 服药后，皇帝遣退了在前厅候命的宰辅们。不久，他们收到了一份谕旨："龙体转安。"黄昏时分李可灼被宣召，献上第二颗红丸，第二天黎明这位君王就"龙驭上宾"了，时年三十九岁。

皇帝死后，他那位想要成为皇后未果的妃子李选侍，撕掉了一切伪装，大胆地直接派她的头号心腹魏进上[2]进行交涉（此人后来从新皇帝那里获得

---

1 此段参照了《明史·韩爌传》："诸臣问安毕，先帝即顾皇上，命臣等辅佐为尧、舜。又语及寿宫，臣等以先帝山陵封，则云：'是朕寿宫。'因问有鸿胪官进药。从哲奏云：'李可灼自谓仙丹，臣等未敢信。'先帝即命传宣。臣等出，移时可灼至，同入诊视，言病源及治法甚合。先帝喜，命速进。臣等复出，令与诸医商榷。一燝语臣，其乡两人用此，损益参半。诸臣相视，实未敢明言宜否。须臾，先帝趣和药，臣等复同入。可灼调以进，先帝喜曰：'忠臣，忠臣。'"

2 原文如此（Wei Chin-shang）。魏忠贤此时使用的名字实际上是"李进忠"。

赐名"魏忠贤",其意为"魏,忠实而贤良")。这两人和他们手下的宦党现在把持着皇宫,不让一切人进入,严密看守着皇太子,并下令禁止宰辅们前来吊唁死去的皇帝。谏官杨涟又一次敢于冒犯上层的黑暗势力。他强挤进太监们当中,要求见皇太子。李选侍传话说年轻的皇帝已经离开了皇宫,不过很快就会回来。实际上她当时正在把他偷送出紫禁城,但是他的踪迹被发现了,被带回了皇宫。在杨涟的带领下,他登上轿子,接受了群臣的跪拜礼。有人提议他应当马上正式登基,不可延迟,但杨涟反对这种不得体的仓促行事,因为太子的即位并不是有异议的。同时他采取果断的措施,巩固北京城里的秩序。

年轻的皇帝天启(后世称为熹宗)在登上龙座时不过十五岁年纪;他是一个体弱的少年,身材矮小,性情完全是软弱的。从他即位的那一天起,宦官们的势力就越发膨胀到无边无际了,而以前他们的力量是被他的祖父万历在关键时刻总能表现出来的坚决和道德威严所遏制着的。宦官们的领袖魏忠贤,变成了帝国的专制统治者。在明光宗死后,郑贵妃再也没有希望让自己行为放荡的儿子福王即位了,于是她在皇宫政治事务中的影响力和争夺利益的行为逐渐变得不那么自私自利、咄咄逼人了。

明光宗死后,一场争夺至高权力的角力马上在李选侍和新皇帝的乳母之间展开了。皇帝的乳母是个迷人而又声名狼藉的女人,史称客氏夫人。皇帝的生母几年前就过世了。李选侍的野心是通过对皇太子施加影响,也通过宦官一党的势力,让自己晋封为皇太后,从而统治帝国。为此她不惜无视神圣的法律,拒绝搬出她已去世的夫君所居住的乾清宫,宣布了她要和年轻的皇帝一同住在乾清宫的打算,并且得到了大学士方从哲的支持。但是谏官杨涟和他的同僚左光斗,在一个正直的太监王安的支持下,可不准备默许这样的不合礼法。他们非常激烈地抗议,联名上奏章要求李选侍从中宫退居到哕鸾宫[1]。左光斗指出皇帝已经十五岁，不再需要母亲在旁照料，如果允许这种败坏风俗的话，就会酿成唐朝时武后弄权那样的灾难。

对此李选侍十分愤怒，派一名太监把左光斗召来。但他拒绝前往，说："我是天子的忠臣，我只服从他的命令。"[2] 杨涟在和方大学士商议过此事之后，怒而评论说："即使皇帝的生母还活着，他的地位也必须在她之上。李选侍是何等样人，敢藐视皇家的尊严？"[3]

因为一部分太监表现出支持李选侍的意图，杨涟宣布他将不会离开皇宫，除非李选侍先离开乾清宫。对那些站在方大学士一边的人，他说："让李氏去太庙对神圣的牌位提她的要求吧。你们都收了她的贿赂吗？如果她能杀了我，就让她杀好了。她不走，我也不会走的。"[4]

李选侍面对这场危机，意识到舆论和法律全都对自己不利，于是见好就收，撤出了乾清宫，但临行前先让她的侍从们搜刮走了宫中大量的金锭。编年史记载，在危机期间的几天内杨涟的头发和胡子都变得雪白。但他占了上风，从这时候起，李选侍在宫中的影响力和她的四处活动就显著地衰退了。一些她亲近的太监想要为她在朝廷重臣中赢得同情，于是散布谣言说，她为了避免受到进一步的迫害，甚至企图轻生。由此，一名谏官[5] 提出皇帝应当与内阁商议如何处置她，才能平息太监们这些匪夷所思的谣言。有理由怀疑这名谏官的行为并非像杨涟那样是出自对皇帝纯粹的忠诚，而是受到太监魏忠贤一党的唆使，太监们现在已经抛弃了李选侍，而变成了乳母客氏夫人的

---

1 与仁寿宫、喈凤宫为明代太后、太妃养老的宫殿，其址即今故宫的宁寿宫。
2 见《明史·左光斗传》"数遣使宣召光斗，光斗曰：'我天子法官也，非天子召不赴。若辈何为者？'"
3 见《明史·杨涟传》："涟曰：'……即两宫圣母如在，夫死亦当从子。选侍何人，敢欺藐如此！'"
4 见《明史·杨涟传》："涟斥之曰：'……请选侍于九庙前质之，若曹岂食李家禄者？能杀我则已，否则，今日不移死不去。'"
5 这个言官是御史贾继春。

亲密同党。在少年皇帝为答复这名谏官的奏章而颁布的诏令中，无疑能读出女性的嫉妒和客氏夫人的手笔，文章如下：

"朕昔幼冲，皇考选侍李氏，恃宠屡行，气殴圣母，以致崩逝，使朕抱终天之恨。朕虽幼，未尝忘也。皇考病笃，大臣进内问安，选侍咸挟朕躬，使朕传封皇后。复用手推朕，向大臣腼颜口传。至今念及，尚合羞报。朕因避李氏暂居慈庆宫。又令李进忠、刘逊等传言，每日章奏文书，先呈选侍，方付朕览，仍欲垂帘听政。且欲处分御史所言选侍，他日必有武氏之祸者。朕思祖宗家法甚严，从来有此规制否？朕今奉养李氏于哕鸾宫，俱遵皇考遗爱，有此体恤。外廷误听李党谣诼，实未识朕心之故也。其李进忠、田诏等，皆系盗库首恶，自干宪法。勿使渠魁贿嘱当事，播弄脱罪。卿可传示遵行，故谕。"[1]

再往前走一步，李选侍的倒台就完成了。皇帝的另一通谕旨剥夺了她作为妃子的封号，"以慰圣母在天之灵"，但继续奉养她，"敬遵皇考之意"[2]。这是典型中国式的"要面子"的解决办法。从此魏忠贤和他的同党客氏具有了绝对的、无可争辩的权威。万历年间，这位大太监统治京城，用鞭子责罚朝臣[3]；现在他亮出的则是蝎子的毒针了。

他们将权力用来复仇和满足嗜血的欲望，其第一个值得注意的信号是他们害死了忠诚的太监王安，他曾经敢于支持谏官杨涟争取清明之治的斗争。魏忠贤矫诏发布了一道圣旨，判处王安死刑，为了避免他得到缓刑，就把他在监狱里谋害了。本来能救下这个正直人的杨涟，此时已经离开北京，

---

[1] 此诏书在《明史·后妃列传》中仅有寥寥数字概述，并无正文。作者所引用的是清代毛奇龄《胜朝彤史拾遗记》中的版本，译成英文后较原文稍有出入。此处依《胜朝彤史拾遗记》原文。
[2] 见清代毛奇龄《胜朝彤史拾遗记》："朕不加封选侍，以慰圣母在天之灵。奉养选侍，敬遵皇考之意。"
[3] 原文如此。

告老还乡了。在上书辞职时，他大胆地告诉年轻的皇帝，在尽到职责从宫中铲除了意图篡位的皇妃之后，他只愿离开帝都，因为他直言的天性是不能够容忍皇帝周围的拍马溜须者和叛贼的。因为这份勇气，他将会付出很大的代价。

年轻皇帝简直巴不得让所有国家事务都落入狡诈多端的太监魏忠贤和客氏之手，客氏对他的影响是极为恶劣的。他整日做他所爱好的木匠活，这是魏忠贤所鼓励的。太监总是等到他手头忙着摆弄锯子和木板时才去向他请求指示，无论问的是关于政府日常运作的问题，还是关于如何批示当天的一份奏折。明熹宗讨厌被打扰，总是叫他按照自己的意思处理；就这样，一点一点地，魏忠贤篡夺了全部的君权。乾隆皇帝在评论明王朝的灭亡时，部分地将其归咎于"熹宗醉心于下贱工巧的技艺，让自己堕落到与工匠相比。太监们，"他写道，"总是想让他们的君王专注于渺小的追求，这样他们就能进行自己野心勃勃的计划了。在各个时代，卑鄙小人的行为总是如出一辙；可叹的是君王们总是如此盲目，总是掉进为他们准备的陷阱。"[1] 在他统治下多灾多难的七年中，有一种而且仅有一种好的影响，使得年轻皇帝免于彻底的堕落，也让善良的人们时不时希望他有朝一日会挣脱他的枷锁，恢复属于皇位的尊严。这种影响来自他的配偶"宝珠"，在她身上，尊严、德行和奋发的勇气结合在一起，使她成为中国历史上最令人敬慕的女性之一，在世界史上也引人注目。她的温和与坚定的性格透过那个邪恶时代的黑幕闪闪发光，光芒烛照今日。在一个堕落的朝代所留下的尘埃与废墟中，她崇高的理想、

---

[1] 出自《明通鉴·卷七十七·纪七十七·熹宗天启元年》乾隆御批，英译后与原文有一定出入："明事至熹宗，势已一蹶不振，乃复身亲贱伎，欲与巧匠争工，其为客、魏炀蔽，实由自取。但自古阉奴乘隙为奸，亦师承有本。……唐仇士良教其党云：'天子不可令常闲，宜娱其耳目，无暇及他事，然后吾辈可以得志。'观忠贤故智，前后如出一辙，可见宵小肺肠不谋而合。无如昏庸君明知覆辙而蹈之，可慨也夫！"

耐心和忠诚依旧流芳百世。历史很少记载这样高贵的一生，或者这样悲哀的一死。我们在此离题一会儿，先讲述她青年时代的浪漫故事，关于她是如何被选为一位软弱放荡的中国君主的皇后的。

1612年冬天，开封府一位名叫张国纪的生员，发现了一个躺在路边的六岁小女孩[1]，便把她带回了家，当作自己的女儿养大，取名张嫣。她的"字"是"宝珠"。他十分注意她的教育，而她也证明了自己是个特别聪慧和勤勉的学生。张国纪本想让她嫁给自己的儿子，但一个僧人在推算了她的命盘之后预言她会获得一个远为高贵的地位，打消了他的这种想法。1620年，万历驾崩的那一年，好色的福王（郑贵妃的儿子）来到河南他的封地就藩，马上派太监到开封城里搜求可以纳入他后宫的年轻姑娘。其中一个太监来到了张家，看中了年方十四岁的宝珠，命令她跟随自己到福王府中去，但她愤怒地斥退了他，威胁说如果他敢碰她，她就立刻自杀。

1621年，在万历和他不幸的儿子明光宗相继过世后，年轻的明熹宗，时年十六岁，宣布他准备大婚了。整个帝国凡是十三岁到十六岁、容貌秀丽的少女都被纳入甄选淑女的范围；然后再由太监加以筛选。身高或者身材不合标准的人被剔除掉，直到数量降到了四千名。次日，更为严格的甄选由两名大太监进行，他们详尽地记录下每一名少女的五官、鼻子的形状、头发的颜色、腰部的姿态和双足的大小。每一名少女都被要求清楚地报出她的名字、谱系和年龄；如果她嗓音的音色不令太监们满意，就马上会被筛掉。口吃或者说话含混不清将被视为不可弥补的缺陷。这次筛选后，符合资格的人只剩下两

---

[1] 正史中并无天启帝张皇后并非其父张国纪亲生的说法。此处作者依据的可能是清初笔记《明季北略》中的说法："闻后父为粟监，晨起征租，见弃女于路，在霜雪中不死，收归育之。"托名纪昀所作的笔记体小说《明懿安皇后外传》也采纳了这一说法，下文张皇后的许多事迹也同样来自这部野史。

千名了。第二天再进一步量尺寸，每位候选人都被要求走一百步，这样就可以观察她的体态。姿态懒散或者不够端庄都会让候选人失去资格；在这次测试后，只有一千名留下。这些人被带入内廷由宫娥中的年长者进行秘密检查，她们应要求脱掉衣服，以便对她们的身体进行从头到脚的检视。最终三百人被选中，她们要做一个月试用期的宫女。其中显露出固执或者轻浮习性的人依旧被剔除，到一个月结束以后，只剩下五十名了，她们全部获得了嫔妃的资格。

负责礼仪的大太监被宝珠的美貌深深打动，把她列在单子上的头一名，这份单子是呈交给后妃中的长辈昭妃[1]的，她是万历皇帝的主要妃子之一，现在代理皇太后之职。这位妃子非常有学问，她负责测试每位候选人的书法和其他才艺。最终选出了三名皇后的候选人，宝珠就是其中一人；另外两位年轻姑娘是王氏和段氏。

按照古老的风俗，昭妃以黑布帕子盖在三位被选中的姑娘头上，在每个人胳膊上戴了一枚金玉跳脱。[2] 她们随后被带到内室中由宫人进行最后一道检查，以确保她们身体上没有痣或者瑕疵。

不久，关于她们的报告就递交了上去。官方的编年史作者根据这份报告，将未来皇后的美色描述得巨细无遗，其中一部分语言是不适宜在书上印出来的。她的容颜就像朝霞，她的眼睛如同秋波，她的嘴唇是樱桃小口；她的牙齿，共有三十八颗，全部完美，她的下巴柔美，而她的全身都光洁无瑕，没

---

1 昭妃刘氏，在天启、崇祯年间管理后宫，掌太后玺。
2 明代皇家选妃仪式。见《明史·后妃列传》："故事：宫中选大婚，一后以二贵人陪；中选，则皇太后幕以青纱帕，取金玉跳脱系其臂；不中，即以年月帖子纳淑女袖，俗以银币遣还。"《明懿安皇后外传》："太妃幕以青纱帕，取金玉条股系其两臂。"

有一点胎记[1]。

昭妃连忙向皇帝陛下报告，并把三个少女引领到他的寝宫，在那里他的乳母，邪恶的客氏夫人，正等着帮他做出最终的选择。当时，客氏大约三十三岁，是一个外貌妖艳迷人的女人。皇帝已经给她上了"奉圣夫人"的尊号。

客氏夫人第一眼就本能地厌恶宝珠，开始对她挑三拣四。"对一个十五岁的丫头来说，"她说，"她的身材太过矮胖，而且不会随着她长大而改善。她勉强算是美丽的，但不配做你的皇后。"她指向王氏姑娘，感叹道："这才配得上做你的妻室。"然而，皇帝明显地被宝珠吸引了，按照风俗惯例，他向昭妃征求意见。她回答说："她们三位都非常秀美，但张氏姑娘（宝珠）在举止的庄严方面胜过其他两位。"

于是，皇帝陛下欢天喜地地选择了宝珠做他的妻子。王氏姑娘被封为"良妃"，段氏姑娘被封为"纯妃"。四月的第八天被占星家们选为适宜皇帝登上婚床的良辰吉日；三个星期过后，新皇后获得了她的敕书。皇帝问了她许多问题，关于她的家人，还有她过去的生活。她的回答令他感到很大的喜悦，她很快就能影响他向善了，这将是对他软弱天性的一种补赎。她的父亲（养父）张国纪，被封为"太康伯"，她家族的其他人也都得到了相应的封赏。

大婚几天后，熹宗和他的妻房前往太庙，在那里，皇后、陛下向祖宗牌位下跪行礼。熹宗这时候不过十六岁，身材十分矮小；他的妻子比他要高一头。随着皇后对皇帝影响力的增加，客氏夫人毋庸置疑燃起了妒意和怒火；然而，她还是每天去乾清宫向皇帝陛下问安。

---

1 这段描写实际译自《明懿安皇后外传》："面如观音，色若朝霞映雪，又如芙蓉出水，发如春云，眼如秋波，口如朱樱，鼻如悬胆，皓齿细洁，上下三十有八，丰颐广颡，倩辅宜人。"

尽管皇帝对他的漂亮新娘充满爱意，但对整个朝廷来说，他对大太监魏忠贤的依赖，却也是一天胜似一天地强烈了。魏忠贤和客氏逐渐成为当时中国的真正统治者，并且在他的整个统治期间都维持着这种权威。熹宗在国家事务方面完全受魏忠贤支配，赐予他各种官爵；有功绩的官员因为他的心血来潮就遭到拷问和处决。魏忠贤大批大批地放逐那些敢于议论他的人，甚至主管一省的大员也争先向这个有权有势的太监阿谀讨好。在几乎每一个省份都建立起了他的生祠，将他作为神明来礼拜。在江西省有一座几百年历史的庙宇，供奉的是孔夫子最重要的门徒之一，然而为了魏忠贤的缘故被拆毁了，在中堂竖立了魏忠贤的牌位。他的德行和学识被拿来与圣人相比；他的功绩被吹嘘到了要超过圣人的程度，在国家宗庙的祭祀中他也获得了最高的位置。山东省的巡抚严肃地向皇帝报告说在孔夫子的家乡发现了一只麒麟，就在圣人的坟墓附近，他认为祥瑞的出现是因为魏忠贤在君王之侧积德所致。（难得一见的麒麟的显现，就好像天使显灵一样，只有在帝国被完美的君王统治时才会发生。）魏忠贤被呼为"九千岁"，皇帝的诏书都由魏忠贤起草，开头永远是："朕与厂臣……"[1]

在各方面，这位昏庸的君主都完全依照魏忠贤的心意办事，只有在他和客氏夫人敢于挑拨离间他和他所深爱的皇后的时候，他才不肯依从。对皇后，他终生保持着忠诚。每当皇帝在皇后的良好影响下，露出要用功学问的迹象或者其他严肃追求的时候，客氏和魏忠贤总是重新把他引回到花天酒地的路上。皇后对他们二人又恨又怕，但她无法说服熹宗摆脱他们的控制。

在皇帝陛下婚后不久，某些谏官就开始呈上直言无忌的奏章弹劾客氏夫人，敦促说她照顾皇帝不应当在紫禁城内待这么长的时间；作为女性她出入

---

1 厂臣，指魏忠贤主管东厂。《明史·宦官传二·魏忠贤传》："所有疏，咸称'厂臣'不名。大学士黄立极、施凤来、张瑞图票旨，亦必曰'朕与厂臣'，无敢名忠贤者。"

乾清宫也是礼法所禁止的。皇帝对这些奏章一律批复说皇后年幼,需要乳母从旁指点[1]。谏官们又回到这个话题上来,指出客氏这样出身低微的女人不适合侍候贞洁的皇后。其中的一个人说道:"怎么能允许这个女人僭越陛下的皇后所享有的权威呢?"[2]客氏最终被迫离开了皇宫,在自己家中待了一段时间。但孱弱的皇帝非常思念她,思念到茶饭不思,丧魂落魄。尽管有谏官们抗议,但他还是很快就宣召了她,从此她的影响力有增无减。她开始公开虐待那些不站在她一边的妃嫔,在魏忠贤的支持下,她敢于公开对皇后表示轻蔑。在她回归皇宫后不久,皇帝为她举办了豪华程度与皇家相称的生日贺筵。皇帝亲临她的府上祝寿,在她家的神案前点香为她祈祷长命百岁。宫中所有太监和妃嫔都被叫到她面前跪拜。以她的名义上演的豪华大戏连演了三天,都城中最好的乐师被请来为她演奏。下个月就是皇后的寿辰,但宫中任何庆典都没有举办,也没有人因此获得晋升。甚至在茶馆里,大家也知道真正的君权落在了什么地方。

日子就这样过下去,一天比一天坏。客氏和魏忠贤从御厨房获得最上等的珍馐美味,而皇后却经常要为她的粗茶淡饭而苦苦等候。她完全明白,在这些奸邪的人手中,各种各样的险恶命运威胁着这个日暮西山的王朝。她经常向皇帝抗议他公然冒犯本朝礼法的举动。客氏和魏忠贤现在想要给皇后设下圈套,于是派他们的一名太监爪牙陈德润在坤宁宫监视她,找一切机会挑拨皇帝憎恶她。但是皇后内心纯洁、毫无过失,对此不加注意。她大部分时间都用于读书和习字,她的书法具有很高造诣;她还向那些聪明的宫嫔讲授经史。她是虔诚的佛教徒,花很多时间在观音菩萨神坛前念经祷告。她平日

---

1 《明史·宦官传二·魏忠贤传》:"帝恋恋不忍舍。曰:'皇后幼,赖媪保护,俟皇祖大葬议之。'"《明懿安皇后外传》:"帝曰:'皇后年幼,初出闺阁,赖媪保护而教诲之。'"

2 《明懿安皇后外传》:"言官复言:'……母仪之尊,岂容有人僭逼?'"

◎坤宁宫

里打扮得像一个尼姑,整日参禅打坐。她很清楚地知道她的敌人们正在阴谋迫害她,但她确信自己对皇帝还是有某种温柔的影响的,这种柔情足以束缚他,尽管她并不利用自己的美色去博得他的欢心。

她的夫君没有后嗣,她会把其他嫔妃推荐给他侍寝,自己却以身体不好为借口,对皇帝夫妻间的求欢坚辞不受。皇帝习惯对她说:"你对我有良好的影响:你是如此勇敢,如此善良。只要看你一眼,我就觉得我是一个不一样的人了。你的面容似乎在对我说你是不难取悦的。可为什么我又觉得你是如此难以追求呢？"

有时候皇帝会带她去紫禁城旁边的湖上划船；皇帝亲自划船，并极力在她面前打趣。但她会利用这些场合劝诫他不该过着纵欲的生活，敦促他去读奏折，或者接见内阁。"你应当和士大夫为友，多听对经书的讲解，"她会这样说，"而不是和那些溜须拍马者一起嬉耍。"有一段时间皇帝会听从她的劝告，但他很快就重蹈覆辙了。客氏夫人为他献上春药，以便他寻欢作乐；而宝珠却警告他万事不可放纵过度，把药扔到井里。魏忠贤为了让皇帝取乐，安排了下流的粉戏演出。但只要戏的内容变得粗鄙起来，皇后就满怀厌恶地起身离开。

为废黜皇后更有希望成功，魏忠贤和客氏贿赂了刑部死囚牢中一个名叫孙二的河南人，让他声称皇后是他的女儿，是他交给张国纪收养的。在皇帝面前，他们则说一个罪犯的女儿怎配做皇后，应当把皇后废掉才行，张国纪也该受到应得的处罚。这个故事让皇帝震撼，他径直到皇后的寝宫去与她对质。但一旦目睹她那端严的美貌，他就感到羞愧，只好尴尬地问："你真的是声名狼藉的大盗孙二的女儿吗？"皇后的脸颊微微羞红了，默然不应，过了一会儿才回答道："如果陛下相信这些愚蠢的流言，那么我也不该继续玷辱后宫，请早日废黜我以让贤。"皇帝于是仓促道歉做出补救，所有疑云都被打消了。那晚他和皇后一同用膳，第二天就警告魏忠贤不许再报告这种没有根据的事。

这两个奸恶的密谋者狡诈多端，一心要在皇后的夫君眼里中伤她的形象，有些时候——熹宗的心智是非常软弱的——他们几乎就要成功了。有一次，魏忠贤施行狡计，使用说谎的证人陷害皇后陛下的养父，皇帝下旨惩戒了他，并罚皇后闭门思过三天。后来，客氏夫人又把一个姓任的女人安插进后宫，这个姑娘外表迷人但内心邪恶，完全是客氏的工具。客氏说服皇帝给了她显赫的妃子的地位[1]。至此他们几乎又要成功了，因为熹宗极为迷恋任妃；但她并没能在皇帝心中彻底取代宝珠的地位。

1624年，大太监魏忠贤到了他气焰的顶峰；任何人都无法逃过他的贪欲和报复。也正是在这个时候，他开始动手报复谏官杨涟，以及其他曾经揭发过他还有他从前的同党李选侍的人。

上文提到过，1622年就在万历皇帝死后不久，杨涟已经告老还乡。1624年他回到了北京，魏忠贤及其党徒的罪恶行径引起了他的满腔义愤。他递交了一份揭发魏忠贤的奏章，这份奏章最终使他丢掉了性命。这份谴责恶贯满盈的太监魏忠贤的奏折太长，无法全部引用，但它清晰地勾勒出了朝廷的景况、那些"狐鼠之辈"所享有的权力，还有他们对国家治理所产生的影响，所以我们必须在此列出它最重要的条目。

奏章是这样开始的："高皇帝定令，内官不许干预外事，只供披廷洒扫，违者法无赦。圣明在御，乃有肆无忌惮，浊乱朝常，如东厂[2]太监魏忠贤者。敢列其罪状，为陛下言之。

"忠贤本市井无赖，中年净身，窜入内地，初犹谬为小忠、小信以幸恩，继乃敢为大奸、大恶以乱政。祖制，以拟旨专责阁臣。自忠贤擅权，多出传奉，或径自内批，坏祖宗二百余年之政体，大罪一。

"刘一燝、周嘉谟，顾命大臣也，忠贤令孙杰论去。急于翦己之忌，不容陛下不改父之臣，大罪二。

"先帝宾天，实有隐恨，孙慎行、邹元标以公义发愤，忠贤悉排去之。顾于党护选侍之沈纮，曲意绸缪，终加蟒玉。亲乱贼而仇忠义，大罪三。

---

1 任氏被封为容妃。
2 太监们管理下的机构，实际上变成了帝国朝廷的核心，有权起草诏书，严重僭越了内阁的权力。——原注

"王纪、钟羽正先年功在国本。及纪为司寇，执法如山；羽正为司空，清修如鹤。忠贤构党斥逐，必不容盛时有正色立朝之直臣，大罪四。

"圣政初新，正资忠直。乃满朝荐文震孟、熊德阳、江秉谦、徐大相、毛士龙、侯震旸等，抗论稍忤，立行贬黜，屡经恩典，竟阻赐环。长安谓天子之怒易解，忠贤之怒难调，大罪七。

"去岁南郊之日，传闻宫中有一贵人，以德性贞静，荷上宠注。忠贤恐其露己骄横，托言急病，置之死地。是陛下不能保其贵幸矣，大罪八。

"裕妃以有妊传封，中外方为庆幸。忠贤恶其不附己，矫旨勒令自尽。是陛下不能保其妃嫔矣，大罪九。

"中宫有庆，已经成男，乃忽焉告殒，传闻忠贤与奉圣夫人实有谋焉。是陛下且不能保其子矣，大罪十。

"先帝青宫四十年，所与护持孤危者惟王安耳。即陛下仓卒受命，拥卫防维，安亦不可谓无劳。忠贤以私怨，矫旨杀于南苑。是不但仇王安，而实敢仇先帝之老奴，况其他内臣无罪而擅杀擅逐者，又不知几千百也，大罪十一。

"今日奖赏，明日祠额，要挟无穷，王言屡亵。近又于河间毁人居屋，起建牌坊，镂凤雕龙，干云插汉，又不止茔地僭拟陵寝而已，大罪十二。

"今日荫中书，明日荫锦衣。金吾之堂口皆乳臭，诰敕之馆目不识丁。如魏良弼、魏良材、魏良卿、魏希孔及其甥傅应星等，滥袭恩荫，褒越朝常，大罪十三。

"用立枷之法，戚畹家人骈首毕命，意欲诬陷国戚，动摇中宫。若非阁臣力持，言官纠正，椒房之戚，又兴大狱矣，大罪十四。

"东厂之设，原以缉奸。自忠贤受事，日以快私仇、行倾陷为事。纵野子傅应星、陈居恭、傅继教辈，投匦设阱。片语稍违，驾帖立下，势必兴同文馆狱而后已，大罪二十。

"祖制，不蓄内兵，原有深意。忠贤与奸相沈㴶创立内操，薮匿奸究，安知无大盗、刺客为敌国窥伺者潜入其中。一旦变生肘腋，可为深虑，大罪二十二。

"忠贤进香涿州，警跸传呼，清尘垫道，人以为大驾出幸。及其归也，改驾四马，羽幢青盖，夹护环遮，俨然乘舆矣。其间入幕效谋，叩马献策者，实繁有徒。忠贤此时自视为何如人哉？大罪二十三。

"夫宠极则骄，恩多成怨。闻今春忠贤走马御前，陛下射杀其马，贷以不死。忠贤不自伏罪，进有傲色，退有怨言，朝夕堤防，介介不释。从来乱臣贼子，只争一念，放肆遂至不可收拾，奈何养虎兕于肘腋间乎！此又寸磔忠贤，不足尽其辜者，大罪二十四。

"凡此逆迹，昭然在人耳目。乃内廷畏祸而不敢言，外廷结舌而莫敢奏。间或奸状败露，则又有奉圣夫人为之弥缝。甚至无耻之徒，攀附枝叶，依托门墙，更相表里，迭为呼应。积威所劫，致掖廷之中，但知有忠贤，不知有陛下；都城之内，亦但知有忠贤，不知有陛下。即如前日，忠贤已往涿州，一切政务必星夜驰请，待其既旋，诏旨始下。天颜咫尺，忽慢至此，陛下之威灵尚尊于忠贤否邪？陛下春秋鼎盛，生杀予夺，岂不可以自主？何为受制幺𬭊小丑，令中外大小惴惴莫必其命？伏乞大奋雷霆，集文武勋戚，敕刑部严讯，以正国法，并出奉圣夫人于外，用消隐忧，臣死且不朽。"[1]

魏忠贤的罪行被这份勇猛的奏章揭露，他感到十分惊慌，请求大学士韩爌维护自己。韩爌拒绝了，于是魏忠贤又匆忙求见皇帝，哀哀乞求，表示可以辞去主管东厂的职务。客氏夫人也使出浑身解数，恳求皇帝不要听从这些毁谤之词，一位内阁大学士也出面为魏忠贤从中斡旋。有一会儿，魏忠贤的命运悬而未决，但不幸的是，皇帝糊涂昏聩，他听了客氏夫人的话，颁布了

---

[1] 杨涟在这份著名的奏章中列出魏忠贤大罪二十四条，作者仅选取了其中十六条，译成英文后与原文有出入，此处依《明史·杨涟传》中原文。

一道赞美魏忠贤尽忠职守的诏书。第二天早晨他颁布了另一道诏令,谴责了杨涟的鲁莽从事。杨涟本打算在上早朝时面见皇帝,当面历数魏忠贤的大罪,但在魏忠贤的干预下,皇帝那天没有上朝。杨涟错失了良机,明白再延迟将会非常危险,就在会极门递上了第二封奏折。魏忠贤扣押了这封奏折,尽管杨涟又呈上了第三封,但这一封同样没能送到皇帝手里。连续三天皇帝都没有上朝,当他终于出现的时候,身边环绕着数百名太监,他们身上都藏着武器。上面传来命令,不再收取杨涟的奏折,他只能忍气吞声。

尽管如此,弹劾魏忠贤的奏章还是纷沓而至;谏官黄尊素质问:"岂有太监当国,还能有清明之治的?举国欲食魏忠贤之肉,怎能把这样的人引为心腹?陛下以为他是忠臣,但陛下是高处不胜寒。所有正直的人都离开了您身边,因为您依靠这个太监为国之栋梁。除非您马上行动,否则魏忠贤将永远不会洗涤他的心肝的。他起初加害的是士大夫,但现在他的目标更高了。如果继续助长他的势力的话,就连武力也不能扳倒他了。"[1]

接下来,魏大中也递交了一份掷地有声的奏章:"忠臣为了劝谏君主,不惜他们自己的性命。君主不听他们的话,局面就会变得难以挽救。杨涟关心国家的危机,不惜粉身碎骨,也要让陛下看到事情的真相。陛下的诏书等于是把魏忠贤的种种罪状都包揽到了自己身上,但我恐怕这通对他赞不绝口的诏书根本不是出自陛下,而是出自魏忠贤之手。陛下贵为天子,却把自己和后宫妃嫔的命运都交给了魏忠贤与客氏处置。国家如此景况,令人寒心。

---

1 见《明史・黄尊素传》,翻译成英文时有节略:"天下有政归近幸,威福旁移,而世界清明者乎?天下有中外汹汹,无不欲食其肉,而可置之左右者乎?陛下必以为曲谨可用,不知不小曲谨,不大无忌;必以为惟吾驾驭,不知不可驾驭,则不可收拾矣。陛下登极以来,公卿台谏累累罢归,致在位者无固志,不于此称孤立,乃以去一近侍为孤立耶?今忠贤不法状,廷臣已发露无余,陛下若不早断,彼形见势穷,复何顾忌。忠贤必不肯收已纵之缰,而净涤其肠胃;忠贤之私人,必不肯回其已往之棹,而默消其冰山。始犹以士大夫为仇,继将以至尊为注。柴栅既固,毒螫谁何?不惟台谏折之不足,即干戈取之亦难矣。"

陛下的左右也都是魏忠贤和客氏的人，而不是陛下的人。您的处境就像一个被遗弃在险象环生的世上的孤儿。"[1]

另一封弹劾状由一千余名太学生署名，控告魏忠贤对攻击他的奏章积压不报，还有图谋篡位。终于，一个叫万燝的某部郎中激愤地揭发了魏忠贤。这名官员负责监修先帝的陵墓；为了铸造礼器需要大量的铜，因为内廷中废铜堆积如山，所以他请求魏忠贤给他修建陵墓所需要的量。魏忠贤不但不许，还矫诏驳斥他的请求。

万燝被此事激怒，上书弹劾魏忠贤。他写道："君权不能假他人之手，尤其不能假阉人之手。魏忠贤手握君权，分发官爵；他的朋友如虎添翼，他的敌人遍体疮痍。他的亲戚封为王侯，他的仆佣也日进千金。陛下如此宠信魏忠贤，也是因为他曾经侍候过先帝；可是他却拒绝为修建先帝陵墓捐出铜。他自己在西山碧云寺的墓地，却修建得像皇陵一样宏伟；各省都为他修建了富丽堂皇的生祠，到处是题款和雕饰。为他自己的墓地他花了上百万两银子，先帝的陵墓却得不到必要的供应。天下人只知有魏忠贤，不知有陛下。"[2]

---

[1] 见《明史·魏大中传》，英文有删节："从古君侧之奸，非遂能祸人国也。有忠臣不惜其身以告之君，而其君不悟，乃至于不可救。今忠贤擅威福，结党与，首杀王安以树威于内，继逐刘一燝、周嘉谟、王纪以树威于外，近且毙三戚畹家人以树威于三宫。深结保姆客氏，伺陛下起居；广布傅应星、陈居恭、傅继教辈，通朝中声息。人怨于下，天怒于上，故涟不惜粉身碎首为陛下陈。今忠贤种种罪状，陛下悉引为亲裁，代之任咎。恐忠贤所以得温旨，即出忠贤手，而涟之疏，陛下且未及省览也。陛下贵为天子，致三宫列嫔尽寄性命于忠贤、客氏，能不寒心？陛下谓宫禁严密，外廷安知，枚乘有言'欲人弗知，莫若弗为'，未有为其事而他人不知者。又谓左右屏而圣躬将孤立。夫陛下一身，大小臣工所拥卫，何藉于忠贤？若忠贤、客氏一日不去，恐禁廷左右悉忠贤、客氏之人，非陛下之人，陛下真孤立于上耳。"

[2] 见《明史·万燝传》，英文有删节："人主有政权，有利权，不可委臣下，况刑余寺人哉？忠贤性狡而贪，胆粗而大，口衔天宪，手握王爵，所好生羽毛，所恶成疮痏。荫子弟，则一世再世；赉厮养，则千金万金。毒痛士庶，毙百余人；威加搢绅，空十数署。一切生杀予夺之权尽为忠贤所窃，陛下犹不觉悟乎？且忠贤固供事先帝者也，陛下之宠忠贤，亦以忠贤曾供事先帝也。乃于先帝陵工，略不厝念。臣尝屡请铜，靳不肯予。间过香山碧云寺，见忠贤自营坟墓，其规制弘敞，拟于陵寝。前列生祠，又前建佛宇，璇题耀日，珠网悬星，费金钱几百万。为己坟墓则如此，为先帝陵寝则如彼，可胜诛哉！今忠贤已尽窃陛下权，致内廷外朝止知有忠贤，不知有陛下，尚可一日留左右耶？"

◎西山碧云寺

魏忠贤已经从恐慌中恢复了过来，确定自己不会在皇帝那里失宠，现在他决定拿万燝杀鸡儆猴，震慑他的敌人们。他矫诏下令将万燝在宫门打一百大板，但他事先派了一些太监到万燝家里，残酷无情地将他毒打了一顿。这个可怜人被带到皇宫的时候还活着，但在官方的笞刑中途就昏了过去。太监们继续踢打他，他第二天就送了命。一名谏官敢于抗议这种暴行，他赞扬了万燝，说他是"死于那个尖牙利齿的可恶太监之手"[1]。他说，这一事件将会载于青史，永远让皇帝蒙羞。但是昏庸的皇帝错交了邪恶的朋友，他对所有这些劝诫和警告都置之不理，于是魏忠贤横下一条心，比以往更加大胆地施行他的报复与罪行。

勇敢的谏官杨涟现在被投入大狱，曾经和他一起揭露魏忠贤的左光斗和魏大中也同时下狱。他们所在的监狱是独立于刑部大狱的；在那里可以任意使用酷刑。魏忠贤颁布诏书，下令这些人每五天就被拷打一次，除非他们荡尽了家财，否则就不将他们交给刑部。这三个人经受了极为可怕的酷刑，但他们谁也不肯承认自己曾经收受贿赂[2]。最终左光斗受刑不住，对他的狱友们说："我们不招供，他们就会把我们折磨致死，或者收买狱卒将我们害死。如果我们招供，他们就只能把我们交给刑部受正式的审讯，那我们或许还有一条生路。"他的狱友们赞同他的话，都承认了受贿的不实指控。但是老虎才不会放过它的猎物；魏忠贤下诏说这三个人不能被移往公共监狱，酷刑仍旧继续。杨涟最终死于沙袋压腹和铁钉贯耳的酷刑。三名受害者的遗体被交给他们家人的时候，都已经血肉模糊，难以辨认了。杨涟的被捕引发了公众的愤怒；数千名书生和士绅列队在他囚车经过的路边，为他焚香，祈愿他早

---

1 这个谏官是黄尊素。《明史·黄尊素传》："尊素上言：'……今以披肝沥胆之忠臣，竟殒于磨牙砺齿之凶竖。'"
2 魏忠贤是以贪贿的罪名将杨涟等人下狱的。

日平安归来。魏忠贤的爪牙们没收了他全部的家产，但是一共也不到一千两，因为他清贫的程度正与他的正直相当。如果没有邻居们施以援手，他的妻儿们就只能去乞讨了。

让我们重新回到熹宗的高贵皇后的故事上来，讲述她的生和死。可悲的、软弱无能的皇帝无法将她保护，上文引用过的杨涟的奏章中列举的一些事实，大致给了我们一个印象，关于她是如何在魏忠贤和客氏手中遭受种种虐待与侮辱的。

1623年皇后怀孕了，令熹宗大喜过望。但是魏忠贤和客氏夫人不希望皇后从此能左右皇帝，不想看到她在宫廷中的威望因为诞下龙子而增加。皇后两个最亲信、最忠诚的宫女被矫诏以捏造的罪名处死了，她所有的近侍都被遣散了，只除了那些客氏的亲信。空出来的位子由魏忠贤挑选的宫女替补，其中一个在为皇后按摩之后，致使她诞下了死婴。不久后，皇后被皇帝的愚行逼到了绝望的境地，她下决心要为宫廷去除祸害，除掉那个利用皇帝对自己言听计从给宫廷带来恶行和耻辱的女人。她在坤宁宫正殿的宝座上坐下，两边簇拥着武装的侍从，下令唤客氏夫人前来。客氏并没有疑心什么就来了，皇后一开口就逐条数落了她的罪行和险恶用心,最后一句话是叫她准备受死。客氏跪在她脚下请求开恩；与此同时，一名太监马上跑去通知正在做木匠活的皇帝。他及时赶到，救下了奶妈的命。从那时起魏忠贤和客氏夫人使出浑身解数挑拨皇帝憎恶他的配偶，要让她失去他的保护。她则每日为被杀害的谏官和她的侍女们念经祈福，从中寻求力量与安慰。她也希望夫君能够悔过。她特别谴责他的是他任由谏官杨涟被杀害。

魏忠贤多次企图在朝廷和公众的眼中败坏皇后的名声，其中一种办法就是让她的养父张国纪失宠，给他捏造罪名、提供伪证。他上奏折控告张国纪谋逆、收受贿赂、与宫人私通，但是熹宗在一切事情上都天性软弱，他仍然对自己美丽又有德的妻子恋恋不舍。皇后在内阁也找到了一名强有力的后援李国㰀,成功地挫败了魏忠贤的几起血腥图谋,也令他的同谋客氏感到悚惧。终于,在1627年春天,皇帝根据一份不实的弹劾书,决定剥夺张国纪"太康伯"的爵位与俸禄,将他放归故乡。皇帝这么做是因为他耐不住客氏夫人的百般要求,但他仍然听不进别人说他配偶的坏话。当皇后听说自己养父失宠之后,摘下一切冠饰,一身缟素求见皇帝,向皇帝下跪谢恩。

这件事发生后不久,1627年夏天,皇帝一病不起。随着他越病越重,他对自己忠实忘我的妻子的恋慕也与日俱增。在这当口,魏忠贤无耻地向皇后提议,她可以在一桩丑恶的卖国行为中做他的同谋。这个恶魔化身不相信任何美德能够长存——在他的世界里一切都可以买卖,忠诚也只不过需要一个适当的价格和机会。他和客氏夫人惧怕在皇帝死后无所依靠,皇帝的名义和权威对于他们实施自己的罪恶目的来说是必不可少的。除非皇帝宝座上坐的是魏忠贤的傀儡或者同伙,否则魏忠贤将没有办法行使君权。他因此向皇后陛下提议说,在她夫君死后,她应当成为摄政皇太后,接受魏忠贤的亲戚,一个叫作魏良卿的,从旁协助她摄政(实际上就是共同摄政)。与此同时,他还希望皇后放风出去说她怀孕了,在皇帝死后,他就用魏良卿的儿子冒充她的儿子。这样一来,魏家人就能登上皇位了。

这个魏良卿不过是魏忠贤的工具,自己没有政治野心。他是一个酒徒和浪荡子,关于自己要扮演的角色,他只想到自己可以借此占有美貌的皇后。他对朋友们说:"我对做皇帝没有什么兴趣,我只想要张娘娘[1]在旁作陪,那才是了不得的福气哩。"皇后知道,在熹宗去世后,她和魏忠贤将会展开一场生死攸关的恶斗,但是她高高地昂着头,没有流露出一丝一毫的恐惧。

---

1 宫中给皇后起的外号。——原注

◎崇祯帝明思宗朱由检

"许多年来,"她对他说,"我都豁出去一死了。如果我从命,你早晚都会杀了我。如果我不从,你只会早一点杀我。但如果我死也和你对抗到底,我就不会无颜见列祖列宗了。"

当皇帝的生命快要终结,皇后劝他选他的弟弟信王做继承人。"可是,"垂死的君王说,"魏忠贤向我保证说我的两个妃子都怀了孩子。如果她们其中的一个生了儿子,就可以作为我们的孩子,继承皇位。"[1]为此,皇后对他最恳挚地说了一番话;近侍们最后也不知道他们之间说了些什么。然而皇帝点头表示同意,并且宣召他的弟弟来听他的遗命。信王以自己无能相推辞,但是他身穿缟素的嫂嫂急忙从屏风后走出来,恳求他说:"皇弟,尽你的责任,服从陛下吧。事情已经到了绝境,我怕皇宫里会发生变故。谢陛下隆恩,照他的意思去做吧。"[2]信王双膝跪地,君王吩咐其要明智地统治国家,不要犯他犯的错误。然而到了最后一刻他仍然浑然不觉,又补上了一句:"魏忠贤可以信赖,要让他担当大任。"最终,他对弟弟又以皇后相托。"要念及她的福祉。七年来她是我最忠诚的伴侣;我亏欠她太多。她经常劝谏我,令我受益。现在她年少寡居,应该得到你的怜惜。我把她托付给你了。"[3]信王退出后,皇后将他藏匿在皇宫内室,害怕他会遭到魏忠贤的暗害。皇帝在八月二十二日三点钟驾崩了。皇后出示他的遗诏,命英国公张维贤等朝臣陪新皇帝到大殿,在那里他接受了群臣的跪拜。有人劝说魏忠贤先不要轻举妄动挑战遗诏的权威,应当稍等等再拥立自己的傀儡。(太监们作为一个群体,总是热衷于使用密谋和暗杀的手段,而不

---

[1]《明懿安皇后外传》:"熹宗曰:'忠贤告我曰,后宫有娠者二人。他日生男,即以为汝子而立,不亦可乎?'"

[2]《明懿安皇后外传》:"皇叔义不容让,且事急矣,恐有变,宜遽谢恩。"

[3]《明懿安皇后外传》:"复指皇后为托曰:'中宫配朕七年,每正言匡谏,获益颇多。今年少嫠居,良可矜悯,吾弟宜善视之。'"

是公开挑战帝国的法律。）死去的皇帝被穿上了寿衣，他的遗孀扶棺哭泣，几度因悲恸过度而昏了过去。

她醒来后的第一个念头是警告新皇帝要当心被下毒；她求他不要吃任何宫中准备的食物。她派一个亲信内侍到市场上去采购食材，自己亲自下厨。新皇帝对她千恩万谢，为了表达对她忠肝义胆的感激，他将她的养父召回北京，恢复了爵位。养父获准入宫向他的女儿谢恩。皇帝封她为长皇后[1]，封号为懿安皇后，将慈宁宫和慈庆宫辟为她的寝宫。

新皇帝完全没有参与他哥哥在位时宫中的钩心斗角，但他很快就显现出自己坚强和高贵的品性。魏忠贤的处境现在变得非常危险了，他的累累罪行为他招致了许多敌人，而这些人现在都团结起来反对他了。客氏夫人曾经滥用了皇帝的信任，但她对自己奶大的孩子还是有感情的，在他死后她充满了悔恨，于是她对谋反的奸计也派不上用场了。曾经犯下那么多滔天大罪的奸党的势力，此刻土崩瓦解了。在过世皇帝的棺木旁，客氏夫人悔恨地焚烧了他的童年遗物，她曾经珍藏了这些微不足道的小物件——他出的第一颗乳牙，婴儿的一缕头发，几件坏了的玩具，他出天花后剥落的痂。[2] 但她的好日子到头了。不久她就被逮捕，她犯下的数不清的罪行都证据确凿，被判凌迟处死[3]，她的家人也都被处决。对她的死民众都拍手叫好，像过节一样欢庆。从她宫中的居所搜出了六名嫔妃，个个都怀着孩子，有证据证明她本打算毒死新皇帝，再扶持这些生父不明的婴儿中的某一个登上皇位。所有这些不幸的女人都被判处死刑，成了别人罪恶的野心的牺牲品。

---

1 以区别于皇太后。——原注
2 见清人计六奇所撰笔记《明季北略》"客氏出宫"一节："客氏五更衰服赴梓宫前，出一小函，用黄龙袱包裹，皆熹庙胎发痘痂，及累年剃发落齿指甲等，痛哭焚化而去。"
3 原文如此。客氏实际上是在宫中死于笞刑。见《明史·宦官传二·魏忠贤传》"笞杀客氏于浣衣局。"

景山

◎景山（也称煤山，崇祯帝自缢于景山东麓）

形势对魏忠贤来说极为不利，他明白自己已经身陷绝境，于是他从宫中逃出，逃往山东。他现在成了法外之徒，遭到所有同党遗弃，最终在孔夫子墓附近自杀[1]。按照圣旨，他的尸体被大卸八块，首级在他的家乡（河间府）示众。他的许多追随者，特别是那些曾经迫害过皇后的，都被处以死刑。

在新皇帝崇祯动荡不安的统治期间（1627—1644年），长皇后和崇祯及其皇后亲密无间，受到百姓的尊敬和爱戴。直到1642年皇太子纳妃时，她才按照习俗移居仁寿宫。

她的死就像她的生一样值得赞美。1644年，北京已经落入李自成起义军

---

1 原文如此。魏忠贤实际上是被贬安徽凤阳，在阜城自杀的。见《明史·宦官传二·魏忠贤传》："十一月，遂安置忠贤于凤阳，寻命逮治。忠贤行至阜城，闻之，与李朝钦偕缢死。诏磔其尸，悬首河间。"

之手，整个城市都被他的军队焚烧抢掠，皇帝派人捎信给她要她自缢，但在一片混乱纷扰中信使没能把信送到。当她听说李自成已经在攻打紫禁城的大门了，她索要一把剑，想要自刎，但是下不了手，她的侍女们也都极力劝她不要寻死。自刎未成，她就用自己的腰带自缢，但又被侍从们救了下来，劝她尽早躲避。她愤怒跺脚，说："你们害我不浅！"然后奔往一间侧室，在那里她再度自缢，但李自成的部下已经到了，再次割断了绳子。当她苏醒过来的时候，周围环绕着叛军的士兵，对她的美貌赞不绝口。他们其中一个像是头目的，赞叹道："我们在先帝的皇后宫里；这一定就是她本人了。我从来没有见过这样的丽人。谁也不要碰她。等待闯王的命令。"但有些人说这不是张娘娘——她已经化装逃出宫去了——还有人说她已经死了。

叛军还在争论她的身份，而她无言地坐着，直到几个太监和一个年长的妇人走了进来，这个妇人是李自成的侍女，奉他之命来给宫中嫔妃按年龄和容貌分类的，然后再供他拣选。太监们指着皇后，说："这是先帝的张娘娘。"她被交给侍女们看管，她们想要安慰她，说："张媪，不要害怕，你这么漂亮，明天大王来选妃的时候，肯定会封你当皇后的。"

皇后既悲愤又绝望，胸中如同万箭穿心。她还在想怎么才能自杀成功，忽然听到院子里传来一个响亮的声音："太后张娘娘安在？"这是叛军的几个主要头领之一，名叫李岩。在北京城陷落以前，有一些太监到了李自成军中，向他们指点宫中哪些地方有漂亮女人，并且把后妃分成了三种等级。

李自成答应赏给头目们每人三十个美人，一份记录了所有宫人名字的册子到了李岩手里。李岩在投入李自成军前是河南的举人，平时喜欢以仁义自命。看到长皇后的名字被列在册子的卷首，他深深地叹息，说："这些无良的太监，竟敢亵渎皇后的令名。她这样高贵的人不能受此侮辱。我是她的同乡，必须救她于水火。"

于是他急忙进宫，一旦找到她，就派了两个侍女，把她带到一间大殿里，扶她登上大殿的宝座坐下。李岩随后穿戴朝服，向她行三跪九叩大礼。把她交给侍女们看管以后，他匆匆去找李自成。就在那天晚上，她终于成功地自缢了。他们发现她尸体的时候，她身穿黑丝织金缎大袖衣，她的脸上蒙着一方黄色绉绸，她的发髻整齐地梳理过；她看上去不过三十岁。那些看到过她死后的宁静面容的人，都觉得仿佛有天人降临到了他们身边。她死时是如此幸福。

李岩在她寝宫的院子里埋葬了她，为她治丧。与此同时，李自成下令为死去的皇帝和皇后发丧，但没有任何公开布告提到过长皇后的死。于是到处都有谣言说她已经被某个反贼夺去了。在同一天，任妃去见李自成，为了提高自己的地位，她对李自成说自己就是长皇后，明熹宗的正妻。李自成相信了她，并且在与清军交战撤兵后把她一起带走了。恶毒的谣言就这样又流播到了南京的南明朝廷，玷辱着这个高贵女人身后的名誉。海外也传说她已经成了反贼首领的情妇。

宫中仍然有曾经是魏忠贤一党的太监和宫女，他们恨不得玷污她原本白璧无瑕的名声。新的明朝皇帝福王，一直被奸臣所操控，也相信这些无耻的谰言，所以官方对于她的下落一直都没有公开。一直到第二年，她的死才被证实为确凿无误。一个见证了她的死的太监向清朝的摄政王睿亲王描述了她的死状，睿亲王下令让她和她的丈夫合葬，葬到熹宗在北京以北的陵墓。就这样，她得到了光荣的安息。

在清兵大破李自成军以后，任妃来到了北京以西的五台山，她从皇宫里搜刮了大量的珍宝，她的家里很快成了不法之徒出入的场所。她仍然自称明熹宗的皇后，并以此招摇撞骗，向普通人骗取钱财。最终有人控诉到了朝廷，她被逮捕，带到了北京。在北京她仍然坚称自己是皇后，有些人也相信了她。

但宫中的太监毫不费力就证明了她是个下贱的冒牌货。有些野史作家断言说，为了测试她是否是皇后，她被迫试穿了张皇后遗留下的一只弓鞋，结果非常丢脸地失败了。尽管如此，她还是获准自裁。从此那位卓越而贞洁的皇后宝珠的美誉，得以不受损害地万古流传。

◎ 明陵

第3章 李自成起义与北京城的陷落

Li Tzŭ-ch'eng's Rebellion and the Fall of Peking

明王朝迅速衰落和悲惨的结局,很大程度要归咎于明朝末代君主们的腐败与无能,还有他们宫闱的放荡,这导致他们把国家事务的管理和朝廷要职交到了太监们手里。早在李自成起义的军队杀到紫禁城大殿上以前,明朝的厄运就已经命中注定了,因为,就像一位史家所说的,"在统治者不再展示出足以君临天下的德行以后,中国的民众就不会容忍这个朝代多久了"。

◎太和殿

自从 17 世纪初开始，帝国的某些地方就发生了严重的动乱——特别是贵州和山东；1622 年荷兰人登场了，他们占据了澎湖列岛，给中国官员们的噩梦提供了新的材料。1625 年，努尔哈赤和他的满族军队崛起，标志事件是他定都沈阳。但帝国真正陷入绝境是在 1641 年，当李自成的起义军发展到了可观的规模（这场起义忽起忽落地持续了十年），挥师北上，所到之处无不披靡。

李自成在那个时代血腥的背景下倒是个传奇性的人物，他是一位伟大的军人，也可以算是政治家。他性情残酷，他的暴虐是东方式的，在爱情与战争中都不择手段，也渴望富贵，但他还是具有某些能挽回他名声的品质——比如勇气，还有心血来潮时的慷慨大方。他最高贵的品质还是他对占卜、预兆和异象的信仰，那些从普通士兵起家做到将军的军人往往是如此的。他一生中许多最重大决定都是由于他的迷信和恐惧才做出的。

他大约 1606 年出生于陕西。史家们说在他少年时代就预见到了自己伟大的命运。其中一个人讲了如下的故事[1]：他年轻时候好斗鹰走马，在漫游荒野时最感觉适意。深冬的一天，他和两个亲密伙伴一起到了偏远的山中。夜幕降临的时候，他们都坐在树下休息，大口大口地喝酒来提神。只见远处沙尘弥漫。李自成忽然对他的伙伴们说："听我说！如果我命中注定要做天子，作为预兆，今夜就会有暴风雪。"说完他就在地上插了一支箭，说："如果上天助我，积雪就会和箭的高度平齐。"他的伙伴们回答说："如果你当上了天子，我们到死都是你的臣下。"不久，天色阴沉了下来，刮起了大风。雪轻轻地落了下来，在地上逐渐堆积，到了午夜时分，正好能看到箭的顶端露出在雪堆里。李自成和他的伙伴们都被深深地震撼了，他们冒着雪走回家，

---

1 这个传说出自明代钱粤只的野史笔记《甲申传信录》卷六"李闯始末"。

李自成从此就抱着推翻明王朝的念头。他成了强盗，在经过十一年艰苦的冒险之后，他已经是一支大军的领袖了。

这个天生就要做领袖的人持续地被各种迷信所影响。另一个例子是，在潼关附近的一场战斗中，他的左眼被一支箭射瞎了。一个古老的预言说帝国将会被一个独眼人征服，所以李自成受了这带来好运的箭伤以后其实是欢欣鼓舞的；当然，这个消息不胫而走以后，又给他旗下带来了更多的拥护者。

在1644年北京城陷落以后，李自成从南门承天门进入紫禁城。[1] 在他抵达主入口，看到大门匾额上"承天之门"四个大字以后，他就停下来，用箭瞄准了"天"字。他内心忽然深信如果他能射中"天"字，就意味着上天是保佑他登上皇位的。他的箭正中"天"字下面，他和他的部属都觉得这是不

◎天安门（始建于明朝，原名"承天门"，清朝时更名为"天安门"）

---

1 这个故事出自清代计六奇所著笔记《明季北略》"李自成入北京内城"一节。

祥之兆，至高无上的上天抛弃了他，他的胜利走到了尽头。

1641年，李自成大军胜利推进，围困了河南府。现任皇帝的叔叔福王的藩国正是河南，在李自成的军队把城池围得水泄不通的时候，福王正在宫中与将军们饮宴，他们打算招募一千名死士，用绳子坠到城墙下，这样就能趁着夜间成功逃脱了。尽管万历最喜欢的这个儿子沉迷酒色又喝得酩酊大醉，但还是勇猛地守城，直到李自成从北方派出一支奇兵，制服了守卫，强行攻占了这座城市。在一片混乱中，福王用绳子将自己坠到了城墙下，化装逃到了附近的一座庙里，但是他的真面目被发现了，他被带到了李自成面前。进入营地时他看到城中的总兵被铁链捆着，将领叫他的名字，说："殿下，像您这样地位高贵的人对国家是有责任的；勇于殉国才是正道。殿下千万不要向这些叛军的狗屈膝。"福王没有回答，但是当他被带到李自成面前的时候，他拒绝开口，很快就被处决了。在杀了他以后，李自成把一杯他的血倒进了一碗鹿肉糜里，给它取名字叫"福禄酒"[1]，这是一个用福王的"福"玩的双关语。他是这样一个残酷的玩笑家。

他的主要盟友和起义伙伴是张献忠，一个陕西的回民。作为游击战领导者，他几乎就像李自成一样有名，也像李自成一样，喜欢开残酷的玩笑。在李自成围攻河南府的时候，张献忠攻下了湖北富庶的襄阳城。他用一小支骑兵在二十四小时内就行军了一百英里，在守军的侦察队还报告说四野没有敌军的时候，就奇袭了守军。在占领城市并焚烧了巡抚衙门之后，他活捉了湖北的藩王襄王，他是皇帝同族的远亲[2]。他把襄王带到他自己王宫的大殿里，在他面前放了一盏酒，说道："我对殿下您没有什么不满，殿下似乎也不曾

---

1 见《明史·李自成传》："福王洵遇害。自成兵为王血，杂鹿醢尝之，名'福禄酒'。"
2 襄王朱翊铭是崇祯帝叔祖父辈的远亲。

害人，但我想要看到杨将军[1]身首异处，可惜他又离得太远，所以只能取殿下您的首级了。如果我砍了您的脑袋，皇帝恼怒于他亲人被残忍杀害，就会因为杨将军作战不力而处死他。殿下能干了这杯酒吗？"[2]然后他就把襄王处死并且焚尸。根据中国史家的说法，此人还把自己失宠的妻妾做成了一道菜，正应了那句老话："今之所爱，明日酒菜。"

襄阳陷落的消息在朝中引起了恐慌。正如张献忠预料到的，谏官们在即将降临的灾难面前瑟瑟发抖，上书说杨将军平叛不成，该被处死，但杨将军给他们省了力气，他自杀了。

在同一年，也就是 1641 年，李自成围困了河南的大城开封府；但是守军的抵抗十分坚决，五十英尺高的城墙也让他以往采用的挖墙和炮攻战术无所施展，于是他只能绕开开封城。1643 年初，他已经降伏了周边诸城，就又紧紧包围了开封城，决心不惜一切代价攻下这座城池。围城一直持续到九月，而守军因为粮食充足，没有任何要投降的迹象。当城池终于陷落的时候，征服者们没有劫到丰厚的资财，只收获了一大堆尸体。李自成因为开封的誓死不降而大怒，又担心陕西的援军将至，于是决定使黄河决口，淹没开封城。巧合的是，守军的将领也想出了一个类似的方案，只不过他们是想要用黄河淹没叛军，并且已经选中了适当的地点，开始逐渐破坏堤岸。李自成派出的探子们警告他这其中的风险，于是他移到更高的地点扎营，并且为他的军队制作了大量的船只和木筏。在做完这些以后，他驱使城外百姓到数英里以外的马家口去打开大堤。当暴雨过后河面高涨的黄河终于决口时，这些不幸的

---

1 杨嗣昌，明军在湖北的将帅，曾经不止一次打败过张献忠。——原注
2 与原文最接近的记载是清人彭遵泗所撰野史笔记《蜀碧》："献忠缚襄王，置堂下，属之酒。曰：'吾欲断嗣昌头。嗣昌在远，今借王头，俾嗣昌以陷藩伏法。王努力尽此酒。'遂害之。"又《明史·张献忠传》："献忠缚襄王翊铭置堂下，属之酒曰：'我欲借王头，使杨嗣昌以陷藩诛，王其努力尽此酒。'遂杀之。"

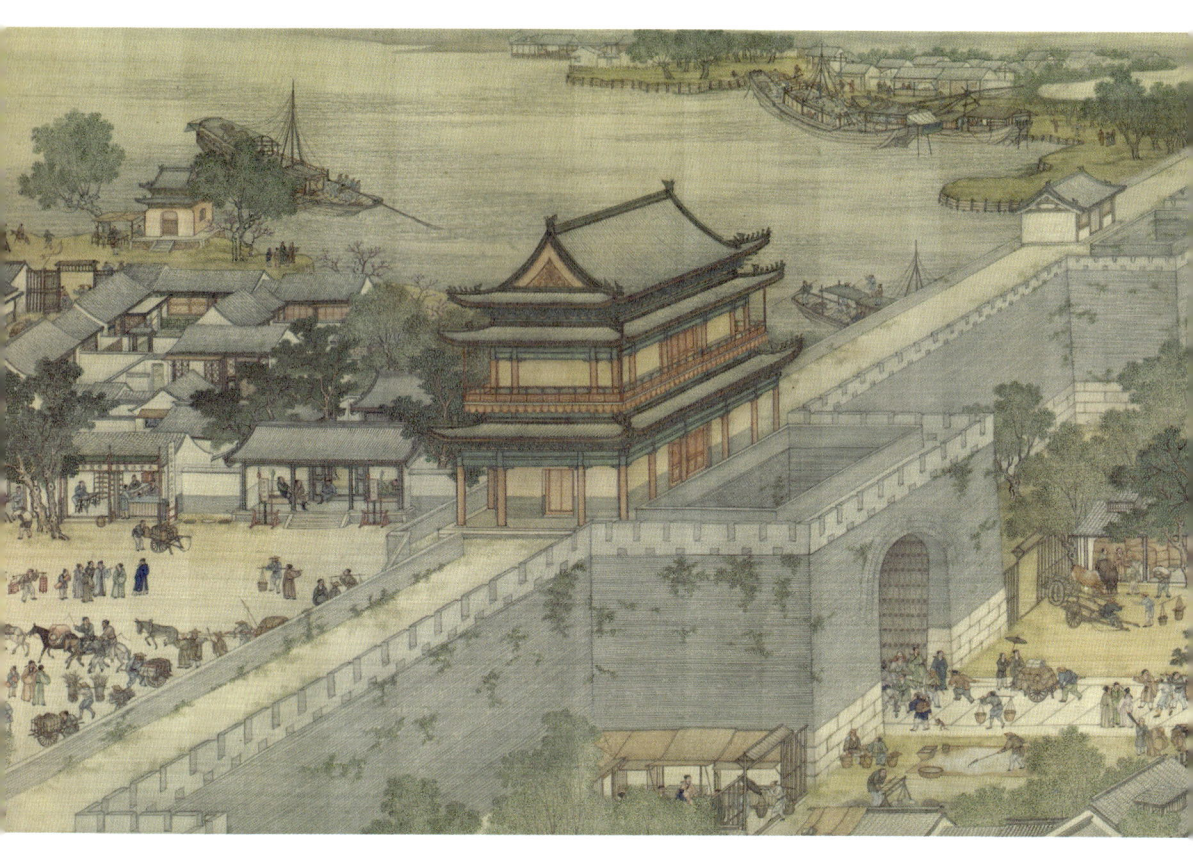

◎开封城（院本《清明上河图》（清）陈枚等合绘 局部）

人当中有十多万人送了命。急流还卷走了一万名叛军。叛军从北门进入开封府，走一路杀一路。原本据估算有一百万的人口，只有十分之一幸存。巡抚和一些品级较高的官员乘船脱逃，几位藩王和他们的妻妾则在城墙上的城楼中避难，在援军到来以前，他们差点饿死在了那里。当李自成坐船进入开封城的时候，他发现已经没有什么可以供征收和劫掠的了。

李自成从河南又进入陕西境内，并特许他的部下在西安城大抢三天。在城中，他身穿龙袍检阅军队，而该城的百姓在路边下跪。从那里他又向自己的家乡开拔，祭扫了之前已经被明军破坏的祖坟。新年（1644年）的第一天，他定年号为永昌，建立了"大顺"王朝；他还把自己四代以内的祖先追封为大顺境内的皇帝。他本可以更早地走出这一步的，如果不是担心他的盟友和起义伙伴张献忠会因此和他敌对，据信张献忠本人也是一心想要建国的。但是现在张献忠却给李自成送来丰厚的礼物，并且写了一封信祝贺他登基。于是李自成勇气高涨，着手册封一群新的贵族，建立一个新的朝廷；他设立了六部，各部都有尚书和他们手下的办事员，册封了九名侯爵、七十二名伯爵、三十名子爵和五十五名男爵。这时候他已经有六十万骑兵、四十万步兵。他派代表到全国各地公开反对明朝皇帝，说："当今皇上不能算是昏庸。他是佼佼者，但他的官吏们迫害百姓之烈，如同用火炙烤。他的大臣们自私自利，朋比为奸。忠直的人少而又少。监狱里满是不幸的囚徒，官吏们不知感谢皇恩。百姓们饱受赋税之苦，以至于流离失所。"[1]

1644年元旦，北京城里天色昏暗，沙尘弥漫，安徽凤阳发生了地震，就在明朝开国皇帝的出生地不远。朝廷上下陷入绝望。大学士李建泰是山西人，家有钱庄。他在上朝时站了出来，说愿意把家财献给国家，亲自领兵回家乡镇压反贼。李自成称帝的消息给了皇帝当头一棒，他悲伤地对李建泰说道："我是问心无愧的。我不该是亡国之君；然而到处都是亡国的景象，我已经控制不了帝国了。祖宗'栉风沐雨'得来的天下，就这样一夜之间丢失了，我有何面目见他们于地下！要是我能率领军队死于沙场就好了。在国家动乱至此的时候，我死也是不会瞑目的。"[2] 说罢他放声痛哭。在场的大学士们都主动请缨要求代他带兵出战（他们并不比君王本人更适合带兵）。皇帝否决了，这时候李建泰叩头说："我愿意出我自己的家财做军饷，举兵剿贼。"

---

1 见《明季北略》中记"李自成伪诏"："君非甚黯，孤立而炀蔽恒多。臣尽行私，比党而公忠绝少。"
2 见《明史·李建泰传》："帝临朝叹曰：'朕非亡国之君，事事皆亡国之象。祖宗栉风沐雨之天下，一朝失之，何面目见于地下！朕愿督师亲决一战，身死沙场无所恨，但死不瞑目耳！'"

○祈年殿

崇祯热情地感谢了他："那我就按照古礼，亲自送你出征。"崇祯授予他尚方宝剑和战场上的全权指挥。

在准备了几天以后，皇帝移驾太庙，以显示自己决定的严肃程度；然后他登上前门的城门楼，面向皇宫。军队军容整肃，从紫禁城门口一直排到天坛。朝廷百官都到场了，乐师演奏着行军曲。皇帝陛下在阅兵后举行了宴会，坐在酒席正中，传了七巡酒。其中有三次他都举起金杯，向李建泰祝酒，还给了他一道敕令，上面写着："代朕亲征"。

军队开拔了，皇帝目送他们出了城。在出城门后不久，李建泰的轿子横杆断了，这被认为是一个恶兆。这次远征是一次凄惨的失败。他们还没有到山西，叛军就攻陷了李建泰的老家，劫走了他的大部分家财。他的军队里很多人都在半路上死于饥饿。

与此同时，李自成正在穿过山西北上，没有遇到抵抗就渡过了黄河，围困了太原府。巡抚英勇地抵抗了，但是他的一个手下把城池出卖给了叛军。

李自成进入秦王的王宫，捉住了这个倒霉的藩王（他是永乐皇帝的后裔）。李自成杀了他，还有四十六名重臣也被同时杀死。皇帝在听到消息以后，颁布了一道悲凄的法令，哀叹了叛军给他的百姓带来的祸乱，还有他的官员们的无能，以及他自己的失德。他说："中夜此心，踽踽无地。用是大告天下，朕自今痛加创艾，深省凤愆，要在惜人才以培元气，守旧制以息烦嚣，行不忍之政以收人心，蠲额外之科以养民力。其罪废诸臣，有公忠正直廉洁干才，尚堪用者，不拘文武，吏、兵二部确核推用。草泽豪杰之士，有恢复一郡一邑者，授官世袭。即陷没胁从之流，能舍逆反正，率众来归，准许赦罪立功。若能擒闯、献二贼，仍予封侯之赏。"[1]

---

[1] 见《明通鉴·卷九十·纪九十·庄烈崇祯十七年》，为崇祯十七年三月十八日所下的第五次罪己诏，英文版引用时有删节。

"临时抱佛脚",但现在已经不是下这种诏书的时候了;现在什么也救不了这个厄运当头的王朝了。当叛军的一部进入直隶地区,攻陷了河间府,朝廷派遣太监杜勋到宣化府前线,从这一侧遏制他们的进攻。这是致命的一步棋,因为杜勋是一个懦夫,也是一个叛徒。他曾经劝皇帝投降,说:"陛下不如禅位,这样您和我还可以享福。"有这个权势很大的太监掌管军国大事,干涉他从骨子里就不懂的事务,局面已经无法可想了,但没有人敢于反对他的意见。

一名谏官此时劝皇帝把太子送往南京,把他的另外两个儿子永王、定王分封到安徽的宁国府、太平府,靠近开国皇帝的故乡,负责那里的防务。皇帝在浏览这份奏折时,紧张地绕殿而行,唉声叹气,自言自语。他下定决心要同意的时候,一个大学士对他说此事传到海外,会危害到王朝的名声。不幸的皇帝又一次犹豫了,最终说道:"死于社稷,是国君和他家人的职责。我下令皇子们留在北京。"十万火急的书信送给了吴三桂,命他守卫山海关,把一切他能调动的军队都派回京师。

李自成抵达了宁武关,山西长城内的一座城池,他派使者向城中宣布,如果不在五天内投降,所有居民都会死于他们刀下。总兵周遇吉是从平阳撤到这里来的,他使用耶稣会士铸造的大炮,给叛军造成了很大伤亡。火药快要用完了,而叛军的攻击仍然猛烈如前,人们劝他投降。老将军愤怒地回答说:"你们为什么如此怯懦!今天如果能胜,全军都能得到忠义的美名,如果你们抵挡不住了,就把我捆起来交给反贼。由我来承担抵抗之责。"[1] 他的部下感到羞愧。他们给叛军设下埋伏,在几座城门门口只设少量兵卒,然后打开城门。叛军们拥入以后,守军再落下街道尽头的闸门,把他们围困在当中,

---

[1] 《明史·周遇吉传》:"遇吉怒曰:'若辈何怯邪!今能胜,一军皆忠义。即不支,缚我予贼。'"

杀死了数千人。但是李自成不停地用大炮轰击城墙；当城墙有一处崩塌的时候，守军就赶紧修补。李自成的四名最骁勇的大将被杀死了，他几乎下决心要撤退了，这时候他的副将说："我们人数是他们百倍；只要我们不计得失，攻击不懈，就没有不胜的。即使是十倍也是如此。"[1]

李自成很乐意听从，驱使他的部下继续进攻。一支军队被消灭了，另一支又上去补缺。尸体堆到了十英尺那么高，守军终于力竭，城池陷落了。周遇吉将军拒绝投降，他率领人马巷战，直到他的马也死了，他冲到叛军中，又杀死了一些人，直到被捉住，身上被射满了箭，就像豪猪身上的针那么多。他还是继续抵抗，李自成把他绑到一根高大的柱子上，继续向他射箭，直到他因乱箭穿心而死。然后他的尸体被斩首。他的夫人和侍女们跑到长城上的一间岗哨里，向叛军射箭，直到他们在四周纵火。她们都死于大火中。城中没有一人投降；他们全被屠杀了。

李自成到了大同府城门前，总兵姜瓖和那个不忠的监军太监杜勋都同意投降，但是巡抚卫景瑗和他的部下们歃血结盟，发誓要抵抗到最后一刻。姜瓖在每个城门都布置了一些人，叛军到来的时候，就背信弃义，开门献城。卫巡抚骑马冲上前去，但当他看到自己已经被出卖了，就任由自己被捉住。他们把他带去见李自成，李自成答应让他做官。卫景瑗在他面前不肯下跪，席地而坐，大呼"皇上万岁"并痛哭。李自成赞美了他的忠义，说："我不杀这样的勇士。"卫巡抚起身以头撞石栏杆，血流如注。叛军把他带下。在遇到叛徒姜总兵时，他极为厌恶地说："可恨的叛贼，你违背了对天发的大誓，你会遭天罚的。"叛军又把他已经八十多岁的母亲带了上来，想要劝他投降。他说："母亲，您年事已高，应当为自己打算。您的儿子我是国之大

---

1 《明史·周遇吉传》："其将曰：'我众百倍于彼，但用十攻一，番进，蔑不胜矣。'"

臣，不可以不死。"[1] 他的母亲被带走了，他对旁人说："我不再骂反贼了，希望他们能放过我的母亲。"他在一所佛寺中自缢，叛军赞扬他的忠诚和勇气。他们为他的妻儿建立了庇护所，把他的母亲也送去团聚。然后他们处死了城中藩王的整个家族。

当消息传到北京的时候，李建泰（他已经从那次不光彩的远征中回来了）劝皇帝逃往南京。崇祯在皇宫的高台上召集群臣，告诉他们这通谏言，说："君主应当为社稷而死，我又能去哪里呢？"[2]

皇帝最忠诚正直的大臣之一是大学士蒋德璟。在李自成起义早期他曾劝谏皇帝采取更积极主动的对策，并且向皇帝指出，他为了给一支不存在的军队提供军饷，而征收了过重的赋税。

在这次高台上的朝会中，蒋德璟又一次劝谏皇太子应当被送往南京，并且为此拟了一道谕旨，开头是："向来聚敛小人倡为练饷，致民穷祸结，误国良深"[3]。当皇帝听到这个开头的时候，他大为不悦，说道："我并非为自己聚敛，只是为了练兵。"蒋德璟回答说："我知道，陛下，但是赋税仍然很重，我斗胆问一句，当时练的兵马现在都按数目到位了吗？蓟州府总督应当有四万五千兵，而今他只有两万五千兵。保定府的总督应当有三万兵，如今却只有两千兵。京畿地带的各路驻军都是如此，练兵的钱都被浪费和挪用掉了。"[4]

皇帝为之震怒，指责蒋德璟是在结党反对他，于是这位大臣递上了辞呈。

---

1 《明史·卫景瑗传》："景瑗曰：'母年八十余矣，当自为计。儿，国大臣，不可以不死。'"
2 《明季北略》："上召对平台，谕阁臣曰：'李建泰有疏，劝朕南迁，国君死社稷，朕将何往？'"
3 见《明史·蒋德璟传》。
4 《明史·蒋德璟传》："帝曰：'朕非聚敛，但欲练兵耳。'德璟曰：'陛下岂肯聚敛。然既有旧饷五百万，新饷九百余万，复增练饷七百三十万，臣部实难辞责。且所练兵马安在？蓟督练四万五千，今止二万五千。保督练三万，今止二千五百。保镇练一万，今止二百。……一经抽练，原额兵马俱不问，并所抽亦未练，徒增饷七百余万，为民累耳。'"

◎明十三陵前的石兽

◎明十三陵前的石人

崇祯想要治他的罪，但在都城陷落的时候他幸而脱逃了。此时皇帝仍抱有一线希望，他封吴三桂为伯爵，命他速速前往京师勤王。太监王承恩受命统领北京城内兵马，负责京城防务。

宣化府的巡抚朱之冯出身皇族，打算誓死守城；但是太监杜勋和守将白广恩传信给他，要他投降。杜勋亲自上门拜访他劝降，但朱之冯拒不听从。叛军到来的时候，杜勋穿戴起朝服，到十英里地外亲迎李自成。守军一哄而散，朱之冯登上城墙的时候，身边只有几个随从。叛军进了城门，大门早就由太监们为他们打开了。李自成下令不得杀一人，并且答应减轻赋税和徭役，百姓为之欢腾。街上彩旗飘扬，扎起了花彩的门楼欢迎征服者。李自成进城时，人们焚香迎候。

朱之冯的随从们极力劝说他到安全处躲避，但他斥责了他们。朱之冯向北京城皇帝的方向行叩拜大礼。然后他匆匆写就了一封奏章作为遗言，在其中他恳请皇帝陛下要激起百姓的忠君爱国之心；之后他就在房屋的大梁上上吊了。叛军们把他的尸体丢进了沟渠，尽管野狗吃掉了其他人的尸体，他的遗体却完好无损。

六天后居庸关失陷了，这道坚守不下的关隘也被李自成成功通过了。李自成现在到了北京城以北，离京城只有三十英里了。他进入了皇陵的神圣封地，劫掠了陪葬品，焚烧了多间配享的大殿。他的探子布满了北京城，许多从他那里拿钱的商人和官员每天向他报告明王朝的动向。一些他的心腹密探实际上就是兵部的人，皇帝的每一个决定都立刻通过秘密信使报告给了李自成。另外，兵部派出的探子却被李自成的巡逻队捉住，一个也没能回到北京城内。就这样，李自成在行动没有被侦知以前就到了北京城的西门。

皇帝召集了内阁，所有人都一言不发，有些人流着眼泪。攻城的炮击开始了。城门外驻扎的三个兵营一听说叛军来就溃逃了，城墙上只剩下几个卫兵把守。李自成转而进攻往南一英里半的彰义门，并在内城外扎营。他由叛主的太监杜勋陪同。杜勋将一封信穿在箭上射进了城里，守卫捡到了这封信。信是写给皇帝的，信中写道叛军必胜无疑，劝皇帝自裁。信被交给了崇祯帝，他随即又颁布了一封罪己诏，再次宣布任何多余的赋税都会从此被取消。然后他命令自己的妹夫巩永固[1]带一队家丁护送太子去南京。巩永固叩头说道："国法规定皇亲国戚府内不得有甲兵。唉！所以我没有能完成此任的人马。"[2]两个人一起流泪。

　　叛军在城南的城墙上搭建云梯，攻占了彰义门内的地盘。叛军其他部的人马则以大炮轰击鞑靼旧城的三座城门。守兵都已逃散，负责守卫的太监都贪生怕死，向叛军投降。在这生死关头，才充分证明了不该信任这些小人，开国皇帝禁止宦官干政的睿智也得到了验证。紫禁城中有三四千名太监，名义上是护卫皇帝和紫禁城，但这些人当中只有王承恩对皇帝的忠诚至死不渝。其余人在叛军杀到前的最后几天里，不是饮酒作乐，就是忙着把自己的财宝埋到地下，准备远走高飞。在李自成攻下外城第一道城门的那一天，一名大太监正在前门外他的宅邸中听戏。至于文武百官，那些忠贞正直的人大都不满于太监的专权，他们明白大难当头，准备按照儒家的传统随时殉国。那些荒淫或者无知的人则继续花天酒地度日。

　　三月初四，钦天监递上奏折，说帝星已经下移。皇帝陛下又下了一道徒劳的诏书，呼吁他的臣子们悔罪。然而他宠信的并不是那些勇敢忠诚的人，那些最终为他尽忠殉职的人。有人在宫墙上写了一副对联，充分概括了他统治下那个自甘堕落的朝廷的精神状态："风云有意扶新主，日月无光掩大

---

[1] 英文原文为女婿，有误。巩永固所尚乃明光宗之女乐安公主，即崇祯之妹，非崇祯之女。
[2] 《明史·列传第九·公主列传》："叩头言：'亲臣不藏甲，臣等难以空手搏贼。'皆相向涕泣。"

明。"[1]

皇帝现在明白一切已经无望了,要加强京城防务也已经太晚了。三月十七日,叛军攻打了西北门。宫中官员报告给皇帝陛下,皇帝秘密在偏殿召见内阁诸臣。皇帝问魏藻德[2]有无建议,魏一个字也说不出来,唯有默然垂首以对。皇帝见到他们不知所措的样子,怒而将龙椅踢翻,拂袖而去。他从皇宫去了煤山。夜幕已经降临,叛军的烽火燃起的狼烟在京城的每一个角落都可以看到。不幸的君主久久地伫立着,哀叹着他和他的百姓的厄运。

第二天早晨,天还未亮,叛军就开始攻打城南的西门,负责守门的曹太监向叛军献上了城门[3]。叛军一拥而入,迅速攻陷了前门,向紫禁城进发。

皇帝命令将太子和他的弟弟[4]带去安全处躲避。他们来向父亲告别时,还穿着平时在宫中的衣服。皇帝忧愁地看着他们:"这还是做华服打扮的时候吗?"然后他命令一名太监带来两身破旧衣衫,亲手给儿子们换上并系好腰带。"今天,"他对皇长子说道,"你还是太子,明天你就是一个无家可归、四处流浪的老百姓了。不要透露你们的名字,要尽可能地掩饰。对长辈要称呼'您老',对陌生人要叫'叔叔'或者'乡亲'。万一你们侥幸逃生的话,记得要为你们的父母所遭受的不公报仇。不要忘记我的这番话。"他说完后,两个孩子就被带走了。

他命人送酒来,他喝了不少酒。他召见皇后(周氏家族的人)和嫔妃们,对她们说:"大势已去。是你们去死的时候了。"身为皇贵妃的袁妃,听到这句话就惊慌起身,想要逃跑,但是皇帝陛下持剑追杀她,喊道:"你也活

---

1 此对联见于清代谭吉璁著《延绥镇志》,又有一说是李自成在忻州看戏时戏台上的对联。
2 英文原文作 Wu Tsao-Te,与后文出现的 Wei Tsao-Te 应为一人。
3 这个太监是曹化淳。
4 这里只提到了崇祯的两个儿子,实际上太子有两个弟弟,永王和定王。

不了。"他一剑刺中她的肩头。她继续逃奔，但是皇帝的第二剑又刺中了她，她倒在了血泊里。皇后逃回了她所住的坤宁宫，在那里上吊自尽。

接下来皇帝从宁寿宫召公主来。她只有十五岁。他表情狂乱地瞪着她，说："你为何不幸生在我家呢？"他抓紧手中的剑，砍断了她的右臂，她倒在地上奄奄一息。他又到昭仁殿，在那里砍杀了他的第二个女儿坤仪公主[1]。然后他又派太监以他的名义力劝他死去兄长的皇后和贵妃们自尽。在进入坤宁宫的时候，他看到皇后已经悬梁自尽，当场大呼："死得好，我等都逃不过一死。"

现在几乎是早晨五点了，曙光熹微。皇帝改装打扮，换下他长长的龙袍。早晨上朝的钟声敲响了，但是一个人也没有来。皇帝换上了一件短的绣龙纹马甲，一件紫色和黄色相间的袍子，他的左脚光着，没有穿鞋子。由忠诚的太监王承恩陪伴着，他从神武门离开皇宫，来到了煤山。他哀痛地望着山下的城池，在衣襟上写下一道遗诏："朕凉德藐躬，上干天咎，然皆诸臣误朕。朕死无面目见祖宗，自去冠冕，以发覆面。任贼分裂，无伤百姓一人。"[2]于是他在亭子中自杀，此地后来被称为皇帝的"衣冠冢"。忠心耿耿的太监也和他一起缢死。

在皇帝自杀之前，大部分宫嫔已经从宫中逃出。一个姓魏的宫人跑到了御河边，高呼："有志气的人都来学我。"跳进了河里。两百多名宫人都自寻了死路。有一名姓费的宫女跳进了一口废弃的井内，井内已经干涸了。叛军把她钩了出来，发现她是位绝色佳人，就想要占有她。她傲慢地说："我是长公主。"他们被她的话震慑退后，把她带去见李自成。李自成让太监们

---

1 按《明史》坤仪公主早夭，此处被杀的是昭仁公主。《明史·公主列传》："又斫昭仁公主于昭仁殿。"清毛奇龄《胜朝彤史拾遗记》："昭仁主六岁未封，以居昭仁宫，故名。"
2 见《明史·庄烈帝本纪二》。

来指认她。他们都说她不是公主，李自成就把她赐给了手下一个姓罗的将领。费氏在他那里也占了上风，说："我实在是天潢贵胄，不能轻易与你苟合。将军必须正式娶我，择吉日与我成亲。"罗姓将领听了十分欢喜，与她对坐饮酒，喝得大醉。费氏等到他喝得完全不省人事的时候，就取出一把匕首，刺中了他的咽喉。在他死去的时候，她喊道："我本是弱女子，能杀死一个反贼的首领，心愿足矣。"说完她就自刎而死。当李自成听说了她的事迹以后，下令将她厚葬。

这时候，李自成已经进入了皇宫。按照李自成的命令，人们拿来两扇门扉，把皇帝和他的随从太监的尸体放在上面[1]，抬到了东华门外的一家店铺。尸体在那里连放了三天，随后太监们才遵命给皇帝穿上龙袍，梳理头发，把他放进棺材。百姓前来瞻仰遗容是允许的，也来了许多人，但是却很少有士大夫阶层的人敢于冒险来吊唁他们的故主，他们害怕引起李自成的疑心。事实上，他们当中很多人宁可在去皇宫路上绕一个大弯，也不想在路上经过皇帝的棺材。

四月初三，皇帝和皇后被暂时埋葬在田贵妃的墓里，但是只有太监和村民目睹了下葬的过程。后来，当李自成兵败，清军进入北京的时候，清朝的摄政王睿亲王命令为他们修建皇陵，令天卜为其服丧三天。然而，就现在来说，明朝的末代帝王仍然是在没有人悼念的情形下就进入了永眠。一份葬礼的记录后来被一个小官吏[2]交给了清朝的摄政王，这个官吏是按照北京城的叛军长官的命令给先帝下葬的[3]：

"至三月二十五日[4]，顺天府伪官李纸票，为开圹事，仰昌平州官吏即动

---

1 放在门扉上的应当是帝后二人的尸体，见《明季北略》："乃以双扉，同畀母后二尸出，送至魏国公坊下。"
2 这个官吏叫赵一桂。
3 出自清代谭吉璁所著笔记《肃松录》，有删节。
4 这天是北京城陷落七天后。——原注

◎崇祯帝殉国处

官银雇夫，速开田妃圹，安葬崇祯先帝及周皇后梓宫。四月初三日发引，初四日下葬，毋违时刻，未便。彼时州库如洗，监葬官礼部主事许作梅因葬主限迫，亦再三踌躇。卑职与好义之士孙繁祉、白绅、刘汝朴、王政行等十人，共捐钱三百四十千[1]，雇夫启闭。其圹中隧道长十三丈五尺，阔一丈，深三丈五尺。督修四昼夜，至初四日寅时，始见圹宫石门。用拐钉钥匙推开头层石门入内，享殿三间，陈设祭器，中有石香案，两边列五色绸缎，侍从宫人生前所用器物衣服俱在大红箱内盛贮。中悬万年灯[2]二盏。殿之东间石寝床一座，铺设栽绒毯，上叠被褥龙枕等物。又开二层石门入内，通长大殿九间，石床长如前式，高一尺五寸，阔一丈。田妃棺椁即居其上。初四日申时，候故主灵到，即停于祭棚内，陈猪羊金银纸笤祭品，同众举哀祭奠下葬。卑职亲领夫役入圹宫内，即将田妃移于石床之右，次将周后安于石床之左，后请崇祯先帝之棺居于正中。田妃葬于无事之时，棺椁俱备，监葬官与卑职见故主有棺无椁，遂将田妃之椁移而用之。三棺之前各设香案、祭器毕，卑职亲手将万年灯点起，遂将二座石门关闭。当时掩土地平，尚未立冢。至初六日，率捐葬乡耆等祭奠，号泣逾时方止。卑职差人传附近西山口地方拨夫百名，各备掀掘筐担，舁土筑完。卑职同生员孙繁祉亦捐资五两，买甓修筑周围冢墙，高五尺有奇。"

  龙座上的最后一代明朝帝王就这样崩逝了。在他死去的那天上午（三月十九日），还不到正午时分，李自成骑着一匹花斑马，从承天门入城，由他的大学士、叛贼牛金星还有他的户部尚书宋企郊陪同。大太监们带着一大群随从在城门外迎接他，护送他进入宫城。他在皇极殿宝座上坐下，命人搜查

---

1 当时相当于六英镑。——原注
2 即所谓的"长明灯"。——原注

皇帝和皇后的所在，这时候他还没有接到他们两人已死的消息。一些太监把皇太子和他的两个兄弟永王、定王带了来，他们被发现藏在田妃的家里。李自成宣布三月二十一日将举行一次朝会，明朝的重臣们都必须出席；三月二十日他则忙于为他的军队安排住宿。

二十一日黎明时分，帝国的公爵朱纯臣[1]（先帝曾经对他寄予厚望）和大学士魏藻德、陈演率领着忧愁满腹的朝廷百官来到金銮殿前。所有人都穿着平民服装，他们不敢穿朝服出现。李自成并不屈尊理睬他们的道贺。叛军围着他们发出冷笑，有的人开玩笑地用剑去戳他们的后背，还有的人逼他们下跪，然后踢他们的脖子，扯下他们头上戴的冠。可怜的官员们既不敢抗议也不敢抵抗，只能默然驯顺地忍受着这些欺侮。大学士陈演趁机拍马溜须，建议李自成就此登上金銮殿的宝座。

李自成毫不迟疑就着手立威和重新组织政府。他封皇太子为宋王，释放了所有明朝治下被下狱的官员，颁布了新的官僚制度。他把六"部"改为"政府"，改变了御史台的构成，把翰林院改称弘文馆。一省长官的名称恢复了旧制，省的行政区划被改为节度使制，州县划分被简化。他所作出的所有改变都显示出他有实用主义的智慧。

然后他才纡尊降贵来接见明朝官员。他南面而坐，由两名手下大将陪侍，命令官员们按照花名册点名而入。他把他们划为三个等级，所有下层官员都欢天喜地地接受了新的官职。在较高级的官员中，只有侯恂获准保留他原来的官职，其他人都被降了一到两级。在焦灼的期待中所有人下跪，为他们从新主子那里得到了官位而心中欢喜。他马上就要给他们看看自己的厉害了。

首先，他颁布法令，规定北京城的每户人家都要为一名叛军提供食宿。

---

[1] 朱纯臣封成国公。

并没有明令禁止烧杀淫掠，于是在接下来的几天里，叛军大开杀戒，数千名手无寸铁的市民被迫自杀。

其次，他指定九十二名归降的明朝官员到他的心腹宋企郊手下供职，也就是在户部。但他们才刚到宋企郊处任职，就被迫去推行一项逮捕和监禁八百名官员的法令，其中包括一些前朝的皇亲国戚，还有一些人已经正式归顺。这些悲惨可怜的人被成群结队地押往李自成的大将军刘宗敏的兵营，在那里他们被毒打，被上夹棍之刑，直到交代了自己的财宝藏在什么地方。其中一名被捕的国子监祭酒，已经缠绵病榻，但还是被五花大绑、毒打致死。拶刑的刑具又被用到了他的妻子身上，直到她十指折断。她招供了他们的钱埋在什么地方；七千两白银被挖了出来，送给李自成。他对这个数额极表惊叹，叹道："想不到一个穷酸文人也如此富裕！"他看到酷刑折磨有这般功效，于是颁布法令，要求所有官员都经受拷打。如果是大学士，需要交出赎金十万两白银；皇室中的重臣，七万两白银；都察院御史，五万两白银；翰林学士们，两万两白银，以此递减直到官职最低微的小官。皇亲国戚们被榨干了最后一个子儿后处死。

但并不是所有的高官和朝臣都是懦夫与贰臣；尽管他们无法挽救崇祯和他的统治，但仍然有许多官员和文士忠诚地恪守儒家的坚贞传统，即使在这种世风日下的时代，他们也宁死不屈。许多事例都展现了他们令人赞叹的勇气和在厄运中所保持的尊严，但我们在这里只能选择最受国人爱戴的两三件事迹加以讲述。[1]

户部尚书倪元璐，浙江人，在听说皇帝死讯后，就穿戴朝服急忙前往

---

[1] 值得注意的是，日本武士的切腹及其高贵传统所代表的武士道、忠诚、勇气、庄严的仪式感，都可以在中国圣贤们所著的经典中找到起源。中国古代的哲学是东方的灵魂所在，这种哲学仍然能在这个并不好战也缺乏忠诚的民族心中激发出道德上的英雄主义。——原注

皇宫，在桌子上写下遗言："国都应当迁往南京，死是我分内之事。死后不要将我包裹下葬，让我暴尸在外。知我心者，会明白我的哀痛。"[1] 然后，他南面而坐，用腰带勒死了自己。他一家十三口都在同一天自尽。

都察院左都御史李邦华与其他一些谏官一起登上了城墙想要参战，但太监们把他们赶了回去。听说外城已经陷落，他去往本朝忠义爱国之士的祠庙[2]，当叛军进入内城的时候，他向祠庙中的牌位磕头，说道："在此国难之际我但愿一死，请允许我从先生于九泉。"然后他写下一首绝命诗，上吊自尽。

大理寺卿凌义渠听说皇帝死了，大声恸哭，以头触柱。血从他受伤的脸上流下来，一个门生上前劝阻他，说他的职责是活下去。凌义渠责备了这个年轻人："你给我的建议应当是正直的人所能遵从的。你怎么能劝我苟活呢？"[3] 他示意让他离开；然后他把生平所爱的书籍都堆在身旁，点火焚烧，说道："你们至少不会污于贼手。"他穿上朝服，给父亲写了最后一封信，然后自杀。

太常寺少卿吴麟征在西直门守城，一队叛军走近，假装是勤王的军队，想要进城。监军的太监想要开城门，但是吴麟征不允许。他在瓮城里堵塞了石头和泥土，夜间把一队死士从城墙上坠下，斩杀了许多叛军士兵。城池陷落的时候，他躲到了一处佛寺里，写信给他的家人，要他们用一块普通的黑布覆盖他的尸骸，然后就上吊自杀了。吴麟征经常劝说皇帝应当把吴三桂从宁远召回来，因为现在叛军的威胁已经比清军更近在眉睫了。直到为时已晚，崇祯才后悔自己没有听从这番金玉良言。

---

1 《明史·倪元璐传》："李自成陷京师，元璐衣冠拜阙，大书几上曰：南都尚可为，死吾分也，勿以衣衾敛，暴我尸，聊志吾痛。遂南向坐，取帛自缢而死。"
2 原文有误。按《明史·李邦华传》应为文天祥祠："十八日，外城陷，走宿文信国祠。"
3 《明史·凌义渠传》："门生劝无死，义渠厉声曰：'尔当以道义相勖，何姑息为？'"

御史陈良谟，宁波人，生平无子，只有一个买来六个月的小妾怀有身孕[1]。他把她叫来，说："我是要死的了，但是你很快就会生下孩子，回到你父母的家里去吧。"妾流着泪回答说："如果你打定主意要死，那么追随你于地下不是我的职责吗？在如今这样的世上，我的孩子还是不要出生的好。"她的丈夫应声说道："只能如此了吗？"妾时年十八岁，自缢身亡，他也追随她而去。

侯爵刘文炳[2]，是皇太后[3]的外甥，在四月十一日[4]晚上最后一次朝见皇帝，他对皇帝说自己一定会殉国。在离开皇帝以后，他带着一队随从去了哈德门[5]，在那里杀死了几个叛军。他回到家，发现母亲、妻子和妹妹都已经死了。她们是在点火烧了房子以后上吊自尽的，火仍然烧得很急，所以他无法进入室内。他的叔叔在宫中领兵为副将[6]，这时候不当值，于是回到了家，在花园里遇到了刘文炳。他提议说他们两个人都应当投井，但侄子提醒他说："我们很快就要到黄泉去见先皇了，穿戎装见皇帝是大不敬。换上平时的衣服。"他的叔叔照着做了，喊道："皇帝万岁。"他们死在了一起。

礼部尚书武愫[7]，是一名贰臣。他做了叛军手下的伪官，叫他家的老仆为他准备朝服，他要前去向李自成朝贺。仆人回答说："天子已死，您非但不去他棺旁吊唁，反而要去篡位者那里下跪！死是小事，失节是大事。希望先生三思。"他说完就一再叩头，直到流血。武愫生气地叫他退下，但是老

---

1 这个妾姓时。见《明史·陈良谟传》："时氏，京师人，年十八。良谟逾五十无子，以礼纳之，侍良谟百三日耳。"
2 刘文炳封新乐侯。
3 崇祯的生母刘氏在崇祯幼时已经身死，崇祯即位后，她被追封为孝纯皇太后。
4 原文如此。
5 即崇文门。
6 他的叔叔名叫刘继祖。这个时候崇祯让外戚们都参与守城。
7 这个故事出自清初计六奇所著笔记《明季北略》"武氏仆"。

◎崇文门（哈德门）

仆又说："阁下现在渴望的是富贵与官位。您今天也许对我的话不屑一顾，但很快有一天您就会后悔的。李自成这个叛贼既背信弃义又贪得无厌。至于我，我不忍心看到一个我伺候了这么多年的人丧失生命和名誉。"老仆自杀了。他的话很快就应验了，因为李自成迫使武愫交出了所有的财富，那是很大的一笔钱，然后又砍掉了他的头。

话题回到李自成身上来，他现在是北京城当之无愧的主人了。三月二十八日，礼部尚书颁布了一道通告，呼吁所有官员和乡亲父老向李自成请愿，请他正式登上皇位。对于请愿，李自成亲切地表示应允，下诏择吉日举办登基大典。他希望登基大典要尽可能的富丽和有排场。

但恶兆的应验是不容否认的。自从叛军的皇帝在北京称帝开始，他的命星就开始黯淡了。他为自己正式登上皇位的庆典所准备的壮观仪式从来没有

◎睿亲王多尔衮

机会举行，很快他这个篡位者和掠夺者，也将被篡位和掠夺。

在北京城陷落几天前，皇帝曾经送了一封十万火急的书信给吴三桂（他当时驻守宁远，那是明朝抵挡清朝军队的最后一个堡垒），要他全速赶来北京勤王。吴三桂马上出动军队，但是他还没越过长城，就听到了北京城陷落和皇帝已经驾崩的消息。他的军队都是富有经验的老兵，在这种情况下是一支举足轻重的力量，特别是他从宁远的撤退等于给清军打开了挥师直取北京的通道。吴三桂的父亲吴襄已经投奔叛军，他为了自己的安全着想，迫切希望他的儿子能拥护李自成。如果不是为了一个歌伎的缘故，吴三桂本来毫无疑问是会这么做的，这段故事留到下文再叙。现在只需要说，李自成的提议最终是没有结果的。吴三桂暂时驻军于丰润，与长城相邻。他一边继续与李自成交涉，一边开始与睿亲王（多尔衮）谈判，商量要合力攻打叛军的皇帝。

三月二十九日，北京城陷落后第十一天，李自成给吴三桂送去一份礼物，

◎天下第一关——山海关

给他的军队四万两白银。他非常清楚吴三桂一旦和清军联手,将是极为可怕的强敌。随着礼物还送去了这封显得有点缺少策略的信[1]:

"汝以身恩特简得专阃任,非真累战功,历年岁也,不过为强敌在前非有异恩激劝,不足诱致,此管子所以行素赏之计,而汉高一见韩彭,即予重任,盖类此也。今尔徒饬军容,顿兵观望,使李兵长驱直入,既无批吭捣虚之谋,复乏形格势禁之力,事机已去,天命难回。吾君已逝,尔父须臾。呜呼!识时务者,亦可以知变计矣。我为尔计,不若反手衔璧,负锁舆棺,及今早降,

---

1 这封信实际上是以吴三桂之父吴襄的口气写给吴三桂的,所以不能算是"缺少策略"。

不失通侯之赏，而犹全孝子之名。万一徒恃愤骄，全无节制，客主之势既殊，众寡之形不敌，顿甲坚城，一朝歼尽，使尔父无辜受戮，身名俱丧，臣子均失，不亦大可痛哉！语云：知子者莫若父。故为尔计，至嘱至嘱。"[1]

吴三桂仍然在拖延时间和观望局势，对此的答复是李自成必须把已故明朝皇帝的儿子皇太子交给他。李自成没有这么做，反而派了两名叛军将领带着两万人的兵力去袭击他。但是吴三桂太精明了，不会这么浪费兵力，而是匆匆撤退，转而围攻当时由八千名叛军把守的山海关。他在猛攻之后占领了山海关，由此李自成意识到只要有这个敌人在边境，他的皇位就坐不稳，于是率领十万军队离开北京去征讨吴三桂。至于吴三桂是怎样在清军帮助下打败了李自成，留待下章再叙。

李自成兵败后，与吴三桂签订了和约平分帝国，并且把皇太子也交给了吴三桂。按照这份和约，李自成将是山西、陕西及以西所有省份的皇帝和统治者。之后他带着残兵匆忙赶回北京。四月二十六日，他重新进入了京城，两天后重新在武英殿庄严地自封为皇帝。他把妻室高氏册封为皇后，把七代以内的祖先都追封为皇帝。他的登基大典没能具备他所想要的排场，金子打的国玺还没有做好，刻有他的年号的钱币也还没有铸造。不管怎样，他有了属于自己的胜利时刻——他身穿龙袍，整个朝廷都在他的面前行跪拜大礼，在天坛和地坛他的即位都被恭敬地告之天地。编年史作者们断言说，尽管他接受了百官的朝贺，但是"皇座地毯上绣的金龙仿佛在怒视他"[2]。无疑李自成自己也感到这不是吉兆。他已经当上了皇帝，把自己的名字刻在了荣耀的名单上，就又活力不减当年地回到他作为劫掠者的角色中去了。登基仪式

---

1 见《明季北略》"吴三桂请兵始末"，英文原文有删节。
2 见《明季北略》："引至皇极殿金台，金顶雕龙，若将下啖。"

才刚刚结束,他就纵火焚烧皇宫大殿和城墙上的城楼。然后他把皇宫里的所有金器一卷而空,把它们烧化成"金饼",每块一千盎司重,以便于运输。他用骡子驮了一万块这样的"金饼",准备长途跋涉去往南方他的新帝国。

然而,在离开以前,他着手处置宫中的太监们,让他们恶有恶报,特别是那些曾经背叛了他们的君王和国家以求保住性命与财富的人。他把他们全部聚集到一起,强迫他们先交出自己的珠宝和贵重物品,然后用棍棒将他们赶出皇宫。没有人被放过,哪怕是太监杜勋,尽管他曾经劝明朝守军献城,但还是为自己的卖国行为付出了代价,被迫吐出了他的所有不法所得。太监们在被夺走了所有可携带的财宝以后,被带到永安门,被命令交代他们的其他财富藏在哪里。那些拒绝说话的人不是双腿从膝盖以下被砍掉,就是被放在火上烤。有一部分在交出了他们的物质财富以后又被施以拶刑,最后被砍掉了脑袋。

◎天坛

伯爵李国桢[1]是最早归降的大臣之一，没有交出足够的钱财让李自成满意，于是又被酷刑折磨直到两踝俱断，然后他才获准上吊自尽。他的妻子被叛军扒光放在一匹马上游街，受尽了下流的嘲笑。大学士陈演也投降了，并且付出四万两白银的赎金换来了太平，但李自成认为他日后可能会带来麻烦，于是在离开北京城前将他处死了，一同处死的还有骆养性[2]，他是户部尚书，之前也付出了三万两白银的赎金。

皇帝李自成接下来的命运，我们在这里不需要关心，很多历史著作对此都有所记载。但是他死亡的时间和方式仍然具有他在多变故的一生中所贯彻的传奇色彩。根据清朝的官方史家记载，他在湖北通城被村民杀死，迎来了一个可耻的结局。但是这种故事并非事出无因，国家的新统治者自然希望他死了，因为只要他还活着，就是一个不安定的因素。有记载，称一具据说是李自成的尸体被斩首和火化，但真相可能是，在经历了冒险生涯的动荡狂热之后，他出家为僧，在与世隔绝、不失尊严的安宁中度过了晚年。这种传说至少是有所根据的。

在清朝军队攻占武昌（1646年）后，之前曾经抵抗过他们一段时间的李自成看起来已经逃往湖南，身边带着三十名残兵，在一个叫清化的地方躲避。从那里他又撤退到安福县的牯牛坝，在那里他命令他的随从们离他而去，他自己单枪匹马到了夹山。在石门镇不远，他找到了一处佛寺，削发在寺中避难，穿上了和尚的袈裟。在那座寺庙埋葬和尚们的墓地里仍然能看到据说是李自成的墓塔。上面的铭文写道："大和尚奉天玉[3]葬此"[4]。在墓前有一块碑，

---

1 李国桢是襄城伯。
2 骆养性实际上官居锦衣卫左都督。
3 意思是继承自皇家的财富。——原注
4 传说这个叫奉天玉的和尚就是李自成。

上面写着:"无人知和尚之名,及其所由来。"李自成起初造反时,曾经自称"奉天倡义大元帅"。后来他又采用封号"大顺皇帝"。

康熙年间(大约 1695 年),这所寺庙的一个老和尚告诉长沙来的一个书生说,他还记得 1646 年李自成是怎么到这里来的。他缄口不言自己来自何方,但是他的口音像是陕西人。他似乎熟读佛经,了解律法。若干年以后又有另一个和尚来找他,名叫野拂,曾经是他的徒弟,终生忠诚地侍候他。他死于康熙年间的甲寅年(1674 年),当时大约七十岁,给他的徒弟野拂留下了遗言,将自己描述为一个弃绝此世浮华的皇帝。寺院里保存了他的画像,讲故事的和尚把它拿给了书生察看。毫无疑问这就是李自成的画像:除了少了一只眼以外,高高的额头和凹陷的下巴都是李自成的特征。他剩下的一只眼睛大而明亮(所以他经常被叫作"猫头鹰的眼睛"),他的鼻子也是高耸的鹰钩鼻。

第 4 章　吴三桂

Wu San-kuei

通常来说，中国的史学家们在描述他们伟人的性格和事迹的时候，总是喜欢下冷酷和严厉的断语。他们要么是好，要么是坏，要么是强，要么是弱，最初在资料不足和不准确的情况下做出的结论，被一代代的学者接受和重复。整体来说，中国古代的史书对情绪和动机的变化不是奇怪地不感兴趣；而是仅仅满足于记录结果，描绘往昔的画面，没有人性的光影，不会提及人心的善变和不负责任的冲动。中国的历史学家们通常都是些渴望得到政府录用或者晋升的读书人，在描述人物和事件的时候，他们倾向于遵从公认的权威、那个时代流行的政见或者他们固有的偏见。

毫无疑问，吴三桂作为第一个粉碎李自成势力、多次打败李自成并将他驱赶到长江以南的中国将军，在今天的历史上，是作为一个伟大的军人以及政治家与学者而留名的。作为军人他的确伟大：好多年靠着他的军事天才抵挡住了清朝军队，他对宁远的高明的防御为他赢得了那些英勇善战的人的尊敬。但关于他的道德原则和他是否忠君爱国，还是不说为妙。

在北京城陷落和皇帝驾崩后，他的军队[1]矗立在叛军皇帝的势力和清朝入侵者之间，处在一个可以扭转局势和决定中国命运的位置，因为中国的命运都决定于皇位的归属。如果他当初遵从父亲的意愿归顺李自成的话，清朝肯定无法在明王朝的废墟上建立自己的统治。如果吴三桂遵守他在山海关大胜李自成后与后者订立的反清盟约的话，明朝也许可以继续统治北京。他最终决定与清朝共命运，联手打击叛军，并且背叛了他对明朝皇太子效忠的誓言，这不是出于对他的国家的爱，而是因为他对一个歌伎的迷恋，这个歌伎在北京城陷落后，被李自成从他那里夺走了。

吴三桂在这个关键时期的种种行动，在中国今后的历史中起到了决定性作用。下文所提及的史实是取自宫中一名太监王永章在北京所写的日记[2]，他是北京城陷落的见证人，也近距离观察了此后的事变。日记中抄录了吴三桂给他的父亲吴襄写的数封书信，吴襄当时已经投降了篡位的李自成。这些书信证明了吴三桂的决策原本是受到个人野心所驱使的，因为他本来愿意投奔任何一方麾下；但在这个关键性的时刻，他的行动完全是出于他想要与宠姬团圆的欲望。苍天在上，清军入主中原完全要归功于一个小小的歌伎，她被同时代的编年史作者称为陈圆圆，圆圆脸的美人[3]。

北京城陷落四天后，也就是三月二十二日（1644年），吴三桂在位于丰润的营地里给他在京城的父亲写了一封信，这封信被他的父亲交给了李自成。信中说："闻京城已陷，未知确否？大约城已被围。如可迁避出城，不可多带银物，埋藏为是。并祈告知陈妾，儿身甚强，嘱伊耐心。"

---

1 清代的记载说吴三桂在宁远的驻军有十三万步兵和四万骑兵。——原注

2 这部日记叫《甲申日记》，很可能是伪书，全书已失传。其片段见于况周颐《陈圆圆事辑》、李岳瑞《春冰室野乘》等书。

3 这位传奇人物最初是伯爵周奎家中的女奴。吴三桂是在周家的酒宴上遇到她，对她一见钟情。——原注（译者注：也有很多记载说吴三桂是从另一个外戚田畹手中买到的陈圆圆。）

接下来的一封信说:"得探报,京城已陷。儿拟即退驻关外。倘已事不可为,飞速谕知。家口俱陷贼中,只能归降。陈妾安否?甚为念。"

第三封信的落款是三月二十五日:"接二十日谕,知已归降。欲保家口,只得降顺,达变通权,方是大丈夫。唯来谕陈妾骑马来营,何曾见有踪迹?如此轻年小女,岂可放令出门,父亲何以失算至此?儿已退兵至关,预备来降,唯此事实不放心。"

第四封信的落款是三月二十七日:"前日探报,陈妾被刘宗敏掠去。呜呼哀哉,今日不复相见!初不料父亲失算至此。昨乘贼不备,攻破山海关一面,已向清国借兵。本拟长驱直入,深恐陈妾或已回家,或刘宗敏知系儿妾,并未奸杀,以招儿降。一经进兵,反无生理。故飞禀问讯。"

第五封信,也是最后一封信,写道:"奉谕。陈妾安养在宫中,但未有确实之说,此说究竟何来?太子既在宫中,曾否见过?父亲既已降顺[1],亦可面奏,说明此意,但求将陈妾、太子两人送来,立刻降顺。"

吴三桂想把皇太子要来的最初意图,就像后来的事变所证明的那样,是要立皇太子为皇帝——傀儡皇帝——出于他自己的目的。他甚至给太子设立了一个年号,太子的官方布告和文书开头都是"义兴元年",就是"正义振兴"的意思。但是他在听说他的姬妾"圆圆美人"被献给了太子以后,在狂怒中放弃了这个计划[2]。这个至关重要的事实在官方修史和私人回忆录里都没有提及,但从目睹者王永章的日记看,这种说法是有详尽的细节作为依据的,也与其他已知的这一时期的史实相符合。因此,也许可以相信这是实有其事的。可以读一下这个片段:"三月二十日,贼在田皇亲邻家搜得太子、定王

---

1 "顺"是李自成所采用的国号。——原注
2 本书作者关于吴三桂因陈圆圆放弃迎立明朝太子的说法,是采纳自李岳瑞所著笔记《春冰室野乘》。《春冰室野乘》正是在引用了《甲申日记》相关记载之后得出这一结论的。

以献，闯令入宫。二十一日，封太子为宋王，定王为安宅公。四月初六日，发檄文与吴三桂，有云：'太子好好在宫，汝莫想借他为由，朕已封为宋王，将尔等妻女与他奸淫，以泄崇祯之恨。'"[1]

三天后，李自成下诏书要出征以报复吴三桂，他于四月十二日离开北京，前锋有十万人马。随行的有皇太子，太子的弟弟，其他三位明朝皇子，吴三桂的妻子和两个妹妹，还有一些宫中的嫔妃，其中就有"圆圆美人"。半个月后，两军在一个叫作"一片石"的地方相遇厮杀。李自成大败，逃入了山海关。李自成渴望与吴三桂修好，就把皇太子和"圆圆美人"送去了吴三桂的军营。吴三桂这个时候仍然对未来举棋不定，对明朝的忠诚也在动摇，第二天他就答应了李自成，与他签订了一份同进退的盟约，一同抵御清军。盟约里说：

"大明朝义兴皇帝使监国大学士平南王吴三桂，尚义伯、总兵官唐通，大顺朝永昌皇帝使兵政府尚书王则尧、张若麒，于甲申四月二十二日立誓于山海关。

"自誓之后，各守本有疆土，不相侵越。大顺朝已得北京，准于五月初一日交还大明朝，世守财货归大顺朝，人民各随其便。如北兵侵掠，合力攻击，休戚相共。有渝此盟，天地殛之！"[2]

在订立盟约以后，李自成就率兵回京，于二十九日抵京。对于新盟友的忠诚，他还没来得及怀疑多久，甚至在他还没到北京城的时候，信使就已经给他送来了两封吴三桂颁布的通告。其中一份是以"监国大学士、平南王"的身份下达的，落款日期是义兴元年四月二十二日，另一封则是"平西亲王"，落款是清朝的年号顺治。在读了后一封通告后，李自成感叹道："如果胜出的是我，这

---

[1] 同样出自《甲申日记》。
[2] 见《甲申日记》。

个两面派就和我一伙，如果胜利的是清朝，他就和清朝一伙。一旦把太子和姓陈的女人骗到手，他就丝毫不内疚地背弃了我们庄严的誓约，真是人面兽心！"[1]

说完他就下令将吴三桂的父亲和他家中的十六名女眷斩首处死。

五月一日，宫中收到了一份来自明朝皇太子的敕令，说他将会在三天内进入都城，为先帝和母后举行葬仪。在这份敕令末尾处的日期，他加上了自己的年号"义兴"，表明他把自己看作皇帝，并且信任吴三桂的忠诚。京城方面也准备了表示恭迎的奏折，当皇帝陛下已经到了西门的消息传到宫中的时候，太监王德化准备好了给皇帝用的龙辇和皇家出行用的仪仗，带着百官的庞大队伍前去迎接。太监们在宫中四处忙碌，做准备工作。

前面提到的关于吴三桂生涯的种种细节，都是出自太监王永章的日记。日记就到此为止。日记和同时代的其他记载之间有一些细节上的出入，特别是关于平分帝国的盟约是在何时何地签订的，以及吴三桂的父亲被报仇心切的李自成处死的具体日期。但主要的史实和上面引用过的文献应当被视为是可信的。

吴三桂的不孝，体现在他把"圆圆美人"看得比父亲更重，得到了史家们的原谅，他们引用吴三桂自己的话说："父既不能为忠臣，儿亦安能为孝子乎？"吴三桂本人明显是关心自己在后世的评价的，他在写给未能为国尽忠的父亲的最后一封信里，给自己的行为找了理由："不肖男三桂泣血百拜，上父亲大人膝下：儿以父荫，熟闻义训，得待罪戎行，日夜励志，冀得一当，以酬圣眷。属边警方急，宁远巨镇，为国门户，沦陷几尽，儿方力图恢复，以为李贼猖獗，不久即当扑灭，恐往复道路，两失事机，致尔暂稽时日，不意我国无人，望风而靡。吾父督理御营，势非小弱，巍巍百雉，何致一二日内，便已失坠，使儿卷甲赴关，事已后期，可悲可恨。侧闻圣主晏驾，臣民戮辱，

---

[1]《甲申日记》："闯曰：'大约我胜则与我合，清胜则与清合，彼诱得太子、陈氏便尔背萌，实非人类！'"

不胜眦裂。犹意吾父，素负忠义，大势虽去，犹当夺椎一击，誓不俱生，不则刎颈阙下，以殉国难，使儿缟素号恸，仗甲复仇，不济则以死继之，岂非忠孝媲美乎？何乃隐忍偷生，甘心非义，既无孝宽御寇之才，复愧平原骂贼之勇。夫元直荏苒，为母罪人，王陵、赵苞二公，并着英烈，我父噳喑宿将，矫矫王臣，反愧巾帼女子。父既不能为忠臣，儿亦安能为孝子乎？儿与父诀，请自今日。父不早图贼，虽置父鼎俎之旁，以诱三桂，不顾也。男三桂再百拜。"

从传统和同时代的文献所提供的证据来看，有理由相信吴三桂有一段时间本来是打算拥立皇太子在北京登基的，可能也打算让李自成保有对山西以及山西以西省份的统治。根据通行的记载，在山海关大败以后，李自成主动接触吴三桂约定平分帝国，他是从永平府把皇太子送往吴三桂处的。可以肯定的是，在这个时间点吴三桂停止了对李自成败军的追击，并且发布诏书，宣布他很快就要进入北京城恢复大明朝。其中一份诏书的日期是四月三十日，到达北京正好是在李自成带着满载赃物的大军弃城而去的那天早晨。诏书宣告了皇太子即将驾临，号召百姓为先帝服丧。

正好是在这个关口，清军露出了底牌，让吴三桂除了和他们合伙以外再没了选择，他要么抛弃明朝，要么就得打不可能之仗。吴三桂本来希望能让清军忙于和他交涉，而他自己则执行计划，对北京的局势审时度势。但是清朝的执政王睿亲王怀疑到了他的企图，匆忙从山海关赶到了锦州。在那里他听说了吴三桂的诏书，送去一封急信，禁止吴三桂正式进入北京，并且声明任何明朝的皇帝都不会得到他们的承认。吴三桂做出了选择，明朝光复的希望也随之灰飞烟灭。

五月三日早晨，北京城的官员们聚集在西门外，期待能迎接明朝的皇帝。但当轿子抬到的时候，他们看到轿子里的人是清朝的摄政王，而吴三桂也和他一起。迎接他们的是一片死寂。在皇宫的东华门，一些太监抬来了御辇，

◎武英殿

请摄政王坐上去。一开始他表示推辞,但最终让步了,乘御辇到了皇宫。在文武百官下跪的时候,他说:"我是效法前代周公辅佐幼主,不应当乘坐御辇。"[1] 然后他进入武英殿,接见明朝官员,让他们都官复原职。有人启奏请他登基称帝,但是他的大学士范文程驳回了启奏者,说:"我朝幼帝,去年已在沈阳登基,摄政王不可能答应你的请求。"[2]

审慎的摄政王正确地估计到了北京城当下的气氛可能会对吴三桂和他的军队有不良的影响,便派他去追击李自成。吴三桂非常清楚李自成的军队带着他们长期掠夺而来的财物,是不堪重负蹒跚而行。他接受了这个任务,以他一向的勇猛取得了胜利。盟约早就随风而去了,他数次在短兵相接中打

---

1 《清史稿·诸王列传·睿忠亲王多尔衮传》:"请乘辇,王曰:'予法周公辅冲主,不当乘。'"
2 见《明季北略》:"其内院大学士范文程接见。笑曰:'此未是皇帝,吾国皇帝,去岁已登极矣,何劝进之有。'"

垮了李自成，夺走了他不法得来的赃物，最终把他赶到了山西。从他陪摄政王进入北京那天起，到1674年他起兵反叛为止，他一直是清王朝的栋梁。他们为了褒奖他，将他封为藩王，让他统治贵州和云南。

在吴三桂和清朝摄政王合力击败李自成之前他们两人的来往书信，并非缺少历史价值，也很适合在这里提到。当3月12日[1]李自成的"报仇出征"从北京出发的时候，吴三桂在宁远已经下定了决心要与清军联手。于是他写信给以前就主动和他交涉过的摄政王。在把入侵北京的叛军称作"狗偷乌合之众"，他请求清朝出兵惩处叛军，文章如下：

"我国积德累仁，讴思未泯。远近已起义兵，羽檄交驰，山左江北，密如星布。三桂受恩深厚，悯斯民之罹难，拒守边门，欲兴师以慰人心。奈京东地小，兵力未集，特泣血求助。我国与北朝通好二百余年，今无故而遭国难，北朝应恻然念之。而乱臣贼子，亦非北朝所宜容也。夫除暴翦恶，大顺也；拯危扶颠，大义也；出民水火，大仁也；兴灭继绝，大名也；取威定霸，大功也。

"王以盖世英雄，值此摧枯拉朽之会，诚难再得之时也。乞念亡国孤臣忠义之言，速选精兵，直入中协、西协，三桂自率所部，合兵以抵都门。灭流寇于宫庭，示大义于中国，则我朝之报北朝者，岂惟财帛？本宜上疏于北朝皇帝，但未悉北朝之礼，不敢轻渎圣聪；乞王转奏。"[2]

收到上面这封信以后，摄政王多尔衮（睿亲王）立刻派巴来衮到锦州去运更多大炮。他移营到西拉塔拉[3]驻扎，从那里他寄了下面这封回信给吴三桂：

"向欲与明修好，屡行致书；明国君臣不计国家丧乱、军民死亡，曾无

---

1 原文如此。
2 见《清世祖实录》。作者在引用时删去了其中吴三桂露骨地表示愿意割地求和的部分。
3 原文为"锡谷"（Tin Valley），今从《清史稿·吴三桂传》《清世祖实录》改。

一言相答。是以我国三次进兵攻略，盖示意于明国官吏军民，欲明国之君熟筹而通好也。若今日，则不复出此；惟有底定国家，与民休息而已。予闻流寇攻陷京师，明主惨亡，不胜发指！用是率仁义之师，沉舟破釜，誓不返旌；期必灭贼，出民水火。及伯遣使致书，深为喜悦，遂统兵前进。夫伯思报主恩，与流贼不共戴天，诚忠臣之义也。伯虽向守辽东，与我为敌；今亦勿因前故，尚复怀疑。昔管仲射桓公中钩，后桓公用为仲父，以成霸业。今伯若率众来归，必封以故土，晋为藩王；一则国仇得报，一则身家可保，世世子孙长享富贵如河山之永也。"

多尔衮进兵到连山，在那里他又收到吴三桂的一封信：

"接王来书，知大军已至宁远；救民伐暴，扶弱除强，义声震天地。其所以相助者，实为我先帝，而三桂之感戴犹其小也。三桂承王谕，即发精锐于山海以西要处，诱贼速来。今贼亲率党羽，蚁聚永平一带；此乃自投陷阱，而天意从可知矣。今三桂已悉简精锐，以图相机剿灭。幸王速整虎旅，直入山海，首尾夹攻，逆贼可擒，京东西可传檄而定也。又仁义之师首重安民，所发檄文最为严切；更祈令大军秋毫无犯，则民心服而财土亦得，何事不成哉！"

第二天，摄政王已经到了离山海关三英里的地方。李自成的军队增强了兵力，现在达到了二十万人。随行的有明朝皇太子、太子的两个弟弟、许多明朝皇室的藩王，还有吴三桂的父亲。他向吴三桂发了最后一道招降令，但是被置之不理，于是李自成开始炮击山海关。吴三桂派快马送信给清军，摄政王睿亲王派遣大军前来，这支军队后来迎击叛军于一片石，大败叛军。第二天早晨，吴三桂和他的人马从山海关出来迎接清军。摄政王举办仪式热情地欢迎了他，并和他一起祭天。吴三桂介绍了自己麾下的将领，摄政王让他回去命令自己的军队在肩头包裹白布以为标记，这样就不会将他们和叛军搞混。李自成的军队在山海之间列阵，只待一声令下就开始进攻。这天大风扬起尘烟，咫尺之内不能见物。清军在一段距离以外列阵，他们收到摄政王的命令，要等候时机，听从号令，因为任何轻举妄动都可能带来灾难。"如果人人各自努力，"他说，"帝国就是我们的了！"[1]

吴三桂出右翼进攻李自成。他们大喊一声冲向敌阵，但是他们的第一阵猛攻被击退了。风停了，两军进入激烈的混战。清军以势不可当的攻势协助进攻。叛军的阵脚乱了，这天以他们彻底的溃败告终，局面混乱不堪，死伤不计其数。

第二天，山海关的守军奉摄政王之命剃发。满族亲王们本来对吴三桂的忠心半信半疑，但当他们看到吴三桂剃了头发出现在他们的营地里，他们就放了心。摄政王于是封他为一等亲王，赐朝服，领相应俸禄。同一天，他的父亲被李自成送上了"不归路"。

在吴三桂成功的戎马生涯接下来的三十年里，他先是粉碎了李自成的势力，后来又追击逃亡的明朝末代皇位觊觎者，我们在这里暂不详述。当清朝的统治在整个帝国都稳固地建立起来的时候，吴三桂被奖励了一个藩国，统治贵州和云南。在云南府他的宫殿里他享有皇帝的尊荣。王宫以皇家气派建造和装潢，有富丽的大殿与亭台楼阁。他将大量收入用于美化城市，在湖中的一个岛屿上修建了游乐之所，取名"近华浦"，又在西郊建了一座花园，名为"安阜园"[2]。但是他的荣华注定不会长久不衰。1674年，他因康熙皇帝决定削藩而盛怒，这个平叛者也掀起了反叛大旗，宣布建立一个新王朝（周朝）来反对清朝。他像最初一样英勇善战所向披靡，直到1678年10月，一次中风结束了他动荡不安的一生。他骄傲的精神更习惯于命令他人，而不能

---

1 《清世祖实录》："此兵不可轻击，须各努力；破此，则大业可成！"
2 见清代陈健笔记《庭谈录》："又造亭海中，名近华浦，又为园于西郊，名安阜园。"

容忍将他封建诸侯的地位降为一个臣民。

早在他公开叛乱之前，他就计划着要在帝国的遥远边疆抛弃他对清室的忠诚，他会连续几个小时坐着回想自己遭遇到的不公，计划着要报仇。按照他的习惯，他谨慎地做着准备工作，储存了大量的辎重和军火。当他正忙于这些事情的时候，他的家里出了祸事。一个宠妾的弟弟得罪了他，吴三桂威胁要将他斩首。犯罪者逃离了云南，一路到了北京，向皇帝报告了吴三桂的造反图谋。康熙这时候才刚刚亲政（1667年），拒不相信这个故事。不管怎样，他还是派了一名秘密信使到云南府去查证。吴三桂在城中到处都有眼线，任何从北京来的陌生人的消息都会马上被报告给吴三桂。吴三桂很快听说了康熙使者的事情，明白皇帝在怀疑他了。他想要打消皇帝的疑心，以免在他没有计划周全以前皇家的大军就兵临城下。他匆忙把官方的文件都换成康熙的年号（本来他已经换上了自己朝代的年号），并在他的王宫大门外挂了一副新的对联，宣扬他对清朝的忠心：

"帝力于我何有！

臣清恐人不知。"[1]

使者在城里待了一个月，但没能找到吴三桂图谋造反的证据。他抄录了上述的对联，带回北京交给了皇帝。皇帝大笑道："我的这位老臣果然是无辜的，他并不是要造反，而是被他人所陷害了。"

当吴三桂当真造反的消息最终传到康熙那里的时候，康熙正在沐浴，他大为恼怒，将手中的水罐摔到地上，喊道："老贼怎敢欺我！"

当康熙废除三藩、将三藩改为行省的诏书到达云南的时候，吴三桂将他手下的官员和秘书官召集来讨论局势。他们提出了各种不同的计划，吴三桂

---

[1] 这副对联见于清末吴恭亨的《对联话》。

都加以拒绝。他已经下定决心要叛乱，听不进任何关于妥协的想法。他手下一个姓胡的浙江人，坐在角落里默默地冷笑，就好像猜到了吴三桂内心的想法一样。第二天，吴三桂邀请所有下属赴宴，给胡面子，亲自给他敬酒。酒里有剧毒，胡剧痛而死。

吴三桂的相貌特征在中国人看来是代表着超群的智力——显著的大而且长的双耳，轮廓鲜明的鹰钩鼻[1]。他胡子剃得很干净，表情坚定冷峻，令人生畏。他为人勤苦，也期望其他人都如此，所以他维持纪律十分严格。人们害怕他的怒火，对侍奉他的人来说幸运的是，他脸上有一种发怒的征象是从不会错的，就是在他的鼻梁（他的鼻梁是变形的）上有一个黑色的胎记，在他即将爆发怒火的时候，就会肿胀和变成紫色。还有，在发怒之前他会用鼻音哼哼，听上去十分凶险，这种时候别人就会找借口躲开。

正如与睿亲王的通信中所显示的那样，吴三桂的文字风格简洁有效，但学者们尤其赞赏的是他的诏书和对军队的演说词，其中显露了相当的原创性和谩骂的技巧。他誓师攻打李自成的讲话是他这类文章中的杰作。"闯贼李自成，以幺魔小丑，"文章这样开头，"纠集草寇，长驱犯阙，荡秽神京。弑我帝后，禁我太子，刑我缙绅，淫我子女，掠我财物，戮我士民。豺狼突于宗社，犬豕踞于朝廷。赤县丘墟，黔黎涂炭，妖氛吐焰，日月无光。成祖列宗之阴恨，天寿凄风；元勋懿戚之尽锄，鬼门泣日。呜呼！汉德可思，周命未改，忠诚所感，顺能克逆。义旗所向，一以当十。请观今日之域中，仍是朱家[2]之天下。"[3]

---

[1] 见刘健《庭闻录》卷六："三桂巨耳隆准，无须。……鼻梁伤痕，右高左低，中有黑纹如丝，非谛视不见。忤意即自扪其鼻。与人语如疾言，则意无他。或中变，则闭唇微咳，声出鼻中。以此两者测，百不失一。"

[2] 朱元璋是明朝的开国皇帝。——原注

[3] 见清代葫芦道人《戡闯小史》，原檄文较长，英文翻译有删节。

吴三桂像大部分他的同时代人一样，倾向于让算命先生和占星家影响自己的日常行动和危机时刻的决定（康熙皇帝曾经抨击他的年老朝臣们的这种倾向）——"藉梦，或乌陵，或先知"[1]。先知和占卜者的力量一直是左右着中国人命运的一个至关重要的因素，对于整个东方来说都是这样，西方人用物质主义淹没了的声音，东方人却能凭着他们的本能和传统听到。

就在 1674 年举起叛清大旗前，吴三桂决定向一个道士请教，这个道士相面的神妙本领在整个省份都是有名的。吴三桂想将他请到王宫，但是被道士拒绝了。吴三桂就微服去拜访他，请他算一算自己的未来。道士在盯着他看了很久以后，说道："你的面相是大贵的人的面相，但你下巴上的纹路告诉我你的后人将会遭遇灾祸，你将要绝后。"

吴三桂没有说话，但在回到王宫、对这个恶兆经过一番深思熟虑之后，他决定派一个信得过的仆人去将道士杀死。但是道士认出了他的访客，作为一个擅长相面的人，他早就离开了那一带，再也找不到了。

在青年时代，吴三桂经常要参与长时间的围城，作为军旅生涯的一种调剂，他成了一个出色的票友，还训练了一班演员和歌者，称为"六燕班"[2]，这个戏班给他带来了不少赞誉。笔记作者们讲了下面这个故事，让我们了解到这个多变的天才的酷似帝王的一面。他微服在江苏旅行，到了淮安城。正好遇到一个有钱商人家里在演戏，他递上署了假名的名片，被邀请进门看戏。演出极为拙劣，尽管如此，主人和宾客们还是热烈鼓掌。吴三桂不说话，只是悲伤地摇头。于是主人生气地嘲弄他说："你这个乡下粗人也欣赏得了这

---

[1] 引用自《旧约·撒母耳记上》："扫罗求问耶和华，耶和华却不藉梦，或乌陵，或先知回答他。"乌陵和土明（Urim and Thummim）是圣经中古希伯来人用来卜问神谕的胸牌。
[2] 下面这个故事出自徐珂编纂的《清稗类钞·戏剧类》："吴三桂喜度曲……蓄歌童十数辈，自教之，中六人艺最胜，称六燕班，盖六人皆以燕名也。"

种戏吗？"吴三桂回答："我不想自称专家，但是我嗜好此道已经几十年了。"这回答令商人更加气愤，但其中一个客人想要找机会让这个陌生人下不来台，便请吴三桂展示一下自己有什么本领。吴三桂很高兴有这样一个机会可以炫耀自己的本事，毫不客气就唱了一整出《西厢记·惠明下书》[1]。听众们都听得叹赏不已。吴三桂演完以后，等到乐师们奏完音乐才悄悄离开。没有人怀疑他的身份，但他一直把这次历险称作他平生最了不起的胜利。

吴三桂不是什么正直无私的爱国者，但他无疑是那个戎马倥偬时代最勇敢的人之一，也是一个极具传奇色彩的人物。我们在叙述明朝末代皇孙历史的最后一幕的时候还会提到吴三桂，正是他把最后一代南明皇帝追杀到了缅甸。

---

1 原文为 A Journey Eastward，昆曲中无此戏，今照《清稗类钞》改正为《西厢记·惠明下书》："吴欲自炫，不复辞谢，欣然为演惠明寄柬一折，声容台步，动中肯要。"

第 5 章　清王朝建立

The Manchu Dynasty Established

追溯满洲部落的起源与分支直到史前时代，并不在当前这本书写作的范围之内。那时候他们繁衍和作战在祖先的家园，在长白山和黑龙江之间。他们的早期历史引起了乾隆皇帝的学术兴趣，在他的数本洋洋洒洒的著作中都有论及。向上可以一直追溯到肃慎部落，根据史书记载，这个部落曾经给舜进贡过弓和箭。

对于当前叙事的目的来说，我们叙述的仅仅是明朝衰亡以后清王朝在中国的建立，没有必要追溯到比努尔哈赤（史称"太祖"，意为高贵的先祖）的时代更早。努尔哈赤出生于1559年，属于女真族满洲分支下面的苏克苏浒部落。努尔哈赤的父亲和祖父很早就被担任边境守备的汉人（明朝）贵族用背信弃义的方式杀害了。努尔哈赤被这桩暴行激怒了，他召集武装，要求明朝给予赔偿，归还尸体让他们埋葬。明朝当时已经衰落，很快就答应了努尔哈赤的要求，明朝道了歉，送去马匹和丝绸作为礼物，还封努尔哈赤为"龙虎将军"和建州都指挥使。但努尔哈赤的怒火没有平息。他要求明朝交出杀了他父亲和祖父的部落成员。他遭到了拒绝，从此他的全部精力都用于复仇。他年复一年地努力着，巩固兵力，联络部落，直到他的

第 5 章　清王朝建立

◎清太祖努尔哈赤

军队达到前所未有的精锐程度。他成了明朝北方边境上一支持久而又可怕的威胁性力量。1586年，他成了五个满洲部落公认的统治者，明朝答应给他送去八百盎司白银的"岁币"和十五件龙袍，还允许他在抚顺和其他集市自由贸易。

从1593年到1597年，努尔哈赤的精力主要用于将他的统治拓展到叶赫部落[1]，控制叶赫的蒙古盟友，将疆域扩展到长白山。部落之间的战争因为明朝时不时打破中立局面而变得更错综复杂了，一直持续到1618年，这一年努尔哈赤终于入侵到叶赫部落境内，攻下了他们的二十个堡垒，征服了从黑龙江河口到图们江之间的整片疆域。在这次战功之后，他把他手下联合的部落划分为四个旗，正黄旗、正红旗、正蓝旗和正白旗[2]。他的军队操练严格，保持着严明的纪律。每一旗的军队（七千五百人）前端是穿戴铠甲的长矛兵，弓箭手殿后。每三百人一组[3]，携带两架云梯和二十架攻城用的石弩。在攻城时每一组都作为一个坚固的集体行动；不鼓励个人的出头行为，单个人的勇气也得不到奖赏。最先进入城中的一组人才会得到奖励和晋升。为了在各组争先邀功时加以裁决，血统亲王们组成了上诉法庭，努尔哈赤是最终的裁夺者。

1616年，努尔哈赤启用了年号"天命"，就是天命所归的意思，国号大金。他此时正要最后一次统筹兵力向叶赫部落进军，因为叶赫部落继续不听他的号令。他向明朝派遣使者，要求明朝严格保持中立。明朝拒绝了。1618年，在对付完叶赫部落以后，努尔哈赤向明朝宣战，在军队面前庄严宣誓，要明朝彻底偿还他所遭受过的不公和侮辱。对此他直截了当地列举如下：

---

1 日后以叶赫那拉部落之名而闻名。那拉是另一个部落，被叶赫所征服。——原注
2 镶黄旗、镶红旗、镶蓝旗、镶白旗是后来才创建的。——原注
3 女真人以三百人为一牛录。牛录最初是狩猎时的组织单位。

1. 肆无忌惮地杀害他的父亲和祖父；

2. 违反盟约，越过边境援助叶赫部落；

3. 明朝臣民越过边境偷盗人参和琥珀的不法行为；以及类似性质的其他不满。[1]

1619年，明朝下定决心要粉碎这一正在他们北部边境上增长的势力，便派了一支大军，军队受命在沈阳集合，然后从那里兵分两路征讨努尔哈赤的都城兴京。这次辉煌的战役已经载于王朝的史册，在这里不必再讲述了。我们也没有足够的篇幅用来讲述接下来十七年中边境上的零散战役。正是在这些年里，努尔哈赤将他著名的军队左翼发展到攻无不克的程度，其战斗能力无疑是几个世纪以来东方世界最完美的：他们是身经百战、饱经风霜的老兵，运动起来如同一人。努尔哈赤显示出了一个伟大领袖与军事策略家的一切品质，成为他的军队所崇拜的偶像。在1619年的战役中，他指挥不到五万人的部队，就各个击破了明朝的四支军队，而明军加上征集而来的朝鲜军队达到四十万人。努尔哈赤取得了三万俘虏和许多财物，终于树立起了权威，不仅征服了叶赫部落，也占领了边境地带原先归明朝所有的土地。在这里，这一时期，奠定了清王朝的基础。

接下来几年局势起伏不定，胜利更多属于明朝，这被努尔哈赤归因于明朝拥有更高级的大炮（明朝得到朝中耶稣会士的帮助，从葡萄牙人那里取得了外国大炮）。也有一部分原因是中国最好的将领们熟读圣贤之书，吸收了圣贤的教训。但他尤其把自己的成功和明朝的大祸临头归因于明朝的宦官弄权，还有钩心斗角的官员对前线将领的恶性干预。这些将领中的佼佼者非常

---

[1] 作者所述与努尔哈赤著名的"七大恨"诏书有所出入。"七大恨"中并无偷盗人参、琥珀一条。

◎明清时期使用过的大炮

清楚他们一再战败和军容不整的原因。可以读一下下面这封由熊将军[1]写给皇帝自我辩护的求情书，他是明军最勇敢和最有谋略的将领之一。

"今朝堂议论，全不知兵。冬春之际，敌以冰雪稍缓，哄然言师老财匮，马上促战。及兵败，始愀然不敢复言，比臣收拾甫定，而愀然者又复哄然责战矣。自有辽难以来，用武将，用文吏，何非台省所建白，何尝有一效。疆场事，当听疆场吏自为之，何用拾帖括语，徒乱人意，一不从，辄怫然怒哉！"

明军另一位勇猛有战功的统帅孙将军[2]，说得还要更加直率："迩年兵多不练，饷多不核。以将用兵，而以文官招练；以将临阵，而以文官指发；以武略备边，而日增置文官于幕；以边任经、抚，而日问战守于朝；此极弊也。"

---

1 即熊廷弼。下文所引用的奏章见于《明史·熊廷弼传》。

2 即孙承宗。下文所引用的奏章见于《明史·孙承宗传》。本书作者在翻译成英文时自行增添了反对太监干涉军务的内容，为文风统一起见，未译。

明朝一方死了许多痛心疾首的爱国者与勇敢善战的士兵，比如辽阳失陷时的袁将军[1]。他们死的时候诅咒着君王的昏庸，也诅咒着那个万恶的太监魏忠贤。像熊将军这样拒不与恶名昭彰的宠臣合作的统帅，是注定要失败的。

1625年4月，努尔哈赤稳步推进战线，定都沈阳。他选择这座城市是因为，用他的话说："沈阳四通八达之处，西征大明，从都儿鼻渡辽河，路直且近；北征蒙古，二三日可至，南征朝鲜，自清河路可进。"[2]这个时期孙将军（上面已经提到）有两三年可以自由做主，他成功地从努尔哈赤那里收复了辽河以西的全部明朝领土。但是魏忠贤没有从孙将军那里收到贿赂，就说服皇帝罢免了他。他的继任者高第，放弃了孙在长城以外的所有重要战略据点，退回了山海关。

努尔哈赤对高第的鄙视是理所当然的，1626年，他决定越过辽河入侵明朝领土，进攻宁远要塞。高第主张放弃宁远，但守城的袁将军[3]写下血书，他手下的将士们都愿为之效死。袁对欧洲大炮的使用非常奏效，努尔哈赤在他四十年征战中第一次被击退了。他回到沈阳，对局面的转折深为懊恼和惊骇；九月三十日，这个既是武士又是君主的人去世了，时年六十八岁。他的第四个儿子皇太极继承了他的统治。

皇太极的年号是天聪（"遵从天意"之意），后被追封为太宗，"显赫的先祖"。像他的父亲一样，他既是伟大的军人也是开国皇帝，还是一位有

---

1 这个勇敢的人看到城池失陷了，就在他曾经指挥过防御的城楼上上吊自杀，腰上系着宝剑，手中握着金印。御史张铨和其他许多将官效法了他的榜样。——原注（译者注：这里的袁将军是袁应泰。）

2 见《清太祖实录》。

3 这里以及下文的袁将军都是袁崇焕。见《明史·袁崇焕传》："崇焕更刺血为书，激以忠义，为之下拜，将士咸请效死。"

◎ 清太宗皇太极

远见的政治家。他确信他的军队有一天会从腐败堕落的明朝那里取得天下，意识到在政治和军事策略上都有必要在东方控制朝鲜，在西北控制蒙古，因为这两个国家都是明朝的属国。于是，在他父亲死后，他对袁将军的示好表示欢迎。袁派了道士到沈阳吊唁，并附带做议和的准备工作。双方都不想要和平，但是都想要拖延时间；太宗想要征服朝鲜，明军想要重建锦州、大凌河和辽河以西的其他堡垒。议和的谈判过程相当耐人寻味，但最终没有达成结果。

贝勒阿敏带领下的军队对朝鲜的征服是极为成功的，但对这个国家的征服在这一时期没有最终完成，因为在签订了一份以鸭绿江为界的和约以后，太宗就召回了大军。他听说袁将军以非常快的速度重建了众堡垒，他渴望着与袁将军再次在战场交手。大军于1627年5月从朝鲜胜利而归，一个月后，太宗再次渡过了辽河；但是宁远的守军善用他们的大炮，又一次打跑了入侵者。从此以后的许多年里，战争时而打响，时而停歇，远东的这个地区似乎注定要战火纷飞。满洲军队绝望于只要袁将军还在把守宁远，他们就不可能通过，于是他们策划和实行了一次成功的突袭，经过蒙古直奔直隶，这是中国的未来征服者第一次望见紫禁城的金色屋顶。太宗带领着他的大队骑兵从京城的西北门一路绕到京城以南供游猎用的南苑，然后在那里扎营。正是在那里，从朝廷接到紧急命令的袁将军快马加鞭赶上了他；在这一关键时刻，如果可悲的崇祯足够信任帝国这位勇敢和有谋略的守卫者的话，明朝本可以恢复它的领土与尊荣。太宗发现自己被将了一军，他一面避免展开决战，一面想到了一个他从中国历史中学到的计策，这个计策在历史上屡试不爽，葬送了许多充斥着懦夫和叛徒的朝廷。他安排营地中两个被俘的太监偷听到他和手下将军的一段对话，对话中他们谈起袁将军，说他很快就要投降满人。第二天太监们得到了逃跑的机会，匆忙回到宫中去报告这一坏消息。计策奏效了。袁被逮捕下狱,代替他指挥的将军在京城永定门外被太宗打得大败。在这次胜利之后,北京城在入侵者面前因恐惧而瘫痪无力了。太宗的兄弟和他的儿子肃亲王都劝他就此攻陷北京,一举夺得明朝的天下。但太宗更加有远见,也更加审慎。"攻城很容易,"他回答说,"但是时机还不成熟。他们外在的防御还没有受到破坏,我们也还没有令汉人感到震畏。如果我们今天就攻下北京,我们的力量还不足以守住它。还需要一些年才能让明朝的势力衰败殆尽。我们还是回到我们来的地方,等待命中注定的时机,到时候上天会把整个帝国送到我们的手里。"于是满人的军队撤退了,在归国的路上打了几次后卫战,就回到了沈阳。在那里,皇帝对于制造欧式大炮格外加以注意,延请了数名专家铸造那种由红毛国(葡萄牙)大量供应给明军的红衣大炮。第一座红衣大炮于1631年在沈阳铸成,被称作"大将军"[1]。

1633年,太宗占领了旅顺口和辽东海岸边的群岛。同一年他决定通过征服蒙古察哈尔部开辟一条入侵明朝的新通路。他成功了,从此经由张家口通往北京的大路畅通无阻。沿着这条路,他的骑兵队经常进入山西和直隶境内骚扰,直到黄河两岸都知道了满洲的威名。

继蒙古察哈尔部被征服以后,1636年所有戈壁以南残存的蒙古部落也都前来归顺,他们的首领额哲向太宗献上了元朝(1206—1368年)的传国玉玺。为了庆祝这个隆重场合,蒙古科尔沁部的首领率领漠南蒙古各部落前来,恳请太宗登上帝位。从这个时候起国号被定为大清("伟大而纯洁")。清朝皇帝为了换取蒙古大汗们的效忠,授予他们满洲贵族等级中亲王的地位与尊荣。他还为蒙古各旗指定酋长,要他们保证为战事交纳岁币。从此科尔沁和其他部落都与满族自由通婚。

---

[1] 炮的名字叫"天祐助威大将军"。《清史稿·太宗本纪》:"壬午,铸红衣大炮成,镌曰'天祐助威大将军'。"

与此同时，朝鲜认为太宗正忙着对付蒙古和明朝，顾不上自己，于是拒绝承认这个新帝国，对其使臣的态度也非常无礼挑衅。太宗想要在征服明朝之前先巩固自己帝国的东部边境，下定决心要惩处这个与世无争的小国。但为了让明朝自顾不暇，他先是从1635年冬天开始，组织了一次对明朝的突袭。明朝的行省暴露出了它们的毫无防御，令满人和蒙古军队燃起了抢劫的欲望，这在将来会结出恶果。直隶的十三座城市被攻占和洗劫了，袭击者们满载着财物，回到了满洲。

1637年1月，蒙古王公们带着他们召集来的军队在沈阳会合，跟随太宗一起入侵朝鲜。皇帝亲自率领主力，著名的左翼由皇帝的弟弟多尔衮（睿亲王）统领；另一个弟弟豫亲王[1]则受命率领一支精选出来的骑兵，直取汉城。朝鲜的国王是一个彻头彻尾的懦夫，当这支大军勒马在朝鲜国都城下要求他出降的时候，他忘记了自己之前的倨傲，派了一名使者问候入侵者长途跋涉到此是否鞍马劳顿。随后他逃进了附近的山里，徒劳无益地一再遣使向太宗致歉。到了2月底太宗和他的军队在汉城附近扎营。皇帝拒绝谈判，坚决要求可怜的朝鲜国王从山里出来，亲自到军营求见。最终，国王的追随者都已散尽，他来到皇帝面前跪拜，献上从明朝那里收到的封自己为国王的敕书。他的两个儿子被作为人质带往沈阳，他获准作为清朝的附庸保留王位。从此朝鲜国王们一直保持着这个地位，忠诚程度因人而异，直到清朝的势力在1894年受到了日本的颠覆与挑战。

太宗1638年从朝鲜回来，又派了一支军队在多尔衮率领下袭击明朝。明朝的皇位是显而易见地坐不稳了；但如果不是朝廷中有人钩心斗角反对统

---

[1] 即多铎。

◎豫亲王多铎

帅卢将军[1]，本来凭着集中的兵力是有可能成功抵御这次入侵的。清朝军队向南进军，攻陷了一座又一座城池，从北京附近一直杀到山东省的省会济南府，在那里他们大加抢掠，并捉住了明朝皇帝的远房堂兄弟德王，他被凯旋的军队掳回了沈阳。

但是所有这些军事行动没有一次是为了永久性占有明朝的国土，只要明军继续占据辽河流域的许多堡垒和城寨，北京城是没法在攻陷后还能守住的。针对锦州、松山、山海关和宁远的军事行动一再进行，零星的战事拖了若干年，这期间仍有三位中国有才干的将领屹立不倒（其中一位是吴三桂）。1641年初，太宗的堂兄弟郑亲王[2]统领了这个地区的清军，他很能鼓舞士气，攻势极为猛烈。到了1642年春天，只剩下由吴三桂防守的宁远还没有被攻破。

明王朝现在已经智穷力竭了。抵御清朝的军事行动每年都要从一贫如洗的国库里耗费掉一千七百万两白银，也就是明帝国军事征税的一半以上。尽管李自成起义军的威胁越来越迫在眉睫，王室的官员和太监们还是力主对清朝采取强硬政策，对征讨起义军他们却态度敷衍。北京城的主战派已经促使举棋不定的皇帝处死了两名劝他与太宗讲和的重臣。太宗送给崇祯提出友好谈判的文书也被扣押。

尽管如此，当山海关的局势越来越陷入绝境的时候，北京的兵部尚书还是成功地劝说了崇祯，让他批准派遣使臣到沈阳，送去一封要求停战的书信。但即使在这种时候，官僚们不可救药的愚蠢傲慢还是毁掉了一项明智的决策。皇帝的书信是用诏书的形式写就的，所以口气十分高高在上。

---

1 即卢象升。
2 努尔哈赤之弟舒尔哈齐的儿子济尔哈朗。

"谕兵部尚书陈新甲：据卿部奏，辽沈有休兵息民之意。中朝未轻信者，亦因以前督抚各官，未曾从实奏明。今卿部屡次代陈，力保其出于真心。我国家开诚怀远，似亦不难听从，以仰体上天好生之仁，以复还我祖宗朝恩义联络之旧。今特谕卿便宜行事，差官宣布，取有的确信音回奏。"

太宗在收到书信以后，颁布以下的诏书作为答复："阅卿等所奏，明之笔札，多有不实。若谓与我国之书，何云谕兵部尚书陈新甲？既谓谕陈新甲，何又用皇帝之宝？况其所用之宝，大而且偏，岂有制宝不循定式之理，此非真宝明矣。况札内竟无实欲讲和之意，乃云我国家开诚怀远，似亦不难听从，以复还我祖宗恩义联络之旧等语，此皆藐视我国，实无讲和之真心。然而彼虽巧诈，朕以实情言之。向来启此兵端，原非我国之愿，因明国不辨是非，凌辱我国，情实难堪，故不得已而起兵耳，其相凌之事，不能枚举。朕从前屡欲和好，而明国不从，今明国口称欲和，其真伪不得而知，然和好固朕之夙愿，朕岂有所迫而愿和欤。朕蒙皇天眷顾，昔时全国所属，尽为我有；元裔、朝鲜悉入版图。所获明国官民，不啻数百万；恩威远播，所向无敌。如此而犹欲和好者，盖为百万生灵惜耳。若和事果成，则何必争内外大小之名，但各居其国，互相赠遗，通商贸易，斯民俱得安其生业，则两国之君臣百姓，共享太平之福矣。惟是我朝兵强国富，尚且谆谆愿和，奈明国执滞不通，自以为天之子，鄙视他人，口出大言，不愿和好。不知皇天无亲，有德者受命，无德者废弃。从来帝王，有一姓相传，永不易位者乎？自古及今，其间代兴之国，崛起之君，不可胜数。明之君臣，虑不及此，不愿修好，致亿万生民死于涂炭者，皆明之君臣杀之耳。其罪在彼，朕无与焉。朕以实意谕臣等知

---

1 见《清实录》。

之，尔臣等其传示于彼。特谕。"

在这个关键时刻，一个叫祖可法的谏官劝太宗向明朝提出分地而治，以黄河为界（当时黄河的入海口在江苏），明朝须向清朝交纳岁币。太宗没有听从，最后又接见了一次明朝使臣，送给他们貂皮和银锭作为礼物，下令设宴为他们饯行。他命令将他们平安地护送到边境，交给他们一封自己写给明朝皇帝的手书。信的内容显出他是真诚和言而有信地想要和平的：

"向来所以构兵者，因尔明国无故害我二祖，我皇考太祖皇帝犹固守边疆，和好如旧。乃尔明国反肆凭陵，干预境外之事。哈达国万汗窃踞之地，我已征服，尔逼令归还。又遣人于叶赫金台石、布扬古处设兵防守，以我国已聘之女嫁于蒙古。乙卯年，尔明国夺我土地，扰我耕获，逐我居民，烧毁庐舍，仍驱令出境，所在勒石。是以我皇考太祖皇帝，收服附近诸国，于是昭告天地，亲征尔国。

"其后每欲致书修好，而尔国不从事，事渐滋曼，遂至于今。此皆贵国先朝君臣事也。事属既往，于皇帝何与，然从前曲直亦宜辨之。

"今予仍欲修好者，诚非有所迫而使然也。予缵承皇考太祖皇帝之业，嗣位以来，蒙天眷佑，自东北海滨，迄西北海滨，其间使犬使鹿之邦及产黑狐黑貂之地，不事耕种、渔猎为生之俗，厄鲁特部落，以至斡难河源，远迩诸国，在在臣服。蒙古大元及朝鲜国，悉入版图。

"于是，举朝诸王大臣及外藩臣服诸王等合辞劝进，乃昭告天地，受号称尊，国号大清，改元崇德。

"迩来我军每入尔境，辄克城陷阵，乘胜长驱，若图进取，亦复何难。

"然予仍愿和好者，特为亿万生灵计耳。盖嗜杀者殃，好生者祥，应感

---

1 见《清实录》，英文略有删节。

之理，昭然不爽。若两国各能审度祸福，矜全亿兆，而诚心和好，则自兹以后，宿怨尽释，彼此不必复言矣，至我两国尊卑之分又何必较哉。古云：'情通则明，情蔽则暗。'

"若尔国使来，予令面见，予国使往，尔亦令面见。如此，则情不壅蔽，而和事可久。若自视尊大，俾使臣不得面见，情词无由通达，则和事终败，徒贻家国之忧矣。

"夫岂拒绝使臣进见，遂足以示尊耶。至两国有吉凶大事，则当遣使交相庆吊，每岁贵国馈兼金万两，白金百万，我国馈人参千斤，貂皮千张。若我国满洲、蒙古、汉人及朝鲜人等，有逃叛至贵国者，当遣还我国，贵国人有逃叛至我国者，亦遣还贵国。以宁远双树堡为贵国界，以塔山为我国界，以连山为适中之地，两国俱于此互市。若我国人有越入及贵国人有越出者，俱加稽察，按律处死。或两国人有乘船捕鱼，海中往来者，尔国自宁远双树堡中间土岭，沿海至黄城岛以西为界，我国于黄城岛以东为界，若两国有越境妄行者，亦俱察出处死。倘愿如书中所言，以成和好，则我两人或亲誓天地，或各遣大臣代誓，尔速遣使赍和书及誓书来，予亦遣使赍和书及誓书以往。若不愿和好，再勿遣使致书，其亿兆死亡之孽，于予无与矣。于是以书授来使，过锦州，出我军侦探地方，送来使至连山而还。"[1]

明朝使臣在进见和告辞时各行一次一跪三叩大礼；他们又递上一份来自明朝皇帝的诏书，像上次一样，是写给兵部的，诏书中皇帝问谈判进展如何，并授予使臣全权在沈阳议和，但崇祯仍然不肯和邻国皇帝直接书信往来。

对于这次本来有可能成功的议和来说不幸的是，明朝皇帝要求对和谈结果保守秘密的指示被无视了。使臣们回到北京时，把太宗的书信和其他文件

---

1 见《清实录》，英文略有删节。

交给了兵部尚书陈新甲。陈新甲开始着手写一份关于议和进展顺利的报告。由于他的一个仆人的失误（可能是蓄意的），明朝皇帝的诏书与一份和谈全过程的记录都被刊布在了官方的《塘报》上。崇祯曾特别下令要陈新甲严格保守秘密，因此他对泄密格外怒不可遏。像他所料想到的那样，谏官们写了一封又一封弹劾的奏章，痛斥与清朝议和的陈新甲是卖国贼。崇祯下诏要陈新甲解释自己的行为；但是兵部尚书拒绝为自己的行为承担责任，他呈上一份奏章，大胆地宣称自己议和是为皇帝分忧。崇祯感到自己大大丢了面子，像往常一样，他恢复尊严的法子是将倒霉的大臣公开斩首。于是议和失败了，战争继续。上帝欲毁其人，必先夺其理智[1]。

清廷的一个谏官的奏折耐人寻味，其中有这样的看法："吴三桂仍然坚守宁远，但守军已经困苦不堪，宁远很快就会陷落。吴三桂对我们的意图极为怀疑，要对付他陛下需要采取策略。一旦宁远和山海关陷落了，北京就是我们的了。朝廷会逃往南京，满人将会成为天下的主人。"

另一个清朝的汉人官员在奏章中劝太宗取道蒙古进军北京，让山海关变成孤城。太宗对此回答道："攻占北京就像砍一棵大树。如果先挖去伸展的树根，树干自己就会倒下。明朝的势力每天都在衰竭，而我们则变得更强。用不了多久，北京就会像熟透的苹果一样落入我们手中。"[2]

苹果成熟得很快。太宗为了让不可避免的结局加速到来，派遣一支大军进入明朝境内，由他的哥哥贝勒阿巴泰率领。在誓师演说中他说："朕命尔等统领大军往伐明国者，非好为黩武穷兵也。朕不忍使生灵罹害，屡欲与明修好，而彼国君臣，执迷不从。朕是以命尔等往征。尔等一入明境，遇老弱

---

1 原文为拉丁文 Quos Deus vult perdere prius dementat.
2 《东华录》："上曰：'取燕京如伐大树，须先从两旁砍之，则大树自仆。'"

◎ 清东陵

闲散之人，毋任意妄杀，不应作俘之人，毋夺其衣服，毋离人妻子，毋焚毁财物，毋暴殄粮谷。曩者，兵临山东时，有因索取财物，而严刑拷逼者，非仁义之师也。此朕所深恶，尔等当切以为戒，传谕各旗知悉。至于锦州新附蒙古、索伦等，令其从军役使，伊等如有所俘获，勿得搜取，令其携归。"[1]皇帝一直将大军送到沈阳城郊，然后辞别。在告别的几句话里他警告他们骄兵必败，还劝诫说，如果在路上遇到正往北京而去的李自成的叛军，应当对叛军好言好语，争取叛军的支持。

他把自己的玉玺送给了阿巴泰。放了三响礼炮，军队分为三部出发。这是在1642年11月。远征大获全胜。入侵者们在现在矗立着清东陵[2]的地方

---

[1] 见《清太宗实录》。
[2] 康熙、乾隆和慈禧埋葬的地方。——原注

越过了长城，由蓟州南下。在直隶南部和山东他们攻陷了八十八个城寨，一直打到山东南部的兖州府。第二年3月他们重新进入直隶。太宗关于不可劫掠的命令没有被太当真，因为他们的骆驼和行李车一路排到了接近一百英里那么长。大学士周延儒带了一支大军去断他们回满洲的后路，但是他不敢应战，只送信回北京谎称自己已经获得大捷。唯一的一次交锋是在北京以北三十里的螺山，由蓟辽总督率领的明军遭到惨败。这时候管理明朝在长城内外的领土的只有四个总督，六个巡抚，八个总兵，不用说还有一个监军太监，他想要大权独揽，对同僚十分蛮横。所以没有人打算互相合作，而李自成的叛军每一天都离北京城更近。

1643年7月，清军回到了沈阳，在那里他们受到了太宗的热烈欢迎，他一直越过长城去迎接他们。这次远征中杀死了鲁王和明朝皇室的其他五个藩王，还有一千名明朝宗室。他们攻占了三个府、十八个州和六十七个县，在三十七次战斗中打败了敌人。他们抢夺的战利品达到了12 250盎司[1]黄金、12 250 277盎司[2]白银、4 440盎司[3]珍珠、52 234匹绸缎、33 720身衣裳、111件裘皮、500张貂皮、1 600对鹿角、369 000名俘虏，还有551 312头负重的牲口，包括骆驼和牛。三分之一的战利品由军官和士兵们平分；大量的私人战利品被私下藏匿不报。

太宗在佛教的万寿节（7月15日）那天向他父亲的陵墓献祭，这天蒙古的土谢图汗也率领部落前来道贺。他在沈阳宫中上朝了一天，时间漫长十分疲劳，随后就去打猎了。在八月九日晚上十一点（1643年9月21日），他回到寝宫休息，就是在那里，他笔直地坐在龙椅上，一言不发就断了气，无

---

[1] 一万二千二百五十两。

[2] 二百二十万五千二百七十两。

[3] 四千四百四十两。

◎清世祖顺治帝福临

◎礼亲王代善　　　　　　　　　　　　　　　　　◎福临生母孝庄皇太后

疑是死于心脏病。他当年五十一岁。他没有留下遗诏，也没有指示过谁应当继承皇位。按照国法他二十九岁的长子肃亲王豪格应当继位，但是这会让努尔哈赤还活着的儿子们的雄心落空，特别是他的第十四个儿子多尔衮（睿亲王），多尔衮早有摄政的打算，因为他不可能合法地登上皇位。太宗还活着的最年长的哥哥代善（礼亲王）患有痛风，也不可能要求继承皇位。于是太宗的第九个儿子福临，一个五岁半的孩子，被他雄心勃勃的叔叔睿亲王扶持上了皇位，而多尔衮确保了摄政的地位，可以享有很多年的权力。

尽管太宗的其他兄弟妒忌多尔衮可以摄政，但是他作为军事领袖的能力是不容置疑的，他的要求也得到了旗人们的肯定。小皇帝是一个有着出色体

◎孝庄皇太后朝服像

格的孩子；他身体敏捷方面的潜力曾经令他父亲感到惊喜，在这年的春天他还陪父亲出游狩猎。他的母亲是来自科尔沁部落的蒙古公主，是一位非常杰出的女性，对她的儿子有很大的影响力，后来对她的孙子康熙也是如此。当时有人觉得奇怪，她为什么情愿让多尔衮趁皇帝年幼就僭越了权力，但毫无疑问的是，她认为帝国的稳定和扩张比内部争端或者家务纠纷要更加重要。

新王朝的开端非常吉利：朝鲜国王派遣了一个使团带着贡品前来，收到一条亲切而高高在上的谕旨作为答复。和多尔衮联合摄政的郑亲王被派离了沈阳，去攻打明朝在中后所的堡垒。他临走时带上了一大批从明军那里俘获的欧洲大炮。城市在被炮轰以后攻陷了，四千人被杀，同样多的人被俘虏。清朝现在占领了每一个重要的据点，除了长城外的宁远。远征的军队撤回到沈阳的冬季宿营地，这个季节被用来铸造下一次攻打明军用的大炮。

到了1644年春天，为了推翻明朝的一切准备都做好了；睿亲王任命自己为大将军，很可能还怀抱着在北京陷落后登上皇位的雄心壮志。忽然间消息传到沈阳，曾经抵抗了他们那么久的吴三桂已经撤出了宁远，他的军队在向北京后退。清军不知道李自成和他的叛军已经到了北京，明朝已经亡了。摄政王想要快马加鞭赶向京城，从而彻底将它占领。他的大学士范文程指出，清军曾经多次蹂躏直隶地区；他们已经三次将永平的居民置于自己刀下，占领遵化好几个月却又弃城而去。这些策略让人觉得他们只是路过的入侵者和抢劫者。他们现在必须建立起严明的纪律，禁止一切抢劫；让明朝官员仍然担任原来的官职，这样就能清晰地区分出清朝统治和李自成的土匪行径之间的不同。除非清军抓紧行动，不然叛军的势力就会得到巩固。如果他们能够牢牢掌握黄河以北的地区，整个中国迟早都会是属于他们的[1]。军队开拔以前，先向努尔哈赤和他的儿子庄严地献祭，小皇帝把官印和敕书赐给多尔衮。为这个场合拟定的诏书被宣读了出来，诏书以最为典雅的风格指出尽管朝鲜和蒙古都已经向我朝的君主降服，明朝却仍然执迷不悟。陛下不幸年幼，无法御驾亲征，因此把这一职责交托给他的叔叔。他赐给多尔衮一顶御用黄伞，两面龙旗，一顶狐皮帽，数件貂皮袍，一张貂皮毯和龙袍。诏书上的笔墨昭显了皇权的力量——在战争的具体方略上，主导的也是皇权。诏书的结尾说："同心协力以图进取，庶祖考英灵，为之欣慰矣。尚其钦哉！"[2]

睿亲王行三跪九叩大礼。他那将要让满族登上大宝的军队，包括满洲和蒙古各旗[3]的三分之二人马，还出动了所有被征兵的汉人（汉军）。剩下三分之一满人和蒙古人留下守卫小皇帝与国都。

---

1 《清史稿·范文程传》："曩者弃遵化，屠永平，两次深入而复返，彼必以我为无大志，唯金帛子女是图，因怀疑贰。今当申严纪律，秋毫勿犯，宣谕进取中原之意。官仍其职，民复其业，录贤能，恤无告。大河以北，可传檄而定也。"

2 见《清世祖实录》。

3 满清建立了上三旗和下五旗，每个满人都属于某一旗，参与征服中原的每个蒙古人和汉人也一样。上三旗是：正黄旗，镶黄旗，正白旗。下五旗是：镶白旗，正红旗，镶红旗，正蓝旗，镶蓝旗。在入主中原之后，北京城的内城被按区分配给几个旗，从北部开始排列。这些颜色的用意是代表五行：金、木、水、火、土。居于城北的正黄旗和镶黄旗，代表的是土，中国人认为土能克水。居于北京城东北和西北的正白旗和镶白旗，在正黄旗和镶黄旗以南并与之相邻；他们代表的是金，金能克木。正红旗和镶红旗居于城中央，从齐化门到平泽门之间；他们代表的是火，火能克金。最后是正蓝旗和镶蓝旗，他们住在元大都城址的最南方；他们代表的是水，水能克火。——原注剩下的故事我们都已经知道了。一旦吴三桂被摄政王派去追击满载着战利品的叛军，从而让他的军队有事可做和消耗精力，摄政王自己就着手巩固清朝的势力，使其免遭各方面进攻，并以自由和公正的原则重新组织政府。他以一个伟大军人的勇气和政治家的技巧，为清朝建立了基础，将来少年皇帝顺治和他的直接后裔注定要在这基础上成就中国历史上从未见过的辉煌。

这个尚武的民族后来统治了这个大帝国长达两百七十年，我们认为明智的做法是完整叙述这个民族的起源和历史。对皇室家族的祖先和传统有所了解是有必要的，这样才能充分体会到清朝历史上许多后来才发生的事件的意义，也能明白后来这个朝代是如何堕落，不复努尔哈赤和他的直系后裔时代的光荣。出于同样的原因，列出下面的族谱树应当是有用处的，尽管在今天，这种用途已经只是在历史和学院研究中才用得到的。

爱新觉罗家族谱系
中国清王朝的建立者

塔克世：1583年被明朝万历皇帝的部将所杀。

他的子嗣：

  穆尔哈齐。

  舒尔哈齐：他的儿子济尔哈朗（郑亲王）与睿亲王1643年在北京共同摄政。开创了郑王的世系。

努尔哈赤：母亲是喜塔喇；出生于 1559 年，崩逝于 1626 年。后世称为太祖，"高贵的先祖"。努尔哈赤娶了叶赫那拉部落首领杨吉努的女儿，她生下了努尔哈赤的继承人太宗。她死于 1603 年。

努尔哈赤的子嗣：

褚英：1615 年被判死刑；他的儿子尼堪亲王是一名杰出的军人，大约死于 1650 年。

代善：礼亲王，开创了礼王的世系；死于 1648 年。（礼亲王的子孙有五代人用的都是"顺"的封号，然后才又恢复使用"礼"。）

阿拜：被封为公爵。

汤古代。

莽古尔泰：1633 年奉旨自尽。

塔拜。

阿巴泰：饶馀敏郡王，死于 1646 年。

皇太极：接替他父亲做了皇帝。

巴布泰。

德格类：被削去宗籍，不再在皇家之列。

巴布海。

阿济格：英亲王，1651 年奉圣旨自杀。

赖慕布。

多尔衮：睿亲王、摄政王；开创了睿王的世系。死于 1650 年，时年三十九岁。死后被控谋逆，被削去皇家宗籍。1778 年恢复名誉，得到"忠"的封号,他的后代也都获准恢复从前的爵位。

多铎:豫亲王,多尔衮的同母弟,开创了豫王的世系。死于1649年。他的儿子多尼继任为信亲王。

皇太极:后世称为太宗,"显赫的先祖"。出生于1592年。娶了科尔沁部落首领宰桑的女儿布木布泰,她是顺治皇帝之母、康熙朝的太皇太后,于1688年过世。皇太极1626年即位。1636年采用国号大清,"伟大而纯洁"。1643年驾崩。

他的子嗣:

豪格:肃亲王,开创了肃王的世系。在1648年被控谋反后被摄政王监禁。死后由官方恢复了他所有的封号和荣誉。

硕塞:承泽亲王。他的儿子博果铎是庄亲王世系的第一人,也是支持义和团、后来自尽的那位庄亲王的祖先。

高塞。

福临:登基为顺治帝。

博穆博果尔:襄亲王;死于1656年。

顺治皇帝:1638年出生;1643年继位;1651年亲政,1661年驾崩。**娶妻如下**:(1)1651年娶蒙古科尔沁部落的博尔济锦氏[1]。她与夫君

---
[1] 即博尔济吉特氏的不同音译。

不和，被皇太后降为三等妃。(2)科尔沁部落绰尔济贝勒之女，康熙朝的皇太后，1718年去世。

顺治的子嗣：

福全：裕亲王；死于1703年。派驻北京的第一任俄国大使称他为康熙最杰出的臣子。

玄烨：即位为康熙帝。

常宁：恭亲王；死于1703年。他的儿子满都护和雍正参与夺嫡的兄弟们交好。

康熙：1654年出生；1667年亲政；1722年驾崩。他的第一位皇后是姓赫舍里氏的噶布喇之女，1674年去世。他的第二位皇后姓钮祜禄氏，是一等公遏必隆之女——1678年去世。他的第三位皇后姓佟佳氏——1689年去世。他的第四位皇后姓乌雅氏；她是雍正的生母，在雍正即位后被加封为皇后。

雍正：1678年出生；1735年驾崩；娶钮祜禄氏为妃，她后来是乾隆之母、乾隆朝的皇太后。这是一位非常坚强的女性，她经常陪同儿子遍中国旅行。她1777年去世，享年八十八岁，她的谥号有十八个表示荣誉的字。

---

1 康熙的众子在别处一一列举，见本书193—194页。——原注

雍正的子嗣：

弘历：即位为乾隆帝。在他父亲在世时封为宝亲王。

弘昼：和亲王；死于1770年。

弘瞻：果郡王。幼年时的小名叫圆明园阿哥（圆明园是夏宫的名字）。他被降为贝勒，或三等亲王，但乾隆在他临终时去看望他，恢复了他原先的爵位，给予册封。死于1765年。

乾隆： 1711年出生；1796年退位；1799年2月7日驾崩。他的第一位皇后姓富察氏；第二位姓叶赫那拉氏[1]。后者1765年伴随她的丈夫和婆母南巡。在旅途中她举止失当，公然对她的婆婆态度轻率无礼，因此失宠，从杭州被遣回北京，打入"冷宫"，随后被废。

乾隆的子嗣：

永璜：定亲王，他由妃子所生，是慈禧的军机大臣之一毓朗贝勒的祖先。这位定亲王被排除了继承权，因为他只是一个侧妃的儿子。

永琏：被立为皇太子，但在1738年身故，时年十三岁。

永璋：循郡王，1760年死。

永珹：履亲王，被过继给他的叔祖父胤祹，胤祹是雍正参与夺嫡的兄弟之一。1777年死。

永琪：荣亲王。皇帝在第七子哲亲王死后曾打算让他当太子。

---

1 应为乌拉那拉氏。

他死于 1766 年，时年二十五岁。

永瑢：质亲王，被过继给他的叔祖父胤禧。死于 1790 年，时年四十六岁。

永琮：哲亲王。1748 年夭逝，其时三岁。

永璇：仪亲王；作为他的弟弟嘉庆帝的顾问大臣，担任许多官职。他的儿子绵志继承了"仪"的封号，但降了一级，仅为仪郡王。绵志的儿子奕彩被过继为庆亲王的嗣子，但后来被剥夺了继承权，庆亲王的爵位由现任庆亲王的养父绵悌继承。

永瑆：成亲王，是一位大学者，也是清朝最著名的书法家之一。担任他的弟弟嘉庆帝的顾问大臣。1823 年去世，享年七十一岁。

永瑝：死于 1776 年，时年二十五岁。

永琰：继位为嘉庆帝。

永璘：庆亲王，死于 1820 年，时年五十三岁。现任庆亲王奕劻的祖父（收养关系）。奕劻原是穷困的清朝宗室，被收养入了近支的皇室家族。

嘉庆皇帝：1760 年出生；被封为嘉亲王（值得嘉奖之意）；1796 年亲政；1820 年 9 月在热河附近死于雷劈[1]。他迎娶了和尔敬额之女喜塔腊氏，也就是道光帝的母亲，她于 1797 年去世。他的续弦是妃子钮祜禄氏，在乾隆驾崩后不久就被晋封为皇后。她是道光朝

---

[1] 此种说法虽然流传很广，却并无史实依据。史学家更倾向于嘉庆帝是中暑后突发心脑血管疾病而暴亡这一观点。

的皇太后，于 1850 年去世，比道光帝早死了一个月。

嘉庆的子嗣：

旻宁：继位为道光帝。

绵恺：惇亲王，死于 1839 年。

绵忻：怀亲王[1]，死于 1828 年；王位由奕约继承，他后来改名奕誌。奕誌死于 1850 年，那位支持义和团的端王被过继为他的后嗣。

绵愉：惠亲王，死于 1865 年。他的儿子们有：奕详、奕询和奕谟。奕询是镇国公载泽的父亲，他在慈禧统治末期担任度支部尚书。

道光：1782 年出生，1820 年继位，1850 年驾崩。后妃有：(1) 钮祜禄氏，在他登基前就已过世，但被追封为皇后；(2) 佟佳氏，1833 年去世；(3) 钮祜禄氏，颐龄之女，是咸丰帝的生母；1834 年被封为皇后，1840 年去世；(4) 博尔济吉特氏，她对选慈禧入宫起到了至关重要的作用。她在 1855 年死前一周被晋封为皇太后。

道光的子嗣：

奕纬：妃子叶赫那拉氏之子；生于 1808 年，死于 1831 年。宗室之子载中（后来改名载治）被过继给他作为后嗣。载治之子溥伦，在 1875 年差一点就做了皇帝。

---

1 应为瑞亲王。怀是谥号。

奕纲：襁褓中夭亡。

奕继：襁褓中夭亡。

奕詝：即位为咸丰帝。

奕誴：惇亲王，被过继给绵恺为后嗣（见上文）。他的儿子们有：a. 载濂，生于1856年，是支持义和团的皇室成员之一。b. 载漪，端郡王，生于1856年12月。他的儿子溥儁是义和团拥护的皇太子（他被慈禧打了板子）。他娶了蒙古王公罗王的女儿。c. 载澜，同为支持义和团的王公，被流放到乌鲁木齐；生于1857年。d. 载瀛。e. 载津。f. 载灏。

奕䜣：恭亲王，生于1833年，死于1898年。他的儿子们有：a. 载澄，生于1857年，比他的父亲先死；b. 载滢，生于1861年，过继给他的叔叔钟郡王为嗣，他是道光帝的第八个儿子。现任的恭亲王溥伟是他的儿子。溥伟认为在光绪死后自己被不公正地挤下了皇位。

奕𫍽：醇亲王，生于1840年，死于1891年。娶慈禧的妹妹叶赫那拉氏，和她生育了：(1)载瀚。(2)载湉，光绪皇帝（有些中国人声称慈禧才是光绪的生母）。和另外一个身份低贱的妻子刘佳氏（她是马夫的女儿）生育了：前摄政王载沣，生于1882年，娶了荣禄的一个女儿；他也是宣统皇帝（溥仪，生于1906年）和溥杰的生父。这个妾还生下了载涛；他的兄长载洵是由另外一个妾所生。

奕詥：钟郡王，生于1844年，死于1868年。

奕譓：孚郡王，娶了慈禧的一个侄女，因为他对光绪的同情，

1898 年被慈禧撤职。他于 1909 年 1 月获得赦免，在同一天袁世凯被罢免。

咸丰：1831 年出生，1861 年驾崩。有后妃如下：(1) 萨克达氏，富泰[1]之女，1850 年去世，比咸丰登基早了一个月。她死后被追封为皇后，是咸丰三位皇后中的"中宫"，慈安是"东宫"，慈禧是"西宫"。(2) 钮祜禄氏，穆扬阿之女，1852 年封妃；后来被封为皇太后；死于 1881 年 4 月。(3) 叶赫那拉氏，就是后来的慈禧。

咸丰的子嗣：

载淳，1856 年生，1875 年驾崩，在位为同治帝。

一个出生后几天就夭折了的幼子。

同治：娶崇绮之女阿鲁特氏为后，她于 1875 年去世。

光绪：出生于 1871 年 8 月；1899 年娶叶赫那拉氏，1908 年 11 月 22 日驾崩。在 1898 年 9 月的政变后，形同被慈禧所废。

宣统：（溥仪）载沣之子，1908 年 11 月继位，1912 年 2 月 12 日退位。

---

1 原文误作穆扬阿之女。

第 6 章 ｜ 南京的南明朝廷

The Mings at Nanking

    明朝的皇室和廷臣尽管堕落又怯懦，但还不准备在没经过一番挣扎的情况下就放弃对皇位所拥有的权力，也不准备放弃中国的百姓对他们饱经磨难的忠诚。在北京城陷落和城中的宫殿庙宇被李自成的叛军所玷辱以后，有一段时间他们无所作为，只顾各自逃命，没有目的，也没有方向；但当他们看到连勇猛的闯王[1]也被新的征服者赶跑了，而追杀他的人不久前还是明朝抵御清军的中坚力量，就无怪乎皇室中一些精力充沛的成员鼓起了勇气，设法在一个新的核心周围聚拢起他们已经四散的势力。[2] 享乐主义者直到最后都不会放弃自己的习惯和对穷奢极欲的需要，而对于腐化堕落的明朝皇室来说，末世的大灾变并没有扑灭他们对权力和特权的欲望，以及对奢华和排场的迷

---

1 李自成的外号叫"闯王"。——原注
2 他们最初的毫无组织，究其原因是皇太子在城陷以后就失踪了，没有人知道他是死是活。在清朝皇帝已经在北京称帝好几个月以后，仍然没有人知道太子的去向，但最终他被一个太监秘密带到了一户在明朝曾为高官的人家里，明朝的公主也和这家人住在一起。姐弟之间的重逢相当感人；自从从城中逃出以后他就躲藏在一所佛寺中，但是他忍受不了担惊受怕和忧愁痛苦，便出来找他的亲人了。公主和这家的主人恳求他改换名字，伪造身份，但是他拒绝了。不久后他就被几个贰臣和太监认出，摄政王下令将他投入大狱。北京城的商人和士绅联名请愿，希望能饶过他的性命，但是摄政王不想给正统王朝的拥护者留下一面旗帜，于是这个不幸的少年在刑部被迫服毒而死。——原注

恋。十八年中，陆续有四个明朝皇位的觊觎者从一个短命的首都流窜到另一个首都，他们勉强维持了一个帝王之尊的外壳，如果说他们没能完全赢得百姓的忠心，至少他们在百姓的心目中保有了一席之地。如果他们当中有一位强者的话，在这些年中有那么几次他们本可以恢复统治并打退清朝的，因为在这一时期儒家的忠义品德（中国历史上士大夫与他们的君王的关系可被忠君一言以蔽之）还并不鲜见；有许多勇敢的军人，官员中有许多坚毅的哲学家，都自豪地坚持了他们阶层的传统，宁死也不屈服于异族的统治，还有数百万的"愚民"也走向了坟墓，因为"忠"是儒家的核心观念。然而明朝的皇室成员们都是一无是处的人，在逆境中也是如此。他们在暴风雨来临前一无是处，在暴风雨过后的满目疮痍中还是毫无改善——到死都没有骨头，优柔寡断。从北京逃亡后四年，明朝的末代皇孙之一桂王的拥护者在两广站住了脚跟，国姓爷开始着手组织新的抗清力量，一些叛军的军队也自立家门，在这种时候，只要一点点治国才能、一点点勇气，就足以大获全胜了。但注定并非如此。流亡的小朝廷维持着他们金箔糊就的荣华，只有在他们用于寻欢作乐的小金库满满当当时，才知道对他们忠实的追随者感恩；宁可排一出新戏[1]，也不给军队粮饷，还派太监到各地搜求美女充实后"宫"，他们的"宫"现在只是一座流动帐篷了。

在这种情况下，明朝皇位觊觎者们挨个被追捕和杀掉的可悲结局，远不如他们为了夺取皇位所作的垂死挣扎给不幸的百姓带来的灾难那么令我们同情。像通常一样，对这番挣扎所引发的遍布各地的可怕浩劫，历史所记载的

---

[1] 有记载说南明诸王中第一个自立为帝的弘光，曾经在摄政王进军围困扬州府的时候，表现得快快不乐，他的太监们问他为什么。"我真倒霉，"他回答说，"我的整个宫廷里都找不出一个像样的演员。"——原注（译者注：见《明通鉴》："岁将暮，兵报迭至，王一日在宫中愀然不乐。中官韩赞周请其故。王曰：'梨园殊少佳者！'"）

很少；故事是由那些被屠城的城市没有片瓦留存的村庄和全国各地流离失所的人所讲述的（在中国，人们现在又在讲这些故事了）。在下一章里，我们将会讲到扬州府的屠城，读者将会在下一章里读到一份由目睹者所作的平易、冷静的记述，关于一座城市所遭遇的命运，就因为一个英勇的军人拒绝背弃他的原则与忠诚。这个军人是史可法将军，一个坚定的忠君者，一个杰出的学者，也是一个罕见的勇士，甚至连清朝的摄政王也对他产生真诚的敬意与好感。当明朝的残余势力聚集在南京并且拥立万历皇帝的一个孙子为帝，在外表上建立起

◎史可法像，取自清乾隆年间《历代名臣像解》像

了一个政府和朝廷，这时候所有人都指望史可法阻止清军继续南下。

　　如果史可法没有被朝廷中嫉妒他的人的阴谋（阴谋的主使者是马士英，他属于臭名昭著的太监魏忠贤一党）所阻碍的话，本来他是能够在淮河牵制住清军的。在摄政王的军队开始向长江南下的时候，他聚集和组织了一支有六万精锐的陕西军。除此以外，明朝还有四个营，每个营大约一万人，驻扎在安徽和江苏的战略要地。史可法仅仅要求能够自主调遣这些军队，不受南京的廷臣和奸臣们令人光火的干预；但是新皇帝生性愚蠢和缺乏决断，把朝政交给了马士英，并且下令统帅史可法必须听从南京方面的命令才能行动。与此同时，他继续把钱财浪费在狂欢饮宴上，而前线作战的军队却食不果腹，衣不蔽体。

到了 1645 年春天，朝中党争激烈，导致统帅无法执行任何具体的作战计划。在一封文笔雄辩、直言不讳的奏章中，他把各种事实列在了皇帝面前。

"愿慎终如始，处深宫广厦，则思东北诸陵魂魄之未安；享玉食大庖，则思东北诸陵麦饭之无展；膺图受箓，则念先帝之集木驭朽，何以忽遘危亡；早朝晏罢，则念先帝之克俭克勤，何以卒隳大业。战兢惕厉，无时怠荒，二祖列宗将默佑中兴。若晏处东南，不思远略，贤奸无辨，威断不灵，老成投簪，豪杰裹足，祖宗怨恫，天命潜移，东南一隅未可保也。"[1]

就在这生死攸关的时刻，朝廷接到消息说，河南和山东的百姓纷纷起义反对李自成任命的伪官，并派来使者请求明朝恢复对这些地区的统治。史可法又一次恳求皇帝："向您的臣民送去慰问的消息吧。"他说："使他们知道中国是有国君的。您会成为人心之所向，到时候您就可以光复中原了。"皇帝很高兴地听从了他的意见，于是义将军[2]率领陕西军进军河南境内，为明朝收复了开封府和归德府。但是朝中反对史可法的小集团害怕他因为这些胜利而在朝廷中得势，于是用奸计切断了他的补给。他在南京的支持者们都受到马士英一党的迫害，很多人都遭到砍头或者罢免，将军本人的奏章则被扣押不报。而这时候清军已经从山东挥师南下，军队由豫亲王率领，他是摄政王的弟弟、小皇帝顺治的叔叔。

史可法在淮河岸上焦急地等待着军需品和补给的到来，却一无所获。最终，他在绝望中写了最后一道奏章[3]："痛自三月以来，陵寝荒芜，山河鼎沸，大仇在目，一矢未加。臣备员督师，死不塞责。昔晋之东也，其君臣日图中原，

---

1 见《明史·史可法传》。
2 原文为 General Yi，不知所指。按《明史》此人应为李自成的叛将高杰。
3 见《史忠正公集》。这实际是史可法的《请出师讨贼疏》，写于崇祯十七年（1644 年）十一月，时间上远非史可法的最后奏章。英文翻译有删节。

而仅保江左；宋之南也，其君臣尽力楚、蜀，而仅固临安。盖偏安者，恢复之退步，未有志在偏安，而遽能自立者也。大变之初，黔黎洒泣，绅士悲哀，痛愤相乘，犹有朝气。今兵骄饷绌，文恬武嬉，顿成暮气矣。屡得北来塘报，皆言敌必南图，水则广调丽师，陆则分布精锐，尽河以北，悉为敌有。而我河上之防，百未料理，人心不一，威令不行。复仇之师，不闻及关陕。讨贼之约，不闻达燕齐。一似君父之仇，置诸膜外。近见北示和议，固断断难成，一旦南侵，即使寇势尚张，足以相拒，两者必转而相合，先向东南，宋社安慰，决于此日。我即卑宫菲食，尝胆卧薪，聚才智之精神，枕戈待旦，合方州之物力，破釜沉舟，尚恐无救于事。以臣观庙堂之举动，百执事之经营，殊有未尽然者。夫将所以能克敌者，气也，君所以能驭将者，志也。庙堂之志不奋，则行间之气不鼓。夏少康不忘逃出自窦之辱，汉光武不忘芜萎爇薪之时。臣愿皇上为少康、光武，不愿左右在位，轻以晋元、宋高之说进也。国家遭此大变，皇上嗣承大统，原与前代不同，诸臣但有罪之当诛，实无功之足录。今恩外加恩，纷纷未已，武臣腰玉，直等寻常，名器滥觞，于斯为极。以后似宜慎重，专待真正战功，庶使行间之猛将劲卒，有所激励也。

"至兵行讨贼，最苦无粮。似宜将内库一应本折，尽行催解，凑济军需。其余不急之工程，可已之繁费，一切报罢。朝夕之宴衎，左右之贡献，一切谢绝。即事关典礼万不容废者，亦宜概从俭约。盖贼一日不灭，敌一日不退，即有深宫曲室，岂能晏处；即有锦衣玉食，岂能安享？此时一举一动，皆众情向背所关，敌人窥伺所在也。必吾皇念念刻刻在二帝列祖之鸿业，先帝之深仇，振举朝之精神，萃四方之物力，以并于选将练兵灭寇御敌之一事，庶乎人心犹可鼓，天意犹可回耳。臣待罪行间，不宜复预闻内政。然安内乃攘外之本，故敢痛切密陈，惟陛下留神省察。"

这次抗议就像其他几次一样徒劳无益；马士英的一党太忙于清除异己了，

根本不会注意到军事形势已经多么危险。宴会和戏剧演出仍然是宫中流行的风尚，皇帝沉溺于饮酒和荒淫。清军从四个方向推进，到了1645年4月，只有黄河把他们的前锋和史可法的前哨分隔开了。他能干的副将义将军[1]被一个叛变投敌的同僚背叛和杀害了；清军从四面八方攻了过来。当皇帝最终允许史可法全权处理的时候，已经太迟了。南京城里也爆发了一次兵变，史可法被匆匆召回去救援。他遵从了，给清军让出了通往江苏和安徽的道路。

清军的骑兵行军速度非常快，史可法勉强来得及从南京和苏州回来，准备好守卫被围城的扬州府（扬州是通往南京的咽喉之地）。他的部署才刚完成，豫亲王就大兵压境了。亲王派来一名使者劝他投降。史可法在城墙上大骂这名使者。使者说："先生的忠心和伟业传遍中国，但明朝皇帝却并不把您当作心腹。为什么不到清朝这边来获得名誉与奖赏呢？"[2]史可法愤怒地拉弓瞄准他，但是没有射中。豫亲王真心实意地替他感到可惜，一个如此勇敢的人不该死不得其所；他于是推迟了对扬州城的炮轰，一再努力与史可法讲和。看到一切努力都徒劳无功，他才下令攻城。

史可法预见到了不可避免的结局，命令在他死后把他的尸体埋在南京太祖皇帝的陵墓附近。连续八天他都漂亮地守住了城，用更高级的耶稣会士制造的大炮让清军吃了苦头。最终清军在城墙的西北角打开了一个裂口，然后一切都完了。史可法呼唤他的一个部将，说："城被攻破了，请用你的剑杀了我。"这个姓庄的部将[3]服从了命令，但是他于心不忍，没有砍中，于是史可法抓住武器，刺伤了自己的咽喉。这时候他的一部分手下强行从中干预，

---

[1] 高杰被投降清军的许定国所诱杀。
[2] 见罗振常《史可法别传》："遇春曰：'公忠义闻华夏，而独不见信于朝，死何益也？'公怒，发矢射之，遇春逃。"
[3] 这个部将叫庄子固。史可法在城破前与他约定，城破后由他来杀死自己。事见《史可法别传》。

把他放到一匹马上，想要和他从城的南门逃走。在那里他们遇到了一伙清兵。史可法喊道："我是大学士史可法。带我去见你们主帅。"[1] 他被带到豫亲王面前，亲王说："您守城非常勇猛。在围城以前我屡次写信给先生，您都不肯议和。现在您已经为国尽过忠了，我愿给您一个很高的官职。您可以做我们的皇家特使，负责平定江南。"史可法回答说："我唯求一死。"亲王不肯放弃："您没见过您过去的同僚洪承畴吗？"他说："他和我们握手言和了，现在在我们的朝廷做了大官。"史可法微笑着说："不管你们如何对待洪承畴，都比不上先皇对他和我的恩义。他非但不死还投效新主，已经说明他是不忠之臣。这样的人，对谁也不会忠诚的。我怎么可能效法他！早晚他也会背叛你。"

亲王遗憾地让人把他带走关押起来。他们屡次想要使他归降，但因为他的拒绝十分坚决，豫亲王在第三天命令将他斩首。他被义将军[2]匆匆收殓，直到今天都没有人知道他被葬在哪里。许多年来，在数量越来越少的反清复明义军中流传着一个传说，说史可法并没有被斩首，是另一个人代替他被杀了。许多年后，又有谣言说他曾经在安徽与清兵对阵，但是没有实据。

就这样，史可法忠实于自己阶层的传统道德，到死也是一个伟大的军人和正直的忠臣。要背叛他那无能的君主的诱惑应当是非常强烈的，在日常的斗争中该出现过多少理由，甚至令他也有所动心，这从史可法和清朝的摄政王在上一年秋天的通信中可以看得出来，当时离北京城陷落已经过去了四个月。

---

1 《史可法别传》："遂大呼曰：'我史督师也！可引见汝兵主。'……王肃然起敬，待以客礼，劳之曰：'累以书招，而先生不从；今既竭臣忠，不为负国，能与我收拾江南，当不惜重任。'公怒曰：'吾为朝廷大臣，岂肯偷生为万世罪人！吾头可断，身不可辱，速速死，从先帝于地下。'王曰：'君不见洪承畴乎？降即富贵。'公曰：'承畴受先帝厚恩而不死，不忠甚矣。我讵肯效之！'"
2 原文如此。作者可能将上文的高杰（他是南明的四镇总兵之一，并不是史可法的副将）与史可法的副将兼义子史德威（他料理了史可法的后事）混作了一人。

摄政王的第一封信如下：

"予向在沈阳，即知燕京物望，咸推司马[1]。及入关破贼，与都人士相接，识介弟于清班，曾托其手勒平安，权致衷绪，未审何时得达？比闻道路纷纷，多谓金陵有自立者。夫君父之仇，不共戴天。《春秋》之义，有贼不讨，则故君不得书葬，新君不得书即位，所以防乱臣贼子，法至严也。

"闯贼李自成，称兵犯阙，手毒君亲；中国臣民，不闻加遗一矢。平西王吴三桂介在东陲，独效包胥之哭。朝廷感其忠义，念累世之宿好，弃近日之小嫌，爰整貔貅，驱除狗鼠。

"入京之日，首崇怀宗帝、后谥号，卜葬山陵，悉如典礼。亲、郡王、将军以下，一仍故封，不加改削；勋戚文武诸臣，咸在朝列，恩礼有加。耕市不惊，秋毫无犯。

"方拟秋高气爽，遣将西征，传檄江南，联兵河朔，陈师鞠旅，戮力同心，报乃君国之仇，彰我朝廷之德。岂意南州诸君子，苟安旦夕，弗审事机，聊慕虚名，顿忘实害，予甚惑之！

"国家之抚定燕都，乃得之于闯贼，非取之于明朝也。贼毁明朝之庙主，辱及先人。我国家不惮征缮之劳，悉索敝赋，代为雪耻。孝子仁人，当如何感恩图报？兹乃乘逆寇稽诛，王师暂息，遂欲雄据江南，坐享渔人之利。揆诸情理，岂可谓平？将以为天堑不能飞渡，投鞭不足断流[2]耶？夫闯贼但为明朝崇耳，未尝得罪于我国家也。徒以薄海同仇，特伸大义。

"今若拥号称尊，便是天有二日，俨为劲敌。予将简西行之锐，转旆东征；且拟释彼重诛，命为前导。夫以中华全力受制潢池，而欲以江左一隅兼支大

---

1 史可法是北京人。——原注（译者注：大兴人。）
2 这是用了苻坚的典故，他在公元 4 世纪曾经如此自夸。——原注

国，胜负之数，无待蓍龟矣。

"予闻君子爱人以德，细人则以姑息。诸君子果识时知命，笃念故主，厚爱贤王，宜劝令削号归藩，永绥福禄。朝廷当待以虞宾，统承礼物，带砺山河，位在诸王侯上，庶不负朝廷伸义讨贼、兴灭继绝之初心。

"至南州诸彦，翩然来仪，则尔公尔侯，列爵分土，有平西之典例在。

"惟执事实图利之。輓近士大夫好高树名义，而不顾国家之急，每有大事，辄同筑舍。昔宋人议论未定，兵已渡河，可为殷鉴。先生领袖名流，主持至计，必能深维终始，宁忍随俗浮沉？取舍从违，应早审定。

"兵行在即，可西可东。南国安危，在此一举。愿诸君子同以讨贼为心，毋贪一身瞬息之荣，而重故国无穷之祸，为乱臣贼子所窃笑，予实有厚望焉。记有之：'为善人能受尽言。'敬布腹心，伫闻明教。江天在望，延跂为劳。书不尽意。"

对这篇富于尊严的呼吁，史可法以同样雄辩的笔法回应如下[1]：

"大明国督师、兵部尚书兼东阁大学士史可法顿首谨启大清国摄政王殿下：

"南中向接好音，法随遣使问讯吴大将军，未敢遽通左右，非委隆谊于草莽也，诚以大夫无私交，《春秋》之义。

"今侘傺之际，忽捧琬琰之章，真不啻从天而降也。讽读再三，殷殷致意。若以逆贼尚稽天讨，烦贵国忧，法且感且愧。惧左右不察，谓南中臣民偷安江左，竟忘君父之仇，敬为贵国一详陈之。

"我大行皇帝敬天法祖，勤政爱民，真尧舜之主也。以庸臣误国，致有三月十九日之事。法待罪南枢，救援无及，师次淮上，凶闻遂来，地坼天崩，

---

[1] 史可法的回信文字有较多版本，见于《清世祖实录》《明季南略》等书。

山枯海泣。嗟乎，人孰无君，虽肆法于市朝，以为泄泄者之戒，亦奚足谢先皇帝于地下哉！

"尔时南中臣民，哀恸如丧考妣，无不拊膺切齿，欲悉东南之甲，立翦凶仇。而二三老臣，谓国破君亡，宗社为重，相与迎立今上，以系中外之心。今上非他，即神宗之孙、光宗犹子，而大行皇帝之兄也。名正言顺，天与人归。五月朔日，驾临南都，万姓夹道欢呼，声闻数里。群臣劝进，今上悲不自胜，让再让三，仅允监国。迨臣民伏阙屡请，始于十五日正位南都。从前凤集河清，瑞应非一。即告庙之日，紫云如盖，祝文升霄，万目共瞻，欣传盛事。大江涌出枏梓数十万章，助修宫殿，是岂非天意也哉！

"越数日，遂命法视师江北，刻日西征。忽传我大将军吴三桂借兵贵国，破走逆贼，为我先皇帝、后发丧成礼，扫清宫阙，抚辑群黎，且罢剃发之令[1]，示不忘本朝。此等举动，振古铄今，凡为大明臣子，无不长跽北向，顶礼加额，岂但如明谕所云，感恩图报已乎！

"谨于八月缮治筐篚，遣使犒师，兼欲请命鸿裁，连兵西讨。是以王师既发，复次江淮，乃辱明诲，引《春秋》大义来相诘责，善哉言乎，推而言之，然此文为列国君薨，世子应立，有贼未讨，不忍死其君者立说耳。若夫天下共主，身殉社稷，青宫皇子，惨变非常，而犹拘牵不即位之文，坐昧大一统之义，中原鼎沸，仓卒出师，将何以维系人心，号召忠义？紫阳《纲目》，踵事《春秋》，其间特书，如莽移汉鼎，光武中兴；丕废山阳，昭烈践阼；怀、愍亡国，晋元嗣基；徽、钦蒙尘，宋高缵统，是皆于国仇未翦之日，亟正位号，《纲目》未尝斥为自立，率皆以正统予之。甚至如玄宗幸蜀，太子即位于灵武，议者疵之，亦未尝不许以行权，幸其光复旧物也。

---

[1] 剃发令的取消只是暂时的。——原注

"本朝传世十六，正统相承，自治冠带之族，继绝存亡，仁恩遐被。贵国昔在先朝，凤膺封号，载在盟府，宁不闻乎？后以小人构衅，致启兵端，先帝深痛疾之，旋加诛僇，此殿下所知也。

"今痛心本朝之难，驱除乱逆，可谓大义复著于《春秋》矣。

"昔契丹和宋，止岁输以金缯；回纥助唐，原不利其土地。况贵国笃念世好，兵以义动，万代瞻仰，在此一举。

"若乃乘我蒙难，弃好崇仇，规此幅员，为德不卒，是以义始而以利终，为贼人所窃笑也。贵国岂其然乎？

"往者先帝轸念潢池，不忍尽戮，剿抚并用，贻误至今。今上天纵英武，刻刻以复仇为念。庙堂之上，和衷体国；介胄之士，饮泣枕戈；忠义民兵，愿为国死。

"窃以为天亡逆闯，当不越于斯时矣。语云：'树德务滋，除恶务尽。'今逆贼未伏天诛，谍知卷土西秦，方图报复。此不独本朝不共戴天之恨，抑亦贵国除恶未尽之忧。

"伏乞坚同仇之谊，全始终之德，合师进讨，问罪秦中，共枭逆贼之头，以泄敷天之愤。则贵国义闻，照耀千秋，本朝图报，惟力是视。从此两国世通盟好，传之无穷，不亦休乎？

"至于牛耳之盟，则本朝使臣，久已在道，不日抵燕，奉盘盂从事矣。法北望陵庙，无涕可挥，身陷大戮，罪当万死。所以不即从先帝者，实为社稷之故。《传》曰：'竭股肱之力，继之以忠贞。'法处今日，鞠躬致命，克尽臣节，所以报也。惟殿下实昭鉴之。弘光[1]甲申九月十五日。

"附启：即日奖帅三军，长驱渡河，以穷狐鼠之窟，光复神州，以报今

---

[1] 明朝新皇帝的年号，"恢弘的荣光"之意。——原注

上及大行皇帝之恩。人臣无境外交，贵国即有他命，不敢与闻。"

清朝摄政王和忠于明朝的将军之间的通信，直到今天还被中国学者当作古典传统的最佳典范加以援引；即使对于用另一种语言来读它的人来说，也能感受到信服和一种不可抵挡的吸引力。它讲述了一个属于它自己的故事，其中的尊严和睿智深深潜藏在中国圣贤那饱经沧桑又不可征服的思想之下。

但对于人道主义者来说，想到这种坚忍不拔的气节所带来的后果，即广大民众所遭遇的无法言说的苦难，便无法继续对其保持爱慕了。后果就摄政王对史可法态度所作的精明的控诉"士大夫好高树名义，而不顾国家之急"从人道角度来说，是有其道理的。他和史可法都真心渴望和平，想要避免让无辜的、劳苦的百姓遭遇战争的可怕厄运；但是谁也不准备为了民众免受苦难就放弃自己严格的原则。让我们现在从领袖们的论争转向他们无法妥协所造成的后果。后果就是"愚民"们的生与死。

第 7 章 扬州十日

The Sack of Yang Chou-fu

古代中国的历史，无论是远古还是近古，都是一系列痉挛的发作；它的基调就是杀戮和饥荒，数不清的无辜者被屠杀，换来短暂的和平与繁荣。它的辉煌的文明，建立在牢不可破的道德哲学与圣贤之书的基础之上，在面对不可动摇的自然法则与冷酷无情的求生本能时，却一直都是无能为力的，这种状况还被一个极力主张大肆繁衍和消极避世的社会系统所加强了。在元、明、清统治下，这种严酷的一报还一报的法则一如既往地实现着，历史总是自我重复，王朝来去更替，只有大规模的屠杀始终如一。

下面引用的关于清军 1645 年在扬州府的屠杀的文字，是由一个自己就是受害者和目睹者的人（我们不知道他的名字[1]）所写，他亲历了那段恐怖的屠杀的日子，亲历了那些在饱受外来征服和内乱蹂躏的远东土地上已经变成家常便饭的事变。获胜的清军的嗜血程度并不比他们之前的蒙古人更甚。在帝国全部的历史记载中，这种对平民的残酷屠杀一直都被认为是天经地义的，是蓄意、冷血、几乎出自本能的对适者生存法则的实现，对这

---

[1] 作者下面的引文出自《扬州十日记》，作者是王秀楚。

个民族来说，甚至每日的口粮都是经常难以解决的。相较于欧洲古代与现代历史上最为残忍的屠杀，如"柯克的羔羊"[1]"阿尔瓦的屠夫"，最为严重的过度杀戮，东方人之间的屠杀缺少宗教和政治意义上的憎恨作为因素，而这些通常才是人们灭绝整个族群的原因。另外一个对这些中国的屠城记录来说常见的特征，是城中居民的完全不做抵抗——几千名无法无天的野蛮士兵，完全是散兵游勇，就可以有条不紊地把一座有坚固城墙和一百万居民的城市变成废墟，惊恐的受害者们只能在凄惨无助中等死。

扬州府位于江苏大运河上，一直是重要的商埠。从军事策略上说，在铁路时代之前它对于北方入侵者来说是南京的门户[2]。它的古老城墙一周有四英里长，在更古老的时代，当大运河还是打通长江和中国北方贸易的大动脉的时候，扬州以拥有巨大的财富和众多的人口而自豪。在清军入侵之前，扬州像整个中国中部一样，遭受了李自成起义带来的动乱，以及北京的混乱状况所引发的普遍的动荡；但是直到1644年为止，内战的浪潮只是在北方风起云涌，那些平原上的城市尽管付出了银钱作为代价，但它们的街道上却几乎从无杀戮。在北京城陷落，明朝因李自成军而崩溃之后，大潮迅速转向了。李自成的大军被吴三桂和清军打败以后，向南和向西溃逃，而逃亡的明朝诸王在南京建立了朝廷，把残破的力量聚集到一起，想要阻止清军越过长江。

1644年，当清军开始入侵和征服南方的时候，扬州府的人口据估计有一百万。扬州正好在入侵者去往南京的通路上，它由南明最有才干的将领史可法所把守，驻兵约有四万。如果明朝皇位的继承人福王不是不可救药地荒

---

[1] 女王的皇家西萨里郡步兵团的外号，得名于一名在詹姆士二世时期担任该团团长的上校波西·柯克（Percy Kirke），当时这个步兵团以在镇压蒙默思（Monmouth）公爵叛乱时的残酷屠杀行径而闻名。
[2] 1282年忽必烈汗让马可·波罗担任扬州总督。——原注

◎南京朝天宫

淫和无能的话，如果他和南京朝廷中他的顾问大臣们能够给史可法应得的矢志不移的支持的话，清军也许永远也到不了长江。但是（如我们已经在别处讲过的那样）整个朝廷都迷恋于放荡的享乐，它少得可怜的收入都花费在饮宴和排戏上，前线的军队得不到必要的粮饷和军需品。史可法不得不在最关键的时刻把扬州府的一支驻军派去保护他被迫离开苏州时留下的一批军火和辎重。即使是这样，如果他愿意让淮河决口淹没周围一带的话，他本是可以在围城之前就击破入侵者的军队的。但是史可法是一位学者，是一个仁爱的人，他宁可要战争的风险，也不愿意让大批的同胞遭罪。如果他愿意答应清朝摄政王向他提出的条件、背弃明朝的话，他本可以拯救他自己、他的军队和扬州城的。但他对于增援和最终的胜利仍抱有一线希望，在摄政王许诺给他以财富和荣光以换取他卖国时，他有尊严地拒绝了。他所负的责任是可怕的，他也付出了惨败的代价，超过五十万的男人、女人和小孩同他一起去了，他们"视死如归"。

以下文字所引用日记的日期是乙酉年（1645年）四月：

"乙酉夏四月十四日，督镇史可法从白洋河失守，踉跄奔扬州，坚闭城以御敌，至念四日未破。城前禁门之内，各有兵守，予宅西城，杨姓将守焉。吏卒棋置，予宅寓二卒，左右舍亦然，践踏无所不至，供给日费钱千余。不继，不得已共谋为主者觞，予更谬为恭敬，酬好渐洽；主者喜，诫卒稍远去。主者喜音律，善琵琶，思得名妓以娱军暇。

"是夕，邀予饮，满拟纵欢，忽督镇以寸纸至，主者览之色变，遽登城，予众亦散去。越次早，督镇牌谕至'内有一人当之，不累百姓'之语，闻者莫不感泣。

"午后，有姻氏自瓜洲来避兴平伯逃兵。予妇缘别久，相见唏嘘；而敌兵入城之语，已有一二为予言者。予急出询诸人，或曰：'靖南侯黄得功援兵至。'旋观城上守城者尚严整不乱，再至市上，人言汹汹，披发跣足者继尘而至，问之，心急口喘莫知所对。忽数十骑自北而南，奔驰狼狈势如波涌，中拥一人则督镇也。盖奔东城外，兵逼城不得出，欲奔南关，故由此。是时，始知敌兵入城无疑矣。

"突有一骑由北而南，撒缰缓步，仰面哀号，马前二卒依依辔首不舍，至今犹然在目，恨未传其姓字也。骑稍远，守城丁纷纷下窜，悉弃胄抛戈，并有碎首折胫者，回视城橹已一空矣！先是督镇以城狭炮具不得展，城垛设一板，前置城径，后接民居，使有余地，得便安置。至是工未毕，敌兵操弧先登者白刃乱下，守城兵民互相拥挤，前路逼塞，皆奔所置木板，匍匐扳援，得及民屋，新板不固，托足即倾，人如落叶，死者十九；其及屋者，足蹈瓦裂，皆作剑戟相击声，又如雨雹挟弹，铿然鎝然，四应不绝，屋中人惶骇百出，不知所为，而堂室内外深至寝闼，皆守城兵民缘室下者，惶惶觅隙潜匿，主人弗能呵止，外厢比屋闭户，人烟屏息。予厅后面城，从窗隙中窥见城上兵循南而西，步武严整，淋雨亦不少紊，疑为节制之师，心稍定。忽叩门声急，则邻人相约共迎王师，设案焚香，示不敢抗，予虽知事不济，然不能拂众议，姑应曰唯唯。於是改易服色，引领而待，良久不至。

"予复至后窗窥城上，则队伍稍疏或行或止；俄见有拥妇女杂行，阚其服色皆扬俗，予始大骇。还语妇曰：'兵入城，倘有不测，尔当自裁。'妇曰诺。因曰：'前有金若干付汝置之，我辈休想复生人世矣！'涕泣交下，尽出金付予。

"予趋出，望北来数骑皆按辔徐行，遇迎王师者，即俯首若有所语。是时，人自为守，往来不通，故虽违咫尺而声息莫闻，迨稍近，始知为逐户索金也。然意颇不奢，稍有所得，即置不问，或有不应，虽操刀相向，尚不及人。（后乃知有捐金万两相献而卒受毙者，扬人导之也。）

"次及予楣，一骑独指予呼后骑曰：'为我索此蓝衣者。'后骑方下马，而予已飞遁矣；后骑遂弃余上马去，予心计曰：'我粗服类乡人，何独欲予？'已而予弟适至，予兄亦至，因同谋曰：'此居左右皆富贾，彼亦将富贾我，奈何？'遂急从僻逐托伯兄率妇等冒雨至仲兄宅，仲兄宅在何家坟后，胕腋皆窭人居也。予独留后以观动静，俄而伯兄忽至曰：'中衢血溅矣，留此何待？予伯仲生死一处，亦可不恨。'予遂奉先人神主偕伯兄至仲兄宅，当时一兄一弟，一嫂一侄，又一妇一子，二外姨，一内弟，同避仲兄家。

"天渐暮，敌兵杀人声已彻门外，因乘屋暂避；雨尤甚，十数人共拥一毡，丝发皆湿；门外哀痛之声悚耳慑魄，延至夜静，乃敢扳檐下屋，敲火炊食。城中四周火起，近者十余处，远者不计其数，赤光相映如雷电，辟卜声轰耳不绝；又隐隐闻击楚声，哀顾断续，惨不可狀。饭熟，相顾惊怛不能下一箸，亦不能设一谋。予妇取前金碎之，析为四，兄弟各藏其一，髻履衣带内皆有；妇又觅破衲敝履为予易讫。

"遂张目达旦。是夜也,有鸟在空中如笙簧声,又如小儿呱泣声者,皆在人首不远,后询诸人皆闻之。念六日,顷之,火势稍息。天渐明,复乘高升屋躲避,已有十数人伏天沟内。忽东厢一人缘墙直上,一卒持刃随之,追蹑如飞;望见予众,随舍所追而奔予。予惶迫,即下窜,兄继之,弟又继之,走百余步而后止。自此遂与妇子相失,不复知其生死矣。

"诸黠卒恐避匿者多,绐众人以安民符节,不诛,匿者竞出从之,共集至五六十人,妇女参半,兄谓余曰:'我落落四人,或遇悍卒,终不能免;不若投彼大群势众则易避,即不幸,亦生死相聚,不恨也。'

"当是时,方寸已乱,更不知何者为救生良策?共曰唯唯,相与就之。领此者三满卒也,遍索金帛,予兄弟皆罄尽,而独遗予未搜;忽妇人中有呼予者,视之乃余友朱书兄之二妾也,予急止之。二妾皆散发露肉,足深入泥中没胫,一妾犹抱一女,卒鞭而掷之泥中,旋即驱走。一卒提刀前导,一卒横槊后逐,一卒居中,或左或右以防逃逸。数十人如驱犬羊,稍不前,即加捶挞,或即杀之;诸妇女长索系颈,累累如贯珠,一步一蹶,遍身泥土;满地皆婴儿,或衬马蹄,或藉人足,肝脑涂地,泣声盈野。行过一沟一池,堆尸贮积,手足相枕,血入水碧赭,化为五色,塘为之平。

"至一宅,乃廷尉永言姚公居也,从其后门直入,屋宇深邃,处处皆有积尸,予意此间是我死所矣;乃逶迤达前户,出街复至一宅,为西商乔承望之室,即三卒巢穴也。入门,已有一卒拘数美妇在内,简检筐箧彩缎如山,见三卒至,大笑,即驱予辈数十人至后厅,留诸妇女置旁室;中列二方几,三衣匠一中年妇人制衣;妇扬人,浓抹丽妆,鲜衣华饰,指挥言笑。欣然有得色,每遇好物,即向卒乞取,曲尽媚态,不以为耻;予恨不能夺卒之刀,断此淫孽。卒尝谓人曰:'我辈征高丽,掳妇女数万人,无一失节者,何堂堂中国,无耻至此?'

"三卒随令诸妇女尽解湿衣,自表至里,自顶至踵,并令制衣妇人相修短,量宽窄,易以鲜新;诸妇女因威逼不已,遂至裸体相向,隐私尽露,羞涩欲死之状,难以言喻。易衣毕,乃拥之饮酒,哗笑不已。

"一卒忽横刀跃起向后疾呼曰:'蛮子来,蛮子来!'近前数人已被缚,吾伯兄在焉。仲兄曰:'势已至此,夫复何言?'急持予手前,予弟亦随之,是时男子被执者共五十余人,提刀一呼,魂魄已飞,无一人不至前者;予随仲兄出厅,见外面杀人,众皆次第待命,予初念亦甘就缚,忽心动若有神助,潜身一遁,复至后厅,而五十余人不知也。厅后宅西房尚存诸老妇,不能躲避。

"由中堂穿至后室,中尽牧驼马,复不能逾走;心愈急,遂俯就驼马腹下,历数驼马腹匍匐而出;若惊驼马,稍一举足,即成泥矣。又历宅数层,皆无走路,惟旁有弄可通后门,而弄门已为卒加长锥钉固;予复由后弄至前,闻前堂杀人声,愈惶怖无策,回顾左侧有厨,中四人盖亦被执治庖者也,予求收入,使得参司火掌汲之役,或可幸免。四人峻拒曰:'我四人点而役者也,使再点而增人,必疑有诈,祸且及我!'予哀吁不已,乃更大怒,欲执予赴外,予乃出。

"仍急趋旁弄门,两手捧锥摇撼百度,终莫能动,击以石,则响达外庭,恐觉;不得已复竭力摇撼之,指裂血流,淋漓两肘,锥忽动,尽力拔之,锥已在握,急掣门扊,扊木槿也,濡雨而涨,其坚涩倍于锥,予迫甚,但力取扊,扊不能出而门枢忽折,扉倾垣颓,声如雷震。

"予急耸身飞越,亦不知力之何来也。疾趋后门出,即为城脚。时兵骑充斥,触处皆是,前进不能,即于乔宅之左邻后门挨身而入;凡可避处皆有人,必不肯容,由后至前,凡五进皆如是。直至大门,已临通衢,兵丁往来络绎不绝,人以为危地而弃之。

"予乃急入,得一榻,榻颠有仰顶,因缘柱登之,屈身向里,喘息方定,忽闻隔墙吾弟哀号声,又闻举刀砍击声,凡三击遂寂然。少间复闻仲兄哀恳曰:

'吾有金在家地窖中，放我，当取献。'一击复寂然；予此时神已离舍，心若焚膏，眼枯无泪，肠结欲断，不复自主也。旋有卒挟一妇人直入，欲宿此榻，妇不肯，强而后可，妇曰：'此地近市，不可居。'卒复携之去，予几不免焉。

"室有仰屏，以席为之，不胜人，然缘之可以及梁，予以手两扳梁上桁条而上，足托驼梁，下有席蔽，中黑如漆，仍有兵至，以矛上搠，知是空虚，料无人在上，予始得竟日未遇兵；然在下被刃者几何人？街前每数骑过，必有数十男妇哀号随其后。是日虽不雨，亦无日色，不知旦暮。

"至夕，军骑稍疏，左右惟闻人声悲泣，思吾弟兄已伤其半，伯兄亦未卜存亡？予妇予子不知何处？欲踪迹之，或得一见；且使知兄弟死所。乃附梁徐下，蹑足至前街，街中枕尸相藉，天瞑莫辨为谁？俯尸遍呼，漠无应者。遥见南首数火炬蜂拥而来，予急避之，循郭而走。城下积尸如鳞，数蹶，声与相触，不能措足，则俯伏以手代步，每有所惊，即仆地如僵尸，久之始通于衢。衢前后举火者数处，照耀如白昼，逡巡累时，而后越，得达小路，路人昏夜互触相惊骇，路不满百步，自酉至亥方及兄家。宅门闭不敢遽叩，俄闻妇人声，知为吾嫂，始轻击，应门者即予妇也。伯兄已先返，吾妇子俱在，予与伯兄哭，然犹未敢遽告仲兄季弟之被杀也。

"予询妇何以得免？妇曰：'方卒之追逐也，子先奔，众人继之，独遗我，我抱彭儿投屋下不得死，吾妹踢伤足亦卧焉。卒持我二人至一室，屋中男妇几十人皆鱼贯而缚之。卒因嘱我于诸妇曰：'看守之，无使逸去。'卒持刀出，又一卒入，劫吾妹去；久之，不见前卒至，遂绐诸妇得出。出即遇洪妪，相携至故处，故幸免。'洪妪者仲兄内亲也。

"妇询予，告以故，唏嘘良久。洪妪携宿饭相劝，哽咽不可下。外复四面火起，倍于昨夕，予不自安，潜出户外，田中横尸交砌，喘息犹存；遥见何家坟中，树木阴森，哭音成籁，或父呼子，或夫觅妻，呱呱之声，草畔溪间，比比皆是，惨不忍闻。回至兄宅，妇谓予曰：'今日之事，惟有一死，请先子一死，以绝子累；彭儿在，子好为之！'予知妇之果于死也，因与语竟夜，不得间，东方白矣。 念七日，问妇避所，引予委曲至一柩后，古瓦荒砖，久绝人迹，予蹲腐草中，置彭儿于柩上，覆以苇席，妇偻居于前，我曲附于后；扬首则露顶，展足则踵见，屏气灭息，拘手足为一裹。魂少定而杀声逼至，刀环响处，怆呼乱起，齐声乞命者或数十人或百余人；遇一卒至，南人不论多寡，皆垂首匐伏，引颈受刃，无一敢逃者；至于纷纷子女，百口交啼，哀鸣动地，更无论矣！日向午，杀掠愈甚，积尸愈多，耳所难闻，目不忍视，妇乃悔畴昔之夜，误予言未死也。

"然幸获至夕，予等逡巡走出，彭儿酣卧柩上，自朝至暮，不啼不言，亦不欲食，或渴欲饮，取片瓦掬沟水润之，稍惊则仍睡去，至是呼之醒，抱与俱去；洪妪亦至，知吾嫂又被劫去，吾侄在襁褓竟失所在，呜呼痛哉！甫三日而兄嫂弟侄已亡其四，茕茕孑遗者，予伯兄及予妇子四人耳！

"相与觅白中余米，不得，遂与伯兄枕股忍饥达旦。是夜予妇觅死几毙，赖洪妪救得免。 念八日，予谓伯兄曰：'今日不卜谁存？吾兄幸无恙，乞与彭儿保其残喘。'兄垂泪慰勉，遂别，逃他处。

"洪妪谓予妇曰：'我昨匿破柜中，终日贴然，当与子易而避之。'妇坚不欲，仍至柩后偕匿焉。未几，数卒入，破柜劫妪去，捶击百端，卒不供出一人，予甚德之。少间，兵来益多，及予避所者前后接踵，然或一至屋后，望见柩而去。忽有十数卒恫喝而来，其势甚猛，俄见一人至柩前，以长竿搠予足，予惊而出，乃扬人之为彼乡导者，面则熟而忘其姓，予向之乞怜，彼索金，授金，乃释予，犹曰：'便宜尔妇也。'出语诸卒曰：'姑舍是。'诸卒乃散去。喘惊未定，忽一红衣少年掺长刀直抵予所，大呼索予，出，举锋相向，献以金，复索予妇，妇时孕九月矣，死伏地不起。予绐之曰：'妇孕多月，昨乘屋坠下，孕因之坏，万不能坐，安能起来？'红衣者不信，因启腹视之，兼验以先涂之血裤，遂不顾。所掳一少妇一幼女一小儿，小儿呼母索食，卒怒一击，脑裂而死，复挟妇与女去。

"予谓此地人迹已熟，不能存身，当易善地处之；而妇坚欲自尽，予亦惶迫无主，两人遂出，并缢于梁；忽项下两绳一时俱绝，并跌于地。未及起，而兵又盈门，直趋堂上，未暇过两廊。予与妇急趋门外，逃奔一草房，中悉村间妇女，留妇而却予，予急奔南首草房中，其草堆积连屋，予登其颠，俯首伏匿，复以乱草覆其上，自以为无患矣。须臾卒至，一跃而上，以长矛搠其下，予从草间出乞命，复献以金；卒搜草中，又得数人，皆有所献而免。卒既去，数人复入草间，予窥其中，置大方桌数张，外围皆草，其中廓然而虚，可容二三十人。予强窜入，自谓得计，不意败垣从半腰忽崩一穴，中外洞然，已为他卒窥见，乃自穴外以长矛直刺；当其前者无不被大创，而予后股亦伤。于是近穴者从陈中膝行出，尽为卒缚，后者倒行排草而出。予复至妇所，妇与众妇皆伏卧积薪，以血膏体，缀发以煤，饰面形如鬼魅，鉴别以声。

"予乞众妇，得入草底，众妇拥卧其上，予闭息不敢动，几闷绝，妇以一竹筒授予，口衔其末，出其端于上，气方达，得不死。户外有卒一，时手杀二人，其事甚怪，笔不能载。草上诸妇无不股栗，忽哀声大举，卒已入室，复大步出，不旋顾。

"天亦渐暝，诸妇起，予始出草中，汗如雨。至夕，复同妇至洪宅，洪老洪姬皆在，伯兄亦来，云是日被劫去负担，赏以千钱，仍付令旗放还；途中乱尸山叠，血流成渠，口难尽述。复闻有王姓将爷居本坊昭阳李宅，以钱数万日给难民，其党杀人，往往劝阻，多所全活。是夜悲咽之余，昏昏睡去。次日，则念九矣。

"自念五日起，至此已五日，或可冀幸遇赦，乃纷纷传洗城之说，城中残黎冒死缒城者大半，旧有官沟壅塞不能通流，至是如坦途，夜行昼伏，以此反罹其锋。城外亡命利城中所有，辄结伴夜入官沟盘诘，搜其金银，人莫敢谁何。予等念既不能越险以逃，而伯兄又为予不忍独去；延至平旦，其念遂止；原蔽处知不可留，而予妇以孕故屡屡获全，遂独以予匿池畔深草中，妇与彭儿裹卧其上，有数卒至，为劫出者再，皆少献赂而去。继一狠卒来，鼠头鹰眼，其状甚恶，欲劫予妇；妇偃蹇以前语告之，不听，逼使立起，妇旋转地上，死不肯起，卒举刀背乱打，血溅衣裳，表里渍透。先是妇戒予曰：'倘遇不幸，吾必死，不可以夫妇故乞哀，并累子；我死则必死子目，俾子亦心死。'至是予远躲草中，若为不与者，亦谓妇将死，而卒仍不舍，屡擢妇发周数匝于臂，怒叱横曳而去。由田陌至深巷一箭地，环曲以出大街，行数武必击数下。突遇众骑至，中一人与卒满语一二，遂舍予妇去。始得匍匐而返，大哭一番，身无完肤矣！

"忽又烈火四起，何家坟前后多草房，燃则立刻成烬；其有寸壤隙地，一二漏网者，为火一逼，无不奔窜四出，出则遇害，百无免一。其闭户自焚者由数口至数百口，一室之中，正不知积骨多少矣！大约此际无处可避，亦不能避，避则或一犯之，无金死，有金亦死；惟出露道旁，或与尸骸杂处，生死反未可知。

"予因与妇子并往卧冢后，泥首涂足，殆无人形。时火势愈炽，墓木皆焚，光如电灼，声如山摧，悲风怒号，令人生噤，赤日惨淡，为之无光，目前如见无数夜叉[1]鬼母驱杀千百地狱人而驰逐之。惊悸之余，时作昏眩，盖已不知此身之在人世间矣。骤闻足声腾猛，惨呼震心，回顾墙畔，则予伯兄复被获，遥见兄与卒相持，兄力大，撇而得脱，卒走逐出田巷，半晌不至；予心方摇摇，

---

[1] 佛教地狱中的食人恶魔。——原注

乃忽走一人来前，赤体散发。视之，则伯兄也。伯兄因为卒所逼，不得已向予索金救命，予仅存一锭，出以献卒，而卒怒未已，举刀击兄，兄辗转地上，沙血相渍，注溅百步。彭儿拉卒衣涕泣求免，（时年五岁）卒以儿衣拭刀血再击，而兄将死矣。旋拉予发索金，刀背乱击不止。

"予诉金尽，曰：'必欲金即甘死，他物可也。'卒牵予发至洪宅。予妇衣饰置两瓮中，倒置阶下，尽发以供其取，凡金珠之类莫不取，而衣服择好者取焉。既毕，视儿项下有银锁，将刀割去，去时顾予曰：'吾不杀尔，自有人杀尔也。'知洗城之说已确，料必死矣。置儿于宅，同妇急出省兄，前后项皆砍伤，深入寸许，胸前更烈，启之洞内府；予二人扶至洪宅，问之，亦不知痛楚，神魂忽瞆忽苏。安置毕，予夫妇复至故处躲避，邻人俱卧乱尸众中，忽从乱尸中作人语曰：'明日洗城，必杀一尽，当弃汝妇与吾同走。'

"妇亦固劝余行，余念伯兄垂危，岂忍舍去？又前所恃者犹有余金，今金已尽，料不能生，一痛气绝，良久而苏。火亦渐灭，遥闻炮声三，往来兵丁渐少，予妇彭儿坐粪窖中，洪妪亦来相依。

"有数卒掳四五个妇人，内二老者悲泣，两少者嘻笑自若；后有二卒追上夺妇，自相奋击，内一卒劝解作满语，忽一卒将少妇负至树下野合，余二妇亦就被污，老妇哭泣求免，两少妇恬不为耻，数十人互为奸淫，仍交与追来二卒，而其中一少妇已不能起走矣。予认知为焦氏之媳，其家平日所为，应至于此，惊骇之下，不胜叹息。

"忽见一人红衣佩剑[1]，满帽皂靴，年不及三十，姿容俊爽，随从一人，衣黄背甲，貌亦魁梧，后有数南人负重追随。

"红衣者熟视予，指而问曰：'视予，尔非若侪辈，实言何等人？'

---

[1] 作者在将这段翻译为英文时增添了内容，将红衣者编为豫亲王多铎本人。今从《扬州十日记》原文。

予念时有以措大而获全者，亦有以措大而立毙者，不敢不以实告。红衣者遂大笑谓黄衣者曰："汝服否？吾固知此蛮子非常等人也。"复指洪姬及予妇问为谁？具告之，红衣者曰："明日王爷下令封刀，汝等得生矣！幸勿自毙。"命随人付衣几件，金一锭，问："汝等几日不食？"予答以五日，则曰："随我来。"予与妇且行且疑，又不敢不行，行至一宅，室虽小而赀畜甚富，鱼米充牣，中一老妪，一子方十二三岁，见众至，骇甚，哀号触地。红衣者曰：'予贷汝命，汝为我待此四人者，否则杀汝，汝此子当付我去。'遂挈其子与予作别而去。老妪者郑姓也，疑予与红衣者为亲，因谬慰之，谓子必返。

"天已暮，予内弟复为一卒劫去，不知存亡？妇伤之甚。少顷，老妪搬出鱼饭食予；宅去洪居不远，予取鱼饭食吾兄，兄喉不能咽，数箸而止，予为兄拭发洗血，心如万磔矣！是日，以红衣告予语遍告诸未出城者，众心始稍定。

"次日为五月朔日，势虽稍减，然亦未尝不杀人，未尝不掠取；而穷僻处或少安；富家大室方且搜括无余，子女由六七岁至十余岁抢掠无遗种。是日，兴平兵复入扬城，而寸丝半粟，尽入虎口，前梳后篦，良有以也。初二日，传府道州县已置官吏，执安民牌遍谕百姓，毋得惊惧。又谕各寺院僧人焚化积尸；而寺院中藏匿妇女亦复不少，亦有惊饿死者，查焚尸簿载其数，前后约计八十万余，其落井投河，闭户自焚，及深入自缢者不与焉。是日，烧绵絮灰及人骨以疗兄创；至晚，始以仲兄季弟之死哭告予兄，兄领之而已。

"初三日，出示放赈，偕洪姬至缺口关领米；米即督镇所储军粮，如丘陵，数千石转瞬一空。其往来负戴者俱焦头烂额，断臂折胫，刀痕遍体，血渍成块，满面如烛泪成行，碎烂鹑衣，腥秽触鼻，人扶一杖，挟一蒲袋，正如神庙中窜狱冤鬼；稍可观者犹是皁田院乞儿也。夺米之际，虽至亲知交不顾，强者往而复返，弱者竟日不得升斗。

"初四日，天始霁，道路积尸既经积雨暴涨，而青皮如蒙鼓，血肉内溃。秽臭逼人，复经日炙，其气愈甚，前后左右，处处焚灼，室中氤氲，结成如雾，腥闻百里。盖此百万生灵，一朝横死，虽天地鬼神，不能不为之愁惨也！

"初五日，幽僻之人始悄悄走出，每相遇，各泪下不能作一语。予等五人虽获稍苏，终不敢居宅内，晨起早食，即出处野畔，其妆饰一如前日；盖往来打粮者日不下数十辈，虽不操戈，而各执梃恐吓，诈人财物，每有毙杖下者；一遇妇女，仍肆掳劫，初不知为清兵为镇兵为乱民也？是日，伯兄因伤重，刀疮迸裂而死，伤哉，痛不可言！忆予初被难时，兄弟嫂侄妇子亲共八人，今仅存三人。

"自四月二十五日起，至五月五日止，共十日，其间皆身所亲历，目所亲睹，故漫记之如此，远处风闻者不载也。后之人幸生太平之世，享无事之乐；不自修省，一味暴殄者，阅此当惊惕焉耳。"

这就是 1645 年的中国。从此清朝统治了这个他们用刀剑夺得的帝国两百六十五年。在清朝早期皇帝的英明统治下，国家尽管先遭到李自成起义的破坏而满目疮痍，后又经受了清军无情的征服，还是像以往一样迅速恢复了元气。被毁坏到片瓦无存的地方重新建立起新的城市，荒野又一次绽放鲜花。时光流逝，直到大清帝国也元气已尽，他们失去了作为统治者的信用，叛乱和无政府状态又一次让这片大地化为废墟。

第 8 章　明朝末裔

The Last of the Mings

桂王是四个逃亡的明朝皇位觊觎者中最后一个即位的，也是生存时间最长的，从 1646 年起维持了一个外表上的朝廷（这一年南明的前一任皇帝在福州被清军处决），一直到 1659 年他被迫从云南边境逃亡到缅甸。当他登基大宝，采用"永历"年号的时候，被追杀的明朝小朝廷已经完全失去了皇家的气派与财政收入，他们起初在广东，但下一年就在攻无不克的清军紧密追踪下逃到了广西。在那里他们站住了脚跟，有一段时间明朝的国运似乎有了上升。1648 年，有三个省份向他们效忠，有二十万军队足以抵挡异族的入侵者。执政王睿亲王之死（1649 年）让他们的事业又有了新的动力，湖南、浙江和其他省份爆发了不容小觑的反清复明起义，让明朝皇室有理由相信自己能够光复。到了 1650 年，拥护明朝的军队的基层士兵主要由雇佣兵、从李自成的败军里招募来的成员组成，另外还有少量尽管运气不佳仍然坚持的值得尊敬的人，他们出于爱国动机讨厌异族统治，也渴望取得权力与利益。渐渐地，过去的王朝变得不过是号召政治冒险家的一面旗帜，他们的朝廷是某种亚杜兰洞[1]，所有不幸

1　《圣经·旧约》里大卫建立自己势力、躲避扫罗迫害的要塞。

的、欠债的或者怀恨在心的人都聚拢在他们周围。1651年，可怜的永历被迫逃得更加向西，最终他沦落到只是一个逃难者和跟班，受到一伙强盗的首领的庇护，这人之前是参加过李自成起义的，他利用明朝的皇位觊觎者和少数忠诚的臣子的名义，给他自己的野心一个合理的借口，并给自己涂抹上几分爱国的色彩。从1655年到1659年，桂王带着由另一个著名的雇佣兵李定国率领的一小撮军队，被刚刚在贵州和云南扑灭了起义火焰的清军所追捕。最终连最后一战也输掉，他只得带着零星几个追随者逃命，在腾越附近越过了缅甸边境；在那里，有一段时间他找到了避难所，免遭吴三桂凶猛的追杀。这名将军现在在清朝统治之下割据了两个省份，他曾经是明朝在北京时主要的防御力量与希望所在，现在追杀起这个已经威胁不到清朝的不幸的桂王来他却翻脸无情。逃亡的明朝末代皇孙的可怜形状，在任何宽宏大量的人心中都会引起同情，吴三桂对待他的无动于衷与残暴只能用中国学者的说法来解释与加以宽容，就是他毕竟不是一个受过教育的读书人。他们说，出身行伍的人，是不读圣贤之书的。

明朝的末代皇孙从他在缅甸的躲藏地点给吴三桂写信，极力要软化他，或者至少说服他不再毫不容情地追杀自己。这封信写于1662年12月[1]。

"将军新朝之勋臣，旧朝之重镇也。世膺爵秩，藩封外疆，烈皇帝之于将军，可谓甚厚。

"讵意国遭不造，闯贼肆恶，突入我京城，殄灭我社稷，逼死我先帝，杀戮我人民。

"将军志兴楚国,饮泣秦庭,缟素誓师,提兵问罪,当日之本衷,原未泯也。

"奈何凭借大国，狐假虎威，外施复仇之虚名，阴作新朝之佐命？

"逆贼授首之后，而南方一带土宇，非复先朝有也。南方诸臣，不忍宗

---

1 见蒋良骐《东华录》卷八。

社之颠覆，迎立南阳。何图枕席未安，干戈猝至，弘光殄祀，隆武就诛。仆于此时，几不欲生，犹眈为宗社计乎？诸臣强之再三，谬承先绪。

"自是以来，一战而楚地失，再战而东粤亡，流离惊窜，不可胜数。幸李定国迎仆于贵州，接仆于南安，自谓与人无患，与世无争矣。

"而将军忘君父之大德，图开创之丰功，督师入滇，覆我巢穴。仆由是渡沙漠，聊借缅人，以固吾围。山遥水远，言笑谁欢？只益悲矣！既失世守之河山，苟全微命于蛮服，亦自幸矣！

"乃将军不避艰险，请命远来，提数十万之众，穷追逆旅之身，何视天下之不广哉？岂天覆地载之中，独不容仆一人乎？抑或封王赐爵之后，犹欲歼仆以要功乎？第思高皇帝栉风沐雨之天下，犹不能贻留片地，以为将军建功之所。将军既取我室，又欲取我子，读《鸱鸮》之章，能不惨然心恻乎？

"将军犹是世禄之裔，即不为仆怜，独不念先帝乎？即不念先帝，独不念二祖列宗乎？即不念二祖列宗，独不念己之祖若父乎？

"不知大清何恩何德于将军，仆又何仇何怨于将军也。将军自以为智而适成其愚，自以为厚而反觉其薄。奕祀而后，史有传，书有载，当以将军为何如人也？仆今者兵衰力弱，茕茕孑立，区区之命，悬于将军之手矣。如必欲仆首领，则虽粉身碎骨，血溅草莱，所不敢辞。若其转祸为福，或以遐方寸土，仍存三恪，更非敢望。倘得与太平草木，同沾雨露于圣朝，仆纵有亿万之众，亦付于将军，唯将军是命。将军臣事大清，亦可谓不忘故主之血食，不负先帝之大德也。唯冀裁之。"

对这封可悲可怜的信吴三桂没有做答复，而是继续以死罪威胁缅甸国王，要求他立即交出逃亡者。

在永历徒劳地想要软化吴三桂以后又过了三个月，缅甸人邀请他朝中的残余人马去一个小岛上与他们的酋长之一会面，理由是安排议和。在那里他们背信弃义地抓住了所有人，杀死了松滋王与四十二名重臣。皇室与藩王家的女眷纷纷寻死。只有几个皇帝的追随者逃了出去，其中包括一个姓邓的将军[1]。本来缅甸人要连皇帝一起杀掉，但是缅甸国王（他刚刚即位）传来消息，皇帝要作为囚犯活着交给吴三桂。十二月初，清军抵达了当地，把永历押往云南。

有一个南京人叫吉坦然，他的父亲当年在伴随废帝回中国的扈从之中。下面的文字出自他的原话，记录在当时的一部回忆录[2]当中："永历自缅归也，吴三桂迎入，坐辇中，百姓纵观之，无不泣下沾襟。永历面如满月，须长过脐，日角龙颜，顾盼伟如也。有满洲人见之，以为真天子，遂有密谋以图中兴者，事泄，诛四十余人焉。予曰：'我向闻其人，而遗其人之名，先生犹忆得否？'坦然曰：'亦忘之矣，然于法场上，见为首者，长七尺余，形如虎豹，皆言其膂力绝人，骑射为满洲之冠。'"

这次密谋使得永历的处境更加绝望了。吴三桂派信使到北京去请求指示，到了第二年的3月，也就是1663年，他从辅政大臣鳌拜那里接到了一份秘密诏书，以康熙皇帝的名义下令，要他将永历处死。于是吴三桂邀请废帝到他的亭榭中下棋，地点在云南府的北门外[3]，就在那里将他缢死了。一个自己也是明朝皇室后裔的中国作家，关于永历之死写了下面的话[4]："百姓初不之知也。是日，天极清朗，忽有黑云起，风雷交作。城外里许，有金汁湖，在归化寺侧，民储水灌田者也。有龙出于中，蜿蜒升天，头角爪牙皆见。众方骇观，忽喧传帝崩于北门备梓宫矣。""上丰颐伟干，貌似神宗，性恶繁华，

---

1 这个总兵叫邓凯，在南明亡后出家为僧。
2 这个故事引用自清代刘献廷的《广阳杂记》。
3 《广阳杂记》："吴三桂既得密旨，请帝于北门库饮弈，遂弑之。"
4 这段引文的前半部分仍然是来自《广阳杂记》，后半段来自清代徐鼒所著的南明史书《小腆纪年》。当然，此二书的作者谁也不是明朝宗室，这乃是本书作者的杜撰。

第 8 章 明朝末裔

◎輔政大臣鰲拜

不饮酒，无声色玩好，不甚学，而喜讲忠义事，事两宫尽孝。死之日，军民无不哀悼者。丛葬于云南郡城之北门外。"

永历最忠诚的拥戴者之一是礼部尚书龚彝，他跟随主上到了云南，在这个省份丢失以后，又随他逃到了缅甸。在那里他着手劝说当地的土著来援助明朝，但是他的活动还没来得及有结果，永历就被缅甸人背信弃义地抓了起来，交给了吴三桂。龚彝追随着囚犯一直到了云南府。第二天他准备了酒食，到永历被关押的地方求见。守卒阻止他进去，但他一再坚持，说："你们关押的是我们中国的皇帝，我是他的尚书，我只求能再见他一面，为什么阻止我呢？"[1]守卒把这件事报告给了吴三桂，吴三桂准许了。龚彝在大堂上摆好酒食，请皇帝上殿南面而坐，他则在殿下恭敬地下跪，就好像是在宫廷酒宴中一样。

在行过叩拜礼之后，他给皇帝敬酒。皇帝悲苦地流下了眼泪，他放下了杯子，一口酒也没有喝。龚彝匍匐在尘土中，完全被悲痛击倒了。他又一次向皇帝陛下劝酒，这次万历终于勉强喝了一小口。然后皇帝递给龚彝一杯酒，他一饮而尽，几分钟后就断了气。皇帝看到自己忠诚的臣仆死了，把他抱在怀里，痛哭流涕。在此不久后永历就被缢死了，如上文所述，明朝光复的最后企图也随着他一起死了。两个世纪以后，太平天国打出了"反清复明"的口号，但这只是一句战斗口号，其中并无政治意义和对前朝的耿耿忠心，就像孙中山1912年2月15日祭拜朱元璋陵墓时一样。

南明宫廷逃亡中的种种动荡兴衰，造就了一桩耐人寻味而又罕为人知的史实，就是许多皇室女性都从改信罗马天主教中寻求安慰，很可能她们还希望能从欧洲的干预中得到实际的好处。当我们回忆起耶稣会的伟大神父们（汤

---

[1]《小腆纪年》："彝具酒肴进谒，守者不许，彝厉声曰：'此吾君也。君臣之义，南北皆同，拒我何为？'三桂许之，设宴堂上，行朝礼毕，进酒。上痛哭不能饮，彝伏地哭，再劝，上勉饮三爵。彝拜不止，触地死。上抚之恸，几绝。"

◎汤若望

◎利玛窦

◎南怀仁

若望、利玛窦、南怀仁还有其他人）在明朝的最后几位皇帝治下所具备的巨大影响力——这种影响力就像我们所看到的一样，在种种俗世和军事事务中都能感觉得到——所以不奇怪这些皇帝的直系后裔会想要与罗马天主教神父们保持良好关系并从中寻找希望，这个时候天主教神父们正在狂热地传教，不仅仅在北京，也在南方的省份。葡萄牙殖民地澳门是耶稣会传教工作的一个非常重要的总部，在永历企图恢复皇位的早些年里，当他的军队还在努力守住广东的时候，一个名叫瞿纱微（Xavier Koffler）[1]的德国耶稣会士从属于明朝宫廷。这个热诚的传教者在真正适宜的土壤上耕作的结果是，永历的妻子和母亲都信了教，并且公开了自己的信仰，效法她们榜样的不仅有次等的嫔妃们，还有若干太监、一百名以上的宗室成员和四十名高官。根据传教士向梵蒂冈做的报告，这些人都受了洗。永历的嫡母皇太后接受了海伦娜的教名，皇太子的教名是康斯坦丁，永历的生母皇太后的教名是玛丽亚，皇后的教名叫是安娜。永历自己从来没有成为教徒，因为就像他的祖先一样，他是坚决的一夫多妻主义者，不可能放弃他的后宫。

1649年，海伦娜皇太后在瞿纱微神父和她的大太监"庞·亚基楼"[2]（他似乎是一个真正虔诚的教徒）的建议下，派使者去见澳门的教会之首，希望能为皇太子的大病初愈举办一次特别的感恩弥撒，并顺带祈祷明朝的光复。在这个耐人寻味的场合，澳门总督为皇家使者举办了一次宴会，并且送给他一件礼物，这礼物既有实际用处又非比寻常，乃是一百支火枪。

在下一年的11月，他们决定派使团经由印度的果阿去梵蒂冈。海伦娜皇太后用平庸的书法给教皇英诺森十世写了一封亲笔信，在信中她宣称她自己、皇帝的生母和妻子都已经皈依了真正的信仰。这篇有趣文献的文本最初出现在1666年耶稣会士阿塔纳修斯·珂雪[3]在阿姆斯特丹出版的一部著作中（*China monumentis, qua sacris, qua profanes, etc.*）[4]。多米尼克神父、

---

1 又译瞿安德。
2 原名庞天寿，亚基楼（Aquileo）是他的教名。亚基楼即英文的阿基利（Achilles），古希腊神话中的英雄阿喀琉斯。英文原文称他为P'an Achilles。
3 阿塔纳修斯·珂雪（Athanasius Kirchner，姓氏又作Kircher，1602—1680），德国耶稣会士、博物学者、汉学家。
4 这本书的全名叫《中国宗教、世俗和各种自然、技术奇观及其有价值的实物资料汇编》，又名《中国图说》。

◎澳门

另一名耶稣会士还有两名中国基督徒[1]受命去梵蒂冈。他们经历了许多艰难险阻和耽搁延误，横跨大陆途经波斯和黎凡特，直到1652年夏天才到达意大利。在罗马，他们也遇到许多意料之外的阻碍，直到1655年，教皇亚历山大七世才同意接见使团，把给海伦娜皇太后和庞太监的书面答复交给了

---

1 另一个耶稣会士是波兰人卜弥格，两名中国教徒是郭若瑟（Josef Ko）和陈安德（Andreas Siu）。

他们。皇太后和太监写给教皇英诺森十世的两封书信至今还保存在梵蒂冈的档案中。

海伦娜皇太后的书信除了大致地表达了自己的虔诚和友善之意以外，几乎没有说什么，但庞·亚基楼的书信记录了一桩有趣的事实，这个当时六十二岁的太监管理着福建省和广东省全部的陆上与海上贸易；还是皇家卫队勇卫营的总督，在财政和军需部门都执掌大权，是司礼太监，还执掌国玺[1]。由此看来，明朝的末代皇孙在逆境中并没有学到多少智慧。

永历在帝国最遥远的边陲被弓弦绞死，随着他的死，再也没有任何合法的皇位继承人可以质疑满人对中国的统治权，而中国人民那不可思议的复原能力，在康熙皇帝明智的培养和引领下，很快又带来了一个伟大繁荣的盛世，艺术、文学和贸易都得到了全面的复兴。我们现在转移向清朝君主们人生中一些最值得注意的事件和主要的动机，并尽可能阐明这个朝代在阳刚气概和治国才略方面日渐衰落的原因；引用手头的文献，对影响中国统治者施政的那些人际关系、内部事务、人和人之间的化学反应形成新的认识，这一切不仅仅影响了中国统治者第一时间的政策，还最终影响了国家的命运。

在结束这段对明朝末年的回顾之前，我们要再一次提到中国人对预言和预兆的迷信，无论过去和现在，这种信仰在每次国家遭遇危机时都扮演着重要的角色。一句谚语或者一句预言，在外省的集市和茶馆中流传，它们在危急时刻对民众态度的影响，比皇家诏令要有更重的分量。一些以类似老摩尔（Old Moore）历书的语言风格写成的预言，在很久以前就预见了明朝的覆亡和清朝的命运，这些预言一直令大众的想象力兴奋不已，也影响了民间的舆论，其深刻程度是今天的欧洲人所无法理解的。

---

[1] 庞天寿在给教皇的信中，自称"大明钦命总督粤闽恢剿、联络水陆军务、提调汉土官兵、兼理财催饷便宜行事、仍总督勇卫营、兼掌御马监印、司礼监掌印太监庞·亚基楼"。

这些预言中流传最广的被中国人称作"烧饼歌"。烧饼歌通常被认为是明朝的开国皇帝朱元璋在他登基后不久所作[1]，据说预言了明王朝的命运，清军八旗的来临，还有清王朝的最终覆灭。这首顺口溜的最后几行是：

> 草头家上十口女，
> 又抱孩儿做主张。
> 二四八旗难蔽日，
> 思念辽阳旧家乡。
> 分南分北分东西，
> 异人出在楚与湘。
> 红梨结实有圆洞，
> 惊起奴儿众子孙。
> 猿猴正中站朝堂，
> 驱走小儿弄权柄。
> 一女抱儿将屋进，
> 一女抱儿离屋中。
> 孙子在位不长久，
> 黄星长空放光明。

要理解为什么这种预言对中国人有莫大的吸引力，无论是对学者还是对普通人，就有必要对他们的书面语言有所了解，因为所有这些言辞实际具有的或者传说中的隐藏含义，都取决于精心设计或者牵强的文字游戏。行家们坚持认

---

[1] 烧饼歌伪托出自朱元璋和刘伯温的对答。作者在此引用的内容与烧饼歌的通行版本有部分差异，引文的最后九行为通行版本中所无，由译者意译。

为，上面的预言指的是清朝被新近的革命运动所推翻，例如"红梨结实有圆洞"指的只能是现任的共和国副总统黎元洪，因为他名字里的"黎"与"梨"谐音，"洪"与"红"、"元"与"圆"谐音。"奴儿"是努尔哈赤，因为他名字的开头两个字是"奴隶的儿子"的意思。在西方人心目中这种东西可能是异想天开的胡扯，但是对中国人来说确实极为可信。出于类似的原因"猿猴"是袁世凯；"驱走小儿"指的是清帝逊位；"孙子"是孙中山，"黄星"是黄兴，"一女离屋中"是隆裕皇太后抱着宣统皇帝，"一女将屋进"是顺治皇帝的母亲。[1]

这种预言的重要性并不在于学者或新闻记者可能赋予它们的解释，而在于普通民众知道并且或多或少相信着它们这一无可辩驳的事实。如果平民百姓因为烧饼歌的权威，就相信了黄兴登上政坛具有无穷的影响，这就等于给了这个不择手段的冒险家一种无论是财富还是个人才能都无法赋予他的优势。《慈禧外纪》的读者可能还记得慈禧也表现出了像这个国家最卑贱的苦力一样夸张的迷信，她一生中好几次迈出的关键一步都取决于走江湖的算命先生和占星家的劝告。在研究中国统治者的人生的时候，不管他们是属于明朝还是清朝，都不能忘记这个深植于内心的特征。

---

1 参见 Arthur Smith 博士的 *Chinese Proverbs*（《中国谚语》），新版，第 325 页。——原注

The Manchu Dynasty

清朝……

第 9 章　顺治皇帝

The Emperor Shun Chih

关于清军入关后第一位皇帝顺治的生活与他的宫廷，在当时的史书和回忆录中的记载相对而言是很少的。对此有很多原因可以解释。首先，尽管顺治的统治时期从他即位算起长达十七年，但他退场时只有二十三岁。在他的叔叔睿亲王摄政期间，直到后者在 1650 年 12 月薨逝，天子都只是一个小孩子，对打猎和打听清军在中部与南方各省的捷报感兴趣，生活在他的母亲和太傅们的悉心照料下。摄政王死后三个月，他亲政，当时他是一个十二岁的聪明少年，但他童年时代的兴致勃勃已经让位于严肃与好沉思的性情，每一年这种性情都变得更加显著。在亲政之后他最早下的谕旨之一，就是制定法规控制僧道的数量，监督僧道出家前的受训。他对公共教育与修订考试制度也非常关心。清朝入关第一位君主治下的朝廷风气极其清正廉明，或许有点乏味无趣了，但北京城的市民无疑很高兴摆脱了令北京失去光彩的明朝的奢靡与腐败。

在清帝逊位后，有一个署名"出世人"的历史写手发表了一篇文章，在文中想要证明顺治是私生子，而爱新觉罗一脉的统治者从顺治开始直到光绪，都不比罗曼诺夫家族的血统更纯正。他声称顺治的父亲并不是太宗皇帝，而是一个姓王的汉族猎人。他用来支持自己论点的证据甚至连间接证据都算不上。"出世人"的文章说明他是新党的典型，在混合了利己主义和容易激动的爱国情感之后，便产生出一种对清朝的狂热仇恨。他的作品充斥着同样水准的肆意诋毁，与文廷式[1]和康有为的作品类似，其中包含的与其说是历史考证，不如说是人为构建的记忆。不管怎样，事实是许多中国人笔下都传扬了"出世人"所取信的异想天开的传奇故事，把顺治、雍正、乾隆、光绪皇帝全都说成是汉人父亲所生的私生子，还有更多的中国人对此信以为真。我们在这里引用他关于顺治出生的记述，不是为了像圣旨里说的，"以正视听"，而是为了展示中国新党的治史方法。

"清室自称姓爱新觉罗氏，其实已数易矣。当其占据奉天时，山东有王皋者，家赤贫，无以糊口，遂乘帆船抵复州，采猎为生。一日，顺治之母亦率群姬赴山中采猎。忽起一鹿，连发三矢，不中。适王皋与邓胯子负弓矢至，迎面见一鹿，大如驴，行走如电，忽援弓矢，一发而殪。及顺治母乘马追至，鹿已带矢毙。遂将王皋招至马前，见其魁梧雄伟，赳赳之象，无出其右者，大喜。问其乡里历史，王一一告之。喜甚，因将王及邓带回宫中，以为己之护卫。由此每出猎，必使王为前驱。久之遂有染，而生顺治。顺治七岁时，即强健有力，能扛五十斤之石鼎，且颖悟非常。其父恐其长成或知非己出，将不以父待己，遂使邓回家，暗遣人于途中杀之。故至今奉天一带，有'打发邓胯子起身'一语，即将戕其命也。既而又因事杀王皋，以为灭口之计。讵料王死，尸不倒。顺治之父计无所出，乃使顺治跪于王尸前，呼之为父，王皋乃倒，遂葬之于祖茔。故直至清末，每祭其祖[2]，必先祭王皋。又奉天有'先

---

[1] 文廷式著有《闻尘偶记》，其中记载了关于慈禧的轶事。
[2] 自从1900年祭祖的地点就被意大利公使馆占据了。——原注

祭王皋，后祭王陵'之谚。长白山上有王皋石之纪念，是其未入关之前，已易王姓矣。"[1]

新一代的笔记作者不过如此。不管怎样，要记住在同时代的史书和文学作品中都没有可以用来抹黑开国皇帝的蛛丝马迹可循，顺治本人的统治尤其没有坏名声，也不能给丑闻小报提供什么材料。

皇帝个人的天性和他的稚龄都解释了顺治年间丑闻与党争在北京的绝迹，但他的朝廷之所以免受卖国阴谋、钩心斗角和你争我夺的毒害，其首要应当归于皇宫中的太监们被重新打回了他们原本作为家仆的地位，摄政王在清朝入主中原后不久建立的祖宗家法严厉禁止他们出任公职。在北京城陷落之后，许多利用皇室的荒淫以自肥、腐化过明朝朝廷并使之丢尽脸面的"狐鼠之辈"，不是逃回了河间府老家，就是追随南京或者更南方的南明朝廷。那些留下为新朝服务的人，发现他们的影响力和所能收取的好处都令人悲叹地缩减了；魏忠贤的徒子徒孙们的诡计多端和傲慢无礼也随之消失不见了。有那么一段时间，紫禁城的首恶被一扫而空。

摄政王睿亲王是努尔哈赤的第十四个儿子，如同我们已经说过的那样，他1650年12月死于张家口，在他最喜欢的狩猎中受伤身故，当时不过三十九岁。少年皇帝真挚地哀悼了他叔叔的死，睿亲王在过去七年中一直是清朝国策的指引者。他下了一道诏书，雄辩地赞扬了死者的许多美德，并且在遗体运回北京时亲自去迎接灵柩。但是在那位牢牢控制着局势的亲王死后不久，一部分一直反对他通过摄政僭越权力的清朝皇室和贵族告发他谋逆，要求废除在他死后君主赐予他的种种荣誉称号。他们不仅控告他经常僭越君权，还告发他和党羽密谋颠覆他的侄子，想要自己登上皇

---

[1] 文廷式著有《闻尘偶记》，其中记载了关于慈禧的轶事。

位。后来，更多的指控落到了他头上；他侵吞了属于皇帝的珍贵珠宝，据说某条曾经属于努尔哈赤的朝珠按照他的命令给他做了陪葬品。在进行正式调查以后，这些严重指控的相当一部分被证明是言之有据的，年轻皇帝尽管感到遗憾，也只能下了一道庄严的诏书，谴责了他显赫的亲戚，降低了他的身份。睿亲王和他的母亲乌拉那拉氏大妃的名字被从宗室族谱中除名，他们所有的封号和死后的尊荣都被取消。就这样清朝的贵族之花早早就因为个人野心而生出了腐败的根芽。摄政王的身败名裂留下了隐痛，不仅仅他的同时代人能感觉得到，努尔哈赤的后人们也是如此，以至于过了一百多年以后，乾隆皇帝又采取措施为睿亲王平反，恢复他的名声。乾隆四十三年（1778 年），这位君主发布了一道谕旨"以正视听"，他的做法跟伟大的慈禧一样，她在 1901 年 2 月也收回了她所有支持义和团的谕旨。乾隆在仔细研究以后得出结论，认为对睿亲王的指控是不实的，于是乾隆恢复了他全部的尊荣，在太庙里恢复了他的牌位，将他的第五代孙淳颖重新封为睿亲王。这个亲王头衔在现在的贵族世系中属于第二等的爵位。[1]

顺治在十五岁就娶了皇后佟佳氏[2]，她是康熙的生母，在儿子继位后两年就去世了。关于这位妃子的德行或者过失，史书上很少有相关记载。这可能是因为顺治在有限的几年婚姻生活中，完全受到他的宠妃董鄂氏的支配，这位女性似乎在容貌上有着非同凡响的魅力，而且饱读诗书，性情聪慧。一位中国的注解者甚至于嫌她"多事"（他认为这是女性的缺陷之一），说她总是想要规谏整个朝廷在宴会时不可滥饮，饮食不可太奢。她认为，她的职责是让皇帝在公共场合和私人场合都不能有过失；她坚持他阅读每

---

[1] 现任睿亲王头衔的所有者是一个典型清朝末代的不肖子孙，他抽大烟的习性遭到了官方的调查。——原注

[2] 佟佳氏在顺治生前是顺治的妃子，不是皇后。

日的常务奏章时必须读完全文，不可以跳过，皇帝本人（在一篇担当了悼文职能的墓志中）记录了她每日就寝前必亲自检查和调适皇家寝宫中的温度。

董鄂妃无疑十分贤良，而且她很年轻就过世了，死于1660年秋天。她的死给顺治带来了不可遏止的悲恸，他再也没能从这种情绪中恢复过来。上面提到的那位笔记作者天真地评论说，皇帝陛下失去她的悲痛之情似乎完全是发自真心，这对于君王来说可不常见，"皇后死了通常让他们如释重负"。在上面提到的墓志中，顺治赞美了他爱妃德行的广度与深度，说她总是拒绝陪他饮宴，而是劝他多与大臣共食；由此可

◎孝康章皇后佟佳氏

以看出，清朝入关初期的宫廷礼节还不像后来那般尊卑分明，后来他们被古代的汉族礼俗同化，就变得拘泥形式了。

根据清代的官方史书记载，顺治死于和下葬于1661年。但有充分理由怀疑官方对他死亡的记载的真实性，很多中国文人都相信，年轻的皇帝哀悼爱妃，厌倦了冗繁的国事，把朝政交给了他的四个大臣（相当于做他幼小的儿子康熙的摄政），遁入空门为僧。这个故事当然不会在官方的历史

中找到，因为士大夫阶层并不看重僧人，而且承认此事会令皇帝和皇室都面上无光；但是在同时代的诗人墨客笔下可以找到强有力的间接证据支持这个说法。其中一位诗人写下了经常被引用的句子："纵酒苍梧泪，莫卖西陵履。持此礼觉王，贤圣总一轨。道参无生妙，功谢有为耻。色空两不住，收拾宗风里。"没有疑问的是，皇帝从幼年时起就有佛教弃世之想，据知他曾写下过下面的几联：

"来时糊涂去时迷，

空在人间走一回。"

"我本西天一衲子，

为何生在帝王家？"[1]

有记载显示，在他辞世前不久，他曾经告诉他指定的四个辅政大臣之一鳌拜说，他想要跪在人群中见证新皇帝也就是他的儿子的登基大典。俄国的沙皇亚历山大一世也曾经对他的弟媳、继任沙皇尼古拉斯一世的妻子说过类似的话，说他希望能在退位后发愿出家，在莫斯科见证他们的加冕仪式。[2]

可以肯定的是，在中国学历史的人都相信顺治皇帝没有像历史记载的那样在1661年驾崩，而是与他的大臣们做出退位和假身份的安排，他成了天台寺的住持，这座寺庙在北京以西十四英里的群山中。据同时代的作者们说，这位住持与皇帝的相貌十分酷似。而且直到今天，这座寺庙还藏有一座真人大小的泥金木乃伊遗像，大约三十岁年纪，有着不容置疑的典型的满人相貌。

---

[1] 出自传说中的顺治皇帝出家偈。
[2] 见《关于亚历山大一世伪装成费奥多尔神父,在西伯利亚死亡的传奇》,尼古拉斯大公著（彼得堡，1907）。——原注

◎顺治帝为藏传佛教而下令建造的白塔，今坐落于北京北海公园

    与普通的和尚遗像不同的是，它穿着黄色龙袍，而不是常见的红色袈裟。有传说龙袍是康熙送到寺里来的。庙里的僧人还展示了风干尸体用的大缸。木乃伊的面部被涂上深棕色的清漆，而通常应当是涂金。最后，传说康熙皇帝到这座庙里来过三次，谒见了主持，主持在他面前并不像普通僧人那样下跪。1670年主持圆寂的时候，康熙为他浇铸了真人大小的铜像，并且送来珠玉埋葬在他的坟墓里。

    他葬身之所的石制墓塔如今尚在，每年寺庙都向信徒开放，他们怀着虔信在神龛前五体投地，相信在这里葬着一位天子。那些曾经把天台寺主持的遗像和寿皇殿（连接煤山和紫禁城的宫殿）皇家画像收藏中的顺治皇帝画像做过比对的人做证说，两者具有显著的相似之处。

    但不管顺治是否离开人世，他都在二十三岁那年辞别了皇座，留下他的儿子，一个七岁大的男孩，由他的四个辅政大臣照管。这个孩子注定要统治中国六十一年，给清王朝带来持久的辉煌。

第 10 章　为人父的康熙

K'ang Hsi as a Father

这位著名的皇帝的性格，他对国家的贤明治理，他对战争与运动的精通，他的深厚的学识，他的多子多孙和善良的心地，所有这些都由耶稣会的神父们在他们的作品中描绘过了，直到他的统治晚期，他们都在北京的宫廷中受到尊重，并且享有影响力。这些描述中自然有一部分具有神学和阶级上的偏见，但总的来说，这些作品的作者是见识广博和富于同情心的人，他们看待康熙皇帝比起平常人看待皇权来要更加宽容。当然，心地善良似乎是他最为显著的品质，同时他也清楚明白地意识到一条真理，就是身为中国的统治者必须果断坚决。从 1691 年到 1697 年间被封为三品官员的法国耶稣会士张诚（Jean François Gerbillon）陪同皇帝出游写下的五篇鞑靼游记[1]中，一个学习历史的人可以发现这一时期艺术和文学之所以复兴的充分条件，并且能够从近距离欣赏一位真正伟大的君王的风采。张诚是数学家和作家，与葡萄牙人安托万·佩雷拉[2]一同

---

[1] 见耶稣会神父冯秉正（Mailla，1669—1748）的《中国通史》（Histoire Générale de la Chine），第十一卷（1780 年巴黎出版）。——原注

[2] 原文有误。应为托马斯·佩雷拉（Thomas Pereira，1645—1708），汉名徐日升，康熙时期在中国传教的葡萄牙耶稣会士、数学家。

享有皇家的宠信，这种荣誉之前只有天文学家和历法修订者南怀仁从皇帝陛下那里得到过。1693年，康熙发高烧的时候，他们把奎宁介绍给了御医们，他为了表示感激，给予他们许可和资金修筑一座教堂，还在宫中为他们拨出一间房屋居住。甚至在这之前，神父们诸如闵明我（Philippe Grimaldi）、洪若翰（Jean de Fontaney）、白晋（Joachim Bouvet）、李明（Louis le Comte）、刘应（Claude de Visdelou[1]）等的圣洁和博学就深深打动了他，他颁布了著名的"宽容敕令"（1692年），给基督教在中国的传播以很大的声势，直到耶稣会和多明我会之间的内部争斗促使他收回了敕令与对传教士的宠信。

耶稣会士们想要让康熙和皇太子信教的努力既小心翼翼又坚持不懈。他们求助于他的智力，不断向他展示欧洲人在艺术与科学方面的领先优势，希望能说服他，把他赢到"真正的信仰"这边来；有一段时间看起来他们真的最终会成功的。1693年，洪若翰神父托白晋神父给他的修道院长送了一封信，信中他把康熙描述为"一位不可思议的君主，如果他信基督教的话，就是世界上最完美的帝王之一了"[2][3]。他又补充了下面这条关于皇太子的意义重大的信息："王位继承人，这里叫作'皇太子'的，今年二十一岁，对我们说他很想看一看法国的美丽自鸣钟[4]。这位王子有一天会继承皇位，他已经对我们心怀善意；有必要把他完全赢到我们这边来。"[5]

这一类的消息从北京的宫廷传到欧洲，自然会引起人们对最终可以令皇

---

[1] 原文误作 Visdelon。

[2] 见《关于中国传教进展的通信》（Lettres sur les Progrès de la Religion à la Chine），巴黎，1698年。——原注

[3] 引文原文为法文。

[4] 法国制作的许多钟表和音乐盒，装饰了铜锡锌合金与利摩日产的珐琅，在17世纪运到了北京，它们当中最早的样品是由耶稣会的神父们呈献给皇帝和宫廷的。在1860年英法联军火烧圆明园以后，它们当中有许多又被带回了欧洲，1900年八国联军洗劫北京之后又有更多回流。——原注

[5] 引文原文为法文。

◎康熙帝

帝和他的继承人改宗的幻想，在宽容敕令颁布不久后，这一类的谣言广泛地流传着。然而到了1697年，一封来自北京的信[1]对此表示怀疑："我不知道中国皇帝要改信基督教的风声有没有传到你们那里，已经传了有一段时间了，但我不愿意在信里跟你提到这件事，是因为我不怎么相信这会发生。"[2]另外一些写于1695年的信件宣布了宫廷中一名皇子的改宗和受洗，"他的母亲是已过世的皇后的姐妹"，以及另一名十三岁的皇子也受了洗。但是"神圣的敕令"的皇家作者尽管对他们抱有宽容的善意，看起来却不打算从基督教传教士们那里接受任何会动摇他对四书五经的内在信仰的东西。他接下来对中国境内基督教的迫害是由耶稣会神父们的过度狂热所直接导致的，他们自以为已经完全赢得了这位开明君主的信任。

关于康熙治下发生的战争，这一时期文学和学术研究的复兴，还有他漫长的统治期间中国与邻国、属国的政治关系，本书都不打算涉及。我们提及耶稣会的神父们在北京的写作以及他们的其他活动，是为了学习历史的学生能够从中发现趣味与教益。

1667年，即少年康熙继位后五年，朝政仍然处于他父亲指定的辅政大臣们管理之下，但从一开始康熙就受到他那位强硬的蒙古皇后祖母以及顺治的皇后博尔济吉特氏的影响，对他们抱有敌意（特别是对四人当中最狡猾的公爵鳌拜）。辅政大臣们对待罗马天主教神父们手段严酷——对这些人顺治本是很有好感的——也引起了少年人的反感，尤其是汤若望的被囚禁，他本来是被特别指定为康熙的老师的。很大程度上正是因为汤若望神父[3]和其他基

---

1 第四封荷兰的历史通信，1697年2月海牙印刷。——原注
2 引文原文为法文。
3 见杜赫德（Du Halde）所著《中华帝国鞑靼全志》（Description de l'Empire de la Chine et de la Tartare Chinoise），1735年出版，第四卷，第286页。——原注

© 平定准噶尔部

督教徒的被迫害，年轻的君主才在他祖母的帮助和煽动之下，受到朝廷百官的道义支持，在十三岁那年就解散了辅政大臣，亲自掌握了朝政。

有趣的是，在这个时间点上，纵观清王朝的整个历史，会让人想起密尔曾将根深蒂固的忌妒描述为东方人的首要特征，在此就体现在继任的皇帝和他们的心腹对在前任皇帝手下有很大影响力的重臣所表现出来的忌恨。于是我们能看到，在顺治统治下，睿亲王死后被革职；康熙撵走了他的辅政大臣们；嘉庆下令处死了他父亲统治时期权势滔天的头号宠臣；咸丰命令穆扬阿告老还乡；同治（在慈禧的影响下）铲除了篡权的顾命大臣们；最后一个例子是属于我们这个时代的，隆裕皇太后以宣统皇帝的名义，赶走了袁世凯。

回到康熙身上来。在康熙亲政以后，辅政大臣们仍然担任各部尚书，在一段时间仍然是他的眼中钉肉中刺；公爵鳌拜对他尤其侮慢无礼，这令骄傲的康熙帝难以容忍。但是前任的辅政大臣们有着强有力的党羽，于是年老的太皇太后劝年轻皇帝谨慎从事。下面这段关于辅政大臣们如何最终被铲除的记述令人产生兴趣，即使仅仅是因为它展示了上了年纪的太宗皇后身上幼稚的轻信与迷信，这在清朝许多伟大女性的身上都是具有的。

1669年元旦那天，公爵鳌拜像往常一样，带领群臣去做新年的朝贺。他穿了一件皇家的朝服，和君主的衣着唯一的区别就是在皇帝顶戴上镶嵌大颗珠子的地方，他只用红色的丝绒打了一个结。康熙装作没有看到，但是他回到寝宫时，就问他的祖母怎么才能除掉这个傲慢的大臣。这时候老太后最宠爱的太监正好在她身边，在用掷骰子占卜运气。中国的骰子有六颗，最好的花色是六颗各自呈现不同的点数。康熙抓住了装骰子的杯子，停了一会儿，好像在请求上天帮助一样，然后将骰子掷下。每颗都是不同的点数，太皇太后非常高兴，感叹道："你用不着担心他多久了！"（指的是鳌拜）几天后，皇帝下诏命令辅政大臣们辞职，要求王公和大臣们历数他们的罪状，并提出合适的惩罚。他

◎ 40岁的康熙帝

们建议鳌拜应当被凌迟处死，但太皇太后认为采取如此极端的措施并不是权宜之计，将判决减刑为奉旨自尽，籍没家产，收回封号，但保留了公爵的爵位。在判决还未执行前，一个布库（宫中的摔跤手）就在监狱中扼死了他。

为了庆祝这一解脱，康熙随后下了一道诏令，规定每年元旦皇帝都要掷骰子以占卜来年的运气，并将这作为家法由后世执行下去。就这样，直到清帝逊位，这个规矩都保持了下去；但就像所有好事一样，到了后期落到了太监们手里就变成了坏事。在元旦那天，当群臣朝拜完毕，皇帝回到寝宫，大太监就会按照不变的习俗，给他送上一个放有六枚骰子的金盘。皇帝掷骰子时，太监就跪在一边。骰子每次掷出的都是满堂彩，太监在祝贺完皇帝仍然受到上天恩宠以后，就会赶紧把骰子撤掉。但上天和这个吉利的结果可没有关系，因为皇家的骰子是经过精心制作的，专门为了保证占卜出来的是吉兆，每颗的各个面上都只刻了一个数字。[1]

说到鳌拜，笔记作者们还声称在他被罢免前一个礼拜，他请了病假，皇帝到他家里去看望他。皇帝发现他躺在炕上，身上盖着一件貂皮袍子。康熙对他

---

[1] 在张诚神父关于他第一次陪康熙去鞑靼旅行（1691年）的记载中，他说皇帝（当时三十七岁）与他讨论了钦天监的事务，对那些迷信于黄道吉日和黑道凶日的人表达了极大的轻蔑。皇帝不仅认为这种信仰是虚假和愚昧的，还坚持认为统治者醉心于这种迷信的时候，就对国家有害。——原注

说话的时候，一个随从忽然稍微拉开了一点那件貂皮袍子，露出了一把匕首。朝见皇帝时携带武器是大逆之罪，但康熙只微微笑了一笑，说道："鳌拜是真正的满洲武士，他总是把武器带在身边，即使是在病榻上，他也想要随时保卫皇帝。"朝臣们从这些话里知道鳌拜倒台的日子不远了。

到了康熙统治末期，他的人生开始变成了一种负担，他的健康也受到他的一些不孝和无法无天的儿子的损害。他是伟大的统治者和睿智的人，但是就像从所罗门到今天的政治家和学者等东方历史上许多其他伟人一样，他的人生哲学不反对一夫多妻制，也相信多子多福。他的儿子们，就像以利[1]的儿子们，对人民行邪恶之道，害得他们白发苍苍的父亲忧愁而死，在中国的家长制制度下，这是不鲜见的。康熙那些涉及他的家务纠纷的诏令和训诫，显示出他对自己的道德和聪明才智有信心，他对自己的生殖力感到自豪，他想要给他的王朝带来许多子孙，个个的才能与德行和他自己一般无二。在这一点上，他是严重地失望了，他的儿子们长大成人以后永无停歇的纷争给他的晚年带来了悲痛，使他统治的威信也变得黯淡无光。

康熙有三十五个儿子，其中二十四个活到了成年。下面列出了那些在他统治期间和他的继任者雍正统治期间的历史记载中扮演了重要角色的，无论名声是好是坏：

* 胤禔：1672 年生，惠妃之子，她地位太低微，儿子不可能继承皇位。他被封为直郡王（含义为"正直"），1708 年被革职，软禁在家。1734 年卒。

胤礽：理亲王（含义为"有原则"），母亲是康熙的原配皇后赫舍里氏，她 1674 年去世。胤礽两岁时就被立为皇太子；1708 年 10 月被剥夺皇太子头衔，

---

1 《旧约·撒母耳记上》中以色列的祭司，他的两个儿子也做祭司，但是不敬耶和华。

幽禁于煤山后山的一座宫殿里，1709年再次被立为皇太子，1712年10月再次遭到废黜和囚禁。雍正二年（1724年）死于狱中。

*胤祉：诚亲王（含义为"真诚"）。1677年出生，1730年被他的弟弟雍正监禁于煤山，后于1732年7月被毒死（官方说法是死于急病）。

胤禛：被封为雍亲王（含义为"大度"），继位为雍正帝。1678年降生，1735年驾崩。

胤祺：恒亲王（含义为"稳定"），生于1680年，死于1732年。

胤祐：淳郡王（含义为"纯洁"），生于1680年，死于1730年。

*胤禩：廉亲王（含义为"廉正"），通常被称为八阿哥。1681年出生，母亲是"辛者库出身的卑贱之女"，1726年被雍正剥夺封号和下狱。从宗族名册中被除名，被取了一个含辱骂性质的名字"阿其那"。死于（被毒死）六个月后。乾隆皇帝在1778年恢复了他的宗室身份。

*胤禟：1683年出生，1726年6月被剥夺封号，从宗族中除名。被取名"塞思黑"。他的死（1726年9月死于保定府狱中）和八皇子胤禩的死只隔了几天。

*胤䄉：生于1683年，1709年被封为敦郡王；1726年被他的哥哥雍正囚禁；1737年被乾隆释放。

胤䄉：履亲王（含义为"行必履正"），生于1686年，死于1763年。

胤祥：怡亲王（含义为"谐和"），生于1686年，死于1730年。同治年间篡权的摄政大臣载垣的先祖。

胤禵：恂郡王（含义为"可信"），1688年出生，1726年被囚于寿皇殿的一间偏殿中，停放他父亲灵柩的地方。由乾隆释放。

胤禄：庄亲王（含义为"庄重"），生于1695年。康熙最宠爱的儿子；他是耶稣会神父们的朋友，优秀的天文学家和数学家。死于1767年。

名字前面带标注（*）的五个人都密谋让皇太子胤礽被废，并拥立胤禩登位。后者无疑是一个人才，但是在宫廷中遭到怀疑，原因是大家普遍相信他改信了基督教。康熙最初对罗马天主教徒是非常有好感的，但是他厌倦了他们的内斗，晚年变得敌视他们了，也反对他的儿子们与耶稣会神父们走得太近。五个皇子对皇太子的排斥并不是完全没有理由的（尽管他们行事的方法是不符合孝悌的），因为胤礽确实不是什么好人。

1708年秋天，康熙去热河附近的乡间打猎。他内心烦闷，因为他的儿子们不得体的行为严重冒犯了他朝廷中的大臣。在皇帝狩猎时，他们行为失检的消息一再传到他耳边，他于是召集宫中大臣，传达了下面的谕旨：

"近日闻诸阿哥尝挞辱诸大臣、侍卫，又每寻衅端，加苦毒于诸王、贝勒等。诸阿哥现今俱未受封爵，即受封后，除伊属下人外，凡有罪过，亦当奏闻，候朕处分，何得恣意妄行乎！朕为天下元后，凡事但遵大义而行，无罪之人，未尝枉法处治。国家唯有一主，朕日祷祝于天，亦欲众皆无事以享太平耳。八议内三品以上官员虽犯死罪，不遽拟斩拟绞而必奏闻者，所以敦国体，非为臣下也。诸阿哥擅辱大小官员，伤国家大体，此风断不可长。伊等不遵国宪，横作威势，致令臣仆无以自存，是欲分朕威柄，以恣其行事也。岂知大权所在，何得分毫假人。即如裕亲王、恭亲王皆朕亲兄弟也，于朕之大臣、侍卫中曾敢笞责何人耶。纵臣仆有获罪者，朕亦断不轻宥，然从未轻听人言，横加僇辱之事。

"且太祖、太宗曾降训旨，戒勿滥行捶楚，荼毒无辜。煌煌实录，记载甚明。不意今日竟流而渐下，不法多端也。嗣后，诸阿哥如仍不改前辙，许被挞之人面诘其见挞之故，稍有冤抑等情，即赴朕前叩告。朕且欣然听理，断不罪其人也。至于尔等有所闻见，亦应据实上陈，若一切隐讳，后来渐至杀人亦将隐而不奏乎。尔等隐而不奏，即尔等之罪矣。若吴什、畅寿、存柱三人将朕斯旨，或隐一言，不宣谕明白，使众咸知，即将伊等正法。"

几天后，在布尔哈苏台行宫，皇帝又把宫中众人召集到一起，命令皇太子（胤礽）在他面前跪下。他两眼含泪，对皇太子说了如下的话：

"朕承太祖、太宗、世祖弘业四十八年，于兹兢兢业业，轸恤臣工，惠养百姓，惟以治安天下为务。今观允礽不法祖德，不遵朕训，惟肆恶虐众、暴戾淫乱，难出诸口。朕包容二十年矣，乃其恶愈张，僇辱在廷诸王、贝勒、大臣、官员，专擅威权，鸠聚党与，窥伺朕躬起居动作，无不探听。

"朕思国惟一主，允礽何得将诸王、贝勒、大臣、官员任意凌辱，恣行捶挞耶。如平郡王纳尔素、贝勒海善、公普奇，俱被伊殴打，大臣官员以至兵丁鲜不遭其荼毒。

"朕深悉此情，因诸臣有言及伊之行事者，伊即仇视其人，横加鞭笞，故朕未将伊之行事一询及于诸臣。朕巡幸陕西、江南、浙江等处，或驻庐舍，或御舟航，未尝跬步妄出，未尝一事扰民。乃允礽同伊属下人等恣行乖戾，无所不至，令朕艰于启齿。又遣使邀截外藩入贡之人，将进御马匹任意攘取，以至蒙古俱不心服。

"种种恶端，不可枚举。朕尚冀其悔过自新，故隐忍优容至于今日。又朕知允礽赋性奢侈，著伊乳母之夫凌普为内务府总管，俾伊便于取用。孰意凌普更为贪婪，致使包衣下人无不怨恨。朕自允礽幼时，谆谆教训，凡所用物，皆系庶民脂膏，应从节俭。乃不遵朕旨，穷奢极欲，逞其凶恶。今更滋甚，有将朕诸子不遗噍类之势。

"十八阿哥患病，众皆以朕年高，无不为朕忧虑。伊系亲兄，毫无友爱之意。因朕加责让，伊反忿然发怒。更可异者，伊每夜逼近布城裂缝，向内

---

1 见《清圣祖实录》卷二三三，略有删节。

窥视。

"从前索额图助伊潜谋大事,朕悉知其情,将索额图处死。今允礽欲为索额图复仇,结成党与,令朕未卜,今日被鸩,明日遇害,昼夜戒慎不宁。

"似此之人,岂可付以祖宗弘业。且允礽生而克母,此等之人,古称不孝。朕即位以来,诸事节俭,身御敝褥,足用布袜。允礽所用一切远过于朕,伊犹以为不足,恣取国帑,干预政事,必致败坏我国家,戕贼我万民而后已。若以此不孝不仁之人为君,其如祖业何!"

皇帝说完,过了一会儿就开始痛哭啜泣。他扑倒在地,保持着这个不体面的姿势,直到大臣们把他扶了起来。

他继续说道:"太祖、太宗、世祖之缔造勤劳与朕治平之天下,断不可以付此人。俟还京昭告于天地宗庙,将允礽废斥。

"朕前命直郡王允禔善护朕躬,并无欲立允禔为皇太子之意。允禔秉性躁急愚顽,岂可立为皇太子?

"其允礽党羽,凡系畏威附和者,皆从宽不究外,将索额图之子格尔芬、阿尔吉善暨阿格苏尔、特哈什太、萨尔邦阿俱立行正法,杜默臣、阿进泰、苏尔陈、倪雅汉著充发盛京。此事关系天下万民,甚属紧要,乘朕身体康健,定此大事,著将允礽即行拘执。尔诸王、大臣、官员、兵民等,以允礽所行之事,为虚为实,可各秉公陈奏。"

众人都跪下叩头,称皇上所言极是。大臣们回答说:"皇上所见至圣至明。谕旨所言皇太子诸事,一一皆确实。臣等实无异辞可以陈奏。"

对于御前的大臣,康熙又另行训谕:"允礽为皇太子时,有所使令,尔等敢不遵行,但其中岂无奔走逢迎之辈,今见皇太子废斥,恐为朕访知,或旁人

---

1 见《清圣祖实录》卷二三四。

首告，必至诛戮，日夜危惧，靡有宁时。朕以允礽凶戾，势不得已，始行废斥，断不辗转搜求，旁及多人。若将从前奔走之人，必欲尽行究处，即朕宫中宦侍，将无一人得免者。今事内干连人等，应正法者，已经正法，应充发者，已经充发，事皆清结，余众不更推求，嗣后虽有人首告，朕亦不问，毋复疑惧。

"至于三贝勒允祉平日与允礽甚相亲睦，所以召允祉来者，因有所质问，并非欲拘执之也。伊虽与允礽相睦，未尝怂恿为恶，且屡曾劝止允礽不听，此等情节，朕无不悉知。朕顷因怅憾不宁，中心烦闷，故于众人危惧不安之情，未复宣明谕旨。"[1]

◎康熙帝戎装像

康熙摆驾回宫，又召集众臣和满洲大学士到他的帐篷里，对他们说："朕历览书史，时深儆戒，从不令外间妇女出入宫掖，亦从不令姣好少年随侍左右，守身至洁，毫无瑕玷。见今关保、伍什俱在此，伊等自幼随侍朕躬，悉知朕之行事。今皇太子所行若此，朕实不胜愤懑，至今六日，未尝安寝。"这时候皇帝涕泣不已，众臣也都为其所感，回答道："天下臣民所仰赖者，惟我皇上，伏愿皇上以祖宗弘业为重，暂释痛愤，颐养圣躬。"

康熙又说道："朕承继大统数十年来，扩从古未入版图之疆宇，服从古未

---

1 见《清圣祖实录》卷二三四，略有删节。

经归附之喀尔喀、厄鲁特等。今虽年齿渐增，亦可以纵横天下，非自矜伐也。尔诸大臣、官员、军民人等皆爱戴朕躬，出于至诚。朕于大小臣工无不抚恤，从未尝妄行笞辱一人。

"今岁中外大臣病故者甚多，朕皆为之摧心堕泪，尔诸臣未必知也。诸臣既以朕躬当颐养为请，朕岂有不加意颐养者耶！今岁有事，朕已预知。朕意中时若有一事将发者，曾向胤礽言之，今岁朱三、一念和尚事后，允礽奏曰：皇父之言验矣！朕谓之曰：尚恐未尽于此也。彼时亦不知何事，而不意竟有此事也。

"朕阅实录，太宗皇帝统大军抵北京，击败明兵，凯旋之时，诸大臣固请曰：臣等随从至此，本图建立功业，今奈何薄城而不取？太宗皇帝曰：今取此城甚易，当视天意何如。嗣后北京为流贼所据，我诸王佐世祖皇帝直取北京，统一区宇。逮于朕躬，历二代六十五年。今天下治安，率土人民，咸享太平之福。此亦朕恪守祖业，夙夜勤劳之所致也。

"朕曾因亢旱，宫中斋戒三昼夜，焚香恳祷上帝，至祀圜丘之日，立见感格，大沛甘霖，始知幽独之诚，具在上天昭鉴中也。后又值旱灾，左右奏请朕仍前祷雨，朕言今天下丰裕，朕心之诚，恐不及前，上天皆亦鉴知，不宜轻祷，此朕不敢稍有虚伪之意。故以此心告之诸臣，自今以后，益当与尔等加意图治耳。"[1]

胤礽跟随朝廷回到北京，归程中康熙仍然密切地观察他的一举一动。他的结论被传达给了大臣们，如下："近观允礽[2]行事，与人大有不同，昼多沉睡，夜半方食，饮酒数十巨觥不醉。每对越神明，则惊惧不能成礼。遇阴雨雷电，则畏沮不知所措。居处失常，语言颠倒，竟类狂易之疾，似有鬼物凭之者。""允礽宫人所居之撷芳殿，其地阴暗不洁，居者辄多病亡。允礽时常往来其间，致

---

[1] 见《清圣祖实录》卷二三四。
[2] 本书引文中涉及雍正兄弟姓名的"胤"字多为"允"，皆因避讳。

中鬼魅，不自知觉。以此观之，种种举动，皆有鬼物使然，大是异事。"[1]

第二天皇帝一行抵达北京，归途中废太子一直由他的哥哥胤禔押解。在入城时，康熙在皇家马厩旁为他安排了一顶毛毡帐篷，命令胤禔与他的四弟（后来登基为雍正）看守。

他回去以后的第一件事是将此禀告皇太后[2]。在她对废太子一事表示了许可以后，康熙登上太和殿，宣读谕旨："皇太子名分，关系重大，朕熟观史册，岂有轻举之理。当允礽幼时，朕亲教以读书，继令大学士张英教之，又令熊赐履教以性理诸书，又令老成翰林官随从，朝夕纳诲，彼不可谓不知义理矣。且其骑射、言词、文学，无不及人之处。今忽鬼魅所凭，蔽其本性，忽起忽坐，言动失常，时见鬼魅，不安寝处，屡迁其居。啖饭七八碗，尚不知饱；饮酒二三十觥，亦不见醉。

"匪特此也，细加讯问，更有种种骇异之事。至其近侍人员，亦不为少，其中岂无一二受伊恩遇者，而竟不能得一二人之心。以此观之，非狂疾何以致是！朕初意俟进京后，告祭奉先殿，始行废斥，乃势不待，故于行在拘执之。尔诸王、贝勒、大臣、官员众意云何？"满朝文武纷纷跪下，在场最年长的王公康亲王回答道："皇上之于皇太子，仁以育之，义以训之，历年已久。不意数年来，皇太子忽染狂疾，为鬼物所凭，种种行事，不似平时。皇上深念祖宗宏业，允协于理。臣等当公同具本上奏。"

康熙回答说："朕志已定。当即告祭天地太庙社稷，废斥皇太子，著行幽禁。允礽乃皇后所生，朕煦妪爱惜，亲加训谕，告以祖宗典型，守成当若何。又教之以经史，凡往古成败，人心向背，事事精详指示。允礽虽于他事不知，

---

[1] 见《清圣祖实录》卷二三四。
[2] 顺治的皇后，姓博尔济吉特，贝勒绰尔济之女，出身蒙古科尔沁部。康熙对她十分孝敬。她于1718年去世，享年七十七岁。——原注

宁不知人心之不可失耶？乃幼承朕训，习知义理，而反致人心尽失，其为鬼神所凭，狂惑成疾，彰彰明矣！

"今允礽事已完结，诸阿哥中倘有借此邀结人心，树党相倾者，朕断不姑容也。

"昔我太祖皇帝时，因诸贝勒大臣讦告一案，置阿尔哈图土门贝勒褚燕于法。太宗皇帝时，因莽古尔泰德格类贝勒一案，罪及哈达公主；又因永平一案幽禁阿敏贝勒。世祖章皇帝时，礼亲王举劾其子硕托贝子及其孙阿达礼王，坏法乱国，均正典刑。睿亲王抚政时，锡翰贝子诸人因谄媚伏诛者甚多。迨至朕躬，鳌拜欲杀苏克萨哈，朕年尚幼，屡经救谕，而鳌拜卒将苏克萨哈诛灭，诸大臣多株连被杀者。此等大案，间常有之，而宗室内互相倾陷者尤多，此皆要结党援所致也，尔等可不戒乎？朕今御极四十有八年矣，历览史册，鲜有如朕在位之久者，以此观之，上天之眷佑可知矣。既承天眷，朕安得不为国为民竭尽心力乎！"

在皇太子被废后，有两个朝廷重臣，身为八皇子胤禩的同党，想要为他们的主子获得信用和继承权，又各种控告太子行为不法，想要令皇帝对他反感，置他于死地。皇帝在读了他们的奏章以后大怒，决定下令诛杀太子。但是一个叫老德喇的御前近臣改变了他的想法，此人是一个年纪老迈的官吏，皇帝对他的意见很看重。皇帝打算一从西山回到宫中就下旨处死太子，但是在起驾回程前老德喇请求晋见。在谈了一会儿家常以后，他说："出了一件怪事：守城门的某个侍卫，过去十分肥胖，现在却骨瘦如柴。"康熙到达北京以后，看见那个侍卫站在领队的位置，明明肥胖依旧，于是责备老德喇所言不实。老德喇笑着说："由此可见天下传言不实者甚多，关于废太子亦当如是。如果关于您的

---

1 见《清圣祖实录》。

◎ 康熙读书像

侍卫的胖瘦尚且会有谣言，何况受到众多嫉妒者毁谤的太子呢！"康熙点了点头，撕毁了下令将自己的儿子斩首的诏书。

翰林学院写好了将废斥太子一事昭告天地君亲的祭文。但是文章的风格不够谦逊，令康熙不满意，他亲自撰写一文，下令将其一字不改地翻译成满文，以"抒写悃诚"。翻译完成后皇帝仍然不满意，驳斥当事人等道："朕所撰文内，有'鞠躬尽瘁，死而后已'，乃师诸葛亮《出师表》之语，尔等殆谓此语惟人臣可用，而人君则不可用，是以变其文而译之。朕每谓诸葛亮乃纯臣，亮之此语，非特人臣当如此，人君益当如此。朕常为诸臣言之，为人臣者，犹有可诿，为人君者，将安诿乎！惟当敬天勤民，鞠躬尽瘁而已。朕为上天之子，朕所仰赖者惟天，所倚信者惟皇太子，今皇太子所行若此，欲行废斥，岂可不昭告上天！"

皇太子与各部院大臣同谋，常常干预朝政，多半是出于某种考虑。康熙下令进行调查，各部衙门汇报说并无证据证明他曾经更改或取消过来自皇帝的任何命令。康熙回复说："朕朱批事情，伊何敢私自更改。但好揽事，或将此作重，或将彼作轻，或将此宽免，如此私行嘱托之事甚多。朕俱知之，所以凡事少有可疑者，朕俱不准行。"[1]

下面是他向全国颁布的诏书："朕承天眷命，绍祖宗宏图，四十八年于兹，宵旰孳孳，不敢暇逸。所敬惟天，所重惟民。每念天生民而立之君，无非欲其爱养黎元，俾无失所，故于四方闾阎情形，周咨博访，纤悉罔遗。凡有可以厚民生、拯民困者，不惜数千万帑藏，以溥施济。累岁减免谳狱、所全活者不下数千百人。良以君道在于爱民，此帝王之常经，祖宗之家法，亦用以垂示后人，使知所则效也。

---

[1] 见《清圣祖实录》。

"允礽自立为皇太子，时勤教谕，并简名望大臣，为之讲明性理，历有年所。顾秉性乖戾，罔体朕心，违背朕训。虽怨尤日积，尚冀其悔悟自新。屡次南巡江浙，西巡秦晋，皆命允礽随行，原望其谙习地方风俗，民间疾苦，乃辄强勒督抚大吏及所在官司索取财贿。所用宵小匪类，尤恣意诛求，肆行攘夺。夫地方物力，皆属小民脂膏，朕屡谕允礽宜加节俭，伊乃穷奢纵欲，逞恶不悛。既已苛索外吏，复夺取外藩入贡马匹等物，私用内外库帑为数甚多，流毒臣民，安所底极。迩来暴虐滛淫，过端弥著。自诸王以及大臣官员，悉被非礼凌辱，横加捶挞。向因索额图、常泰交通设谋，朕洞觉其情，置索额图于死。而允礽时蓄忿于心，近复有逼近幔城裂缝窥伺、中怀叵测之状。凡此举动，类为鬼神所凭，狂易成疾。书曰：天视自我民视，天听自我民听。人心所恶，天必厌之。

"宗社事重，何以承祧！朕图维再三，万不获已，于康熙四十七年九月十八日奉皇太后慈命，告祭天地、太庙、社稷，特废黜拘禁。所以仰安宗社，俯慰臣民也。

"兹历指废黜之由，宣示中外。又因允礽贪暴纵恣，被累者多，深切轸念。爰敷宽恤之深仁，并布普施之德意。用弘怀保，丕被寰区。于戏，澄清国本，谨万年久远之图；诞沛恩膏，涣九重惇大之诏。布告天下，咸使闻知。"[1]

第二天早晨康熙又对儿子们说："拘禁允礽时，允禔奏允礽所行卑污，大失人心，相面人张明德曾相允禩，后必大贵，今欲诛允礽，不必出自皇父之手。言至此，朕为之惊异。朕思允禔为人凶顽愚昧，不知义理，傥果同允禩聚集党羽，谋害允礽，其时但知逞其凶恶，岂暇计及于朕躬有碍否耶！似此不谙君臣大义、不念父子至情之人，洵为乱臣贼子，天理国法，皆所不容者也。"[2]

---

1 见《清圣祖实录》。

2 同上。

康熙迫使大儿子胤禔交出了相面人张明德（他曾经相面说八皇子会做皇帝），并下旨将张明德处死。皇帝评论说："闻彼曾为允禩看相，又散帖招聚人众。其情节朕知之甚明。此案甚大，干连多人。尔等慎毋滋蔓，但坐张明德一人审结可也。"

到了这个时候，康熙已经对自己的家务事深深感到不安，他明显还心惊肉跳，唯恐遭到谋害。他又一次把儿子们召集到宫中，对他们说："尔等应将各属下人严行禁止，勿令生事，安分而行。尔等护卫官员、乳母之夫并随从人等，多系下贱无知之人，必有各为其主，在外肆行者。如允禩之太监三四人、护卫一二人，妄探消息，恃强无忌，朕悉知其姓名。况允禩之人，见杀于人，及因罪充发者，亦复不少。宜自知分量，速行更改。且皇太子之人，有干犯国宪者，尚不宽宥，尔等之人，又何论焉！前召尔等面谕时，允禩奏伊弟兄等嗣后同心合意，在皇父膝下安然度日。

"似此亦非善言。假使尔等内有不肖人，行非礼事，亦可众人一心助之而行乎？允禩既将人毁谤，欲致之死地。今又为和好之言，谁其信之？且允禩于朕之侍卫执事人等，擅自责打者不少，今被打之人尚在也。其看守允礽时，将允礽处所有匠人尽行收去，又加以苦刑，以致匠人逃遁，且有缢者。如此行事，何以服众！

"今有十八阿哥之事，又有允礽之事，朕心伤不已。尔等宜仰体朕心，务存宽厚，安静守分，勿与诸事，兢兢业业，各慎厥行。经曰：爱亲者不敢恶于人，敬亲者不敢慢于人。尔等若不能谨身率下、复生后端，以伤朕心，是于臣子之道两失之矣。尔等岂忍为之乎？可将此旨遍谕尔等属下人知之。"[1]

---

1 见《清圣祖实录》。

胤禩这个时候是内务府总管，下令查抄了失宠的前任内务府总管[1]的家财。数目远不如皇帝所料想之多，因为总管是以丰厚的资财而闻名的。康熙对此非常愤怒，召胤禩入宫说道："所查未尽，如此欺罔，朕必斩尔等之首。八阿哥到处妄博虚名，凡朕所宽宥及所施恩泽处，俱归功于己，人皆称之。朕何为者，是又出一皇太子矣。如有一人称道汝好，朕即斩之。此权岂肯假诸人乎？"

康熙的怒火很快就变得歇斯底里起来。他的儿子们时时在旁侍奉。他又一次对他们说："当废允礽之时，朕已有旨，诸阿哥中如有钻营谋为皇太子者，即国之贼，法断不容。废皇太子后，允褆曾奏称允禩好。春秋之义，人臣无将，将则必诛。大宝岂人可妄行窥伺者耶！允禩柔奸性成，妄蓄大志，朕素所深知。其党羽早相要结，谋害允礽。今其事皆已败露，著将允禩锁拿，交与议政处审理。"[2]

当此时，九皇子胤禟不顾父皇在场，粗鲁地大声对弟弟胤䄉说："如果我们再不说话的话，就没有机会了！"胤䄉于是大呼："八阿哥胤禩没有谋害过太子，我兄弟和我都愿意为他作保。"

听到这话康熙陷入了狂怒（他患有癫痫），抓住了佩刀想要当场砍死胤䄉。但是五皇子胤祺跪着抱住康熙求饶，剩下的人则叩头不已。康熙镇静了些，命令其他皇子鞭挞胤䄉，然后把胤䄉和胤禟赶出了皇宫。

在这次半喜剧化的事件之后，大臣们交上了相面人张明德的审讯报告书。其中说："相面人张明德供：由顺承郡王长史阿禄荐于顺承郡王及赖士公、普奇公，由顺承郡王荐于直郡王。我信口妄言皇太子暴戾，若遇我当刺杀之。又捏造大言云，我有异能者十六人，当招致两人见王，耸动王听，希图多得银两。

---

1 即上文所说的胤礽乳母之夫凌普。见《清圣祖实录》。
2 见《清圣祖实录》。

又由普奇公荐于八贝勒，看相时，我曾言：丰神清逸，仁谊敦厚，福寿绵长，诚贵相也。以上俱是实情。"审判者们建议将他斩首。

这份报告没有让皇帝的脾气好转，他召集文武百官前来朝见，说："八阿哥允禩向来奸诈，尔等如以八阿哥系朕子，徇情出脱，罪坐旁人，朕断不允。皇天在上，朕凡事俱从公料理，岂以朕子而偏爱乎？世祖六岁御极，朕八岁御极，俱赖群臣襄助。今立皇太子之事，朕心已有成算，但不告知诸大臣，亦不令众人知，到彼时尔等只遵旨而行。"[1]

关于相面人张明德，皇帝下达了以下的谕旨："张明德于皇太子未废之前，谋欲行刺，势将渐及朕躬。据彼言有飞贼十六人，已招致两人在此，但好汉俱经皇上收录，若于其中不得一二人，断不能成事。又云得新满洲一半，方可行事。如此摇惑人心，幸朕之左右，持心坚正，故不为所摇惑耳。此等情节，直郡王早已详悉密奏。王布穆巴、公赖士、普奇等乃乱之首也。允禩知而不奏、为臣子者当如是耶！张明德为允禩看相，设无他言，允禩何以转语九阿哥、十四阿哥！九阿哥、十四阿哥又何所见而奏闻于朕！允禩现在锁拿，著将布穆巴、赖士、普奇、阿禄一并锁拿，尔等会同议政大臣即严加质讯具奏。张明德所犯情罪极大，不止于斩，当凌迟处死。"

经过审讯，顺承郡王招供说张明德曾经劝说他参与谋害皇太子，但他立刻就告诉了大皇子。两个更年轻的皇子胤祹和胤䄉在审讯后称，他们曾经为相面人的疯癫话语警告过他，当时就拒绝和此事有什么瓜葛。胤禟承认曾经对他的弟弟们谈起过相面人说的大话。康熙于是革去胤禟的贝勒之位，将他降为一个没有职位的宗室，并且命令涉案各方都要在张明德被凌迟处死时到场观看。所有这些烦恼损害到了皇帝的健康，众臣恳求他要注意龙体。他下

---

[1] 见《清圣祖实录》，有删节。

达了一封很长的诏书作为答复，表达了对儿子们不孝行为的怨恨。现在他逐渐年老，就越发害怕行差踏错，害怕使他的统治面上无光，也怕失去帝国后世对他的尊敬。

皇帝拒绝再公开立太子，无疑是因为他害怕再引起新的纠纷，再在宫中掀起一场危机。他的儿子当中没有一个能让他完全信任的，也没有一个继承了他如此引以为豪的才略与德行的。他的马厩里全都是害群之马，他在临终时托付皇位的那个儿子让他认为最肖似乃父，但这个儿子也不比其他人更好，只能说是更谨慎从事。他开拓了疆域，增进了帝国的文化与繁荣，但他给中国留下的是一批罪孽深重的皇子皇孙，这种邪佞不正流传下来，注定要在每一代人里引发动乱，最终给王朝带来覆灭。康熙的儿子们和今天清朝的浪荡皇孙之间的唯一显著区别就是前者相对更有阳刚气概，身体更为强健，而且他们不像他们柔弱的后人们一样受到宫中太监们的支配。宦官，这最后也最强有力的负面影响，最终还是腐化了北京的宫廷。

第 11 章 雍正朝的忧患

The Tribulations of Yung Cheng

1722年12月，时年六十八岁的康熙皇帝在南苑狩猎时突发疾病。他匆忙回到他最中意的休养地，圆明园附近的畅春园。起初他的病情似乎有所好转，但他仍然无法去天坛主持冬至日的祭天典礼，于是委派他的儿子胤禛（雍亲王）代为主持。胤禛先去斋宫斋戒，为庄严的仪式做准备，但是他还没来得及到斋宫，紧急信使就通知他皇帝已经病重，他必须马上赶去皇帝床边。当他来到父亲身边时，他发现那里已经按照皇帝命令召集了他的七个兄弟，还有康熙的大舅子隆科多。行将辞世的皇帝说话简短，他告诉他们他最后的遗命是雍亲王应当继承皇位。"我的第四个儿子和我很像，"他说，"他应当会是个好皇帝。"胤禩（无疑是康熙的儿子们当中最有才干的）从未放弃过继承皇位的希望，听到这些话他心里充满了羞愧与恼怒，离开了皇帝的房间。被指定的继承人按照习俗的要求，给他弥留之际的父亲穿上"寿衣"，在目睹了他的死亡（1722年12月20日）以后，又把他的遗体护送到紫禁城，在那里遗体暂时被停放在乾清宫。

新皇帝面前的道路并非一片坦途。他当时四十四岁，他能从他那群吵闹和不忠的兄弟当中鹤立鸡群的主要原因是他谨慎地避开了他们针对皇太

◎圆明园曲院风荷

子和康熙本人的各种密谋。但放眼他自己作为皇帝的业绩，还有他的文章和诏令，他值得留名后世的主要是他的文学造诣和他对政府常规运作的一丝不苟。在他的家庭生活中，就像在他与大臣和朝廷的关系中一样，他无疑都是自贬了身价，成了一个多疑、易怒、有着残忍的报复心的人物。当然，在王朝的实录里充斥着长篇的说教，对家务烦恼的抱怨和哭哭啼啼，如果这些实录是我们了解那个时期的唯一材料的话，我们会误以为政府的全部事务就是讨论和处理皇室家族的不得体的口角。不管怎样，雍正（让我们

用他的年号称呼他）的这些诏令和说教有利于对人性进行深刻的探索，在很大程度上解释了清朝的衰落（尽管在乾隆的统治下又推迟了六十年），清朝的衰落可以说正是从康熙的儿子们开始的。我们认为，在此引用这些档案中最重要的部分是有必要的，总体来看，它们构成了一种对东方宫廷一夫多妻制坏处的惊人的揭露，也部分解释了为什么东方人的族长制并不能提供社会凝聚力。

◎雍正帝

雍正登基时心怀不快，他确信他所有的兄弟，除了胤祥[1]以外，都是对他心怀敌意的。他迈出的第一步是十足典型的东方外交举措。他指定了四个人总理政府事务，以便他可以按照圣人的要求守孝三年。总理事务的四个人当中有他的两个弟弟，胤禩和胤祥（分别是家里的坏孩子和好孩子），还有大学士马齐、他的舅舅隆科多。他任命他既恨又怕的胤禩担当要职是为了时时盯着他，因为他知道胤禩是个阴谋家，而且确信如果没

---

[1] 皇帝出于感激将他封为怡亲王。怡亲王世系的直系后代载垣在 1861 年密谋反对老佛爷（见《慈禧外纪》）。——原注

有狡诈的胤禩从中指挥，其他的兄弟们欲行阴谋是不会成事的。与此同时，因为西北部的叛乱引发了恐慌，皇帝早早找到了机会召回当时总领皇室军队的胤禵（康熙的十四子），因为这个皇子属于胤禩一党，雍正害怕他会利用自己手里的军队拥立胤禩做皇帝。

胤禩对他的兄弟皇帝流露出明显的厌恶和不信任；当人们贺喜他获得新官职的时候，他评论说皇帝明显是想要他的脑袋，所以来吊唁还差不多。这些都由监视他的太监按时汇报给了雍正；这可不是个吉利的开端。

雍正步他父亲的后尘，很早就开始向他的家人和群臣做乏味啰唆的说教；这个习惯似乎对清朝的所有皇帝以及皇后来说都是根深蒂固的。只有老佛爷以她的幽默感挽救了这些伪善的发言；即使在她满口都是仁义道德的陈词滥调的时候，这位伟大的女性也总能给人一种印象，就是在履行职责的同时，她其实在暗自发笑。下面这段长篇累牍的演说值得引用，因为它是雍正训谕的一个早期案例：

"朋党最为恶习。明季各立门户，互相陷害，此弊至今未息。惟我皇考允执厥中，至仁在宥，各予保全，不曾戮及一人。尔诸大臣内不无立党营私者，即宗室中亦或有之。尔等若以向蒙皇考宽大，幸免罪愆，仍蹈前辙，致干国法，昏昧极矣。夫人之性情，各有所向，岂有与通国之人，无不投契之理。但办理公事，不可存私。今诸大臣俱在朕前，朕居藩邸，曾与尔等议及私事，密相往来乎！皇考知朕中立不倚，是以命朕缵承大统。朕自思之，亦惟朕方能不戮一人，无一人不保全耳。朕非独因皇考付托之重，实感皇考四十余年教养深恩，委曲周至。言念宏慈，昊天罔极。此朋党之习，尔诸大臣有则痛改前非，无则永以为戒。尔等其祗承朕谕。"[1]

---

[1] 见《雍正朝实录》第六卷，作者引用时有删节。

像我们能猜想得到的那样，这一类训谕并不是为了要引起兄弟之爱的，各种阴谋也一如既往地进行着。对罗马天主教的名声和地位来说，很不妙的是有几个密谋作乱的皇子是公开与宫中的神父们友好往来的，据信其中有些人还受了洗礼。

在雍正统治下的第一年，礼部在收到一封外省官员的奏章以后，决定禁止外国神父在中国各地（只除了北京）传教，他们的教堂也被捣毁。神父们于是被迫离开了内地他们正欣欣向荣的教区，躲避到澳门和广州。三百所以上的教堂被捣毁。神父们在北京的钩心斗角和他们对宫廷内斗的干预，无疑要为皇帝的态度负一部分责任；但是乱局在康熙晚年已经滋生了。

胤禩的主要帮手和唆使者是胤䄉和胤禟，但雍正的所有兄弟，除了怡亲王以外，都或多或少受到牵连。雍正决定摆脱胤䄉一段时间，派他去蒙古完成某项差事，但胤䄉到了张家口就拒绝往前走了，威胁要立刻回京。面对这种桀骜不驯，雍正用典型满洲式的狡猾手段对付他，他命令他的兄弟、头号阴谋家胤禩对这种大不敬做出合适的惩罚。胤禩愉快地建议说胤䄉应当被剥夺郡王头衔，家产充公，本人终身拘禁于宗人府。于是雍正下达了如下诏书：

"允䄉卑鄙性成，行止妄乱，文学武艺，蒙皇考训谕数十年，终于一无所成，平生无一事可以上慰皇考圣心，贻皇考一日之悦豫。抑且赋性阴险，既不自知其庸懦无能，又不肯安分守己，恣意倔强。览廉亲王所奏允䄉恶迹，似无虚语。数十年来，朕诸兄弟各人行谊，昭然在人耳目。朕之兄弟知之，举国孰不知之。诸王大臣等，务期各秉公忠，自出意见议奏，倘稍有迎合之念，又苟且照廉亲王所奏议覆之处，岂特隳坏尔等臣节，更有何颜瞻拜景陵。且廉亲王所奏，或出至诚，或蓄他志，在朕犹自迟疑未信。"[1]

---

1 见《雍正朝实录》第十八卷。

诸王和群臣就此案进行辩论，最终上奏说胤䄉应当被免职和囚禁，一如胤裪所建议的。对他们的奏章雍正回答说："允䄉之事，交与允裪者，特以观其如何处置。向来允䄉、允䄉、允䄉等，俱听允裪指示，即便遵行。故朕望允裪教诲伊等，使之改过。乃不但不行教诲，反激成伊等妄为，朕所差遣之处，竟不前往，私回观望，居住口外数月，又称奉旨进口，如此不法，任意妄行，惟欲朕将伊等治罪，以受不美之名。岂知此等无理无义、乖戾犯法之弟，治之以罪，适足以昭朕无私之善政，何碍之有。朕今施以恩泽而不知感，喻以法令而不知惧，朕自当明罚敕法，虽系兄弟，亦难顾惜。诸王大臣，理应将允䄉素行，与今所作之罪，明白指陈。或照允裪所议治罪，或加等减等治罪之处，请旨定夺。"[1] 调查的结果可以想见，是胤䄉被剥夺爵位，终生囚禁于宗人府。

1724年，另一个对雍正不忠的兄弟胤䄉受到胤裪的煽动，在赴西宁办理事务时被弹劾，罪名是用属于蒙古牧民的土地做投机买卖和滥用权力引起当地人民叛乱。他被剥夺了爵位。每次发现兄弟们为非作歹的最新证据，皇帝害怕遭到暗杀的病态恐惧就随之增加，他抓住了这个机会，发表了一通文不对题的演说："朕在藩邸即甚恶朋党风，断不为其所染。廉亲王至今与朕结怨，亦即此故。今廉亲王之意，不过欲触朕之怒，多行杀戮，使众心离散，希图扰乱国家耳。如此，天岂肯如其愿乎？古人云：乱臣贼子，人人得而诛之。皇考每引述此语，特指廉亲王言之。"[2]

雍正甚至不嫌麻烦地创作了一部篇幅冗长的小册子，在文中详尽地指出朝廷中的朋党之争对皇帝的臣子们的危害，还揭发了某些皇子在驿站为被流放的胤裪同党饯行时赠送礼物的行为。"廉亲王存心狡诈，结党营私。自朕即位以

---

[1] 见《雍正朝实录》第十八卷。
[2] 见《雍正朝实录》第二十卷。

来，凡遇政事，百端阻挠。其从前所犯应议之案，交宗人府议处者，不止数十事，朕俱曲为宽宥。但切加训诫，冀其改过自新，并未降一阶，罚一俸。乃在廷诸臣，向为廉亲王所愚，反以朕为过于苛刻，为伊抱屈。此朕审察众人神色而知之。一年以来，大小臣工，因廉亲王贻累者甚多，乃甘受罪戾，毫无悔心。而廉亲王亦恬然自安，竟不知愧，并不念及国法，稍加警惧。由此观之，党援终不能解散也。党援必由众人附和而成。若廉亲王一人，何所恃而如此行为乎？工部郎中岳周拖欠钱粮，廉亲王私帮数千金，代伊完纳。其意以为他人凡事苛刻，而我独优容加恩。廉亲王至今尚无改悔之心，诸臣复不醒悟，积习若此，何所底止。朕用是谆谆诫谕，倘诸臣洗心涤虑，尽改前非，则廉亲王党散势孤，朕得以不伤骨肉手足之情，兼可无负圣祖仁皇帝保全之恩。"[1]

胤禩在讨人欢心方面诚然很有手段；他总能让皇帝的慷慨举动归功于自己，而让皇帝背负恶名。当他管理理藩部的时候，他以皇权的名义，取消了科尔沁部王公们的入关许可，使得他们除了每年的朝见以外无法进京。在管理工部时，他免除了某些人应收取的钱粮，没有告诉皇帝，等等。

传来消息说那位被康熙剥夺了所有封号、实行终身监禁的废太子胤礽，在煤山的狱中将要病故了。雍正派医生去看顾他，但是他们说他的病已经无救了。皇帝本想要亲自前往探望病人，但这样一来病人就需要在皇帝面前下跪，而这是不合礼节的，因为他才是哥哥。于是他向胤礽送去谕旨，说尽管无法相见，他将在胤礽死后亲自前往祭奠，对此胤礽无疑是感激不尽的。他也得以正式恢复了理亲王头衔。

在为康熙服满了礼俗要求的二十七个月孝期以后，皇帝解散了总理事务的四大臣，奖赏了胤祥的功劳。对于胤禩，他则下谕旨道："廉亲王自

---

[1] 见《雍正朝实录》第二十六卷，有删节。

委任以来，诸事推诿，无一实心出力之处，无一有裨政治之言，且怀挟私心，遇事簸弄，希冀摇动众志，搅扰朕之心思，阻挠朕之政事。即如管理工部之事，值皇考梓宫奉移山陵，需用夫役，向例皆用二万余名，伊密奏费用钱粮太多，今减省一半，便可足用。朕不知旧例准行。若非大学士奏阻，几为其所误。又命管理藩院事，谓外藩到京，糜费口粮，将科尔沁台吉等于边口拦阻逐回，令不得拜谒皇考梓宫。蒙古等涕泣而归，怨声载道。若非拉锡奏闻，随即开示，蒙古等几致寒心。又如管理上驷院事，奏称马圈畜马太多，请行裁减大半，以省钱粮，其意非欲以彰扬皇考糜费之名，即欲使马匹不足，将来设有缓急，无所取资也。至如以破纸书写奏章，祭所更衣幄次，油气薰蒸，刻不可近。又用破损桌案，安奉祝版。种种不敬之事，举国所知。其他颠倒是非，草率怠忽，悖慢无礼之处，不可枚举。朕皆容忍宽免。允祹非才力不及、智虑不到之人，而存心行事若此，诚不知其何意。且朕之于允祹崇重信任，伊不当如此待朕也。其应否议叙之处，著秉公会议具奏。寻议廉亲王允祹，挟私怀诈，阻挠政事。山陵典礼至重，竟将定例夫役，诳奏裁减。外藩叩谒甚众，竟于边口拦阻，几失蒙古等心。他如请减院马，破损奏章，供奉祝版，不虔预备，油幄草率，盛京陵寝，需用红土，违例发价，就彼采买，不忠不敬，应议处之案，实难枚举。允祹有罪无功，不应议叙。"[1]

接下来轮到了胤禟。在文武百官朝会的场合，雍正念了一篇典型出自他手的上谕："朕因贝子允禟行事悖谬，在西宁地方纵容家下人生事妄为，特发谕旨，著都统楚宗往彼约束。今据楚宗折奏：臣至西大通，允禟并不出迎请安。良久，始令臣进见。允禟气概强盛，形色如前，并无忧惧之容。臣令出院跪聆谕旨，允禟并未叩头，即起立向臣云：'谕旨皆是，我有何说，

---

[1] 见《雍正朝实录》第二十九卷。

我已欲出家离世,有何乱行之处。'其属下人等,亦毫无敬畏之色等语。朕遣楚宗到彼传旨,约束其属下之人,原恐其生事骚扰,且冀其改悔前愆,遵守法度,曲为保全。乃允禟肆行傲慢,全无人臣事君之礼,且称出家离世等语,其意以为出家则无兄弟之谊,离世则无君臣之分也,荒诞不经如此。朕弟兄中,如允禔、允禩、允禟、允䄉、允䄉等,在皇考时结党妄行,以致皇考圣心忧愤,日夜不宁。皇考宾天时,允䄉从西宁来京,并不奏请太后安,亦不请朕安,反先行文礼部,问其到京如何行礼仪注。及在寿皇殿叩谒梓宫后,见朕远跪不前,毫无哀戚亲近之意。朕向前就之,仍不为动。彼时拉锡在旁,掖之使前。伊出,遽将拉锡骂詈,复忿然至朕前云'我本恭敬尽礼,拉锡将我扯拽。我是皇上亲弟,拉锡乃掳获下贱,若我有不是处,求皇上将我处分。若我无不是处,求皇上即将拉锡正法,以正国体'等语。朕亦不意其咆哮无礼至此也。

"及梓宫奉移山陵时,朕因允䄉倨傲不恭,且与拉锡、佛伦争闹,降旨训诫。而允禩忽从帐房中出,劝令允䄉跪,而允䄉即跪。是事事听从允禩之言,为其指使,此其明验也。

"至若允䄉,奉旨送泽卜尊丹巴胡土克图至张家口外。乃托病不行,又私与允禟暗相往来,馈送马匹。允禟回书有'事机已失,悔之无及'之语,悖乱已极。允䄉又私行禳祷,将雍正新君字样,连写入疏文之内,甚属不敬。

"盖由允禩等私结党援,牢不可破。朕若一经讯诘,则国法难容。朕居心宽大,不忍为此,务欲保全骨肉,不事深求,仰体皇考之心为心也。"

看起来胤禩只差一点就能干掉雍正登上皇位了。雍正不敢对密谋者们采取强硬措施,是因为他感觉到很多人对他的统治不满。胤禩的同党正在南方为他积极活动,皇帝放过自己的兄弟绝不是出于宽宏大量。过了不久胤禩又因维修太庙失当、失敬于康熙牌位而获谴。这一次雍正歇斯底里地抱怨说他要被这些事逼得精神错乱了。他紧接着又下谕旨声明说,最近气候的肃杀也是因为上天感应到他的兄弟们横行不法所致。

雍正发现他的大将军年羹尧尽管曾经效忠国家、多次战胜厄鲁特人,原来也是胤禩一党的人。感恩图报从来不是清朝统治者们的长项,也许只除了老佛爷是个例外。皇帝极为不安,决定不惜一切代价也要除掉年羹尧。年羹尧于是被控"擅作威福",曾虐待青海居民,将饥荒的消息压下不报;他"滥杀无辜",犯下欺君大罪。雍正起初把他调任杭州驻防将军的闲职,但所有人都知道这一步只是开始,之所以还没有使出后着,只是因为皇帝害怕操之过急,引发兵变。但是大将军无所畏惧,这时候他军队的甲胄据说又七零八落出了问题,倒霉的胤禩因此又受到了更多的谴责,因为他管理工部时是负责兵器制造的。"夫军器所关至重,朕既屡降谕旨,伊又奏请验看,而所制之物并不坚利若此,其居心尚可问乎?朕与廉亲王允禩分属君臣,谊属兄弟。今观允禩之于朕,则情如水火,势如敌国。朕嗣登大位,念皇考付托之重,凡用人行政,朝乾夕惕,务求至当。而廉亲王允禩,处心积虑,必欲自居于是,而以不是归之于朕。朕自返无愧,何必与之较论。但朕之是非,有关皇考之得失,不得不谆谆辩白也。廉亲王允禩,若肯实心任事,部务皆所优为。论其才具操守,诸大臣无出其右者。而其心术之险诈,诸大臣亦无与之比者。此惟皇考暨朕躬深悉之。向因允禩乳母之夫雅齐布获罪正法一案,皇考朱批谕朕众兄弟,有朕与允禩父子之义已绝之旨。允禩曾向朕再三哀恳云,若将此旨宣示,则允禩实不可以为人矣。朕彼时因将此旨封固,交内阁收贮。是朕之所以矜全允禩者如是。允禩全不知感恩悔过。"[1]

---

[1] 见《雍正朝实录》第三十一卷,有删节。

在收到皇家谕旨后，年羹尧干脆拒绝离任。皇帝说："顷将年羹尧解退大将军总督职任，补授杭州将军。陕西通省满汉兵民，群称得命，复见天日，靡不欢忻相庆。乃闻年羹尧系恋总督职任，又设法扬言将行李发往，巧图仍留原任，自负为良臣，欲加朕以遗弃功臣之名，眩惑营求彼处兵民等。年羹尧应交岳钟琪事件，著作速交代，急赴杭州任所。"[1]

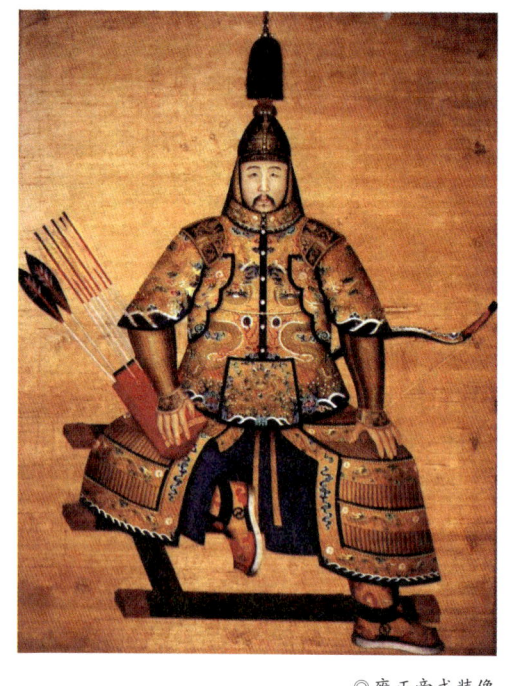

◎雍正帝戎装像

雍正的母舅隆科多，这一时期也因结党而被免职。"朕御极之初，将隆科多、年羹尧寄以心膂，毫无猜防，所以作其公忠，期其报效。孰知朕视为一德，伊等竟怀二心。朕予以宠荣，伊等乃幸为邀结，招权纳贿，擅作威福，敢于欺罔，忍于背负，几致陷朕于不明。朕深恨辨之不早，宠之太过，愧悔交集，竟无辞以谢天下，惟有自咎而已。朕今于隆科多、年羹尧，但解其权柄，不加刑诛者，正以彼等之妄谬，皆由朕之信任太过，是以惟有自责，而于伊等一概从宽也。"[2]

当时官僚多趋炎附势、落井下石，吏部又上奏折弹劾年羹尧："年羹尧受皇上莫大之恩，乃狂妄悖逆，至于此极，种种不法，罪大弥天。今调

---
1 见《雍正朝实录》第三十二卷，有删节。
2 同上，有删节。

任杭州将军，又奏称江南仪征地方，水陆分途，臣至此静候纶音等语，更不知其何心。人臣如年羹尧，背义负恩，越分蔑法，为天地之必诛，臣民所共愤。请将年羹尧革职，及所有太保并世职，一并革去。从前恩赏团龙补服、黄带、双眼孔雀翎、紫辔手等物[1]，悉行追缴。敕下法司将年羹尧锁挐来京，严审正法，以为人臣负恩不忠之戒。"[2] 对此皇帝答复说："年羹尧在任种种僭妄，曾经降旨询问。今据年羹尧奏称，伊为大将军所行之事，俱循照俗例而行等语。昔年用兵，有诸王掌大将军印者，有大臣掌大将军印者。惟允禵妄自尊大，种种不法。我朝大将军如此行事者，从未之闻也。年羹尧不但踵而行之，且杀戮过焉。今乃云循照俗例，夫允禵所行，悉僭妄非制，岂可云例。其回奏折内，凡支吾掩饰及未经回奏之处，俱著年羹尧一一分晰明白回奏。至九卿等所议革去一切职衔，追回恩赐等物，锁挐来京，严审正法之处，俟年羹尧回奏到日，再行请旨。"[3]

年羹尧在外省几乎享有无限制的权力，他的党羽在各地担任要职。现在所有这些人都失去了他们的肥缺，他们的位置被敌对一党的人所取代。清朝总是如此，一朝天子一朝臣。而朝廷百官为了从中也分得一杯羹，总是默许了这一切。

雍正对公众舆论十分敏感，不愿意被人说是"鸟尽弓藏"，或者换句话说，就是他对功臣不知感激。于是他叫各省的高官上奏本讨论对年羹尧来说定什么刑罚适合；他小心翼翼地要求他们对待此案要做到完全客观。

雍正仍然不敢对胤禵下手，害怕引起一场叛乱，他的政策是先一步步

---

1 这些通常只赐予亲王服用。——原注
2 见《雍正朝实录》第三十三卷。
3 同上，有删节。

剪除掉他兄弟所有重要的同党。他的两个嫡亲的堂兄弟[1]，都是恭亲王（康熙的弟弟）的儿子，被判处监禁，一个的罪名是教唆胤禩，另一个是在中和殿台阶上"御前喧哗"。雍正用同样的手法处置了胤䄉，借口他的仆人在山西殴打了一名生员。"至于允䄉，自来结纳党援，不守本分，且品行庸劣，居心妄自尊大。圣祖皇考稍加训诫，辄云不过革去此微末贝子已耳。偶遇劳瘁，动称若如大阿哥、二阿哥一例拘禁，我倒安逸。此等狂悖之谈，时出诸口，朕与诸阿哥所共知者。及遭皇考大事，并未见有点滴悲泪。朕御极后，允䄉昂然恣肆，抗违谕旨，狂悖之形，种种不一。朕因发往西宁居住，稍示警诫。伊又寄书允禵，语多悖乱。且纵容属下，骚扰地方，殴打民人，罔顾国纪。朕特遣都统楚宗前往约束。及楚宗到彼宣旨，伊并未迎接跪听，安居卧室，毫无悔惧之容，信口妄言，有出家离世等狂悖之语。且伊携带数万金前往西宁，滥行糜费，买结人心。地方人等，俱称九王爷。伊不过一贝子耳，尚未及贝勒职分，又安得漫称王。允䄉著革去贝子，撤其佐领属下。并行文陕西督抚，嗣后仍有擅称允䄉为九王爷者，从重治罪。"[2]

雍正的母舅隆科多是下一个受害者；所有御赐的礼物和封赏都被收回，包括康熙朝和雍正本朝的。

威胁到雍正权威的头号密谋者胤禩似乎还深信皇帝不敢对他采取极端措施，因为他无视皇帝陛下公开的抱怨和警告，仍然自行其是。他的下一步举措是上奏折建议增加内府旗人特别是上三旗的配额和津贴，他的明显用意是想要收买离皇位最近的那些满洲人的人心。皇帝陛下这次主要的不满在于胤禩在私下里反对过增加他们的酬劳。处理此事后续的皇家谕旨抱

---

1 这两个堂兄弟是满都护和对青额。
2 见《雍正朝实录》第三十四卷，有删节。

怨道:"内府佐领无赖之人,齐集廉亲王府门,妄行嚷闹,而廉亲王并未声明内府佐领人等嚷闹情由,即行退去。次日庄亲王内务府大臣奏称,内府佐领下人等至廉亲王处嚷闹。朕降旨云,亲王之邸,何得擅入嚷闹,且母妃[1]在内,岂可惊扰。近日廉亲王乘醉,将伊门下之护军酷打致毙,隐匿不行奏闻,恐死者之家申诉,遣太监等嘱令寝息。今日朕当诸臣之前,面问廉亲王。初犹支吾,反覆穷诘,始俯首无词。廉亲王外市慈厚之虚名,而内忍行惨酷毙人之实事,虽工于矫饰,而欲盖弥彰。著交领侍卫内大臣,与宗人府会审具奏。"[2] 朝廷提出应当革除胤禩的亲王爵位,降与蒙古贝勒等同,但雍正暂时还不准备照劝告而行。

刑部现在也呈上了有关年羹尧一案的最终奏章,年羹尧已被铁链系锁拿来北京。他们宣布说,控告年羹尧的案牍积起来比泰山还高,而他所犯的罪恶比深渊还深。他犯了五项大逆之罪,十六项僭越之罪,其中一项是出门以黄土铺路并且清道,与皇家出巡等同。他引见官员使用绿头牌(而这是只有天子在场时才能使用的)。他在皇帝的龙牌面前也敢安坐,而不是恭敬下跪。他身穿龙袍南面而坐如皇帝般接受朝贺,手下官员们则跪伏在地。他犯下十三项狂悖之罪(其中包括拒不宣读和张贴皇家恩诏)和十八项贪黩之罪。还有专擅之罪十二项,侵蚀之罪十五项;欺罔君上之罪九项;忌刻之罪六项,残忍之罪五项。这些罪行中最严重的,每一项都该凌迟处死,其他还有好多项也须斩首。奏章请求立即将年羹尧凌迟处死;他的父亲、兄弟、叔伯、子侄凡年在十六岁以上的都应斩首处死。十六岁以下的男丁和家中女眷应给予功臣之家为奴。年羹尧全部家产充公,恶迹

---

[1] 胤禩的生母良妃已经过世,此时依他居住的是抚养过他的惠妃。
[2] 见《雍正朝实录》第三十八卷,作者有删节。

昭告天下，以儆效尤，这样逆贼、不忠之臣和欺罔残忍之辈都可以引以为戒。

对于这篇嗜血的起诉书，皇帝批复道："年羹尧不臣之心显然，但因丧心病狂，昏愦颠倒之所致。朕念年羹尧青海之功，不忍加以极刑。著交步军统领阿齐图，令其自裁。年羹尧刚愎残逆之性，朕所夙知。其父兄之教，不但素不听从，而向来视其父兄有如草芥。年遐龄、年希尧，皆属忠厚安分之人，著革职，宽免其罪。一应赏赉御笔衣服等物，俱著收回。年羹尧之子甚多，惟年富居心行事，与年羹尧相类，著立斩。其余十五岁以上之子，著发遣广西云贵极边烟瘴之地充军。年羹尧之妻，系宗室之女，著遣还母家去。年羹尧及其子所有家赀，俱抄没入官。其现银百十万两，著发往西安，交与岳钟琪、图理琛，以补年羹尧川陕各项侵欺案件。其父兄族人皆免其抄没。年羹尧族中有现任候补文武官者，俱著革职。年羹尧嫡亲子孙，将来长至十五岁者，皆陆续照例发遣，永不许赦回，亦不许为官。有匿养年羹尧之子孙者，以党附叛逆例治罪。邹鲁著改为立斩。其亲弟兄子侄，著佥妻发往黑龙江，给与披甲之人为奴。"[1]

皇帝把宗人府吓得奴颜婢膝，并且剪除了他所仇恨的不听话兄弟的最有力的党羽。接下来他终于要对胤禩报仇雪耻了。与此同时，他又留意着北京城和外省的舆论，务必要给自己的行为披上一层符合道德风俗与正义的无瑕可指的外衣，让自己在后人眼中也高出一头。于是，在复仇之前，他先做出仁慈公正之态以收买人心。

---

[1] 见《雍正朝实录》第三十八章。

第12章 雍正报仇雪恨
Yung Cheng Dispenses Justice

宗人府此时已经聪明地摒弃了任何对皇帝谋反的兄弟们的同情心，恪尽职守地上了一道奏折，要求严办胤禩之罪。雍正是一个天才，他像惯常一样使出一箭双雕的手段，命令胤裪和胤禵考虑案情，为他们被控告的兄弟设计出合适的刑罚。他们的报告自然不能使宗人府满意（宗人府太清楚他们该干什么了），宗人府又恳请皇帝立刻将胤禩斩首。宗人府的成员无疑也急于让这些无休无止的争论与调查告一段落，而他们知道，这一切只能通过对皇帝兄弟们的合法谋杀才能结束。

雍正收到这封宗人府的最新奏折后，在勤政殿召集大臣，当着胤禩的面，发表了一通典型他的风格的演说：

"倘允禩不应正法，而尔等妄行陈奏，以残害列祖皇考之子孙，而陷朕于不义，尔等之罪，尚可逭乎？朕思尔等公同具奏时，或有随众列名，而不出于中心之诚者，故特召入，面加询问。若有以允禩为不当正法者，可出班另跪于右。"[1]自然没有人敢出头，都齐声高呼："胤禩实该死。"雍正然后

---

[1] 见《雍正朝实录》第四十一卷，有删节。

又说:"诸王大臣,引据大义,欲正国法,所奏亦是。但朕曾降谕旨,断不治允禩之罪。即今令允禩离宗,亦因伊将确实之事,于诸臣前指天发誓,诅咒一家不获善终,难以存留宗室之中,此万不得已所致耳。朕本意断不将允禩治罪。此所奏知道了。允禩之妻,朕再详酌,另降谕旨。"[1]

如果皇帝是真心打算宽宏大量的话,他也很快找到理由改变了主意;他发现有一个贝子叫鲁宾的,在西宁时就是胤禵一党,胤禵曾经派他到北京送信给胤禩。这些信件不仅说明的确有暗杀雍正的谋划,而且大不敬地暗指皇帝可能是私生的,雍正对此格外气愤。最糟糕的是,在雍正当面要求鲁宾做出解释时,鲁宾还感激地说起胤禩对他的大恩。结果是鲁宾被终身监禁,胤禩被圈禁于紫禁城一处高墙深院中,两名"老成太监"被派去看守他。

悲剧演到了这一步,雍正的报复心甚至令这个统治伟大国度的王朝也面上蒙羞,他的诏令读起来更像是一个使性子的孩子在辱骂他的玩伴,而不像是最古老世系的皇帝下达的诏书。他首先正式给胤禩和胤禟指定了侮辱性的名字,从此他们一个叫"阿其那"(不要脸的人),一个叫"塞思黑"(黑心的坏种)。[2] 至于罪行没那么严重的第三大罪人胤禵,下面这道诏书直接打发掉了他,以便给主犯们让路:

"前令允禵在马兰峪居住,原欲其瞻仰景陵,感发天良,痛改前非,洗心涤虑。而允禵并不醒悟悛改,蔽锢日深,奸民蔡怀玺又构造大逆之言,冀行煽惑,则马兰峪亦不可令其居住。著满都护常明、来文驰驿前往,将允禵撤回。朕思寿皇殿乃供奉皇考皇妣圣容之处,将允禵于附近禁锢,令其追思

---

[1] 见《雍正朝实录》第四十一卷,有删节。
[2] 史学大家陈寅恪、王钟翰等均对"阿其那""塞思黑"的字意做过不同的阐述和考证,虽无定论,但含有被蔑视和轻贱之意则成为共识。

教育之恩，宽以岁月，待其改悔。伊子白起，甚属不堪，著与允䄉一处禁锢。"[1]

皇帝又继续写道："从前阿其那、允禟、允䄉等结党营私，每好造言生事，凡僧道喇嘛，医卜星相，甚至优人贱隶，以及西洋人，大臣官员之家奴，俱留心施恩，相与来往，以备其用。若欲排陷何人，即捏造无影响之言，使此等人传播，以簧惑无识见之辈。圣祖仁皇帝深知此辈奸恶，时时留心。至朕即位以后，即有传言云，朕日日饮酒。又云，朕频与隆科多饮至更深，隆科多沉醉不胜，令人抬出。即蔡珽自四川到京，越数月，见朕毫不饮酒，曾骇叹奏朕云：臣在四川，闻人流言皇上日日饮酒，今臣到京已久，朝夕侍从，始知皇上涓滴不饮。昨路振扬来京陛见，临行时亦奏云：臣闻流言，谓皇上即位后，常好饮酒，今臣朝暮入对，惟见皇上办事不辍，毫无酒气。如此陈奏者甚多。此无他故，皆因阿其那、允䄉素日沉湎于酒，朕频频降旨训诫，而伊等遂播此流言，反加朕以好酒之名，传之天下。夫朕若于政事不误，即使饮酒亦复何伤，然朕实天性素不能饮，内外之所共知[2]。以天性素不能饮者，尚伪造此言，则此辈之流言，何可限量也。

"今又见报房小抄内云'初五日，王大臣等赴圆明园叩节毕。皇上出宫，登龙舟。命王大臣等登舟，共数十只，俱作乐。上赐蒲酒，由东海至西海，驾于申时回宫'等语。

"夫人君玉食万方，偶于令节宴集群臣，即御龙舟奏乐赐饮，亦蓼萧湛露之意，在古之圣帝明王亦所不废，何不可者。但朕于初四日，即降旨在城诸臣不必赴圆明园叩节。初五日仅召在圆明园居住之王大臣等十余人，至勤政殿侧之四宜堂，赐馔，食角黍，逾时而散，并未登舟作乐游宴也。而报房

---

[1] 见《雍正朝实录》第四十四卷，有删节。
[2] 不管怎么说，传说确有其事：雍正好酒贪杯，一如他之前的康熙。——原注

竟捏造小抄，刊刻散播，以无为有。甚有关系，著兵刑二部详悉审讯，务究根源，以戒将来，以惩邪党。"[1]

接下来轮到不那么"宽宏大量"的措施了。雍正向他的奴颜婢膝的朝廷发表了一通冗长而且怨气冲天的演说，历数了他的兄弟们的恶德，明显是在为送他们上西天做预备工作。这篇演说篇幅过长，在此无法全部引用，但一些最精粹的段落也足以展现出天子用来自娱自乐的想法是多么的小儿科。谕旨说："历年以来，朕之数弟，昏昧无知，不安本分，其奸伪逆乱之行，尔众大臣从前虽略晓一二，何能尽知。外间小人，又何由知之。伊等为人，存心行事，朕因三四十年共在一处，知之甚悉。从前阿其那、塞思黑、允䄉、允䄉等，共为党与，包藏祸心，将不守本分诡随之人，百计千方，引诱交结。又将生事凶乱喇嘛、僧道、医卜、棍徒、优人之属，种种贪利小人，留心收揽，重利贿买，各致死命。圣躬憔悴成疾，皆阿其那等不忠不孝、奸伪结党、种种可诛之所致也。……果系诚心为大清国之人，未必愿阿其那位登大宝也。至塞思黑，乃系痴肥臃肿，矫揉妄作，粗率狂谬，卑污无耻之人。皇考从前不比之于人数，弟兄辈亦将伊戏谑轻视。即阿其那亦知伊庸昧无能。特引诱愚弄使出奴力。

"阿其那等，承欢皇考者何处？效力者何处？有裨国家者何处？利济军民者何处？施恩臣工者何处？有益兄弟者何处？且当皇考圣明在御之时，阿其那为皇子，何得交结外人，不曾与政事有何善足称，遂至人目之为佛者，何故耶？此皆伊等所结朋党作乱之徒，招摇惑众，小人愚昧，入其机变，不审始末虚实之所致，甚显然也。伊等如果有善可据，朕此数言，又安能掩没伊等之善行乎？但众多愚昧，伊等存心行事已久，众人被其欺惑者深。朕若

---

[1] 出自《雍正朝实录》第四十四卷，略有删节。

不如此明白降旨，分析伊等奸伪之术，凶恶之性，不孝不忠之行，众皆难以知晓。今众人但将伊等果如何好，如何似佛之处，稍为揣度。则若梦之醒，咸自晓然也。且当皇考之时，朕若欲似伊等结党，不能得人耶？若欲似伊等邀名，不能致誉耶？若欲效伊等之所行，岂力不能为之人耶？只因上天照鉴可畏，皇考恩德甚重，朕心不忍忘负，是以但宁静守分，敬谨孝顺于皇考之前。朕自幼时，诸兄弟俱恭敬朕躬。朕于兄弟中，亦并无私嫌。而朕亦从无希冀大位之念，此皇考所深鉴，众人所共知也。昔朕之兄弟中，往往有得罪皇考者，朕身为之解释调停。以宽解皇考之怒，凡此不可枚举。朕非邀名，亦非为伊等，乃实为君父年高，仰体圣躬之故，是以坚持心志而行之耳。莅位以来，为因国家利害所关，但欲伊等改其凶悖之性以及于善耳。设使朕先便有希冀此位之念，今已登此位矣，又于伊等何仇乎？朕从前若有被兄弟凌辱，或致朕于恶地，或于朕有亏伤处，如此等私怨，傥有一事，傥有一人，亦必不能掩众人之耳目。皇考在时，朕赖皇考之恩，平安尊荣，已四十五年。与此等不肖弟辈，岂但并无仇隙，即些微一言之不合，亦未有也。

"实乃阿其那、塞思黑、允䄉、允禵等，朋党之奸逆，凶恶之小人，行乱作恶之书办皂隶旗棍等，贪取货财，讹诈寻事，惯于钻营之徒，见朕将部院衙门及各省私弊尽行除革，政治肃清，此辈宵小之人不能行其劫掠讹诈之事，始移恨于朕，不惮法度，不畏死亡，特造此等悖乱之语，以摇动人心，扰乱国家，欲使朕心疑畏，将此辈恶棍朋谋之人，容忍宽假之意。朕以圣贤大公至正之道治天下，焉有因此等悖逆之言，遂尔畏惧宽假之理乎？谓阿其那为佛者，岂以其不孝不忠，如鬼如蜮之行乎？不然。伊又有何等忠孝仁慈之美行耶？似此凶暴恶诈奸险之佛，诚自古所未闻者。

"我朝自太祖太宗肇造区宇，至我皇考，百有余年，满洲等世沐恩膏。朕承皇考之命，嗣此鸿基。天惟一日，国止一君。八旗人等，亦惟感戴大君，一心事朕而已。似此不忠不孝之辈，扰乱国家，妄行不法，乱臣贼子之居心行事，八旗之人，聆朕晓谕之旨，当必骇然深烛其行事之悖乱，当切齿而共恨之者。

"从前诸王大臣，请将阿其那、塞思黑、允䄉即行正法，断不可留。所奏甚为得理。此辈包藏异心，挠乱国政，乃获罪于宗庙、社稷与我皇考之人，理应正法。但伊等历年结成党与，妄造语言，蛊惑人心久矣。阿其那等种种奸诈恶逆之事，中外及八旗军民人等，尚未得遍知。此事乃关系皇考及朕躬之事。今故将此辈奸恶不忠不孝大罪，备悉言明，使中外之人，昭然尽晓，即将此辈正法，亦属当然，日后亦不得议朕。即姑留之，不过少延其性命耳，亦无所关碍。"[1]

朝廷接下来上书劝皇帝说两个冒犯皇帝的皇子应当被凌迟处死，并将其全部家产充公。奏章中列举"阿其那"罪状四十大条，从中我们摘出两条来作为一例：

"(1)阿其那母妃丧时，凡事踰礼，沽取孝名。已及百日，尚令人扶掖而行，而受塞思黑、允䄉、允祯等每日轮班送饭，豕羊狼藉，筵席喧嚣。脱孝后，面貌愈加丰硕。(2)阿其那之妻，不守妇道。圣祖仁皇帝谕旨甚明，皇上降旨遣回母家。伊女婢白哥，劝伊于皇上前谢罪奏恳。乃愤然曰：我丈夫也，岂因妻室之故而求人乎？白哥见伊日在醉乡，屡次劝谏不从，遂愤恨自缢而死。"[2]

众大臣在针对"阿其那""塞思黑"和胤䄉提出了许多同样幼稚的指控，并且引用了康熙关于"乱臣贼子人人得以诛之"的格言之后，请求雍正将三个冒犯皇帝的皇子斩首处死，"以为万世臣子之炯戒"[3]。对此皇帝回答说他发现自己处于极度艰难的境地，这样的兄弟显然不可以劝服，也无法用道德

---

[1] 见《雍正朝实录》第四十四卷，有删节。
[2] 见《雍正朝实录》第四十五卷，有删节。
[3] 同上。

感化。奏章中未能列出的恶迹还有很多，他们的行为比朝廷所知的更加奸险。如果不处死他们，他就对不起列祖列宗。他不能让大义灭亲的痛苦阻碍他完成这个令人不愉快的职责。胤䄉的罪行不及另外二人深重，也许给他机会他还会悔过。至于另外二人，雍正感到束手无策，需要时间深思熟虑。他希望千秋万代后的人能了解他排除万难的苦衷，能明白他的所作所为只是为了国家和宗社的长治久安。

没有人比雍正更清楚公开处决他的兄弟们会激发对他不利的舆论；他很清楚他们一党的势力所在，知道若要不引发内乱，就必须保持警惕。关于他是私生子[1]的传言流传很广，他的暴虐和贪婪也遭到痛恨，所以他迟迟才打定主意。大约在他下旨说他对兄弟之事不能立即决断之后两个月，直隶总督从"塞思黑"被监禁的保定府送信来，说那位皇子已经死于痢疾。事情真相是"塞思黑"是在皇帝命令下被扼死的。他在诏书中喜形于色，把受害者的死称为被触怒的上天降下的天罚，并又一次隐约其词地提起了死者的罪过："数十年前有一山西无赖生事之穷民，流落在京，塞思黑欲收为心腹，令伊太监帮助银十两。其人感激私恩，及塞思黑居住西宁，其人公然到伊寓所，投递书帖，称愿辅有道之主，不附无道之君，欲纠合山陕兵民，以救恩主等语。乃塞思黑闻此大逆无道之言，不但不行出首，且向其人云，我兄弟无争天下之理，并嘱咐勿令楚宗知之，唯恐其人受累。似此狂悖妄乱，包藏祸心，日益加甚，其罪

---

[1] 上文已经提到中国的笔记作者"出世人"对人们经常谈及雍正的私生问题给出了如下的解释。康熙皇帝对后宫佳丽仍不满意，时常微服出宫冶游。有一次，在庙会上他被一个少妇的美艳所迷，于是派太监打听她的身份，邀她入宫居住，又给她的丈夫（姓卫）也安排了一个肥缺。在她入宫为贵人以后六个月，乌雅氏生下了一个儿子，被康熙认作他的第四个儿子，但其实（皇帝陛下心中有数）并不是他的孩子。皇帝继续宠爱乌雅氏，最终把皇位传给了她的儿子，就是后来的雍正皇帝。按照这个笔记作者的说法，雍正的兄弟们密谋反对他都是可以解释和理解的了，但他的故事过分依赖自证，恐怕大部分情节都是出自他活跃的想象力。——原注（译者注：这个故事出自民国佚名作《清宫琐闻》。）

难以悉数。又如伊在西宁时，朕将伊所用太监撤回京师。伊每人赏与金条及西洋金表等物件，皆贵重难得之物。是伊获罪之后，尚私买人心，目无国法，肆行无忌。前李绂奏称伊患腹泻之疾，比即降旨，令李绂拣选名医调治。

"不料伊恶实满盈，获罪天祖，已伏冥诛。可见善恶之报，捷如影响，似此不忠不孝、大奸大恶之人，虽未受国法，亦不能逃天谴也。著李绂为伊料理棺衾殡殓之事。俟其妻子家口从西宁搬到保定之日，再行奏闻请旨。

"胡什礼、楚宗，从前不待朕之谕旨，私将塞思黑锁拏，后又故意将锁宽松，任其脱卸。曾经李绂奏闻，彼时朕即欲将胡什礼、楚宗拏问，治其任意之罪，又恐众人不知，或因此谓朕欲宽待塞思黑，或因此谓朕欲加严于塞思黑，又致妄存意见，是以暂行停止，未曾究问。今塞思黑既伏冥诛，则从前胡什礼、楚宗等擅将塞思黑上锁，后又私自宽释，明系有意欺罔，罪不可逭。著将胡什礼锁拏，交与副都御史常泰，带往保定。并将楚宗锁拏，一同明白严审具奏。"[1]

一个兄弟死了，雍正想要沽名钓誉，以欺后世之人（他自己的朝廷太过了解实情，并不会真的入他彀中），就问大臣们现在他是否可以放心地宽赦"阿其那"，既然同谋者之一已经死了。帝国各地的官员都被要求就这个问题上奏。

雍正接下来下令逮捕和审判楚宗，他是直隶总督，也是负责看守他死去兄弟的人，理由是他没有如实报告"塞思黑"和西洋人穆经远的往来，甚至还上奏皇帝说，这名皇子太受欢迎，对皇帝是一个威胁，所以最好是将其带回北京，这样能够更加严密地看守。皇帝得出结论说总督明显是在用空头威胁吓唬他。"伊知塞思黑罪恶深重，断不能逃于法网，乃欲自盖前愆，将塞思黑从西大通解来保定时，并未奉朕谕旨，擅将塞思黑锁拏，以见毫不徇情

---

[1] 见《雍正朝实录》第四十七卷，有删节。

之意。且既称锁挐,自应实在加以锁钮,又复虚应故事,可以脱卸,是属何心。"[1]

一个月后传来消息,"阿其那"在皇宫附近煤山的监狱里死于吐血。他也是按照皇帝的命令被处死的。朝廷上奏说他的尸体应当被斩首,对此仁慈的皇帝宽大为怀地拒绝了。

第三个兄弟胤䄉仍然被监禁在寿皇殿"供奉皇考皇妣圣容之处",雍正说道:"允䄉乃狂妄无知之人,为阿其那、塞思黑所愚,入其邪党,听其指挥,尚非首恶。故将伊拘禁于寿皇殿之旁,俟其悛改。当日皇考拘执阿其那之时,允䄉与塞思黑公然挺身保奏。允䄉且曾邀约朕躬。伊等又私藏毒药,愿与同死。昨阿其那身故之后,朕遣人询问允䄉云,阿其那在皇考之时,尔原欲与之同死,今伊身故,尔若欲往看,若欲同死,悉听尔意。皆时允䄉回奏,我向来为阿其那所愚,今伊既伏冥诛,我不愿往看等语。据此,则允䄉似有悔心之萌。或伊伪作此语,欲留其身以图将来报复,均未可定。著暂缓其诛,以徐观其后。若竟不悛改,仍蹈罪愆,再行正法。允䄉痴庸卑鄙,若将伊与阿其那等同列,亦觉不称。今既已禁锢,亦免其正法。"[2]

数年后皇帝又将他的第三个哥哥诚亲王胤祉监禁于煤山(他最喜欢关押犯罪皇子的去处),胤祉同样不得善终。最年长的哥哥胤禔仍然被圈禁于自己家中,他死于1734年。乾隆即位以后,幸存的皇子们都被释放,并恢复了封号。1778年,这位君主重新审判了胤禩和胤禟的案子,在他们身后恢复了他们的封号,将他们重新归回到宗族名册当中。

雍正一朝剩下来的时间一直被帝国各地的叛乱所困扰,特别是在湖南和四川。皇帝实行了最严酷的镇压,数千人被砍头;学者和爱国文人们写书激

---

1 见《雍正朝实录》第四十七卷,有删节。
2 见《雍正朝实录》第四十八卷。

烈地攻击清王朝，指出皇室的内部不和与皇帝的报复政策才是整个国家动荡不安的源头。当局没收了成百上千的煽动性小册子，但是它们已经成功地在人们心中播下了不信任的种子，成了驱逐鞑虏的先声。皇帝非常了解治天下须用仁德，政府须得百姓拥戴，他颁布了许多篇幅很长的谕旨，解释自己兄弟之死的缘故，以此安抚人心。在清朝，辩解书也以诏书的形式发布，传播遍及全国，它们动辄成千上万字。雍正意识到，百姓特别是士大夫曾经在康熙睿智而高贵的统治下安享繁荣，现在到了他治下却变得焦躁不安，那个不祥的词语"异族"重新出现在人们嘴边。于是他将捍卫清朝的异族属性视为己任，他引用孟夫子的话[1]，说有很多中国上古的明君（例如舜）都是出自蛮夷之族。但事实是他的暴政在迅速地削弱着努尔哈赤一族的威望，可以说如果他的在位时间更长的话，清朝会很快没落的。他的驾崩让北京城和外省都松了一口气。

一个当代的中国评论家，在提到皇帝对待年羹尧的残酷与忘恩负义[2]时，说道："一个培育出这种皇帝的王朝怎么能指望一直做天选之君呢？翻遍史书，我们可曾发现他们对为国竭尽精忠之人有过善待和慷慨的同情呢？清室的所有皇帝——康熙、雍正、嘉庆以及其余——在这方面都如出一辙。只有在伟大的慈禧的诏令和行动中我们才偶尔能瞥见慷慨和忠诚等高贵品质的闪光，相形之下她之前的统治者们都是死要面子的伪君子和文过饰非的骗子。"

---

1 1911年最后一位摄政王在震慑于革命的进展时，也引用过同样的话为清朝的统治辩护。——原注（译者注：这里提到的孟子的话出自《孟子·离娄下》："孟子曰：'舜生于诸冯，迁于负夏，卒于鸣条，东夷之人也。文王生于岐周，卒于毕郢，西夷之人也。'"）

2 在写了一通篇幅很长且有文采的谕旨给这位曾经受到宠信的臣仆送终，命令他奉旨自尽以后，雍正写道："就廷臣所列九十二条之内，尔应服极刑及立斩者共三十余条，朕览之不禁堕泪。朕统御万方，必赏罚公明，方足以治天下。若如尔之悖逆不臣至此，而朕枉法宽宥，何以彰国家之宪典，服天下之人心乎？今宽尔殊死之罪，令尔自裁，又赦尔父兄子孙伯叔等多人死罪，此皆朕委曲矜全莫大之恩。尔非草木，虽死亦当感涕也。"——原注（译者注：见《雍正朝实录》第三十九卷，有删节。）

◎ 雍正帝读书像

不管怎么说，除了洗脱不干净在家族内部手足相残的罪名以外，雍正是刻苦勤政之君，文笔甚佳，于学问上亦有雄心，这些都很大程度上挽救了他在后世的名声。他有一个著名的喜好，就是在奏折上批注和即兴写就批复，说句公正话，他非常擅长此道。雍正的朱批谕旨由他的继任者乾隆皇帝整理出版，再附上他所批复的奏章本身，就达到了皇皇六十卷的篇幅，是对皇帝陛下之勤政的纪念碑式的见证。[1] 有的时候他会添上刻薄或者讽刺性的评论，有些时候他会用一句简洁的"荒诞不经"或者"荒唐"否定奏章的内容。有一次，他的朱批写道："汝以朕为可欺乎。汝忘朕即位之时，已年过四十矣。官吏情伪，朕尽知之。朕在藩邸时，即知汝名曾列弹章，汝又送朕礼物，冀朕在大行皇帝前转圜。汝此后其小心谨慎，一举一动，不能逃朕之洞察也。"对另一个上奏章的人他写道："朕未见汝之面，但汝名朕久闻之，汝之治绩，深堪嘉尚。"还有一个官员在被雍正申斥以后，回答说自己"辜负天恩，羞惧交并"，对此雍正回复道："知汝惧死实甚，然羞则未也。将观汝今后之所为。"对于刑事案件他肯为辩护方着想，或者说他以友善的上诉法官自居。有一妇人谋杀亲夫案，外省当局要将妻子斩首。雍正看过奏章里所呈的案情以后，批复道："此妇因其夫逼令为娼，一时气愤，遂将其夫杀死，不独无罪，且可立坊，以表其贞烈也。"但在所有涉及文字狱的场合，他用刑都很严酷。例如，有一个诗人写了一句"明朝入清都"，就吸引了皇帝的注意力，皇帝认为这些字也可以理解为（有可能的确是这个意思）"明朝进入了清朝的首都"。

---

[1] 摄政王醇亲王（1908 年 11 月由慈禧任命，负责在他的儿子小皇帝宣统还未成年时管理政府事务）在他短暂而又表现特别无能的摄政期内，也曾经效法雍正批复奏折。但他是愚陋之人，且又懦弱，他知道中国的百姓内心对才学的敬畏，就想通过批复奏章的文字获得美名。然而他自己并无才学，只能挪用张之洞所写的批复，希望能借张之洞的文字成名，而张之洞是整个帝国最有才干的人。不幸的是张之洞后来死了，从此摄政王只好放弃了批复奏章的习惯，只偶尔在某些陈词滥调博得了他的欢心的时候，用他幼稚不堪的书法批注一个"好"字。——原注

无论如何，这就是雍正对这句诗的阐释，诗人因他的双关语上了断头台。

雍正天性多疑和喜怒无常；但他最宠信的一些大臣还是和他君臣和睦到了最后，很可能如果不是在家庭方面道德有亏的话，他本可以享有更好的名声。尽管他对基督教采取迫害政策，但不止一位当时住在北京的罗马天主教神父在写到他的公共形象与私生活时说他并不缺少优良的品德[1]。他在处理家庭以外的事务时，似乎颇具有幽默感。比如，他最宠信的大臣之一田文镜，是一名能吏，但不擅长舞文弄墨。田文镜知道自己的缺憾，于是延请一位姓邬的著名文人[2]为自己撰写公文，其文字至今流传。田文镜督理黄河河务时，邬劝他弹劾雍正的舅舅、皇太后之弟一等公隆科多，此举后来令他加官晋爵，获得了皇家的荣宠。幕僚邬先生自己在京师就有许多关于宫廷的消息来源，听说皇帝陛下对舅舅的居高临下已经久而生厌[3]，于是劝自己的雇主要做第一个上书弹劾隆科多的人，趁着皇帝此时正想要找借口除掉自己的舅舅。田文镜就此交了好运，但是他对幕僚没有表现出足够的感激，邬受到了很大冒犯，辞职离去。从这一天起，田文镜的各种奏报就失去了雍正要求自己重臣所具备的文采，要求很严的皇帝经常给他留下讥嘲性质的回复与批评。终于，田文镜只好恳求邬回到自己这里来，幕僚答应了，前提是每天早上开始办事之前先给他一块银元宝（重五十两）。在他的帮助下，田文镜重新获得了皇帝的宠幸；但是雍正很清楚田文镜文采斐然的公文到底是出自谁的笔下。有一次田文镜递上奏折向皇帝问安，皇帝的批复写道："朕安，邬先生安否？"最终在田文镜死后，邬也被皇帝召到宫中录用。

---

1 见耶稣会神父冯秉正（Mailla）的《中国通史》（*Histoire Générale de la Chine*），第十一卷，第 370 页。——原注
2 这个故事出自清人李岳瑞笔记《春冰室野乘》第二十条"田文镜之幕客"。
3 隆科多在雍正登基前与他极为亲密，对说服康熙选择他继任也起到了关键作用。——原注

◎ 雍正帝道袍像　　　　　　　　　　　　　　　　　　　　◎ 雍正帝藏传佛教袈裟像

　　尽管雍正有缺点，尽管他的统治过分严苛，但他至少没有像他王朝的后来人那样糊涂丢脸，没有把太监这些宫中的仆役当作心腹，分给他们权力。这种戕害国家的罪恶被慈禧归因为清朝堕落之源（然而她也在其中有份）。雍正令太监们各司其职，允许他们充当仆役和演员，但不准他们对国家大事发一言，也不准他们寻找机会勒索官员。关于他对宫中太监的态度，有记载说一个擅长演剧和讲故事的太监，某次在御前演出，满宫皆喜。剧终后皇帝命他来到自己一桌，赏赐他酒食，命他讲剧中故事。太监被皇帝的荣宠冲昏了头，开始信口开河，最终提到了他刚刚演过的郑儋（这出很出名的戏叫"郑儋打子"）[1]。最后他大胆到开口说："古时郑儋是常州太守。

---

1 英文原文作"郑儋杀子"，不准确。"打子"为昆剧《绣襦记》中一折（郑儋即郑元和之父），至今犹见于昆曲演出。这则轶事见于李伯元著《南亭笔记》，与作者翻译后有出入："雍正万几之暇，罕御声色，偶观杂剧，有演《绣襦记》院本，郑儋打子之剧，曲伎俱佳，大喜，赐食。其伶人某，偶问今常州守为谁（戏中郑儋乃常州刺史）。帝勃然大怒曰：'汝优伶贱辈，何可擅问官守，其风实不可长。'因立毙杖下。"

◎雍正帝着蒙古服装像

◎雍正帝扮成身穿汉装的渔夫

◎雍正帝打虎行乐图

◎雍正帝与乾隆帝着汉装像

万岁爷[1]能告诉奴才现在的常州太守是谁吗？"（他本意是插科打诨，要皇帝告诉他谁担任这一官职，但这是祖宗家法所严令禁止的。）笔记作者说，皇帝顿时脸色一沉，如同雷霆将至。"太监怎敢问官家之事？此等事与你有何干系？"他随后叫来侍卫："将这奴才在朕面前用重竹杖狠狠地打。"太监哀声求饶，但雍正置之不理。犯罪者在被竹杖打了几下以后就昏了过去。皇帝命令将他逐出宫中，发配到瘴疠之地云南，给驻守边疆的旗人兵丁为奴。

尽管雍正驱逐罗马天主教、将神父们赶至广州和澳门，但他对教皇的态度还是谦恭有礼的，甚至可以说是态度友好。[2]这可能是因为他回忆起他的父亲和祖父都从与耶稣会神父的交流中获益，也可能是他模糊地感觉到，一位人类精神上的领袖，虔诚而又博学，是应当受到读书人尊重的，尽管他出于政治原因，必须镇压帝国内的传教活动。不管怎么说，雍正朝的实录中不止一次记载了皇帝对梵蒂冈的尊敬与和解态度。可以看下面这封1725年他写给教皇本笃十三世的书信：

"谕西洋教化王伯纳地哆。览王奏，并进贡方物，具见悃诚。我圣祖仁皇帝怙冒万方，无远弗届，龙驭升遐，中外臣民，悲思永慕。朕缵承大统，勉思绍述前徽。教化王地处极远，特遣使臣赍章陈奏，感先帝之垂恩，祝朕躬之衍庆，周详恳至，词意虔恭。披阅之余，朕心嘉慰。使臣远来，朕已加礼优待。至于西洋寓居中国之人，朕以万物一体为怀，时时教以谨饬安静，

---

[1] 他用了太监们对皇帝的口语称呼"爷"。——原注
[2] 中国的编年史家说密谋反对雍正的皇子们彼此之间用葡萄牙语写了许多书信，他们是从宫中的神父们那里学会葡萄牙语的。雍正有一道诏书提到发现了胤禩"门下之亲信毛太、佟保"写给胤禩的信被缝在送信骡夫的袜衩之内，信上字迹"体制怪异，有类西洋字迹"，但是在北京的西洋人都说无法辨认内容（或者他们不愿意为皇帝辨认）。——原注（译者注：见《雍正朝实录》第四十卷。）

果能慎守法度，行止无怨，朕自推爱抚恤。兹因使臣归国，特颁斯敕，并赐妆缎、锦缎、大缎六十匹，次缎四十四。王其领受，悉朕惓惓之意。"[1]

当教皇写信要求释放两个在广州被囚多年的神父[2]的时候，皇帝陛下颇为亲切地回答说，在调查过他们的案情之后，他发现这两人所犯的罪行在特赦的范围之内，而他即位以后正好有一次大赦天下。所以他很乐意接受教皇的请求，并且还补充说，即使教皇没有过问此事，他也会将犯人释放的，"以示朕中外一体，宽大矜全之至意"[3]。

毫无疑问，这位吹毛求疵、统治内给很多人带来恐怖的帝王经常也是出于好意。最受他宠信的大臣之一在文章里说他年轻时候就给自己立下两大原则（充分展示出他的"宽大矜全"的程度与性质）。一是永远不踩到别人的影子，因为这会带来厄运。二是永远不踩死一只蚂蚁。

许多中国笔记作者说，雍正被一个姓吕的湖南人的遗孀所杀，这个人是因为谋逆罪被凌迟处死的[4]。尽管在王朝的实录里找不到这个故事，但故事里说，这个女人成功地混进了圆明园，躲藏在观景亭里，等着皇帝驾临，在他心口上刺了一刀；然后她也自杀身死。

---

1 见《雍正朝实录》第三十七卷。
2 这两个神父叫毕天祥、计有纲。
3 见《雍正朝实录》第四十五卷。
4 同上。

第 12 章 雍正报仇雪恨 237

附：雍正十二月行乐图 *

◎正月观灯 　　　　　　　◎二月踏青 　　　　　　　　　　　◎三月赏桃

◎四月流觞 　　　　　　　◎五月竞舟 　　　　　　　　　　　◎六月纳凉

* 此图册表现的是雍正帝十二个月的日常生活，分别为：正月观灯、二月踏青、三月赏桃、四月流觞、五月竞舟、六月纳凉、七月乞巧、八月赏月、九月赏菊、十月画像、十一月参禅和腊月赏雪，描绘的景物可能是圆明园，现藏于北京故宫博物院。

◎七月乞巧 　　　　　◎八月赏月 　　　　　　　　　◎九月赏菊

◎十月画像 　　　　　◎十一月参禅 　　　　　　　　◎腊月赏雪

第13章 乾隆大帝

His Majesty Ch'ien Lung

1736年，乾隆二十五岁继承大统，统治了中国六十年，后期让位给了儿子嘉庆。从他本国的同时代人和后世人的意见来看，以及参照欧洲观察者的看法，他无疑是中国几个世纪以来最有才干的行政管理者与最英明的统治者之一。通过他贤明的统治，和他在准噶尔、中亚、缅甸、西藏进行的成功的征战，他完全恢复了清朝的荣光，而这是上一任皇帝曾经严重削弱了的。在私生活中，他以真诚、开明和勇气著称，单是最后一项就足以令他超越他的前人与后人。他容易冲动，这是真的；他无法容忍被自己授予权力的那些人遭遇失败，特别是在军事方面；他迷信，而且自然而然地对中国在世界各国中所处的地位与相对的国力一无所知；但仍然算是视野宽广，明察事理，而且富于同情心。在他身上，军人和政治家的最优良的品质得到了高度的融合，同时他还是学者、历史学家与诗人。在家庭生活中他能维持家长的权威，受到他的儿孙们的尊敬；在与女性的关系中，他妃嫔众多，独断专行，既不耽于声色，也不挥霍无度。在他前所未有的辉煌统治结束后，帝国变得比几个世纪以来任何时候都更加强大与繁荣。

对英国人来说，这位伟大皇帝的统治尤其令人印象深刻，因为大不列颠

◎清高宗乾隆帝

国王派往中国的第一个使团见证的正是这个时期——1795年[1]马戛尔尼伯爵（Earl of Macartney）奉命出使中国，改善广州地方中国当局与英国商人的商贸关系。乔治·斯当东爵士（Sir George Staunton）所写的关于这次出使的"纪实"[2]（伦敦，1797年）直到今天也是必读读物，除了对这位已到暮年的帝王以及他在热河的宫廷进行了饶有趣味且不乏同情理解的描述以外，关于大学士和珅的性格也做了因其客观所以有价值的记录，许多年来君王把很大一部分权力交到了和珅的手里，他也注定要在嘉庆皇帝治下遭遇所有皇家宠臣的共同命运。

马戛尔尼伯爵出使时皇帝八十四岁，他众多的儿子里只有四个还活着了，亦即八皇子、十一皇子、十五皇子和十七皇子。（十一皇子当时留守京师，后来即位为嘉庆帝[3]。）若干年前，即1784年，皇位继承人的问题引起了很多议论，众臣敦促皇帝陛下赶紧立太子，因为一些皇室成员害怕和珅越来越大的权力和野心，而且皇帝还把公主嫁给了和珅的儿子。皇室对这位有权有势的宠臣嫉妒不已，传统派也急于

◎马戛尔尼伯爵

捍卫皇家的继承制度。但乾隆不是会在这种事情上接受劝告的人；过分热心上奏章的人因自己的鲁莽掉了脑袋，皇帝拒不说明自己的打算。1784年11月，

---

[1] 应为1793年。

[2] 全名为《英使谒见乾隆纪实》（An Authentic Account of an Embassy from the King of Great Britain to the Emperor of China）。

[3] 此处不确，嘉庆应为十五皇子。

他颁布了一道诏书，谨慎地解释了自己此举的意图，这份文献很大程度上昭显了这位君主的个性，从中可以看出关于上一代人家庭内部的祸端他曾经充分地阅读、了解、思考过，并吸收了其中的教训。此外这份文献还披露了宫中的礼仪与风俗。

这份诏书的翻译如下：

"朕阅馆臣所进《职官表志》，詹事府一门，其按语内称'詹事为东宫宫属，我国家万年垂统，家法相承，不事建储册立，詹事府各员，留以备词臣迁转之阶'等语。

"是书馆臣因朕前降谕旨，于建储一事之断不可行，明切训示，故于按语内特为揭出。其实书生拘迂之见，岂能深计及此。且使是书留传后世，安知不又訾议馆臣为无奈迎合谕旨，非其本怀耶。用是不得不再为明白宣谕。夫尧授舜，舜授禹，唐虞固公天下，即禹之传启亦非于在位时有建立太子之事。三代以后，人心不古，秦、汉预立太子，其后争夺废立，祸乱相寻，不可枚举。远而唐高祖立建成为太子，至于兄弟相残，建成被害。近而明神宗朝，群臣奏请预立国本，纷纭扰乱，大率皆为后来希荣固宠之地。甚至宵小乘间伺衅，酿为乱阶。如梃击等案，神宗召见太子，泣为慰藉，父子之间，至于如此，阅之真可寒心。

"可知建储册立，非国家之福，召乱起衅，多由于此。即以我朝而论，皇祖时理密亲王亦尝立为皇太子，且特选公正大臣如汤斌者为之辅导。乃既立之后，情性乖张，即汤斌亦不能有所匡救。群小复从而蛊惑，遂致屡生事端，上烦皇祖圣虑，终至废黜。且即理密亲王幸而无过，竟承大统，亦不过享国二年。其长子弘晳纵欲败度，不克干蛊，年亦不永。使相继嗣立，不数年间，连遭变故，岂我大清宗社臣民之福乎？

"是以皇祖有鉴于兹，自理密亲王既废，不复建储。迨我皇祖龙驭上宾，传位皇考，绍登大宝，十三年励精图治，中外肃清。我皇考敬法前徽，虽不预立储位，而于宗社大计，实早为筹定。雍正元年，即亲书朕名，缄藏于乾清宫'正大光明'匾内，又另书密封一匣，常以随身。

"至雍正十三年八月，皇考升遐，朕同尔时大臣等敬谨启视传位于朕之御笔，复取出内务府缄盒密记，核对吻合，人心翕然。此天下臣民所共知者也。朕登极之初，恪遵家法，以皇次子乃孝贤皇后所生嫡子，为人端重醇良，依皇考之例，曾书其名藏于乾清宫'正大光明'匾额后。乃禀命不永，未几薨逝。遂命大学士鄂尔泰、张廷玉等将其名撤出，追谥为端慧皇太子。

"是未尝不立嫡也，但不以明告众耳。嗣后皇七子亦孝贤皇后所出，秉质纯粹，深惬朕心，不久亦即悼殇。其时朕视皇五子于诸子中更觉贵重，且汉文、满洲、蒙古语、马、步、射及算法等事，并皆娴习，颇属意于彼，而未明言，乃复因病旋逝。设依书生之见，规仿古制，继建元良，则朕三十余

◎乾清宫"正大光明"匾额

年之内，国储凡三易，尚复成何事体！是以前于癸巳年复书所立皇子之名，藏于匣内，常以自随。是年南郊大祀，令诸皇子在坛襄事，曾以所定皇子，默祷于上帝，若所定之子克承堂构，则祈昊苍眷佑，俾得年命延长；倘非天意所属，则速夺其算，朕亦可另为选择，毋误我国家宗社生民重寄。

"本年恭诣盛京，只谒祖陵，亦如告天之言，默祝于太祖、太宗之前，仰祈灵爽式凭，永垂昭鉴。朕非不爱子也，诚以宗社为重。若朕之子孙，皆以朕此心为心，实大清国亿万斯年之福也。

"今日召对诸皇子及军机大臣等，面降此旨，即朕前所默告上帝、祖宗之言，岂容有丝毫虚饰耶！朕于天下一切庶务，无不宵旰勤求，悉心筹画，宁于继体付托之重，转不早为定计乎！

"秋间朕于避暑山庄河岸御枪打鸡鹆，失足落水湿衣，其时不特御前王公大臣等闻知，俱即趋至问安，即汉军机大臣亦接踵前赴该处。朕仍率伊等谈笑而行，并未有因内廷禁地，太监等敢于阻止者。设朕起居偶有违和，大臣等俱可直诣寝所，此皆由朕平日君臣一体，无日不接见诸臣，面承谕旨，何至有若前代'夜半禁中出片纸'之语，为杞人之忧乎！

"总之，建储一事，即如井田、封建之必不可行，朕虽未有明诏立储，而于天、祖之前，既先为斋心默告，实与立储无异，但不似往代覆辙之务虚名而受实祸耳。故现詹事官属虽沿旧制，而其实一无职掌，只以备员为翰林升转之资耳。

"因再明切宣谕，我子孙其各敬承勿替，庶几亿万年无疆之休，其在斯乎！总之，此事朕亦不敢必以为是，其有欲遵古礼，为建立之事者，朕亦不禁，俟至于父子兄弟之间，猜疑渐生，酿成大祸时，当思朕言耳。并谕馆臣将此旨冠于是编之首，俾天下万世咸知朕意。钦此！"[1]

---

[1] 见《蕉窗雨话》卷十一。

乾隆这通明察事理而又直言不讳的发言和他前代皇帝的虚伪言辞、陈词滥调有多么大的不同！乾隆留下的有记载的谕旨都具备类似的品质，头脑清醒，不尚虚辞。我们可以举出他统治六十年后宣布退位的诏书作为例子，时间是乾隆五十九年（1794年）八月：

"朕临御天下五十九年，仰蒙昊苍眷佑，列圣贻庥，薄海升平，梯航向化，重熙累洽，惟日孜孜，无时不以敬天勤民为念，行庆施惠，锡祜延禧，普免漕粮者二，地丁钱粮者四，而偶遇水旱偏祲，随时蠲租赐复，赈贷兼施，不下帑金数千万两，所以涵养生息，子爱黎元，至周且渥，兹绍膺统绪。

"明岁正届六十年，粤稽史册，前代帝王享国长久者，未可多得，即有一二，或系冲龄践阼，用能多历年所。朕则春秋二十有五，始即位诞膺大宝，迄今八旬开四，康强逢吉，五代同堂，景运增隆，寰瀛宁谧。享国之年，幸周甲子，寿祚延洪，实为古今罕觏之盛事，此皆上蒙昊贶骈蕃，克膺备福。朕于感荷之余，弥深兢业。早经钦天监推算，六十年元旦日食，上元月食，古来史传所载。有日食修德、月食修刑之说，固因上天垂象，理宜修省。其实君人之道，于德刑二事，平日本宜刻深兢励，亦何待日月薄蚀，始怀寅戒之心。应天以实不以文，与其托诸空言，宁若见诸行事之实。

"明年系六十年国庆，后岁丙辰，为嗣皇帝即位元年。明年元旦，著照五十一年之例，不御殿，不受朝贺。是日午后，向有诸王暨皇子皇孙等内廷家宴之例，五十一年元旦日食复圆后，曾经举行。明岁究系六十年周甲年分，所有内廷家宴，亦著一并停止举行。朕于是日亦不御礼服，照每年例，恭诣奉先殿、堂子及先师各等处行礼时，御龙袍貂褂，将届日食时，即换常服，以示寅恭而寓修省。

"日月薄蚀，躔度本属有定，数千百年后，皆可推算而得，所谓千岁之日至可坐而致。但元旦上元，适值日月亏蚀，究为昊穹示儆之象。幸天恩垂佑，适在明岁，为朕即位周甲告成之年，自应只承无斁。设在丙辰正月，则为嗣皇帝即位之元，于吉祥盛事，转为未惬。是即日月薄蚀一事，而上天之笃佑朕躬，以贻我子孙万年无疆之庥者，至优至厚。朕惟有益感天恩，倍深乾惕。又明年乙卯，为朕临御六十年，本欲于万寿节前，由热河回京受贺。今春因中外臣工恳请举行庆典。适以上冬雪泽未获优霑，春间又复缺雨。业经降旨宣谕，令将明年庆典停止举行。若仍照庚戌年八旬之例，于万寿前回京，则王公外藩以及大小臣工等，必又再四恳请举行庆典，则似朕今春所降谕旨，转为不诚。是以明年仍定于热河驻跸，过万寿后，再行回銮。"[1]

乾隆对上天和祖宗发自内心的敬重，他勤勉和有节制的一生所树立的榜样，他于国家事务和军事活动的万般警惕，都是为了巩固清朝的国力，并建立一个给中国百姓带来繁荣的政府。然而尽管他是发自至诚，他对大学士和珅的宠幸却是在皇位之侧保留了一个道德腐化的源头，从此邪恶和贪婪在朝中居于高位，这（像我们即将要讲到的那样）注定要动摇国家的根本。中国的历史学家和学者们有一句老话："盛德之朝尽毁于和珅之手，满朝祸乱皆由和珅而起。"

我们之后还有机会来讲述这位权势滔天的重臣的故事，（像斯当东说的）人们把他看作"二皇帝"[2]。至于现在，只需要说因为对和珅的偏听偏信，乾隆对理想政府的个人热情受到了严重的损害。这位宰相的穷奢极欲，迅速败坏了清朝宫廷古老的朴素生活方式；他的用人唯亲和贪赃枉法，体现在起用腐败的官员上，在很大程度上造成了嘉庆统治下所爆发的动乱。然而乾隆对他的宰相的宠信毫不动摇；在他统治的最后二十年内，他允许和珅享受独

---

[1] 见《清高宗实录》第一千四百五十八卷，有删节。

[2] 见《英使谒见乾隆纪实》，叶笃义译："这位中堂大人统率百僚管理庶政，许多中国人私下称之为二皇帝。"

断专行的权力，并且积累了一笔巨大的财富。他许配了一位公主给和珅的儿子为妻，还委任他的弟弟和琳率领皇家军队，担任总理西藏事务大臣。

这位和琳与马戛尔尼伯爵使团的事务直接相关，因为1790年皇帝把他从拉萨召回北京，以便与英国大使讨论英国在印度的利益问题，因为中国上一年在尼泊尔对入侵的廓尔喀人打的胜仗对英国造成了威胁。皇帝的诏令中提及了中国对西藏的主权，以及钦命驻藏大臣与达赖喇嘛的关系，这些都是永恒的话题。

"据成德来京奏称和琳办事甚妥，且见达赖喇嘛，不行叩拜，达赖喇嘛惟命是听等语。和琳如此举动，甚为得体。数年以来，藏内风气日下，诸事废弛。今经和琳整顿，权归而令自易行。现派松筠赴藏办事，伊系蒙古，素遵黄教，倘不知自重，恐将来办事，仍虞掣肘。著传谕松筠，抵藏后接见达赖喇嘛等，不可叩拜。即使遵奉黄教，俟年满回京之日，再行礼拜，亦无不可。"

和琳回到了北京，出席了皇帝为英国大使举办的接风宴。按照斯当东的说法[2]，尽管马戛尔尼伯爵极力想要说服大学士和珅相信英国无意干涉印度周边国家的纷争，莫卧儿帝国的崩溃也不会给中国带来新的危险，但是和琳一直在所有与英国大使的会晤中陪在和珅身边，"他好像特地在此预防特使同和中堂接近，阻止特使同中堂谈西藏战争的真相"[3]。他丝毫不花力气掩饰"他的憎恨英国人的情绪"[4]，无论是在西藏，还是更早在广东的经历都让他产生了这种憎恨。这个脾气暴躁的人无疑在一定程度上影响了一部分廷

---

1 斯当东将和琳对英国大使和他的随从的态度描述为"有礼貌而可憎的"。——原注

2 见马戛尔尼的《出使中国之行》（Embassy to China），第二卷，第241页。——原注

3 见《英使谒见乾隆纪实》，叶笃义译，北京：商务印书馆，1963年出版，第十四章，第371页。本书作者似将福康安和和琳两人搞混，《英使谒见乾隆纪实》中提及的态度恶劣的从西藏回来的将军应当是福康安。

4 同上，第373页。

臣的态度，但和珅本人则能综观大使来中国的目的，而且他还记得尼泊尔一役末期英国给予中国的友善帮助，他对于说服皇帝不必坚持让英国大使行叩头之礼起了关键作用，而更保守的官员和廷臣们在此事上是毫不退让的。

和琳的影响和劝告无疑在一定程度上影响了皇帝，使他拒绝答应马戛尔尼伯爵关于在北京派驻代表和建立贸易中心的请求；也拒绝了扩建运输设施，为舟山、宁波和天津的英国商人规定固定的海关关税；以及传教在中国的合法化。当时的传言都说和珅劝说皇帝至少要满足英国大使的某些请求，但是上了年纪的君主最终在儿子们的劝阻下没有听他的话，其中起了决定作用的是后来的嘉庆。

写给英王乔治三世的皇家"敕谕"，颁布于皇帝陛下在热河接见英国使团的几天后，在今天读起来，是颇为奇特的。伟大的天朝帝国是多么迅速而又彻底地遭受到了衰落和羞辱，这个帝国的君主曾经可以毫不夸大地形容自己为"抚有四海"。在只有短短一个世纪前的那些日子里，中国对外部世界的无知倒也是一种福分。

下面就是这份历史文献：

"咨尔国王，远在重洋，倾心向化，特遣使恭赍表章，航海来廷，叩祝万寿，并备进方物，用将忱悃。

"朕批阅表文，词意肫恳，具见尔国王恭顺之诚，深为嘉许。所有赍到表贡之正副使臣，念其奉使远涉，推恩加礼。已令大臣带领瞻觐，锡予筵宴，叠加赏赍，用示怀柔。其已回珠山[1]之管船官役人等六百余名，虽未来京，朕亦优加赏赐，俾得普霑恩惠，一视同仁。

"至尔国王表内恳请派一尔国之人，住居天朝，照管尔国买卖一节，此则

---

[1] 即舟山。

与天朝体制不合，断不可行。向来西洋各国，有愿来天朝当差之人，原准其来京，但既来之后，即遵用天朝服色，安置堂内，永远不准复回本国。此系天朝定制，想尔国王亦所知悉。今尔国王欲求派一尔国之人，住居京城，既不能若来京当差之西洋人在京居住，不归本国，又不可听其往来，常通信息，实为无益之事。

"且天朝所管地方，至为广远，凡外藩使臣到京，驿馆供给，行止出入，俱有一定体制，从无听其自便之例。今尔国若留人在京，言语不通，服饰殊制，无地可以安置。若必似来京当差之西洋人，令其一律改易服饰，天朝亦不肯强人以所难。设天朝欲差人常驻尔国，亦岂尔国所能遵行？况西洋诸国甚多，非止尔一国。若俱似尔国王恳请派人留京，岂能一一听许？是此事断断难行。岂能因尔国王一人之请，以致更张天朝百余年法度。若云尔国王为照料买卖起见，则尔国人在澳门贸易非止一日，原无不加以恩视。即如从前博尔都噶里雅、意达哩亚等国屡次遣使来朝，亦曾以照料贸易为请。天朝鉴其悃忱，优加体恤。凡遇该国等贸易之事，无不照料周备。前次广东商人吴昭平有拖欠洋船价值银两者，俱饬令该管总督由官库内先行动支帑项，代为清还，并将拖欠商人重治其罪。想此事尔国亦闻知矣。外国又何必派人留京，为此越例断不可行之请。况留人在京，距澳门贸易处所，几及万里，伊亦何能照料耶？

"若云仰慕天朝，欲其观习教化，则天朝自有天朝礼法，与尔国各不相同。尔国所留之人即能习学，尔国自有风俗制度，亦断不能效法中国，即学会亦属无用。

"天朝抚有四海，惟励精图治，办理政务，奇珍异宝，并不贵重。尔国王此次赍进各物，念其诚心远献，特谕该管衙门收纳。其实天朝德威远被，万国来王，种种贵重之物，梯航毕集，无所不有，尔之正使等所亲见。然从不贵奇巧，并无更需尔国制办物件。是尔国王所请派人留京一事，于天朝体制既属不合，而于尔国亦殊觉无益。特此详晰开示，遣令该使等安程回国。

尔国王惟当善体朕意，益例款诚，永矢恭顺，以保有尔邦，共享太平之福。除正副使臣以下各官及通事兵役人等，正赏加赏各物件另单赏给外，兹因尔国使臣归国，特颁敕谕，并赐赍尔国王文绮珍物，具如常仪。加赐彩缎罗绮，文玩器具诸珍，另有清单，王其祗受，悉朕眷怀。特此敕谕。"[1]

另一封写给乔治三世的敕谕更为详尽地涉及了英国大使的请求和皇帝拒绝他的原因：

"尔国王远慕声教，向化维殷，遣使恭赍表贡，航海祝厘。朕鉴尔国王恭顺之诚，令大臣带领使臣等瞻觐，锡之筵宴，赉予骈蕃。业已颁给敕谕，赐尔国王文绮珍玩，用示怀柔。

"昨据尔使臣以尔国贸易之事，咨请大臣等转奏，皆系更张定制，不便准行。向来西洋各国及尔国夷商，赴天朝贸易，悉于澳门互市，历久相沿，已非一日。

"天朝物产丰盈，无所不有，原不藉外夷货物以通有无。特因天朝所产茶叶、磁器、丝缎，为西洋各国及尔国必需之物，是以加恩体恤，在澳门开设洋行，俾得日用有资，并沾雨润。今尔国使臣于定例之外，多有陈乞，大乖仰体天朝加惠远人、抚育四夷之道。且天朝统驭万国，一视同仁，即在广东贸易者，亦不仅尔英咭唎一国，若俱纷纷效尤，以难行之事妄行干渎，岂能曲徇所请？念尔国僻居荒远，间隔重瀛[2]，于天朝体制，原未谙悉，是以命大臣等向使臣等详加开导，遣令回国。恐尔使臣等回国后，禀达未能明晰，复将所请各条，缮敕逐一晓谕，想能领悉。

"（1）据尔使臣称，尔国货船将来或到浙江宁波、珠山及天津、广东地方，

---

1 见《清高宗实录》第一千四百三十五卷。
2 "Toto divisos orbe Britannos."维吉尔《牧歌》："有的要去不列颠岛，到那天涯海尾。"——原注

收泊交易一节。向来西洋各国前赴天朝地方贸易,俱在澳门设有洋行,收发各货,由来已久。尔国亦一律遵行多年,并无异语。其浙江宁波、直隶天津等海口,均未设有洋行,尔国船只到彼,亦无从销卖货物。况该处并无通事,不能谙晓尔国语言,诸多未便。除广东澳门地方,仍准照旧交易外,所有尔使臣恳请向浙江宁波、珠山及直隶天津地方泊船贸易之处,皆不可行。

"(2)又据尔使臣称,尔国买卖人要在天朝京城另立一行,收贮货物发卖,仿照俄罗斯之例一节,更断不可行。京城为万方拱极之区,体制森严,法令整肃,从无外藩人等在京城开设货行之事。尔国向在澳门交易,亦因澳门与海口较近,且系西洋各国聚会之处,往来便益。若于京城设行发货,尔国在京城西北地方,相距辽远,运送货物,亦甚不便。从前俄罗斯人在京城设馆贸易,因未立恰克图以前,不过暂行给屋居住。嗣后设立恰克图以后,俄罗斯在该处交易买卖,即不准在京城居住,亦已数十年。现在俄罗斯在恰克图边界交易,即与尔国在澳门交易相似。尔国既有澳门洋行发卖货物,何必又欲在京城另立一行。天朝疆界严明,从不许外藩人等稍有越境搀杂。是尔国欲在京城立行之事,必不可行。

"(3)又据尔使臣称,欲求相近珠山地方小海岛一处,商人到彼,即在该处停歇,以便收存货物一节。尔国欲在珠山海岛地方居住,原为发卖货物而起。今珠山地方既无洋行,又无通事,尔国船只已不在彼停泊,尔国要此海岛地方,亦属无用。天朝尺土,俱归版籍,疆址森然,即岛屿沙洲,亦必划界分疆,各有专属。况外夷向化天朝,交易货物者,亦不仅尔英咭唎一国,若别国纷纷效尤,恳请赏给地方居住买卖之人,岂能各应所求?且天朝亦无此体制。此事尤不便准行。

"(4)又据称,拨给附近广东省城小地方一处,居住尔国夷商,或准令澳门居住之人,出入自便一节。向来西洋各国夷商,居住澳门贸易,画定

◎万国来朝图 局部

小西洋 亞利晚 琉球國

法蘭西

荷蘭國

英吉利國

住址地界，不得踰越尺寸。其赴洋行发货夷商，亦不得擅入省城。原以杜民夷之争论，立中外之大防。今欲于附近省城地方，另拨一处给尔国夷商居住，已非西洋夷商历来在澳门定例。况西洋各国在广东贸易多年，获利丰厚，来者日众，岂能一一拨给地方分住耶？至于夷商等出入往来，悉由地方官督率洋行商人，随时稽察。若竟毫无限制，恐内地民人与尔国夷人间有争论，转非体恤之意。核之事理，自应仍照定例，在澳门居住，方为妥善。

"（5）又据称英咭唎国夷商自广东下澳门，由内河行走，货物或不上税，或少上税一节。夷商贸易往来，纳税皆有定则，西洋各国，均属相同。此时既不能因尔国船只较多，征收稍有溢额，亦不便将尔国上税之例，独为减少。惟应照例公平抽收，与别国一体办理。嗣后尔国夷商贩货赴澳门，仍当随时照料，用示体恤。

"（6）又据称尔国船只请照例上税一节。粤海关征收船料，向有定例。今既未便于他处海口设行交易，自应仍在粤海关按例纳税。毋庸另行晓谕。

◎澳门一角

"（7）至于尔国所奉之天主教，原系西洋各国向奉之教。天朝自开辟以来，圣帝明王，垂教创法，四方亿兆，率由有素，不敢惑于异说。即在京当差之西洋人等，居住在堂，亦不准与中国人民交结，妄行传教，华夷之辨甚严。今尔国使臣之意，欲任听夷人传教，尤属不可。

"以上所谕各条，原因尔使臣之妄说。尔国王或未能深悉天朝体制。并非有意妄干。朕于入贡诸邦，诚心向化者，无不加之体恤，用示怀柔。如有恳求之事，若于体制无妨，无不曲从所请。况尔国王僻处重洋，输诚纳贡，朕之锡予优嘉，倍于他国。今尔使臣所恳各条，不但于天朝法制攸关，即为尔国代谋，亦俱无益难行之事。兹再明白晓谕，尔国王当仰体朕心，永远遵奉，共享太平之福。若经此次详谕后，尔国王或误听尔臣下之言，任从夷商将货船驶至浙江、天津地方，欲求上岸交易，天朝法制森严，各处守土文武，恪遵功令，尔国船只到彼，该处文武，必不肯令其停留，定当立时驱逐出洋，未免尔国夷商徒劳往返。勿谓言之不豫也。其懔遵毋忽。特此再谕。"

众所周知，乾隆皇帝已经在马戛尔尼伯爵的反对之下免除了他叩头之礼，但是清朝之人随后宣称，并且至今相信，当大使面见皇帝陛下时，内心被敬畏和紧张的情绪压倒，不自觉便两腿一软，无望地匍匐在地，从而实际上等于是在无意中行了叩头大礼。

最终，在1796年退位前两天，皇帝又给乔治三世写了如下书信：

"朱圭奏英咭唎国呈进表贡一折。该国王因前年贡使进京，赏赉优渥，特具表文土物呈进，具见悃忱。虽未专使来粤，有何不可。已准其赏收，并发给敕书一道。谕以尔国远隔重洋，上年遣使恭赍表贡，航海祝釐。朕鉴尔国王忱悃，令使臣等瞻觐与宴。锡赉骈蕃，颁发敕谕回国，并赐尔国王文绮珍玩，用

---

1 见《清高宗实录》第一千四百三十五卷。

示怀柔。兹尔国王复备具表文土物，由夷船寄粤呈进，具见恭顺之诚。天朝抚有万国，琛赆来庭，不贵其物，惟贵其诚。已饬谕疆臣将贡物进收，俾伸虔敬。

"至天朝从前征剿廓尔喀时，大将军统领大兵深入，连得要隘。廓尔喀震慑兵威，匍匐乞降，大将军始据情入奏。天朝仁慈广被，中外一体，不忍该处生灵，咸就歼除，是以允准投诚。彼时曾据大将军奏及，尔国王遣使前赴卫藏投票，有劝令廓尔喀投顺之语，其时大功业已告成，并未烦尔国兵力。[1] 今尔国王表文内，以此事在从前贡使起身之后，未及奏明，想未详悉始末。但尔国王能知大义，恭顺天朝，深堪嘉尚。

"兹特颁赐尔国王锦缎等件。尔国王其益励荩诚，永承恩眷，以副朕绥远敷仁至意。

"朱圭接到后，可即交与该国大班，转送回国。俾该国王益加感戴恭顺，以示怀柔。至天朝官员，例不与外夷交际，其致送前任总督监督礼物，朱圭饬令寄回，所办亦是。"[2]

在私生活与对后宫的管理当中，乾隆既有皇家气派，生活又极简朴。在

---

[1] 中国对尼泊尔的远征由乾隆的得力干将福康安指挥。乾隆五十七年（1792年）二月，大军从青海出发，从丹达山进入西藏（见古伯察修道院长的《鞑靼西藏旅行记》），通常这个隘口总是刮着狂风，但是福康安报告说在他的军队通过时天气却转为晴朗无风。为了对山神赐予如此的好天气表达感激，乾隆下令将丹达山列入皇家祭祀的山岳中。同年七月，中国军队开进了尼泊尔，从三个方向进攻。廓尔喀人派使团向英国求助，于是康华里（Cornwallis）派了一名军官到加德满都居中调解。但是到了七月，帝国的军队已经在六场战役中大败了尼泊尔，当他们离加德满都只有一天的路程的时候，尼泊尔人在绝望中投降了。中国军队并没有在尼泊尔境内逗留，这里的气候对于他们不适宜，而是在八月回到了西藏，临走前要求当地每五年一次要向北京进贡驯服的大象、马匹和乐器。两年前（1791年）尼泊尔人在红教的唆使下入侵了西藏，借口是在尼泊尔边境征收的盐税过分昂贵，还借口贸易的盐中掺入了泥土。中国军队的统领巴忠不想交战，他让西藏人答应给尼泊尔交纳一万五千盎司白银的岁贡，换取他们退兵。与此同时，他向皇帝报告说他已经打败了尼泊尔人，尼泊尔接受做清朝的藩属国。第二年，也就是1792年，说好的一万五千两白银的岁贡没有送来，尼泊尔再次入侵西藏。拉萨的驻藏大臣保泰没有做好准备抵挡他们，但把班禅喇嘛送往拉萨，放弃日喀则逃走，入侵者洗劫了圣城札什伦布寺，将掠得的宝藏送回尼泊尔，并在西藏境内留下了一支强大的军队。——原注

[2] 见《清高宗实录》第一千四百九十三卷。

◎郎世宁绘 乾隆大阅图

他漫长的一生中，他一直热爱狩猎，驰骋于满洲和蒙古的旷野中，呼吸野外淳朴、新鲜的空气，他的祖辈们正是这样成了强壮的勇士。在皇家围场的衰落与满洲贵族骑射的废弛之间有着某种值得研究的巧合，宦官的权力也日益扩大，这些迹象在乾隆的继任者统治期间都开始显露出来。

作为族长和宫中之首，乾隆对家务事把控非常严格，直到年岁日高，国务日繁，才有所废弛。

◎圆明园遗址

在私人生活和公共生活中，他成功的秘诀都在于事必躬亲，精力旺盛，心胸宽广，生性对纪律和秩序有所爱好，却又不乏同情心。乾隆本质上是一个政治家；但他也是优秀的运动家，还有几分诗人的脾性。当今天的旅行家注视着圆明园凄凉的废墟，或者北京和热河的围场，都会感叹这样一个曾经产生过如此睿智刚强的统治者、派出的军队踏遍半个亚洲的民族，今天却由一群昏庸阴柔的八旗子弟代表，这些人柔弱不堪，一无用处。

乾隆讨厌铺张浪费，直到他统治的末期，在和珅的纸醉金迷开始在宫中传播奢侈之风以前，他一直都在俭省和生活简朴方面作为表率。但同时他身上又没有任何清教徒的风气，也不追求节欲；他喜欢漂亮女人和佳肴美味，但作为东方人他相信这些都是上天的礼物，不可以轻取，也不可以小瞧。在他六十年的统治中，他从不错过在十月二十三日那天祭祀灶王，这天是灶王上天向天帝汇报每家人行为的日子。祭祀通常在坤宁宫中央的砖台或者炕上

第 13 章 乾隆大帝 259

◎昔日圆明园盛景

举行。事先预备好鼓板，按照习俗皇后先到，等候皇帝驾临。皇帝击鼓，唱"访贤"的歌谣。宫中人排列成行，在一曲结束时燃放爆竹，送灶王爷上天。这一习俗在嘉庆时被废止。[1]

乾隆可不是什么败人兴致的苦行僧。他喜欢在圆明园福海以东的同乐园里看戏。正月初一，他则在园子的主道两旁扎起彩棚，举办集市，供宫中人同乐。有卖瓷器和珍玩的，卖刺绣的，卖丝绸的，还有饭馆、酒肆和茶楼，甚至有沿街叫卖的小贩入内做生意。店铺都是由太监经营的，玉和其他商品都是由北京城里大的商铺供应的，呈献哪些货物由内务府选择。[2]重臣及其妻子允许入内，可以购买货品，也可以在饭馆中点菜或饮茶，可以随心所欲。一切都操办得如同真正的集市：店小二和跑堂的都来自城中大的饭馆，只选择相貌俊秀、口齿清楚者充任。皇帝陛下沿路巡游时，店小二开始报菜名，小贩开始叫卖，店员报出账目。这热闹非凡的景象总是令皇帝开心。[3]集市天天举行，一直到正月末尾，彩棚才被拆除。这一令人愉快的风俗也是由嘉庆废除的，他的性格较为阴郁，不喜欢这种欢乐的气氛。

根据实录，乾隆在家务事中和慈禧同样表现出俭省的美德，他们也有某些同样的小小缺点。他喜欢某些精细的东西，在外出巡幸时喜欢尝试新的菜色；他尤其喜欢味道浓郁和油腻的菜肴。一个世代在北京做大官的满族人家里收藏了数本笔记，其中记载了皇帝陛下有一次下江南，尝了一道用豆腐做的扬州名菜。他发现这道菜很对他的口味，就问价钱，别人告诉他只要三十文钱（大约相当于一便士），他认为这样味美价廉的菜肴必须被加到宫中的菜单上。然而回到京师以后，他发现太监们在御膳房给这道菜标的价格是

---

1 见清人李岳瑞笔记《春冰室野乘》第三条"乾隆宫禁遗事"下"岁末祀灶坤宁宫"。
2 慈禧归政于光绪宣布退居颐和园时（1898年政变前）也有类似风俗。——原注
3 见《春冰室野乘》第三条"乾隆宫禁遗事"下"同乐园买卖街"。

十二两（当时相当于一英镑）。他问为什么的时候，他们告诉他说是因为"南方的珍肴，在北方不易获得"。

这种家用开支上的被"榨油水"经常令乾隆感到忧虑，后来的慈禧也是如此。因此内务府的职位成了整个帝国最受人觊觎的肥缺。这种职务只向旗人开放；近年来据估算，一个内务府高级官员的年收入超过一百万两白银。皇帝如果想要整顿这些官员的腐败（像吝啬的道光皇帝所做的那样），就会在宗室那里变成不受欢迎的人，因为很多人直接或者间接从中受益。

◎乾隆的妻子孝贤纯皇后富察氏

据记载在一个寒冷的冬日[1]，乾隆接见一名叫汪由敦的大臣，问他清晨上朝以前是否用过点心，汪由敦回答："臣下家贫，每天早饭只吃得起两三个鸡蛋。"皇帝惊叹道："一次吃得起三个鸡蛋，你还说家贫！鸡蛋一枚要花掉我七十五文钱，我尚且不敢如此奢侈。"汪由敦不敢告诉皇帝鸡蛋的真实价钱，于是说："我说的鸡蛋品种低贱，与供应给陛下的不同，我买的鸡蛋不过一文钱一个。"皇帝明白他的意思，下令皇宫中的鸡蛋从此按更合理的价格收购。

在与女人的关系方面，乾隆完全是东方式的，他后宫嫔妃众多，握有生杀大权，但非常注重体面，注意不引起皇后的嫉妒，以免损害她的尊严，对其余的人，他温和有礼，慷慨大方。他的家庭中没有争端和丑闻，他的孩子

---

1 这个故事出自《春冰室野乘》第四十四条"内务府靡费"。

们都教养得很好，因为他明白怎么结合外柔与内刚[1]。根据某些记载，皇帝陛下在日理万机之余的闲暇[2]中，偶尔也会冒险追求艳遇。在他公共生活的庄严戏剧中是有幕间休息的。下面的故事，便是许多传说中的一个——传说未必是真，但也有很多人相信。

在他的统治早期，有一个名叫三姑娘[3]的，她的名声之大，甚至传到了宫里。达官贵人踏破了她的门槛：能得到她的一句话，都会被看作莫大的光荣。她甚至能够影响皇帝，曾经不止一次为得罪了皇帝的士子和官员说话。

有一天晚上，北京城的九门提督召来他手下的一个校尉，给他一支令箭（代表有权即行逮捕），命他把三姑娘逮捕下狱。校尉心中惊慌不安，但是又不敢不从。他进入了三姑娘的家里，爬上楼到了她的闺房。在门口他遇到了一个侍女，向她传达了自己接到的命令。很快一个娇柔的声音从屋内传来，说道："阁下是我的宾客，我衣冠不整，仅穿亵衣见您是不合适的。请容我更衣相迎。"

时间过去了好久，校尉开始担心三姑娘是不是趁机从后门逃走了。于是他出声呼喝，而她回答道："难道有九门提督拿人还能逃脱的吗？请再等一会儿，我就和你一起去。"

最后三姑娘终于出来了，给校尉一小盒明珠，校尉礼貌地谢绝了。她又给他一个覆着明黄色丝绸的小盒子。"拿着这个，"她说，"把它给你的上级。也许我就不用跑这一趟了。"校尉看上去面有难色，但是三姑娘让他放心。"你可以姑且一试，如果九门提督还不满意，再来捉拿我不迟。时间还来得

---

1 原文是拉丁文，suaviter in modo 和 fortiter in re.
2 原文为法文，moments perdus.
3 出自《清朝野史》第十八种"三姑娘"条。名妓三姑娘故事的更早版本见于袁枚《新齐谐》，但袁枚叙述的版本发生于雍正年间，情节亦有所差异。类似的乾隆与三姑娘故事还见于《清代野叟秘记》等书。

及。这盒子曾经行遍天下。"（盒子里是用于圣旨的御玺）校尉取了盒子，小心地把它包裹起来。"我可否问，"他说，"你房内有客人吗？""是的，"她回答道，"是一位贵人，但他已经从地道离开了我的卧室。"校尉脸色发白，战栗不已。他回到九门提督那里，把盒子给了他，向他报告事情经过。

第二天早晨，九门提督被皇帝召见。皇帝对他说："我知道你办事勤谨，但你应当懂得识大体，不要抓着小事纠缠不休。这样不仅丢脸，还会为你惹下麻烦的。"

九门提督叩头表示悔悟。从此北京城的警卫对于内城巡查也变得疏懒了。

游览过北京城的人也许还记得紫禁城勤政殿南墙外美丽的清真寺废墟，直到去年为止，清真寺一直屹立在那里。直到五年前，还有一名回民在寺中主持礼拜仪式，他是一位老人，曾经去过麦加朝拜，在他荒颓的神龛里有数名信徒簇拥；但他1908年死了，自那以后，寺庙的内墙和柱子倾塌了，所以这个地方——已经沦落成了废墟的最后阶段但仍然是美的——变成了往昔辉煌的凄凉的纪念碑。去年5月在袁世凯总统的命令下它终于被拆除了，表

◎气势恢宏的紫禁城

面理由是建筑随时可能倒塌，以及此地需要建立兵营，实际上则是因为建筑的上层俯视着坐落在宫中的总统府，可能会被叛军选作狙击的场所。这座清真寺是由乾隆皇帝建立的，它的历史就像它荒废的神坛一样凄凉可哀，而且这段故事具备一个优点，就是其中的主要情节都无疑是确有其事的[1]。

在第一次出征准噶尔的时候，乾隆听说回部叛乱中一个名叫阿里·阿斯兰的回民部落酋长有一位美貌惊人的妻子。她在整个西疆都号称"绝代佳人"；她尤其出名的是皮肤柔腻，不御脂粉。在为大将军兆惠设宴饯行的时候，乾隆随意地告诉了他自己听说的这位佳人，要他尽可能将她俘获回宫。在清军战胜之后，她的丈夫自杀身亡，兆惠将她生擒，带回了北京。他预先派信使禀告皇帝他已经得手，乾隆闻之大悦，下令在沿途中对她加以优遇，以免她因为路途中的风霜而憔悴了颜色。除此以外，他还命令兆惠谨防她自尽。

抵达北京后，她被送到南海一侧的西苑居住[2]。她被正式封为香妃，又名容妃。起初看起来她对自己的生活感觉满意，对前夫的死以及她部落的灭亡显得无动于衷。但当乾隆试图接近她的时候，她表现得冷若冰霜，他问任何问题她都不发一言。

乾隆命令他的几个据他所知巧舌如簧的妃子去说服她，告诉她等待着她的是什么样的荣华富贵。她唯一的答复是从袖中拔出了一把匕首。在被问到此为何意的时候，她回答说："我的部落灭亡了，我的丈夫死了。我之所以还苟且偷生，是因为我想跟人同归于尽，而不是像个胆小的村姑一样死在路边。我要为我的夫主报仇，杀死他的敌人。如果皇帝强迫我做他的姬妾，我就先杀死他，然后自杀。"嫔妃们大为恐慌，命令随从把她的匕首夺下来。

---

[1] 香妃的故事多见于民国文献，作者以下引述的是李岳瑞《春冰室野乘》中"香妃秘闻"的版本。按乾隆确有一维吾尔族妃子名容妃。

[2] 她曾经居住和悲悼过的宫殿现在是大总统府的正厅。——原注

◎传为香妃戎装像　　　　　　　　　　　　　　◎传说郎世宁所绘的香妃画像

她微笑道:"无论你们怎样阻拦,我都会想出办法。如果你们不停止打扰我,我就先杀了你们当中的一个。"

嫔妃们放弃了说服她的希望,把她说的话报告给了皇帝。他明白暂时是没有希望赢得她的欢心了,但他经常前往拜访她,与她对坐一会儿,他相信时间会愈合她的伤痕,最终她会对他青睐。与此同时,他也对她严加看管,以防她真的要他的命。当她发现自己时刻都被监视的时候,她似乎放弃了自杀的打算;但当她在宫中住了两年以后,她的随从们报告说在穆斯林的新年时,她曾经悲伤地流泪。就是在这时候,乾隆下令在勤政殿外南墙下建立一

◎被误传为香妃像的广东女子油画像版本

座清真寺,这样她就能从自己的居所"宝月楼"望见清真寺。为了安抚她受伤的内心,那里还建造了和她故乡准噶尔一模一样的房屋和店铺。此地又叫作回回营。

皇太后现在已经八十高龄,对她的儿子仍然很有威严。她对乾隆迷恋香妃大为烦恼,害怕他遭到刺杀。于是她对乾隆说:"既然这个女人固执地不肯接受你的示好,而且已经决定弃世,为什么不把她处死呢?或者至少把她送回家乡,这样你就不必继续为她烦心了。"但是皇帝无法忍受失去她,抱着最后一线希望,他仍然在等待。最后,到了冬至那天,他必须出宫到天坛的斋宫过夜,就在这个时候,皇太后决定下手了。

她等到皇帝从宫中离开,然后派使者召那位"绝代佳人"到慈宁宫来拜见自己。她来了以后,皇宫的大门就被上了锁。"我听说你不肯顺从皇上,"太后严厉地说,"你有什么打算?"她回答:"我只求一死。""那就如你所愿!我赐你自尽,就在此时。"不幸的女人多次向她叩首,以示感激。"太后允我一死,是莫大的仁慈。我含羞忍耻,长途跋涉至此,是为了不白白死去,希望能为夫主报仇,给天朝以致命一击。但我被看守得太严密,我的愿望已经不可能实现了。我继续苟且偷生于人世又有何用呢?不如死而瞑目,跟从我的亡夫于地下。感谢太后满足我的心愿,到了地下也不会忘记您的恩德。"她一边说,眼泪一边从她的眼中涌出。太后为之深深感动,命令太监立即把她带到皇宫侧翼的房间,让她在那里悬梁自尽。

皇帝这时候已在斋宫，一名心腹太监跑来禀报，他的爱妃已被皇太后召去。他想到了最坏的结果，心中非常痛苦，赶忙起驾回宫，顾不上自己违反了必须在斋宫待到明天早晨的规定。到了皇宫后，他发现皇太后的宫门紧锁着，他站在那里，流泪不已，直到宫门开了，一个太监出来说："太后让你进去。"他进门以后，太后就把他带去侧室，香妃的尸体悬挂在大梁上，已经气绝身亡了。她美丽宁静的面容上没有丝毫痛苦或者挣扎的痕迹。乾隆对她的死非常悲痛，将她以皇贵妃的礼节下葬。

在乾隆统治的最后十年里，中国政府的权力实际集中到了大学士和珅，以及他在外省的门生和党羽手里。随着权力的增加，他的野心也越来越大。在皇帝从退位到驾崩的三年里（1796—1799 年），他的话就是一国的法律，他积累的家财达到了前无古人的程度。他按照一定的比例从军饷中克扣钱款，还按固定的价钱卖官鬻爵，所以有人说（关于光绪朝的庆亲王也有类似的说法）他家的后门就是买卖孔雀翎和顶戴的集市。他私人宅邸的装潢较之皇宫更为富丽，他家中的珠玉和宝石远胜于大内的收藏。在一个金钱政治的国度里，一个如此家财万贯的人一旦失去了皇帝的保护，他的处境就非常危险了。

和珅出身微贱，尽管外表上完全看不出来，他在热河接见马戛尔尼伯爵一行的时候，他们都为他的教养和风度所打动与迷惑。他原在宫中担任三等侍卫，

◎权臣和珅

因身体强壮、外貌英俊，被特别选中去护送御轿。从前文也曾经引证过的某本清朝宗室所写的笔记里，我们摘录了下面这段对他如何初次获得乾隆宠幸的描述。当时皇帝大约五十岁年纪，有一天他乘轿从紫禁城东门而出，在轿中还在批阅刚刚收到的奏折，内容是关于四川省动乱的。读着读着，这位长命天子的脸阴云密布起来，他的轿夫们听到他说："虎兕出于柙，龟玉毁于椟中，是谁之过欤？"这句著名的引文出自孔夫子的《论语》，意思是发生祸事后负责任的一方难辞其咎。轿夫们都不解其意，但骑马在一旁的和珅对他们说："皇上言守土者不得辞其责。"

乾隆听到了这句回答，对此人的机智感到满意。他把和珅叫来说："你只是一个侍卫，但你明显好好读过了《四书》。在朕回宫后就来谒见吧。"和珅晋见时，应对称旨，皇帝为之大悦，破例给他加官晋爵。他聪明机智，应对敏捷，还擅长对出乾隆所想出的对子，非常投合皇帝的文学品位。他很快就当上了总督、尚书和军机大臣，最后他的权势在整个帝国已经无人可比。就学者的观点来看，他所受的教育是浮皮潦草的，但是他擅长对对子的才能却掩盖了他的无知。他被任命为嘉亲王的老师[1]，而嘉亲王后来继承乾隆做了皇帝。和珅不喜欢这位年轻的皇子，他性格阴沉，总的来说不易相处，所以极力劝乾隆不要选他做太子。据记载有一次他对学生发了脾气，轻轻地踢了他一脚。嘉庆从来都没有忘怀或者宽恕这一次的侮辱，和珅后来也后悔自己没有对未来的皇位继承人采取更和善的态度。

然而，直到乾隆驾崩，掌握局面的都是和珅，而不是未来的皇帝。乾隆在退位后采用了"太上皇"的头衔，但他仍然把持朝政，在他生命剩余的三年里，他仍然天天上朝，所颁布的诏书常按他的旨意而定。上朝时他仍然坐

---

[1] 此说不知何考。

在龙椅上，而他的儿子嘉庆则面向西，坐一小凳上。前文所提到的那部笔记[1]中记述说，和珅作为领班军机大臣，像往常一样上朝，跪着等候了很长一段时间。已经退位的皇帝陛下垂着眼皮坐着，仿佛正在打盹，但一直都能听到他在自言自语地嘟囔着什么。

嘉庆皇帝用心地听着，但是一个词也听不懂。最终乾隆张开了眼睛，说："这些人叫什么名字？"和珅马上回答道："高天德、苟文明。"乾隆又闭上了眼睛，重复了几遍这两个名字，然后示意和珅离开大殿，没有再说其他的话。那天没有再上朝。

嘉庆对此非常惊奇，几天后就秘密召见和珅。"太上皇那天喃喃自语的是何事由，你说的那六个字又是什么意思？"和珅回答说："太上皇所念诵的是西藏有名的真言密咒，被诅咒的人即使远在天边，身体康健，也必死无疑。奴才听到太上皇在念咒，就知道他想要诅咒的是白莲教的匪首；所以回答他的时候，我就说了他们的名字。"嘉庆将此事记在心中，因为和珅对佛教密咒的了解在他看来是很危险的。两年后乾隆驾崩，此事便成了他用来惩治和珅的罪名之一。

◎和珅书法真迹

---

1 以下这个故事出自清人李岳瑞笔记《春冰室野乘》第二十五条"纪和珅遗事"下"善咒术被祸"。

◎ 居庸叠翠

◎ 玉泉趵突

附：燕京八景图 *

◎ 太液秋风

◎ 琼岛春荫

◎蓟门烟树

◎西山积雪

*此图册由清代画家张若澄绘。画册以北京城著名的燕京八景(乾隆修订为:居庸叠翠、玉泉趵突、太液秋风、琼岛春荫、蓟门烟树、西山积雪、卢沟晓月、金台夕照)为题而作,现藏于北京故宫博物院。

◎卢沟晓月

◎金台夕照

第14章 和珅倒台

The Downfall of Ho Shen

前面已经说过，年老的皇帝乾隆在退位后仍然掌管一切国家要务，他的健康一直没有衰退的迹象，直到1798年秋天，他忽然中风。他缠绵病榻，直到1799年2月7日上午八时驾崩于养心殿，当时是农历正月初三。

嘉庆的统治并没有一个吉利的开端；似乎帝国的繁荣昌盛已经在乾隆六十年（1795年）臻于绝顶，随着皇帝的退位，衰败也随之降临。湖南、湖北和贵州都爆发了起义，白莲教在国内有了很大的势力。乾隆感到内疚，他是把一个多灾多难的帝国留给了自己的儿子，嘉庆当年三十九岁，并非天赋英才之主，而且具有多疑和好报复的天性。

在父亲死后的第二天，嘉庆颁布了一道诏书，抱怨对叛匪们采取的军事行动毫无效果。他的观察是有道理的：

"带兵大臣及将领等，全不以军务为事。惟思玩兵养寇，藉以冒功升赏，寡廉鲜耻，营私肥橐。即如在京谙达、侍卫、章京等，遇有军务，无不营求前往。其自军营回京者，即平日穷乏之员，家计顿臻饶裕。往往托词请假，并非实有祭祖省墓之事，不过以所蓄之资，回籍置产。此皆朕所深知。可见各路带兵大员等有意稽延，皆蹈此藉端牟利之积弊。试思肥橐之资，皆婪索

◎清仁宗嘉庆帝

地方所得。而地方官吏，又必取之百姓。小民脂膏有几，岂能供无厌之求。此等教匪滋事，皆由地方官激成。即屡次奏报所擒戮者，皆朕之赤子，出于无奈为贼所胁者。若再加之朘削，势必去而从贼。是原有之贼未平，转驱民以益其党。无怪乎贼匪日多，辗转追捕，迄无藏事之期也。

"自用兵以来，皇考焦劳军务，寝膳靡宁。即大渐之前，犹频问捷报。迨至弥留，并未别奉遗训。仰窥圣意，自以国家付托有人，他无可谕，惟军务未竣，不免深留遗憾。朕躬膺宗社之重，若军务一日不竣，朕即一日负不孝之疚。内而军机大臣，外而领兵诸臣，同为不忠之辈，何以仰对皇考在天之灵？伊等即不顾惜身家，宁忍陷朕于不孝，自列于不忠耶？

"况国家经费有常，岂可任伊等虚糜坐耗？日复一日，何以为继，又岂有加赋病民之理耶？近年皇考圣寿日高，诸事多从宽厚。凡军营奏报，小有胜仗，即优加赏赐。其或贻误军务，亦不过革翎申饬，一有微劳，旋经赏复。虽屡次饬催，奉有革职治罪严旨，亦未惩办一人。即如数年申，惟永保曾经交部治罪，逾年仍行释放。其实各路纵贼窜逸者，何止永保一人，亦何止一次乎？且伊等每次奏报打仗情形，小有斩获，即铺叙战功；纵有挫衄，亦皆粉饰其辞，并不据实陈奏。伊等之意，白以皇考高年，惟将吉祥之语入告。但军务关系紧要，不容稍有隐饰。伊等节次奏报，杀贼数千名至数百名不等，有何证验？亦不过任意虚捏。

"若稍有失利，尤当据实奏明，以便指示机宜。似此掩败为胜，岂不贻误重事？军营积弊，已非一日。朕综理庶务，诸期核实，祇以时和年丰平贼安民为上瑞。而于军旅之事，信赏必罚，尤不肯稍从假借。特此明白宣谕。各路带兵大小各员，均当涤虑洗心，力图振奋，务于春令一律剿办完竣，绥靖地方。若仍蹈欺饰怠玩故辙，再逾此次定限，惟按军律从事。言出法随，勿谓幼主可欺也。"

上述诏书特别指向和珅及其一党，也就是朝中的大部分文武高官。四天后，一向卑躬屈膝的御史台上书弹劾和珅，于是皇帝又颁布了一道诏书，剥夺了和珅的一切官职，将他囚禁在刑部大狱，一同下狱的还有户部尚书福长安。和珅总理二部事务，担任许多官职。嘉庆任命自己的哥哥成亲王担任军机大臣，并任命他为尚书，而这是违背祖宗家法的。他又继续一扫积弊，许多乾隆信任的大臣都被即刻罢免，而这时候乾隆死后还不到一个星期。当百官还在哀悼先帝时，嘉庆就做出如此仓促的举动，按照传统眼光看是极为不孝的。嘉庆为自己辩解的理由是，如果父亲还活着，他也会善良地首肯自己的行为，同意匆匆罢免那些在他生前蒙受他荣宠的官员。[2]

两天后，也就是正月初九，他又颁布了下面的诏书，历数了和珅的大罪：

"和珅受大行太上皇帝特恩，由侍卫洊擢至大学士，在军机处行走。多叨沐殊施，在廷诸臣无有其比。朕亲承付托之重，兹猝遭皇考大故，苦块之中[3]，每思论语所云三年无改之义。如我皇考敬天法祖，勤政爱民，实心实政，薄海内外，咸所闻知，方将垂示万年，永为家法，何止三年无改？至皇考所简用之重臣，朕断不肯轻为更易，即有获罪者，若稍有可原，犹未尝不思保全。此实朕之本衷，自必仰蒙昭鉴。

"今和珅情罪重大，并经科道诸臣列款参奏，实有难以刻贷者。是以朕于恭颁遗诰日，即将和珅革职拏问，胪列罪状，特谕众知之。

"朕于乾隆六十年九月初三日，蒙皇考册封皇太子，尚未宣布谕旨，而和珅于初二日即在朕前先递如意，漏泄机密，居然以拥戴为功。

---

[1] 见《嘉庆朝实录》第三十七卷，有删节。
[2] 嘉庆后来死于雷劈，有人从传统出发，认为这是他的不孝遭到了天罚。——原注
[3] 关于儿子哀悼父亲的典故。——原注

◎ 皇帝夏朝冠图　　◎ 皇帝冬朝冠图

"上年正月，皇考在圆明园召见和珅，伊竟骑马直进左门，过正大光明殿，至寿山口。无父无君，莫此为甚。又因腿疾，乘坐椅轿抬入大内，肩舆出入神武门，众目共睹，毫无忌惮。

"并将出宫女子取为次妻，罔顾廉耻。

"年来剿办川楚教匪，皇考盼望军书，刻萦宵旰。乃和珅于各路军营递到奏报，任意延搁，有心欺蔽，以致军务日久未竣。

"前奉皇考敕旨，令伊管理吏部刑部事务。嗣因军需销算，伊系熟手，是以又谕令兼理户部题奏事件，伊竟将部务一人把持。

"昨冬皇考圣躬不豫，批折字画，间有未真之处。和珅胆敢口称不如撕去，竟另行拟旨。

"腊月间奎舒奏报，循化、贵德二厅贼番聚众千余，抢夺达赖喇嘛商人牛只，杀伤二命，在青海肆行抢掠一案。和珅竟将原奏驳回，隐匿不办。

"及皇考升遐后，朕谕令蒙古王公未出痘者不必来京，和珅不遵谕旨，令已未出痘者，俱不必来京，不顾国家抚绥外藩之意，其居心实不可问。

"大学士苏凌阿，两耳重听，衰惫难堪，因系伊弟和琳姻亲，竟欺隐不奏。侍郎吴省兰、李潢、太仆寺卿李光云，皆曾在伊家教读，并保列卿贰，兼任学政。又军机处记名人员，任意撤去。种种专擅，不可枚举。

"昨将和珅家产查抄，所盖楠木房屋，僭侈踰制；其多宝阁及隔段式样，皆仿照宁寿宫制度；其园寓点缀，竟与圆明园蓬岛瑶台无异，不知是何居心！

"又所藏珠宝内珍珠手串二百余串，较之大内，多至数倍，并有大珠，较御用冠顶尤大。[1] 又宝石顶并非伊应戴之物，伊所藏真宝石顶数十余个，而整块大宝石不计其数，且有内府所无者。至金银数目，尚未抄毕，已有数百余万之多。

"似此贪黩营私，实从来罕见罕闻。以上各款，皆经王大臣等公同鞫讯[2]，和珅俱供认不讳。

"和珅如此丧心昧良，目无君上，贻误军国重务，弄权舞弊，僭妄不法，而贪婪无厌，蠹国肥家，犹其罪之小者。

"实属辜负皇考厚恩。设数年来，廷臣中有能及早参奏，必蒙圣断，立寘重典，而竟无一人奏及者。内外诸臣，自以皇考圣寿日高，不敢烦劳圣心，实则畏惧和珅，箝口结舌，皆朕所深知。

"今和珅罪状已著，其得罪我皇考之处，擢发难数，亦百喙难辞。朕若置之不办，何以仰体在天之灵？此不得已之苦衷，尔封疆大臣等以为何如？除交在京王公大臣会审定拟外，著通谕各督抚，将指出和珅各款，应如何议罪，并此外有何款迹，各行据实迅速覆奏。"[3]

中国的权臣一旦倒台，就会牵连出一大群人。嘉庆已经热血沸腾；他开始对和珅身居高位的党羽们问罪，仔细挑选出那些富有资财的。第一个落网的是山东巡抚，满人伊江阿。关于他的诏书写道："本日伊江阿由驿递到奏折，有寄和珅书信。业经闻知大行太上皇帝龙驭上宾，信内惟谆劝和珅节哀办事等语，

---

1 皇帝冠顶的著名珍珠叫作"苍龙教子"。这里提到的和珅所收藏的珍珠还要闻名遐迩。它名叫"正大光明"，是由15世纪被派到锡兰出使的一名太监献给明朝永乐皇帝。它后来从宫中消失了，1625年被太监魏忠贤所窃，1781年以前一直留在南方，直到浙江省将它进贡给乾隆，被和珅私吞。关于它有一个古老的预言，就是它一旦丢失，必然给王朝带来祸患。在嘉庆从和珅家产中没收了这颗珍珠以后，他提到了这个预言。最后一次有人在宫中见到它，是在1911年隆裕皇太后接见女子使团时，当时小皇帝宣统把它戴在帽顶上。据说1911年8月它被一个叫沈罗亭的太监偷走了。——原注
2 受到酷刑拷问。——原注
3 见《嘉庆朝实录》第三十七卷。

而于朕遭罹大故,并无一字提及。即以常情而论,寄书唁问,自当以慰唁人子为重。今伊江阿于和珅则再三劝以节哀,而于朕躬仅照常具一请安之折,转将寻常地方事件陈奏,不知其是何居心?昨吴熊光一闻皇考升遐之信,即专折沥陈哀悃,敦劝朕躬,情词真切,似此方合君臣之义。吴熊光系汉人,又只系布政使,尚有良心。伊江阿身为满洲,现任巡抚,又系大学士永贵之子,且曾在军机处行走,非不晓事者可比。乃竟如此心存膜视,转于和珅慰问殷勤。可见伊江阿平日不知有皇考,今日复不知有朕,惟知有和珅一人。负恩昧良,莫此为甚。伊江阿著传旨严行申饬,并交部严加议处,仍著明白回奏。"[1]

未过多久,伊江阿就重上奏折解释自己的行为,但皇帝的怒气没有平息。"兹据伊江阿覆奏,犹以诏书未到为辞,已属巧辩。并称望和珅为国家出力。向与和珅从无交涉等语,尤不成话。现在和珅罪状已著,业经伏法,其平日之种种贪黩营私,尚得为国家出力大臣乎?如果伊江阿与和珅素无交结。则该抚之浮收漕粮,现被人参奏,不知又将何用耶?伊江阿既经颠倒错乱于前,又复饰辞巧辩于后,实非寻常谬误可比。著即照部议革职,来京候旨。"[2]

关于各省的贡物,嘉庆称和珅吞没了其中的十分之九,乾隆被丢脸地欺骗了。他下达了一道诏书,禁止各省再进献贡物,只准东北三省的药材、貂皮和珍珠以及其他地方的人参、瓷器照旧进贡。他特别反对每年各省向皇帝进贡玉如意,评论说对他来说这些物件反而令人不如意,考虑到它们都是来自民脂民膏。

皇帝一声令下,和珅的朋友和追随者们就都开始避之唯恐不及。直隶总督胡季堂的一切都得之于和珅,现在却按照典型中国官僚的风习,转而攻击自己失宠的恩主,上奏皇帝说:"和珅丧尽天良,非复人类。种种悖逆不臣,

---

[1] 见《嘉庆朝实录》第三十七卷。
[2] 见《嘉庆朝实录》第三十八卷。

蠹国病民，几同川楚贼匪。贪黩放荡，真一无耻小人，丧心病狂，目无君上。请依大逆律凌迟处死。并查出和珅蓟州坟茔僭妄违制。"

在从总督和巡抚们那里收到这些完全不算客观公允的奏报以后，嘉庆（他长篇大论的脾气甚至还要赛过雍正）就开始总结和珅的罪名清单。他罗列出了二十条大罪，细节十分详尽，说还有更多罪行未及列出，尽管朝廷上下都知道倒台的大臣唯一致命的罪过就是他的万贯家财。怒气冲冲的皇帝为自己后世的形象打算，又一次要求群臣在深思熟虑后提出一个合适的刑罚。

关于和珅的难友和共犯福长安，他写道：

"福长安祖父叔侄兄弟，世受厚恩，尤非他人可比。其在军机处行走，与和珅朝夕聚处，凡和珅贪黩营私，种种不法罪款，知之最悉。伊受皇考重恩，常有独对之时，若果将和珅纵恣蔑玩各款，据实直陈，较之他人举劾，尤为确凿有据。皇考必早将和珅从重治罪正法，如从前办理讷亲之案，何尝稍有宽纵，岂尚任其贻误军国重务，一至于此。

"即谓皇考高年，不敢仰烦圣虑，亦应在朕前据实直陈。乃三年中，并未将和珅罪迹奏及，是其扶同徇隐，情弊显然。如果福长安曾在朕前有一字提及，朕断不肯将伊一并革职孥问。现在查抄伊家赀物，虽不及和珅之金银珠宝数逾千万，但已非伊家之所应有。其贪黩昧良，仅居和珅之次。并著一并议罪。"

正月十七，这时候老皇帝已经死了半个月，大学士和众臣向皇帝上奏。他们当中的许多人都欠和珅一个前程，但现在船已经沉了，耗子们只想着赶快弃船逃生。倒台的大臣的朋友们纷纷弃他而去——没有人想到要对他保持尊重。他们劝皇帝将和珅以谋逆罪凌迟处死，福长安作为帮凶斩首处死。他

---

1 见《嘉庆朝实录》第三十七卷，有删节。
2 见《嘉庆朝实录》第三十七卷。

◎ 太庙

们宣称，和珅对至高权力的僭越构成了死罪，国法绝无宽恕他的希望。

嘉庆现在又像通常那样做起了伪善的表面功夫，把官方谋杀和珅和没收他的庞大家产的名义上的责任放在了群臣们身上，以此挽回自己的面子。他的目的是将倒霉的大臣不法得来的家财占为己有，所以只要和珅死罪难逃，是否凌迟处死倒是无所谓的。于是他的下一道诏书宽宏大量地考虑到了"姑念其曾任首辅大臣，于万无可贷之中，免其肆市。和珅著加恩赐令自尽。此朕为国体起见，非为和珅也。"[1]至于福康安，"而所抄资产，究不及和珅十分之一二。和珅现已从宽赐令自尽，福长安亦著从宽改为应斩监候秋后处决[2]。"[3]作为进一步加恩的表示，皇帝命令将福长安押送到和珅被囚禁的处

---

1 见《嘉庆朝实录》第三十八卷。

2 相当于终身监禁。——原注

3 见《嘉庆朝实录》第三十八卷。

所，让他跪着观看他过去长官自尽的过程，然后再押回狱中监禁。

和珅的弟弟和琳因为在西藏的军功被乾隆皇帝封为可世袭的公爵，他的名字被列入太庙，和清朝的其他功臣一起在偏殿受到祭祀。嘉庆先是轻蔑地指斥了和琳的才能和功业，然后命令剥夺他的公爵爵位，他的牌位也从太庙庄严的功臣行列中被拆毁和推倒。[1]

和珅的一个儿子娶了公主，也就是嘉庆的妹妹，如果把他降为平民，则于皇家的尊严不合，他获准保留世袭的伯爵爵位，但他只能待在自己的宅邸，留心注意自己的举止。其他家庭成员都被降级，整个家族都被削除了正黄旗籍——他们之所以能升到正黄旗，正是因为乾隆的抬籍——重新回到原来的正红旗。

和珅面对死亡十分从容，有勇士与哲学家之风。他被命令下跪聆听嘉庆赐他自尽的长篇诏书。听完以后，他说："陛下器量宽宏，我必须感谢他的大恩。"他对着皇宫的方向叩头，然后对他的儿子和福长安说话。对后者他说："我们两人曾一同服侍大行皇帝，按照古礼，臣子应当跟从君王于九泉之下。我如今去大行皇帝处听候差遣，一如往日。今上自有忠实的臣子，你我可以去矣！"

他登上高台亲手结好绳结，上吊自尽。他的遗言是："恐怕大行皇帝在黄泉之下也会感到不安。"时间是下午一点。一两分钟后，他就断了气。当人们赶紧把他的死讯报告给报仇心切的嘉庆时，他们发现他正跪在父皇的灵柩面前浇酒祭奠，似乎在安抚父皇的在天之灵。

北京群情激动，官僚阶层人心惶惶，担心遭到大规模的清洗，一如明朝末年太监魏忠贤掌权时那样。嘉庆在他的两个兄弟敦促下，发布了一道安抚人心的诏书。他知道自己相当不受欢迎，且害怕遭到刺杀，所以听从了他们

---

[1] 按照传统道德的眼光看来，嘉庆此举不孝之至，人神共愤。单单这一项罪名就足以招致日后上苍的雷霆之怒。——原注

的劝告。他拿出自己最良好的风度说道："和珅任事日久，专擅蒙蔽，以致下情不能上达，若不立除元恶，无以肃清庶政，整饬官方。今已明正其罪，此案业经办结。因思和珅所管衙门本多，由其保举升擢者，自必不少。而外省官员奔走和珅门下，逢迎馈赂，皆所不免。若一一根究，连及多人，亦非罚不及众之义。且近来弊端百出，事难悉数。现在宣示和珅罪状，其最重各款，俱已晓然众著。倘臣工误会朕意，过事搜求，尚复攻击阴私，摘发细故，或指一二人一二事以实其言，则举之不胜其举，并恐启告讦报复之渐。是除一巨蠹，又不免流为党援门户陋习，殊非朕之本意也。

"朕所以重治和珅之罪者，实为其贻误军国重务，而种种贪黩营私，犹其罪之小者。是以立即办理，刻不容贷。此外初不肯别有株连，惟在儆戒将来，不复追咎既往。凡大小臣工，无庸心存疑惧。况臣工内中材居多，若能迁善改过，皆可为国家出力之人。即有从前热中躁进，一时失足，但能洗心涤虑，痛改前非，仍可勉为端士，不至终身误陷匪人。特此再行明白宣谕，各宜凛遵砥砺，以副朕咸与维新之治。"[1]（还有许多类似的陈词滥调。）

嘉庆的各种诏书足以说明他在父亲死后的第一反应就是要剥夺和珅的权力与财富，而且纯粹出于报复与贪婪的目的。但因为要面子的传统和对基本正义的粉饰已经成为他和朝廷的一种本能，对他的宰相的合法谋杀以及没收其不菲家产，必须按照古老的程序和因果报应的正义来进行。毫无疑问，他和他的亲信嫉妒和珅的财富与权势，早就策划了如何弹劾和毁掉这位乾隆的宠臣，但等到时机来临的时候，他们仍然小心翼翼地用一层貌似理由正当的外表掩盖他们的恶行。皇帝的动机完全在于嫉妒和贪婪，但是他用酷刑让受害者开口，为自己提供满腔义愤的理由。

---

[1] 见《嘉庆朝实录》第三十八卷。

在军机处被抢劫过的一片混乱的档案中，一部分由军机处提交的关于和珅被治罪一事的原始资料最近被找到了。不幸的是大部分文件还是遗失了，但留存下来的部分极其令人感兴趣。[1] 文件的第一部分是一篇对皇帝陛下命令的备忘录，出自口授，关于皇家审问官们需要严厉盘问和珅的诸事，如有必要可以使用酷刑。在此不必对全部档案进行复述，但皇帝提审和珅的头两个问题足以作为证据，证明他的动机是完全卑鄙和贪婪的。

第一个问题是："现在查抄你家产，所盖楠木房屋，僭侈逾制。并有多宝阁及隔段样式，皆仿照宁寿宫安设。如此僭妄不法，是何居心？"

和珅的回答（可能是真实的招供，也可能出自伪托）和他其余的供述一样，都是受到"严诘"的结果，近乎一律是无条件和谦卑的认罪。应当没有疑问，他做出这些被记录下来的对他不利的供述，是因为他知道自己死罪难逃，想要为他自己和他的审问官们省些力气。他对上述问题的回答被记录如下：

"奴才城内原不该有楠木房子、多宝阁及隔段式样。是奴才打发太监胡什图到宁寿宫看的式样，仿照盖造的。至楠木都是奴才自己买的，玻璃柱子内陈设都是有的，总是奴才糊涂该死。"

第二个问题是："昨将抄出你所藏珠宝进呈，珍珠手串有二百余串之多。大内所贮珠串尚只六十余串，你家转多至两三倍。并有大珠一颗，较之御用冠顶苍龙教子大珠更大。又真宝石顶十余个，并非你应戴之物，何以收贮如许之多？而整块大宝石，尤不计其数，且有极大为内府所无者，岂不是你贪黩证据吗？"

对此和珅报出了送他珍珠和其他宝石的各个官员的名字，送礼的主要是

---

[1] 以下引文均引自《春冰室野乘》第二十四条"和珅供词"："宣统庚戌秋，北游京师，从友人某枢密处，获睹嘉庆初故相和珅供词。用奏折楷书，犹是进呈旧物。惜仅存四纸，不过全案中千百之一。"

武官。

至于其余问题，这个可怜的人要么供认不讳，要么据说已招供，皇帝在谕旨中控告他的所有罪状都是真的。他曾经"因出宫女子爱喜貌美，纳取作妾，也是有的"；他曾经在紫禁城里骑马；他曾经泄露国家机密，延误平叛的军报；他曾经阻止蒙古使团来北京，还有其他许多罪状，总之"奴才罪该万死"。

但是在这场名为"审讯"的闹剧发生以前，这个人就已经被判为罪无可赦了，所有这些有趣的程序，都不过是穿插的次要情节罢了，对此法庭十分清楚；不过是一场对合法性的空虚模仿，以求在王朝的史册中达到"以正视听"的目的。审问的真正目的在于从和珅口中探出他家产的总数额，以及它们都被藏匿在什么地方。在这方面他就没有那么有求必应了；在三次"讯问"之后，他财产的清单总计有六千万盎司白银；两万七千盎司黄金；五十六串珍珠朝珠与手串；四百五十六颗红宝石和一百一十三颗蓝宝石。大的朝珠不算在官方清单之内，因为皇帝在朝珠被呈上供他检验的那天就将其收归己有。（慈禧太后经常戴的著名的珍珠披肩，就是以类似方式从和珅家中没收的。）

和珅被多次严刑拷打，才肯招出他财产的总数及其藏匿地点。最终，在八王爷和两名大学士亲自坐镇"审讯"并使用了酷刑之后，和珅招出他大部分的财产都埋藏在城外他家的花园内。乾隆的孙子定亲王被派去发掘，十一王爷和另外两名大学士则仔细查抄了受害者城中所有的住宅。满朝上下都急着嗅闻赃物的所在。

八天后寻宝者们交上了报告。和珅的财产被分为一百零九类，其中的二十六类加起来已经达到了两亿两千三百万两白银（在当时大概相当于七千万英镑）。这些数字出自官方统计，在一道皇家谕旨中加以引用，可以看作是大致精确的。他的全部家产，在这个基础上进行粗略统计，应当有九亿两白银之数。查抄的金条交给了国库，用来支付镇压四川和湖北动

◎恭王府

乱的军费。

和珅家产官方清单的前二十六类,主要是查抄他的主宅邸所得,嘉庆将这所宅邸赐给了他的弟弟庆亲王。[1]宅邸以东的花园与什刹海相连接,被赐予他的另一个兄弟成亲王,直到最近还属于他的后裔孝贝勒。

乾隆本人赏赐给和珅的花园是京师的奇观之一。园中有六十四处亭台,有的还装饰以皇家的黄琉璃瓦,四角有望楼,一如皇宫布置,无怪乎这会招致祸端。在这些望楼中和珅安排了相当多的武装警卫守夜,保护他的巨额财富;园中的警卫一共有四百二十人。

和珅的财富的确足以引起嘉庆这样心胸狭窄之人的贪婪的妒火。在东方

---

[1] 和珅宅邸的西半部现在由庆亲王过继的孙子所有,他的贪污受贿在慈禧统治的后半期是声名狼藉的。宅邸的东半部,与西半部有一街之隔,是孝王府。——原注(译者注:此说不知何考。和珅宅的西半部被赐予庆亲王永璘,东半部仍由嫁与和珅之子的和孝公主一家居住。因为庆亲王的爵位并非世袭罔替,到了他的孙子奕劻时,已经降级到不再适合在此处宅邸居住,宅邸被咸丰皇帝收回,赐予恭亲王奕䜣,后来主要以恭王府之名为今人所知。原注所说的以贪赃闻名者则的确是庆亲王的孙子奕劻。)

宫廷中，太过豪富总归是非常危险的，但这个民族为生存激烈挣扎了许多世代，他们对赤贫的恐惧似乎已经积累成盲目的无理性的本能，而积累家财的本能总是比对死亡的恐惧更加强烈。和珅大人投资和隐匿资财的方式是他那个阶层的典型代表，但也可以用来说明当时的经济状况。今天，贪赃枉法的近代官僚发现了更新也更安全的投资方式——在欧洲银行的账户里定期存款，在通商口岸投资房地产业；但直到1900年前，和珅所使用的办法对富有的官僚阶层来说还是寻常可见的。

根据上面提到的26大类，和珅拥有75家当铺，13家古玩店，两家白玉仓库，两家绸缎仓库。在他收藏的裘皮中有1907张罕见的狐皮和67 000张其他兽皮。他有一家单独的仓库存储貂皮和裘皮大衣，其中有1 417件精美的貂皮袍子和超过4 000件其他皮衣，还有大量镶有貂皮的帽子和靴子。他的木器珍玩库设有22个房间，藏有8 640件最精巧的木器。单单是当铺和古玩店的货物就值六千万两白银。

他的私人宅邸装潢极为堂皇，在今日之中国，已不可见此等之富丽。其中的艺术珍藏上讫许多世纪，但在经历过数次兵乱后，又或经潦倒的所有者卖出，已经逐渐落入外国人之手，永久流出海外。在和珅主宅邸里搜寻到的古玩的清单[1]包括下列物品，还有更多。

汉铜鼎11座。

玉鼎18座。

端砚、宋砚711方。

玉磬28架。

---

[1] 见清人薛福成《庸盦笔记》卷三"查抄和珅住宅花园清单"。一些物品分类在作者翻译时有合并。最后所述之玉石屏风则为《庸盦笔记》中所无者。

古剑 10 把。

宝石自鸣钟 38 座。

金镶珐琅洋表 140 个。

珍珠手串 226 串。

大红宝石 288 块,蓝宝石 4 070 块。

珊瑚树 10 棵(高三尺八寸)。

白玉观音、汉玉罗汉 22 尊。

金罗汉 18 尊(高二尺四寸)。

金如意 9 000 个(每个重 48 盎司)。

玉如意 507 个(上刻有乾隆御制诗词者若干)。

小玉如意 3 411 个。

金镶象箸 500 副。

金碗碟 4 288 件;银碗碟 4 288 件。

碧玺大燕碗 99 个;白玉汤碗 154 个。

白玉酒杯 124 个。

白玉大冰盘 18 个,碧玺大冰盘 18 个(直径 40 英寸)。

白玉烟壶、碧玺烟壶、玛瑙烟壶 2 390 个。

玉石屏风一架,上刻有永乐皇帝之诗与乾隆诗,高八尺。

和珅大人家里甚至连脸盆、唾盂和盥洗用品都是纯金的,或者玉质的——只有极少数是银子做的。他有 23 架镂金八宝炕屏,40 架镶金八宝炕

---

1 这件珍品现在展出于纽约大都会博物馆;1900 年一个八国联军军官将它从圆明园慈禧的寝宫盗出,卖给一个美国外交家和艺术鉴赏家。老佛爷非常喜爱这件古玩,她 1902 年 1 月从逃亡中返回北京,发现此物失盗,感到十分烦恼。——原注

屏；24架大镶金炕屏；144座镶金八宝炕床。最后，在宅邸和花园的窖藏中找到了价值相当于三千五百万两白银的金条，两万八千件大小不等的金珠翠宝首饰。[1]

无怪乎朝廷官员都热衷于整理这些有趣的清单，也无怪乎嘉庆皇帝陛下会派他的亲兄弟（在大学士们的紧密监视下）来为这次硕果累累的掠夺做一完全记录。一旦皇家大盗们的工作完成了，皇帝陛下就不赞成再提及此事，也不喜欢人提到和珅财产的最终去向。然而，在和珅死后四个月，一个叫萨彬图的旗人副都统，冒险上奏说在官方登记和珅各项财产时仍有遗漏，仍有许多财宝被藏匿了，还有更多财宝作为封口费进入了"审理此案"的钦差们的口袋。对此皇帝降谕旨予以答复，向上奏者保证说他一定是搞错了（嘉庆不会因为猎犬能嗅出猎物就给它上嘴套）。这个不识抬举的旗人又一次坚持上奏，显然是希望能以此邀宠。他宣称说和珅的金库账目掌管在四个侍女手里，只要严厉盘问这些女人，便知事情究竟。但嘉庆不想知道更多了。下面引用的是诏书的最后章节：

"萨彬图并非原派籍没和珅之员，乃忽思越俎，欲以一人独讯数女子，且开列使女之名，形之奏牍，达于朕前，实为从来未有之事。朕若即加驳饬，转恐不足以服其心。是以特派怡亲王永琅、尚书布彦达赉同萨彬图提集使女等再三究讯，仍无指实，果不出朕之所料。是萨彬图无知妄渎之罪，百喙难辞矣。

"自办理此案后，军机王大臣及大臣中如朱圭等，从未于朕前奏及和珅财产隐寄。乃萨彬图屡以为言，竟似利其私蓄者然。岂萨彬图视朕为好货之主，敢以此尝试乎？

---

[1] 有意思的是，和珅财产的二十六大类的估价——大约是他的四分之一资产——考虑到那时候的汇率，足够支付全部的义和团赔款。——原注

"向来治罪之员,多有应行查抄者。况和珅获罪重大,焉有不行抄籍之理。在朕方以办理此案为日已久,已觉过当,是以谕令速结,不为已甚。而无识之徒,鳃鳃计较和珅财产,不惟不知政体,实太不知仰体朕之本意矣。朕在藩邸时,则一切财用,犹有人己之别。今以天下为家,岂仅以藏诸府库者视为己有?此项查抄资物,纵有隐寄,自朕观之,亦不过在天之下地之上耳。[1]何必辗转根求,近于搜括间架陌钱等事耶!"[2]

于是和珅死了,死于他的巨额家财,他的财富也随风而散。嘉庆的工夫做得很彻底。在对死去大臣的家属进行罢免和惩处后一个月,当他正忙于清点战利品时,定亲王[3]发现了另一挂辉煌灿烂的东珠朝珠,这是之前盘问和珅时所没有提到过的。这是他最心爱、最特别的收藏,他的掌上明珠。嘉庆无法掩盖住他对这一发现的喜悦之情,同时又给了和珅的儿子、他的妹夫以恶毒的最后一击,因为和珅的儿子没有告诉他这挂朝珠的存在。他的诏书显示出他的恶意几乎强烈到不可思议的程度,也非常适合作为和珅历史的最后一页在此引用:

"前因和珅悖妄不法,黩货营私,情罪重大,革职孥问时,即派定亲王绵恩等抄没家产。兹又据绵恩等查出正珠朝珠一挂呈览,朕视之殊为骇异。正珠朝珠为乘舆服用珍物,岂臣子所应收藏?若云贡献所需,则绦辫何以皆用香色?其非豫备呈进明甚。

"因询据绵恩奏称,曾讯之和珅家人,供称和珅日间不敢带用,往往于灯下无人时,私自悬挂,临镜徘徊,对影谈笑,其语言声息甚低,即家人亦

---

1 其中的意思显而易见:皇帝陛下暗示相关人等,他对战利品的瓜分情况是有所疑心的,他想要更大一份的金子,自然会有人交出来。——原注

2 见《嘉庆朝实录》第四十三卷,有删节。

3 乾隆的长孙。——原注

不得闻悉。

"此种情状，竟有谋为不轨之意。若此事败露于正月十八日以前，即不照叛逆凌迟处死，亦当予以大辟。

"今已赐令自尽，幸逃显戮，姑免磔尸。

"至伊子丰绅殷德，若知有此物不行举发，即当照大逆缘坐律办理。今经绵恩等再四讯究，实不知情。著加恩免其追问，但不应仍叨世袭伯爵。丰绅殷德著革去伯爵，停其世袭，赏给散秩大臣衔，当差行走。绵恩、淳颖、缊布、佶山能细心查出，使和珅逆迹不致掩覆，办理甚为认真，均著交部议叙。"[1]

---

[1] 见《嘉庆朝实录》第三十九卷，有删节。

第15章 嘉庆朝：末日初兆

Chia Ch'ing:the Beginning of the End

和珅的贪腐行径造成了很坏的先例和结果，派驻各省省会的大员们有许多都曾经在他的保护与指导下学习从政之道，结果是很快吏治中到处都出现了不容错认的腐败征象，然后又在百姓当中引发了广泛的不满与动荡不安。比起在乾隆治下受到重用的人才，嘉庆治下的官员们要显著地更加庸劣，无论是在效率上还是在道德品质上。在古代中国，因为政府坚守家长制传统，大众的思想与行为都在很大程度上受到官僚阶层的道德水准影响，这一点较之他国为甚。这个时期中国的百姓就像其他各国人一样，不会因为有议会法案就变得更有道德，也不会因为建立了共和国就变得更加明智；但如果我们说的是维护公共秩序和发展工业而非掠夺行为的话，那他们是很容易受到统治他们的那些人的美德或者失德所影响的。如果嘉庆是他父亲那样的伟人的话；如果他缉捕和查抄和珅以及其他罪犯是出于责任感和想要净化国家的动机的话，那么吏治无疑还能从腐败和奢侈的毒害中恢复过来，这种毒素是晚年的乾隆放纵和珅所散播的。然而，除了在公报私仇和觊觎财富方面，嘉庆没有表现出独创性或者才干。他贪婪、多疑、高度心口不一，缺乏成功统治中国所必须的坚决果断与公正精神；他手下的官员在管理外省时也忠实地照搬了他们君主的统治方法。因此，犯上作乱的精神，本来潜伏在中国为生存挣扎的广大人口中的，在他统治的初期开始显现出来，继续广为传播，发扬光大，直到变成了政治肌体中的慢性疾患，并且预兆着清朝末日的即将来临。许多镇压当地起义失败的文武官员，换了乾隆本会罢免和处决他们，嘉庆却允许他们继续在民间播下全新的不满的种子，一旦发生起义，他们就找到借口中饱私囊，大规模无差别地没收富人的财产。嘉庆参与分赃，同时又颁下老生常谈的诏书，哀叹他的国家所遭遇到的不幸。

白莲教起义将四个省份化作废墟，在八年的苦心镇压后，新皇帝才感到自己坐稳了宝座。在可疑的地区进行无差别的人口灭绝后，1807年白莲教才逐渐式微；但在1812年北京有人企图谋害皇帝，显示出还有另一个广泛的反清组织的存在，向政府预告了已在河南密谋策划的不可小觑的天理教起义。

刺杀未遂的刺客是一个名叫成得的满人，在御膳房中做厨子。他等在皇帝去圆明园的路上，忽然冲向御轿，手中持剑。轿夫们看见他就扔下轿子慌忙逃散，侍卫们也震惊得无法动弹，君主本人受到惊吓几乎晕厥。如果不是有一个随行的官员骑马赶来，正好制服行凶者的话，皇帝无疑就要当场送命了。

嘉庆怀疑刺客受雇于已死的大学士和珅的亲族，将每一种酷刑都用在了他的身上，但是从他口中却问不出任何有组织的阴谋。这个人只肯说：“如果我事成的话，你们都无法保住自己的位子了。”他最终被凌迟处死，他的两个儿子在他的眼前被砍头。

王朝的实录对于这次谋弑皇帝的企图没有做出任何解释；然而，有证据显示成得是第二年企图攻占皇宫推翻清朝的一伙密谋者中的一员。事情是这样泄露出来的：山东巡抚从地方上的属官那里得到禀报，说他们逮捕了密谋者的首领之一，从他口里得到了成得是他们一伙的消息。巡抚认为最好是隐匿不报，以免嘉庆惩治他办事不力，未能事先将密谋扼杀在摇篮之中。密谋

◎午门（正面）

很可能是由和珅的某些党羽组织的，并与外省的反清帮会联手出击。

1813年9月15日，一支可观的武装力量忽然强行攻破了皇宫，有一段时间他们实际上控制了皇宫的大门。他们攻陷紫禁城的计划十分周全，但就像中国的起义所经常犯的毛病一样，他们没有优秀的领袖，一旦进入皇城，他们就没有统一指挥进攻的意识了。嘉庆当时不在宫内，他去祭扫他父亲的皇陵了。他日后就此事发布的诏书精确地交代了事情的经过，兹录如下：

"旻宁、绵恺奏本月十五日午刻，突有贼人擅入苍震门，经总管太监擒获。未刻内右门西又有贼匪越墙入内，旻宁[1]见事在仓猝，取进鸟枪撒袋腰刀，先用枪将墙上一贼打坠，又有手执白旗之贼在墙上指挥，复用枪击毙，实出无奈大胆等语。旻宁系内廷皇子，在上书房读书[2]。一闻有警，自用枪击毙

---

1 后来继位为道光帝。——原注
2 这位皇子当时三十一岁。嘉庆警惕于康熙诸子夺嫡的先例，让他和他的兄弟们上学的时间比以往更长。尽管他十四岁就结婚了，到1816年才建立起独立的王府。——原注

二贼，余贼始纷纷潜匿不敢上墙，实属有胆有识。乃旻宁奏称大胆无奈，词语谨饬，殊觉过当。朕垂泪览之，可嘉之至，笔不能宣。宫廷内地，奉有祖考神御，皇后现亦在宫，旻宁身先捍御，获保安全，实属忠孝兼备。二阿哥旻宁著加恩封为智亲王，于皇子岁支分例，加倍岁给俸银一万二千两，以示优奖。三阿哥绵恺随同捕贼，亦属可嘉。朕于在廷臣工，有功必赏，今皇子能如此忠勇自效，岂容稍靳恩施？此大公之心，内外诸臣当共知感知奋也。"[1]

"谕军机大臣等：本日申刻，仪亲王等递到剿办贼匪事已大定一折。据讯取活贼供词，贼匪共进禁城二百名。现所呈递草单三纸内，细核歼毙及活拏者，共只三十一名。其余贼匪一百六十九名，究竟作何下落，所奏殊未明晰。

"再成亲王讯出贼供地安门外尚有贼五百名，此项贼匪，此时是否伏而未动，抑系查有踪迹，伊等现在如何办法，折内亦未提及。著仪亲王等即速明白回奏。"[2]

"又谕：此次贼匪突入禁门，并敢潜匿膳房，王公大臣侍卫官兵人等奋勇擒捕，实为可嘉。内有在内右门以内擒获贼匪者，功绩最优，在禁城内捕贼者次之。著托津等详细查明，开单具奏。此内捕贼受伤身死者，列为上等；其受伤重者，列为二等；受伤轻者，列为三等。无论侍卫官兵，即家人闲散等，俱一律归入等第，开单呈览，候朕分别施恩。托津等务须秉公确查，不可稍徇情面。俟朕进宫后，再行呈递，亦不为迟。现在二阿哥躬亲捕贼，忠孝可嘉，已施恩锡封智亲王。著托津等启知二阿哥，不必远来谢恩。俟朕进宫时，在内东华门之内道旁碰头谢恩。三阿哥四阿哥等，仍照常在内接驾。将此传谕知之。"[3]

---

1 见《嘉庆朝实录》第二百七十三卷。
2 同上。
3 同上。

嘉庆取消了祭拜皇陵的计划，匆忙回到北京。他下了一道典型他的风格的罪己诏，在其中他对全国性的道德腐化现象做出了如下的评论：

"我大清国一百七十年以来定鼎燕京，列祖列宗深仁厚泽，爱民如子，圣德仁心，奚能缕述。朕虽未能仰绍爱民之实政，亦无害民之虐事，突遭此变，实不可解。总缘德凉愆积，惟自责耳。然变起一时，祸积有日。当今大弊在'因循怠玩'四字，实中外之所同。朕虽再三告诫，舌敝唇焦，奈诸臣未能领会，悠忽为政，以致酿成汉唐宋明未有之事。较之明季挺击一案[1]，何啻倍蓰。思及此，实不忍再言矣。予唯返躬修省，改过正心，上答天慈，下释民怨。

"诸臣若愿为大清国之忠良，则当赤心为国，竭力尽心，匡朕之咎，移民之俗。若自甘卑鄙，则当挂冠致仕，了此一身。切勿尸禄保位，益增朕罪。笔随泪洒，通谕知之。"[2]

密谋者的首领名字叫作林清，他对他在天理教的众多手下的影响力似乎主要是（就像1900年的义和团领袖们一样）神秘主义和宗教方面的。他发誓要实践的目标是在中国建立一个新王朝，以他自己为上天派来的统治者。他们策划在闰八月十五日[3]举行一次总的起义，但是他们的计划在1812年4月被台湾淡水知府发现了，他凑巧逮捕了他们的一个在当地进行反清煽动活动的宣传者。这个人透露了秘密帮会的目的所在，并且指出林清是他们的首领。知府把密谋的情形禀告给了巡抚，但是巡抚不敢上报北京，害怕给自己招祸。

在皇宫遇袭的前一天，北京西南四十英里地卢沟桥的一个巡检也送了一封急信给顺天府尹，通知他林清已经下令给手下让他们第二天早上进入首都。顺天府尹也不敢做报告坏消息的那个人，所以没有采取行动。

---

1 见本书第23页相关表述。——原注
2 见《嘉庆朝实录》第二百七十三卷，有删节。
3 闰八月似乎总是被秘密帮会的占星家们选作起义的黄道吉日。——原注调查结果和囚犯们的口供说明有数名宫中的太监也参与了密谋。嘉庆关于此事所下的诏书是耐人寻味的,因为它揭示出了宫中日益严重的乱象,如下:

"本年九月初六日,豫东交界地方,有乱民戕官滋事,拏获匪犯,供系天理教会邪教。并据同兴奏称,会内首逆林姓,又捏名刘林,在近京藏匿。正在降上旨饬拏间,十五日忽有贼匪潜入紫禁城,持械逞凶。经王大臣及文武官兵协力围捕,歼擒净尽,严究首犯。据英和等选派番役于近京之宋家庄地方拏获林清一犯,供称前生姓刘,所有十五日潜入禁城贼匪,均由伊派拨属实。该犯传习邪教,纠众谋逆,罪大恶极。今伙党歼除,首逆旋即就获,仰承天祖恩佑,钦感实深。"[1]

"本日据托津等奏,讯据贼犯陈爽供出太监刘得财等伙同入教等语,览奏实堪骇异。该犯等供役内廷,胆敢习教入伙,并听从逆犯指挥,豫为引路,实属罪大恶极。著托津等将已获各太监等隔别严讯,务令将同伙之犯,逐一全行供出,勿任稍有狡饰隐匿。至该犯等以内监谋逆,悉当问以大逆凌迟,该犯等家属亦应缘坐。著英和等即刻按名查拏。引案入教各太监内刘得财一名,系太监内入教传徒首犯,情节尤为可恶,著留备廷讯。并再留情罪较重者一名,候朕亲加严鞫,尽法处治。"[2]

第二天早晨嘉庆重新进入北京,他特地骑马而行,让百姓观看,没有乘坐御辇。他立刻就参与到投合他脾胃的刑讯罪犯的工作当中。其他主犯的名字被透露了出来,会社赤裸裸的排满图谋也被揭晓。天理教最初叫作八卦教,在北方各省有许多信众。在某种程度上,它的方法和仪式很像是 1900 年的义和团。

---

[1] 见《嘉庆朝实录》第二百七十四卷,有删节。
[2] 同上。

在皇帝下令将主犯们肢解以后，他关于太监一事的进一步想法也得到记录，如下：

"本月十五日首逆林清潜遣逆伙数十人突入禁城滋事一案，严讯现获贼犯，据供太监内竟有逆贼六人与谋引路。其引贼入东华门者，系刘得财、刘金二犯；引贼入西华门者，系张太、高广幅二犯；又王福禄、阎进喜二犯，在内接应。续据南城御史缉获贼伙林四，又究出杨进忠一犯，亦由西华门引贼入内。该逆贼等罪恶滔天，为从来所未有。除高广幅一犯，于是日经官兵歼毙外，其刘得财等六犯，俱按名捕获，无一漏网。连日军机大臣会同刑部研究，本日朕亲自廷讯，尽法处治。逆贼刘得财等坚供此外再无通同谋逆之人。复严诘首逆林清，亦坚供在内同谋只此七人，更无余党。所有本日执事站班文武大小各员，人人听闻。供情毫无疑义，即将各犯凌迟处死。太监等充当差使，等级悬殊。凡近卫者，皆驯谨诚朴之人。此案逆贼七人，平日所当差使，俱极疏贱，从未见过，不知姓名，仅于宫内看守门户，从无一名曾随赴御园者。宫中所留首领晓事者少，平日约束懈弛，听伊等告假闲游，致令交结外人。甚至如广宁门、马驹桥等处数十里之外，任其恣意往还，听从贼匪，纠约谋逆，以致酿成巨案。本日朕严诘该逆贼谋叛之由，皆俛首无可供吐。复讯以朕平日有无苛待伊等之处，该逆贼供称，素来天恩宽厚，近日复又加赏钱粮，更有何衔怨之处，尚口称佛爷不置。是该逆贼等全系被外间匪徒迷惑，至死不悟。而任其出入自便。该首领等疏懈之罪，实无可辞。嗣后严谕总管首领太监等，俱不得任各处太监藉词告假，独自私出禁门。其有不得不暂时给假者，并著该首领太监查问确实，限以时刻，必须两三人同行，方准放出。如违，除本人治罪外，将该管首领太监一并治罪。至此数犯枭獍性成，本非常有，现在讯问明确，别无同党之人。此外各太监等当感戴主恩，照常当差，安静守法，不必心生疑畏。倘有狡谲之徒，挟嫌诬扳，查明从重治罪，断不宽及无辜。将此旨交总管内务府大臣，转交总管太监，通谕各等处太监知之。并著载入宫史。"[1]

"因思十月初六日为朕寿辰，国家典礼，自初三日至初九日俱穿蟒袍补褂，正日御正大光明殿受贺，此定例也。今岁突遇此祸，若仍照常年典礼而行，朕实无颜受贺。况军书交驰，邪氛未靖，尚有何心宴乐乎？非博虚名，实无暇也。向年俱进如意，即日回赏，原上下联情之意耳。今遇大不如意之事，岂可复行呈进。朕不见此物，转觉心安。见物思名，益增烦闷矣。今酌省繁文，副予儆惕之念。诸王大臣，爱戴之忱，仍可得伸。"[2]

（在同时代人的文章里提到朝廷当时如临大敌，嘉庆这个时候把他自己的统治看作彻头彻尾的失败了。）

朝廷的腐败和皇帝的缺乏治国才能，在1816年夏天接待英国派遣的、由阿美士德勋爵（Lord Amherst）率领的特别使团时，鲜明地表现了出来。在北京会谈的目的是改善在广州的贸易关系和相关设施，在当地东印度公司的代表和中国当局的意见发生了重大的歧异。这次出使的经过和最终失败的原因，在埃利斯（Ellis）的《日志》[3]（伦敦，1817年）以及其他作品中有详细的记录。只需要说，曾经促使乾隆免除马戛尔尼伯爵的叩头之礼的那种心胸宽广，在他无知傲慢的继承人身上是并不具备的。从马戛尔尼伯爵访华后又过去了二十年，其间中国的军事实力已经大为逊色了，但是它的统治阶级还是一样做着自给自足的幻梦，其头脑不清醒的程度甚至跟他们的腐败和欠缺效率一样与日俱增。嘉庆关于阿美士德勋爵出使的诏书足以证明这一说法是真的。

在1816年农历七月（公历八月初），一道皇家谕旨记录了此事中中国

---

1 见《嘉庆朝实录》第二百七十五卷。
2 同上，有删节。
3 中译全名为《阿美士德使团出使中国日志》。

官方的观点：

"敕谕英咭唎国王曰：尔国远在重洋，输诚慕化，前于乾隆五十八年先朝高宗纯皇帝御极时，曾遣使航海来廷。维时尔国使臣，恪恭成礼，不愆于仪[1]，用能仰承恩宠，瞻觐筵宴，锡赉便蕃。

"本年尔国王复遣使赍奉表章，备进方物，朕念尔国王笃于恭顺，深为愉悦。循考旧典，爰饬百司，俟尔使臣至日，瞻觐宴赉，悉仿先朝之礼举行。尔使臣始达天津，朕饬派官吏在彼赐宴，讵尔使臣于谢宴时，即不遵礼节。朕以远国小臣，未娴仪度，可从矜恕。

"特命大臣于尔使臣将次抵京之时，告以乾隆五十八年，尔使臣行礼，悉跪叩如仪，此次岂容改异？尔使臣面告我大臣，以临期遵行跪叩，不致愆仪。[2]我大臣据以入奏。朕乃降旨于七月初七日令尔使臣瞻觐。初八日于正大光明殿赐宴颁赏，再于同乐园赐食。初九日陛辞，并于是日赐游万寿山。十一日在太和门颁赏，再赴礼部筵宴。十二日遣行。

"其行礼日期仪节，我大臣俱已告知尔使臣矣。初七日瞻觐之期，尔使臣已至宫门，朕将御殿，尔正使忽称急病，不能动履。朕以正使猝病，事或有之，因只令副使入见。乃副使二人亦同称患病，其为无礼，莫此之甚。朕不加深责，即日遣令归国。尔使臣既未瞻觐，则尔国王表文亦不便进呈，仍由尔使臣赍回。但念尔国王数万里外，奉表纳贶，尔使臣不能敬恭将事，代达悃忱，乃尔使臣之咎。尔国王恭顺之心，朕实鉴之。特将贡物内地理图、画像、山水人像收纳，嘉尔诚心，即同全收。并赐尔国王白玉如意一柄，翡

---

1 这是故意歪曲事实。乾隆在大臣们一再徒劳地敦促马戛尔尼伯爵行叩头之礼后，绝对是免除了他行此大礼。——原注
2 见埃利斯的《日志》，第172页。8月27日嘉庆的大臣们收到一封便笺，申明了阿美士德勋爵最终和不可动摇的立场，他拒绝行叩头之礼，这和他之前的声明保持了一致。——原注

翠玉朝珠一盘，大荷包二对，小荷包八个，以示怀柔。

"至尔国距中华过远，遣使远涉，良非易事。且来使于中国礼仪，不能谙习，重劳唇舌，非所乐闻。天朝不宝远物，凡尔国奇巧之器，亦不视为珍异。尔国王其辑和尔人民，慎固尔疆土，无间远迩，朕实嘉之。嗣后毋庸遣使远来，徒烦跋涉。但能倾心效顺，不必岁时来朝，始称向化也。俾尔永遵，故兹敕谕。"[1]

1816年的英国事务繁多，比起阿美士德勋爵的使团丢了脸面以及东印度公司在广州受到委屈，英国有重要得多的事要考虑，但是清朝官僚的傲慢自大与不守信用让清朝遭受清算之日的到来变得不可避免了。很显然大不列颠的尊严不能无限制地容忍清朝的无知的猜想，也不能容忍英国臣民在清朝人手里遭受苛刻的待遇。在东印度公司的特许状被取消以后，阿美士德勋爵不光彩地从北京被驱逐后十七年，律劳卑勋爵（Lord Napier）出现在了广州的城门前；从那天开始了中国漫长又痛苦的幻灭过程，其间经历了种种杀戮与羞辱，清朝的统治者终于明白他们夜郎自大、以天朝上国自居的态度是不能继续维持下去了。

如果将嘉庆皇帝就阿美士德勋爵访华一事发布的诏书与英国方面关于北京到底发生了什么的记录两相比对，就会清晰地发现，皇帝和英国大使都被奉命向阿美士德勋爵交代觐见仪式的满汉官员所误导与欺骗了。愚钝的官僚既劝皇帝必须坚持使者行叩头之礼的立场，在无法说服英国大使行礼后，又怕丢面子而不敢承认真相[2]；于是他们就对皇帝撒谎说英国使者同意行礼，

---

1 见《嘉庆朝实录》第三百二十卷。
2 见埃利斯的《日志》，第173页。在今天来看耐人寻味的是，倘若没有曾经是马戛尔尼伯爵在热河的随从中一员的乔治·斯当东爵士在场坚持，阿美士德勋爵本来会屈从于中国人的立场行叩头礼的。——原注

同时又对英国使团撒谎说皇帝同意不行礼，直到最后为了自己能够免责，他们干脆不惜一切代价赶走外国人。通过造成英国大使对皇帝陛下不敬的假象，采取措施对英国使团加以侮辱和苛待，他们达到了自己的目的。

不考虑嘉庆给英国国王敕谕的措辞的话，能看出他感到自己被羞辱了，英国使团的离开让他感到自己丢尽了脸面。于是，他像往常一样开始斥责大臣，颁布了下面这封怒气冲冲的诏书：

"此次英吉利国进贡使臣至天津海口登岸，特令苏楞额、广惠传旨赐宴，令其谢宴行三跪九叩礼，如合式，即日带领来京，如不谙礼仪，具奏候旨。其原船勿令驾驶，仍由原路回津，泛海还国。

"苏楞额、广惠故违旨意，径行带来，又纵令原船私去，伊二人之咎在此。

"因事已不妥，又命和世泰、穆克登额，迎赴通州演礼，以七月初六日为限，限内行礼，即日带来；满限尚未如仪，即行参奏候旨。和世泰、穆克登额于初五日含混具奏，初六日径自带来。朕于未初二刻御勤政殿，召见伊二人，先询以演礼之事，伊二人免冠碰头云，并未演礼。及至再问，以既未演礼，何不参奏？和世泰云[1]，明日进见，必能如仪。此一节伊二人之咎，已同前二人矣。至初七日早膳后卯正二刻，朕传旨升殿，召见来使。和世泰初次奏称不能快走，俟至门时再请，二次奏称正使病泄，少缓片刻，三次奏称正使病倒，不能进见。

"即谕以正使回寓，赏医调治，令副使进见。四次奏称副使俱病，俟正使痊愈后，一同进见。

"中国为天下共主，岂有如此侮慢倨傲、甘心忍受之理？是以降旨逐其使臣回国，不治重罪。仍命广惠护送至广东下船。近日召见廷臣，始知来使

---

[1] 在同一天，广惠向阿美士德勋爵保证说："一切都已安排妥当，皇帝为人甚为平易。行礼之事不再提起。"——原注

由通州直至朝房，行走一夜。来使云，进见朝服在后，尚未赶到，便服焉能瞻谒大皇帝。此等情节，和世泰见面时何不陈奏？即或遗忘，或晚间补奏，或次日一早具奏俱可。直至将次升殿，总未奏明情节。伊二人之罪，重于苏楞额矣。若豫先奏明，必改期召见，成礼而返。不料庸臣误事至此，朕实无颜下对臣工，惟躬自引咎耳。

"四人之罪[1]，俟部议上时，再行处分。先将此旨通谕中外及蒙古王公等知之。"[2]

嘉庆过了好几个月才从丢面子的不愉快中恢复过来。

---

[1] 其中一个被革去了某部尚书之职；另一个从都统降职到八品笔帖式。其他两人都是满族的高官，皆被罢免。——原注（译者注：被降职为内务府八品笔帖式的广惠原官职是长芦盐政，并非武官，作者应当是将他和其他三人的都统身份搞混。）

[2] 见《嘉庆朝实录》第三百二十卷。

第16章 道光朝：来自西方的冲击

Tao Kuang: the Impact of the West

嘉庆1821年死于雷劈，他留给儿子道光的是一个已经褪去了他父亲统治时期的荣光的帝国。清朝的将军不再率领着大获全胜的军队奔赴中亚进行征服之战。未来中国将会饱受内部动乱和外部入侵的困扰，现在清朝的统治力量也在逐渐地衰弱。清朝的军事组织从内部溃烂侵蚀，旗人变得柔弱娇气；外省的兵营迅速失去了努尔哈赤时代的骁勇，也随之失去了汉人的尊敬。在公共事务中，像我们已经讲过的那样，腐败和卑怯迅速地使一切衰败；而与此同时，新的势力和新的敌人在预备毁灭掉天朝帝国辉煌的自给自足系统。直到现在，中国解决事务和为统治者的罪孽付出代价，都是在它的国土之内；即使它有过入侵者，曾经遭受过异族统治，中国人也是亚洲人，而且汉朝的子孙最终会靠着他们更加高等的文明反将征服者征服。但是现在，新的征服者来临了，征服者具备古代中国人仰望星星时做梦也想不到的物质文明，甚至将挑战圣贤之书中的道德优越性，最终要使中国人放弃他们自古所受的教育，放弃他们对外夷的轻蔑，他们虚假的骄傲和他们实为赝品的霸主地位，这种至尊心态是深植于举国上下的无知与夜郎自大之中的。

◎道光帝

当道光登上皇位的时候，他三十九岁，起初看起来，他 1813 年面对匪徒入侵皇宫时的勇敢果决也将体现在他的帝王生涯中。年轻的时候，他表现出旺盛的精力和对运动的喜爱；皇宫的实录中记载，1790 年他只有九岁的时候[1]，就陪同祖父乾隆去热河打猎，他在射箭比赛中表现优异，令年老的皇帝大喜，赐予他黄马褂穿戴[2]。但京城和外省的种种败象已经不是任何君主所能单枪匹马改变的了，而道光身边的臣子显然既不具备德行也不具备治国才能。他不论好歹[3]地统治了三十年，但是在最初十年过去以后，他就很少再在国家大事中花费精力，把权力逐渐分摊给他的两个主要的顾问大臣，一个是满族大学士穆彰阿，一个是太傅曹振镛[4]。到了他统治的末期，龙座的威严已经在进犯广州和南京的英国蛮夷面前大为减色；广为散播的不安与怨愤的种子即将在太平天国起义中爆发出来（如果没有"蛮夷"施以援手，清政府本会就此垮台）；所有人都能看出帝国正在蹒跚地走向灭亡——而这时候道光关心的只有两件事情，一是如何减少太监们在宫中账目上所榨的油水；二是如何阻止御史们用长篇大论、徒劳无益的进谏来让他烦心，他无力去查证这些揭露时弊的进谏是否言实相符。

是太傅曹振镛想出了让御史们噤口的办法[5]，道光接受了，结果是令他大为舒心，却对国家造成了损害。皇帝让曹振镛想办法惩治某个喋喋不休地质问皇帝陛下的谏官。曹振镛说："这并不困难。不管奏章的内容是什么，陛下只要下诏挑剔其中格式和措辞的错失，下令将上奏者交给吏部议处，那么御史们就会明白，如果陛下甚至不打算放过行文和书法上的小瑕疵，那么

---

1 按照中国人计算年龄的方法，孩子出生时便已经算是一岁。道光生于 1782 年。——原注
2 事见《春冰室野乘》第六条"宣宗冲龄神武"。
3 原文为法语，tant bien que mal.
4 原文误作杜受田。杜受田是咸丰的太傅，不是道光的。
5 原文误作杜受田。这个故事见于《春冰室野乘》第四十六条"曹杜两相得谥文正之由"。

在涉及国家要务发生错失时会招致您什么样的雷霆之怒呢！没有人能说陛下不肯听从谏言，而且将来这些谏言会自动消失。"

道光很高兴地听从了他的劝告，没过多久，御史们就不再用他们的意见去麻烦皇帝了。这对他的近臣们来说称心如意，他们可以按照自己的意思处理政事，不必担心被言官们揭发。皇帝从来没有怀疑过他得到的劝告背后原来还有这样的动机，他自己的天性是直爽和容易信任人的。曹振镛死的时候，道光赐予他各种身后的荣封，坦率地承认说自己不能没有曹振镛的劝告。也是曹振镛发明了专门以书法好坏取士，不考虑文章实际水平如何。这样一来他就降低了学识和研究的标准，随之也降低了官员才能和效率的水准。

◎道光帝情殷鉴古图

下面的诗词很能说明在这位用意不坏，但时蹇运乖的君主统治末期吏治的普遍风气是如何的。这组耐人寻味的词是由一个无名的才子寄给大学士曹振镛的[1]：

"仕途钻刺要精工，京信常通，炭敬常丰，莫谈时事逞英雄，一味圆融，一味谦恭。　大臣经济在从容，莫显奇功，莫说精忠，万般人事要朦胧，驳也无庸，议也无庸。

"八方无事年岁丰，国运方隆，官运方通，大家赞襄要和衷，好也弥缝，

---

[1] 这组时人讽刺曹振镛的《一剪梅》见于朱克敬《暝庵二识》卷二。

◎道光帝喜溢秋庭图

歹也弥缝。 无灾无难到三公,妻受荣封,子荫郎中,流芳身后便无穷,不谥文忠,便谥文恭。"

也是这个曹大学士在别人问他怎样才能求得官职时,愤世嫉俗地回答道:"只要多叩头,少说话就可以。"[1] 曹振镛如此愤世是因为尽管他无法扭转时弊,但到头来他自己还是诚实与热爱国家的。他的家族从安徽的盐业赚了一大笔钱,其中大部分收入都逃过了政府的税赋;但是两江总督为平叛而急需军费

---

[1] 同见朱克敬《瞑庵二识》卷二:"曹文正公晚年,恩遇益隆,身名俱泰。门生某请其故,曹曰:'无他,但多磕头,少说话耳。'"

时，问到他对漏税一事的意见，他回答说："你尽可力行改革，不必考虑到我家的生计。我官做到大学士，应当还不至于饿死。"[1]

如果实录的记载实有其事，道光最值得称道的品质是他家庭主妇一般的节俭，在进入老年后他更是近于吝啬了。尽管像大部分皇室中人一样，他也爱好口腹之欲，但如果他觉得一道佳肴费用太奢，那么他宁可品尝不到。他像慈禧太后一样性尚节俭，好吹毛求疵，但没有她发自内心的享乐主义。他逐渐把宫中的家务开支压缩到大约每年二十万两白银（相当于六万镑），搞得内务府的大臣、官员和太监都没有活路了。他们当中有些人坚持玩弄伎俩，就像君主的厉行节约一样顽固。据记载有一次，皇帝陛下想喝特制的片儿汤[2]，下令让人烹制。第二天内务府就谦恭地报告说如果要做这道菜，需要特造一间厨房，并派一官员专管。他们报上的建造经费达到六十万两白银，每年的维持费还要耗费一万五千两白银。皇帝大为皱眉："不用费心了，我知道前门外有一饭馆善做此汤，每碗只需四十文钱。可命太监每天前往购置。"

几天后内务府大臣又来了，报告说这家饭馆已经关门大吉了。皇帝叹着气说："我从来不为口腹之欲浪费一个子儿，但没想到我贵为天子，却喝不上一碗汤。"

道光不像他的儿子一样命中注定要看到外夷入侵自己的首都，焚烧自己的皇宫；但是他父亲昏庸自大，他自己也缺少才干，不明白帝国正饱受新的敌人威胁，不了解局势的严重性，这些都使他和他的谋臣们挨了狠狠的一记耳光，丢了国土，也丢了"面子"。本书不打算涉及最终导致签订《南京条约》和英国租借香港的一系列事件。但值得注意的是，中国的鸦片问题在英国已

---

[1] 见况周颐《眉庐丛话》："太傅覆书，略曰：'苟利于国，决计行之，无以寒家为念，世宁有饿死宰相乎？'"
[2] 见李岳瑞《春冰室野乘》第四十四条"内务府靡费"。

经引起了宗教和情感方面的震动，林则徐总督在广州销毁英商鸦片的行为更多是出于他对外国人以及一切外国事物的轻蔑，而非道德上的考虑[1]。我们与中国的第一次战争一直被描述为"鸦片战争"，做如此描述的人通常是传教士，他们将禁烟作为传教活动的重要跳板；不管怎样，并非心怀偏见的明眼人都能看出，无论是北京政府还是两广总督都仅仅把鸦片问题看作政治、财政和经济层面上的。在北京穆彰阿一党倾向于将鸦片合法化（按照璞鼎查爵士的建议），就像批准外国人其他合理的贸易要求一样。另外一党是不肯妥协的保守派，他们主张禁止鸦片贸易，就像反对开放新的通商口岸一样。两广总督林则徐才是战争的真正导火索，因为他蛮横无理的态度和野蛮的做事方式是任何有自尊心的国家都不能容忍的。下面的片段取自这个顽固的老派爱国者直接写给维多利亚女王的一封信[2]，在寥寥数行里，包含了中国在西方面前溃败的整个惨痛的悲剧：

"汝夷人远隔重洋，竟敢侮辱天朝，倘能洗心涤虑，痛改前非则可，倘不肯，我大军将临汝境，踏平汝三岛，杀尽汝百姓。"

林则徐这封给英国女王信的抬头格式是中国官员通常对他们的平级所使用的，而不是给君主奏章的格式。对一个打算用秽物摧毁英国舰队的人来说，这可不是什么明智的做法。

在北京，意见分为截然相反的两派，一派主张按照英国人的条件缔结和约，一派主张战至最后一滴血。当时的狂热保守派就像后来的中国新党一样，

---

1 原文如此。作者以下的论述均出自英国侵略者的立场。

2 林则徐写过一封《拟谕英吉利国王檄》，在经道光允准后交由英国船长带给英国女王，但措辞与作者在这里引用的完全不同。兹摘录部分文字如下："我天朝君临万国，尽有不测神威，然不忍不教而诛，故特明宣定例，该国夷商欲图长久贸易，必当懔遵宪典，将鸦片永断来源，切勿以身试法。王其诘奸除慝，以保乂尔有邦，益昭恭顺之忱，共享太平之福。幸甚！幸甚！接到此文之后，即将杜绝鸦片缘由，速行移覆，切勿诿延，须至照会者。"（见《林氏家藏 林则徐使粤两广奏稿》）

◎英国在印度的鸦片厂库　　　　　　　　　　　　　　　　◎虎门销烟

全都是虚张声势和自吹自擂，他们激烈地指责穆彰阿和他讨好蛮夷的政策。就像现在的人一样，他们当中有真心诚意的爱国者，其罪过仅在于无知，他们当中也有勇士，像镇江的八旗军将领[1]，英勇地战斗，坚信天朝帝国不容侵犯的至尊地位，并且为之而死。到了1841年初，经过数次的摇摆不定之后，皇帝的想法与广州当局保持了一致，也可能正是他的想法激励了广州的官员们。1月他颁布了一道诏书（与慈禧在1900年颁布的诏书类似），命令他忠实的百姓把可恶的外国人驱逐到海里。但几个月内，舟山和宁波接连落入英国人之手，主和派的意见开始占了上风。

可以作为那个时期典型的爱国者范例的是大学士和军机大臣王鼎[2]。他娴于政务，性格忠诚，反对穆彰阿的主和政策，主张不惜一切代价开战。他在上朝的时候弹劾了穆彰阿，将他比作宋朝的叛徒秦桧[3]；他反对与蛮夷

---

1 即海龄。
2 原文作王鼎林（Wang Ting-lin），不准确。下面这个故事见于薛福成《庸盦笔记》卷一"蒲城王文恪公尸谏"。
3 秦桧出于怯懦主张与金朝议和。他的雕像至今还在庙中被众人吐口水。——原注

签订任何和约。他激烈地批评了皇帝罢免林则徐总督的行为，坦率地指出穆彰阿只是为了自己的私利，特别是受到个人的私怨所驱使。皇帝拒绝听他说的话，从宝座上拂袖而起。王鼎激动到忘记了礼节，他抓住皇帝的袍子，继续激愤地滔滔不绝。道光不看他，一言不发地离开了。王鼎于是直接回了家，写下最后的奏章弹劾穆彰阿，恳请皇帝将他斩首以平民愤，然后就悬梁自尽了。

一个忠诚但误入歧途的爱国者就这样死了。但是事情后续的发展同样重要，它为我们展现出紫禁城生活中的种种逆流与无法窥视的深处。在王鼎自杀后的第二天早晨，穆彰阿的党羽，一个姓陈的军机章京[1]注意到王鼎没有像以往那样上朝。他完成每日公务后，就匆匆赶往王鼎家中，想弄明白他为什么缺席。在中堂他发现了王鼎的尸体，仍然悬挂在大梁上。按照未成文的规定，军机处官员自杀（并非不常见的罪过）后，尸体不能擅自解下，要等到禀告皇帝后，再行调查。

王鼎的儿子将死者遗留下的奏折出示给陈，陈看了以后说："皇上昨天对你的父亲大怒，如果你呈上这份奏折，会进一步触怒皇上，不但你父亲得不到死后的谥封，而且你这辈子也不会再受到起用。最好是隐瞒不报。"王鼎的一个同乡[2]，也属于穆彰阿一党，此时正好登门，也赞成陈的意见。王家人于是恳求陈拟定另一份奏章加以替换；陈照着做了，并写明王是死于心脏病。道光为之哀痛，对昨日之事感到悔恨不置，给予他忠诚的臣仆以丰厚的封赏。过后，陈把王鼎遗留的奏章拿给穆彰阿看，他大为吃惊，对陈深为感激。他的感激是发自真心的，陈于是升迁得很快，十年内就当上了尚书。

---

[1] 这个官员叫作陈孚恩。
[2] 这个官员叫作张芾，是王鼎的蒲城同乡。

中国人坚决秉承亚洲人父罪子还的报应观念，相信到了第三代或者第四代还要为祖先还债，而他们认为穆彰阿的子孙后代潦倒落魄正是这个原因。穆彰阿的儿子担任皇家粮仓的主管——负责为旗人发放俸米——但是他的孙子成了唱京戏的名演员[1]，名声十分可疑，在舞台上演旦角，茶馆里大家都叫他"德大少爷"——一个中国的查密迪斯[2]。士大夫阶层的道德观让他们认为这是穆彰阿一生应有的结局，尽管他唯一的错处就是提议与远比中国强大的敌人讲和。王鼎的儿子们因为扣押了父亲的奏章，埋没了他的爱国之志，也受到了强烈的谴责。

《南京条约》是穆彰阿的成果，无疑也成功地拖延了时间，不然英国军队早就出现在北京城门前了。在王鼎自杀后，军机处只有一个人还反对穆彰阿的政策，而且态度并不坚定。

当穆彰阿呈上拟定好的条约以后，皇帝把条约从军机处带回了宫里。那天的白天和夜晚他都在宫里的走廊上徘徊，思虑重重。有好几次都能听到他在喃喃说："不可！"然后发出深深的叹息。到了凌晨三点，他跺了跺脚，终于下定了决心，来到上朝的正殿，在条约的定稿上加了朱批。他将条约用信封封好，派一名太监将其送到军机处。"军机大臣们还没有来，"太监说，"宫门还关着呢。""那就在这儿等着，"道光说，"一直等到穆彰阿来。把信给他，但不要让别人看到。"文件上有批准条约的签字，但道光是心怀犹豫和含恨忍辱才做出这个决定的。西方就这样第一次有力地撼动了中国皇帝的龙座。

1840 年夏天，英国舰队封锁了广州，又向北航行，夺取了舟山岛，直接

---

1 即小生演员德珺如，早年曾演青衣。其父为穆彰阿之子存朴臣。
2 查密迪斯（Charmides）是柏拉图的舅父，柏拉图对话集《查密迪斯篇》中苏格拉底追求的美少年。

第 16 章 道光朝：来自西方的冲击 | 313

◎ 中英《南京条约》签订仪式

导致林则徐被革职，满人琦善[1]被派到广州担任钦差大臣。是琦善同意了租借香港（1841年1月26日英国占领香港）以换取归还舟山。这次出让领土让道光大为震怒，当时他还在主战派的影响之下，怒而剥夺了琦善的大学士官职，拒绝承认他的谈判结果。皇帝（如前文所述）坚持要打个你死我活，杀尽这群野蛮人。根据中国人的记载，琦善以一种典型东方人的战争行动[2]尽力挽回局势。他私下派人联络英国的长官义律（Elliott），提出可以献给他美女和古玩，希望这样一来英国人就会放弃领土要求；但是蛮夷们在这方面不好说话，因为他们接下来又炮轰了虎门。到了这个地步，琦善向皇帝上奏，坦率地说明了自己的意见，就是继续交战会使局势恶化。"我们的关隘轻易就被攻陷，"他说，"我们的军事防御不堪一击，我们的军队无力作战，我们的臣民不忠不孝。如果继续坚持和英国人为敌的话，我们会大难临头的。至于当下，识时务者为俊杰。"

接下来的事变和最终的结果在《南京条约》（1842年8月）中有所体现，它们证明琦善是对的。

到了道光统治末期，一位伟大的军人和政治家登上了政坛，他未来将会声名卓著，协助伟大的慈禧太后平定天下，在一段时间内恢复了清朝的辉煌。他就是曾国藩[3]。中国的笔记作者们关于他讲了一个有趣的故事，这个故事是关于虔信预兆的，道光就像清朝的所有皇帝一样迷信。

有一天晚上，道光为国内的叛乱和国外英国人的不停寻衅而烦恼不堪，梦见紫禁城里拥入了一伙叛贼；他们手拿棍棒和刀剑，杀到御殿之上，掀翻

---

1 琦善在同时代人的书中被拼作 Ki Shan，见古伯察（Huc）的《鞑靼西藏旅行记》；或者 Ki Shen，见包罗杰（Boulger）著作。他是瑞澄的祖父，1911年10月革命党人从瑞澄那里夺取了武昌。——原注
2 原文为法语 acte de guerre。
3 见《慈禧外纪》，第64页。——原注

第 16 章 道光朝：来自西方的冲击

◎ 19 世纪的广东十三行

◎ 1841年1月7日虎门之战

了龙座。在他的梦中，他站在那里，孤身一人面对着反贼，无力与之相抗。他出声呼救，但所有侍从都已逃之夭夭。他正要怀着绝望和羞耻从宫中逃走时，一个人冲上前赶走了反贼，把龙座重新扶正。皇帝为之大喜，正要感谢拯救者的时候，梦醒了。他从来没有提起过这个梦，但是事后经常想起，救他于危难之中的那个人的面容也牢牢地刻在他的记忆之中。两年后，当一批新中选的翰林院学士出现在朝廷中的时候，他认出了其中一人就是他梦中的英雄。那就是曾国藩，从这一刻起他的迅速升官就已经注定了。

另一个故事[1]被中国人讲来解释曾国藩如同彗星般耀眼的仕途，它可能是真的，也可能不是，但从中我们可以对君主和他的主要谋臣之间的关系多

---

1 见李伯元《南亭笔记》卷八。

几分了解，同时也会明白穆彰阿之所以能左右朝廷的奥秘。

穆彰阿在曾国藩还在翰林学院时就认识他，对他的才干评价很高。一天皇帝与他谈起翰林学士们的文才高低，穆彰阿回答道："天下才子有很多，但曾国藩是唯一应当官居高位的人。他熟知国事，遇事留心。"穆彰阿随后就告诉了曾国藩他所说的话，过了几天皇帝就下令召曾国藩入见。他到了圆明园，领了当日的名牌，按照约定俗成，官员蒙特别召见者必先领名牌到前殿候见，然后再正式把名牌递交给皇帝。他被太监引到一间小屋，叫他在此等候皇帝宣召。

◎曾国藩朝服像

一直到了黄昏，也无人召他觐见。最后来了一个口信，命令他第二天早上再来。曾国藩迷惑不解，匆匆赶到穆彰阿府上，问他此等程序应做何解。有一会儿穆彰阿也感到迷惑，然后他忽然恍然大悟。"你等候的房间里有卷轴或者书吗？"他问道。"是的，墙上挂满了字画，但我当时太紧张，根本没有留心。"

穆彰阿顿足感叹："这就麻烦了。"他于是召来心腹仆人，递给他一张四百两的银票。"到宫里打听曾大人待的是哪个房间。然后贿赂管事的太监，让他允许你抄录墙上所有字画的内容。办完以后赶快回来。"

他转身对曾国藩说："你今晚最好在此下榻，明早我们一起进宫。"大约午夜时分，使者回来了，把所抄录的墙上字画名单给了穆彰阿。墙上都是已过世的之前三位皇帝亲笔书写的圣训，有关于治国之道的劝告，也有对官员的训诫。其中提到了三朝官员和许多事件。只有对中国的政治历史了解极精的人才能解释这些用典。皇帝陛下想要试一试曾国藩的才能，看穆彰阿对他的推荐是否准确无误。穆彰阿把单子给了曾国藩："好好背诵，"他说，"以后你晋升就如登天梯了。"

第二天上朝时分，皇帝花了将近一个小时盘问曾国藩墙上卷轴中提到的各种不同的事件，曾国藩对答如流，皇帝感到十分满意。

道光的继承人是他的第四个儿子，年号咸丰，他治国无行，开清朝历史上最荒淫君主之先例。中国的笔记作者们在此又讲述了一个故事，如果确有其事的话，就说明一个人的才智哪怕是巧妙地应用在极为渺小的事上，也有可能扭转君王们的主张，并改变千百万人的命运。

道光到了统治的末期，就开始考虑继承人的问题，实际上他已经决定传位给他的第六子，也是他最喜爱的儿子恭亲王，这个年轻人无论是性格还是才华都远胜过后来继承皇位的咸丰。然而咸丰的师傅杜受田[1]了解皇帝的好恶，而且他肯定想要抬高自己的地位，于是就想办法让皇帝改变心意，改让自己的学生继承皇位。在此事上他是大功告成了。

皇帝按照本朝的传统，某日下令让他所有的儿子都到南苑狩猎。礼法要求没有完成今日功课的皇子须到师傅处告假。四皇子当时正在上书房学习，发现只有他师傅一个人独坐书斋之中。皇子就起身按照规矩鞠躬告假。杜受田问起请假的缘由，他回答说："皇上要我今日去射猎。"杜受田低声对他说："阿哥[2]，听我一句劝：您到围场时，坐下看其他人射猎。您不要发一枪一箭，让您手下的猎人也不要设陷阱。如果皇帝到了傍晚问您缘故，就告诉他在春季不应该杀生，因为春天是鸟兽孕育的季节，杀戮会令天地不宁。记住千万不要和您的兄弟们争吵，也不要模仿他们的榜样。如果阿哥您能牢记这些话，

---

1 原文误作曹振镛。这个故事见于《春冰室野乘》第四十六条"曹杜两相得谥文正之由"。
2 满语对皇子的称呼，字面意思是"大哥"。——原注

您就肯定能博得陛下的厚爱，因为我了解他的为人。此事关系到您一生的荣枯，请千万牢记毋忘。"

皇子按照这些指示行动，而恭亲王是当日射杀猎物最多的人。他内心喜悦，看到他兄弟手下的猎人们两手空空，就嗤笑他不参加射猎。然后他问皇子这是为何。

"没什么。我只是身体欠安，不想杀生。"

皇子们晚上狩猎归来进见父皇，只有咸丰一无所获。道光问他其中缘故，他一字一句地照搬了老师说的话。皇帝为之大悦，说："这才是人君应有的气度。"从那天起他就决定让这个儿子继承皇位。

又过了些年，在道光驾崩以后，咸丰把他的老师晋升为协办大学士，本来他还会继续高升，可惜命不久长。皇帝悲伤地流泪，亲自前往祭奠他，给了他在那个世纪一个汉人所能得到的最隆重的谥封。

就这样咸丰用雅各的伎俩博得了他父亲的欢心，登上了皇位，然而清朝的衰亡因此也更加速了。

◎和硕恭亲王奕䜣

第17章 咸丰朝和同治朝：一路下坡

Hsien Feng and Tung Chih:
the Facile Descent

从咸丰1851年即位到慈禧太后1908年崩逝，这段时间中国的宫廷秘事和政事我都已经在《慈禧外纪》中讲述过了。下面的章节是对那部书的补充，在此只打算对那一时期的人物和主要事件再略加说明，特别着眼于当时的宫廷生活。

咸丰和同治这对父子，是腐坏之树结出的命定果实，他们的邪行注定要让紫禁城蒙羞，直到清朝灭亡之日。咸丰十九岁登基，为人好色，放纵无度，无论是身体还是道德都无可称道之处。他在有生之年看到了他的帝国被太平天国的军队践踏，只是在受人厌恶的西洋人的及时帮助下，才不至于亡国。他死时正逃亡在外，他的国都在清朝历史上第一次被外族入侵所玷污，他的宫殿被焚烧，他的财宝被抢掠。北京在清朝统治下坚不可破了二百多年，到了咸丰这里第一次遭了难，落入英法联军之手，城池化为废墟，这是对未来的预警，也是预先尝到了未来更多令人伤心惨目的灾难的苦痛。

咸丰厄运当头的十年统治才过去了两年，他的宝座就已经在太平天国大军接连大胜的打击下坐不稳了；起义的领袖自称皇帝，建都于南京。北京城还残余几分男子气概与爱国心的人都在无能为力的愤怒中咬牙切齿，与其说

◎咸丰帝

是因为大难临头，不如说是为了君主无可救药的荒淫和他所宠幸的小人。罗马城焚烧的时候，中国的尼禄不仅在弹琴，还按着自己的拍子淫荡地起舞。一个又一个的省份沦于战火，建立起了太平天国天王的威名，天子却忙着为他的后宫燃起新的灯火，或者和他身边的奸臣肃顺一起到汉人的烟花街参加令人无法启齿的淫乐宴会。

下面这个非常可信的故事[1]说明了皇帝和大清国的宫廷迎接太平天国运动这场严重危机时的心态，当时正当南京城陷落于太平天国之手（1853年3月）。这时的光景令人鲜明地回忆起宦官专权下的明代君王们，他们吃喝玩乐，而李自成和他的大军已经兵临京城。在和珅和肃顺这些佞臣的影响下，自从乾隆死后，宫中太监的势力也缓慢但是稳定地逐步抬头，现在已经成了造成宫廷腐化奢靡的显著因素，明清两代的史实因此更构成了一种互相平行。

◎ 太平天国天王玉玺

1853年春天是满人选秀女入宫的日子。内务府的官员和太监们登记了花名册，为后宫召集了一大批候选人，就在第二天，传来了南京城陷落的消息。黎明时分，一大群年轻姑娘站在坤宁宫门外候驾。在这群姑娘中有一个是姓端的满族退休武官之女，一想到要被迫离开她的父亲就悲痛流泪，因为她的父亲是鳏夫，已经年过六十，家境贫寒。她一直靠着教学童认字和做针线活来供养父亲，现在她害怕父亲会死于饥寒，因为她父亲没有儿子或者兄弟能养活他。但是她没有办法逃过她的命运：她的名字已经被登记在秀女的名单上了，她如果不能到场，她所属的旗的都统

---

1 见于多种清代笔记，与本书所述最接近的版本是李岳瑞《春冰室野乘》中的"某秀女之危言抗论"。

就会被问责。

南京陷落的消息传来，不可避免地强行打破了咸丰这一日平静的进程，迫使他去和军机处讨论当下威胁到他的政府与家族的危急局势。甚至肃顺也惊慌不安，御史台像蜂巢一样扰乱不已，奏折如雪片而至。对于寻欢作乐来说，这可不是什么良辰吉日；皇帝必须上朝，必须发号施令。快到日落时分，一天的公务才告完结，咸丰这才想起在他宫门口候驾的如花少女们。她们已经耐心等候了一整天，没有东西吃，全都非常紧张；到了晚上她们大部分人都已经筋疲力尽，许多人在哭泣。

其中一个管事的太监呵斥她们不准哭泣，说："圣驾就快到了，皇上一会儿就来验看你们，你们竟如此不成体统，就不怕挨鞭子吗？"她们听到这话都战栗不已，哭得更厉害了，没有人敢于回答太监的话，只有那个母亲已经亡故的少女用清朗、坚定的嗓音回答他："我是被迫离家进宫的。如果我被选中，就要终生幽禁于此，再也见不到我的父亲，从此生离死别。我怎么能不为此大哭呢？但凡有人心，都会哭泣。死我尚且不怕，又怎么会怕受到你责罚呢！现在长毛已经过了长江，金陵失陷，天下如失一半。天子不思调兵遣将，荡平敌寇，反倒遴选秀女，供其取乐。他强行夺走良家的女儿，幽禁在宫中，令其终身不得自由，只为了满足他一日的欢娱。他一点也不考虑社稷和宗庙。恐怕长毛将会杀到宫门，他的祖先的血食也会断绝。我死尚且不怕，更不怕挨鞭子。"

这番盛怒之下说的话声音相当响亮，太监用手捂住她的嘴，令她不能出声，但这时候皇帝乘坐御辇已经到了。太监绑住她的手，牵她到皇帝面前，命她下跪。但她拒不下跪，大胆地望着皇帝。皇帝陛下已经听到了她最后说的几句话，温和地问她刚才都在喧嚷什么，她如实禀报了刚才所说的话。咸丰很欣赏她的勇气。"你是女中豪杰，"他说，"给她松绑，带她去见皇后。"

中国的笔记作者们喜欢给这种故事以一个皆大欢喜，并且含有道德寓意的结局，他们说咸丰把这个大胆直言的少女许配给了一个刚刚丧妻的宗室亲王（按照习俗，宗室的婚姻大事由皇帝做主），于是她父亲得以颐养天年。

在咸丰统治初期，就像通常一样，朝廷分为两派，一派忠直向善，爱国爱民；另一派是腐败的奸佞之徒。奸党公认的领袖是宗室肃顺，他劝诱皇帝从事种种邪行。倒不是说咸丰在寻欢作乐上还需要劝诱，因为他天性贪欢好色，从少年时代起就是如此。肃顺只不过提供一些经验之谈，等于是火上浇油。不久他就变成好色昏君身边的忠实走狗[1]，而皇帝的身体状况也随着他生活越来越放荡而每况愈下。经常在通宵欢宴后，第二天上朝时他的两腿站立不稳，甚至有一次他无法到天坛主持祭祀。

朝中唯一敢于和肃顺的恶势力叫板的是大学士柏葰[2]，他是一个忠实、率直的人，他的直言敢谏逐渐冒犯到了皇帝。肃顺与怡亲王、郑亲王合谋（在咸丰驾崩后，他们一起摄政，图谋篡权），想要除掉他们直言不讳、不肯妥协的对手，从文献证据和间接证据来看，咸丰本人也参与其中。柏葰最终被公开斩首，从1859年到咸丰驾崩，肃顺和他的一党完全夺取了大权，直到慈禧成功对图谋篡权的摄政大臣们发动了政变。

肃顺用来让柏葰身败名裂并且将他合法谋杀的计谋在此值得详述，因为它揭示出了金灿灿的龙座下汹涌的暗流；同时也体现出中国统治者出自本能，对于取士之路——也是发财致富之道——一向加以严防，严禁一切行贿行为和裙带关系。科举考试制度采取了种种精心（也是有效的）设计，预防欺诈和作弊，这或许比任何因素都更造就了中国文明的长期稳定。这是中国人本

---

[1] 原文为法语 âme damnée。
[2] 见《慈禧外纪》第81页，因为排版错误，他的名字 Po Sui 被错拼成了 Po Chun。——原注

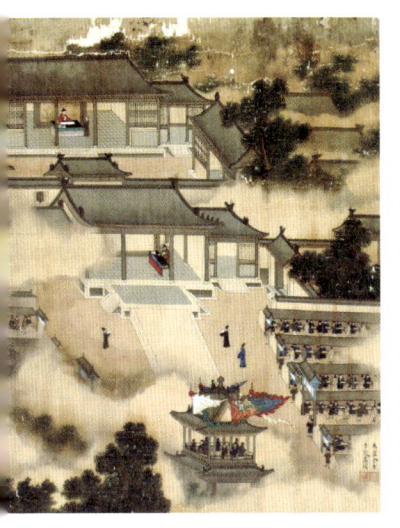

◎明万历年间北京贡院会试场景　　　　　　　　　　　◎清朝北京贡院明远楼

能所具有的智慧的惊人证明，也证明了中国文明的凝聚力，甚至在多灾多难、政治腐败的时代，中国最昏庸的统治者通常也明白在科举考试中维持诚实公平是至关重要的，这样最微贱的臣民才能朝为田舍郎，暮登天子堂。甚至太平天国在南京的一日朝廷也建立了类似的选拔制度。

1858年秋天顺天府的乡试中，柏葰担任主考官。尽管他为人正直、不偏不倚，但他似乎犯了很多高官显要都会犯的错误，就是过分轻信他的下属。主考官一直是极有威严的职位，同时在当时也非常棘手和危险，因为前一段时间流传着种种关于受贿和替考丑闻的流言。柏葰有没有听说这些流言则不清楚，他的性格是好说话和容易信任人的；通常来说，时论和后世的舆论都认为他在此事中是清白无辜的，只是由于肃顺的奸计才丢了性命。

柏葰有一个心腹仆人叫靳祥（一个基哈西[1]式的人物），抓住一切机会

---

1 《旧约·列王记下》中先知以利沙的仆人，背着主人向人索贿，受到耶和华的诅咒。

从主人身居的高位中获利。有一个叫平龄的旗人来找他，此人是良家子弟，但是行为不检，平常以涂脂抹粉扮旦角唱堂会为生。这个浪荡子年轻英俊，抱有想做官的雄心。他用一千两白银贿赂了靳祥，换得自己在考试中名列前茅。靳祥安排一个人替平龄参加考试，替考者考取了第七名举人。

另一个富有但不通文墨的考生是广州人，姓罗[1]，也贿赂了靳祥，靳祥在副考官的帮助下调换了考卷的次序，把罗的考卷从拟录取考卷当中调换到了中榜者之列。负责复勘的考官检查到罗的考卷时，马上看出事有蹊跷，但他以为肯定是出自柏葰的授意，就没有把这件事说出来。也可能他看到这是个和财神搞好关系的机会，想要借此巴结上有权有势的肃顺。总之，他把罗的事情告诉了一个姓孟的御史[2]，孟上奏章弹劾了全体考官，而柏葰作为主考官须负全责。

在递交奏折前，孟御史碰巧在煤市街一家叫丰福馆的饭馆中晚餐，偷听到平龄和几个演员一起说话。平龄当时多喝了几杯，说话声音很大。御史并不认识他，但是听到下面的话就忍不住竖起了耳朵："不久以前我还和你们一样，被人看作下九流的戏子。但我现在高中了举人，就与以往两样了。如果你们也想做举人，我可以教你们用同样的法子，包你们在下科考试称心如意。关键是要行贿，只要使了钱，断无不高中之理。"

御史向人打听，问到了平龄的名字。他等到演员们都喝得酩酊大醉，才向平龄做自我介绍，说自己是他家里的旧识。他说自己刚刚在南京落榜，很想知道怎么才能一举登科。平龄醉得完全没了疑心，把所有事情都告诉了他。第二天御史就把新的材料加到了自己的奏章里，向皇帝揭露了全部阴谋。咸

---

1 这个举子叫罗鸿绎。
2 这个御史叫孟传金。

丰大为震怒，命令礼部把按例归档的平龄和罗中举的考卷呈上供自己检验。在过目了这两人的文章以后，皇帝命令这两名考生在文渊阁再参加一次复试。皇帝亲自出考题，诗题为"君子不语小人前"。郑亲王和肃顺被指定为监考官。因为两名考生都不通文墨，结果徒然贻为笑谈，只除了相关的人笑不出来。他们从举人名单上被除名，罗寻了短见，平龄病死狱中。考官们被交给刑部处置。

到了这个阶段肃顺就登场了。命运把他的敌人交到了他手里，因为肃顺正是刑部尚书。刑部第一次上奏时，咸丰对是否要动用死刑犹豫不决，是肃顺和他的同党（怡亲王和郑亲王）一再坚持，肃顺说服了软弱放荡的年轻君主对此案要严加处置。咸丰知道柏葰为人公正，柏葰很有人望是有道理的，他也知道肃顺的贪婪和残忍招人唾弃；他知道柏葰为国尽忠，现在他所犯的罪状并不值得小题大做；所以他下不了决心，召集军机处议论此案。最终他被说服下了判处柏葰死刑的诏书，指定肃顺和赵光监斩。诏书如下：

"本日据载垣等奏会审科场案内，已革大员并已革职员定拟罪名。先行拟结一折，朕详加披览，反复审定，有不能不为在廷诸臣明白宣示者。科场为抡才大典，交通舞弊，定例綦严。自来典试大小诸臣，从无敢以身试法，轻犯刑章者。不意柏葰以一品大员，乃辜恩藐法，至于如是。柏葰身任大学士，在内廷行走有年，且系科甲进身，岂不知科场定例？竟以家人靳祥求请，辄即撤换试卷。若使靳祥尚在，加以夹讯，何难尽情吐露？既有成宪可循，朕即不为已甚。但就所供情节，详加审核，情虽可原，法难宽宥。

"言念及此，不禁垂泪！柏葰著照王大臣所拟，即行处斩，派肃顺、赵光前赴市曹监视行刑。已革编修浦安、已革举人罗鸿绎、已革主事李鹤龄，

---

1 读这一类的圣旨时，很容易想起狄更斯笔下的裴斯匿夫（Mr. Pecksniff）和他满口的"对社会的责任"。——原注

均著照例斩决，以昭炯戒。副考官户部尚书朱凤标于柏葰撤换试卷，闱中并未查询，出场后又不即行参奏，若照旧例办理，知情徇隐，即应治罪，即止于失察，亦应研讯，惟阅其供词，尚无知情情弊，谅朱凤标亦不敢公然徇纵，从宽即行革职。同考官降调编修邹石麟为已革举人平龄更换朱卷，实属违例，著革职永不叙用。其磨勘查出试卷应行查办之举人余汝偕等十二名，并同考官徐桐、钟琇、涂觉纲、何福咸，对读官鲍应鸣，应得处分，著交礼部查照科场条例，定拟具奏。至墨卷内更改'马丞'字样[1]，是否由外帘传递之处，著原派之监临明白回奏。另片奏催未经到案之谢森墀、熊元培、李旦华等三名，著江苏巡抚即行派员，迅速解京，归案审讯。

"嗣后科场大典，秉文衡者皆当洁己虚怀，杜绝干请；应试士子亦各宜立品自爱，毋蹈夤缘覆辙，则朕此次执法严惩，正为士林维持风气，尔在廷诸臣当能默喻朕衷也。"[2]

于是肃顺和奸党的势力获得了胜利。在柏葰被斩首那天，他和其他被处斩的官员被囚车押解到刑场，又名西市，他们在那里等待最后明正典刑的驾帖[3]。柏葰像所有被处斩的高官一样穿戴[4]，他身穿玄色外褂，摘去了官帽上的红缨，以示哀悼之意。在抵达刑场之后，他向着皇宫的方向匍匐行礼，感谢旧恩。然后他对儿子钟濂说："皇帝会饶我一命的；他送我到刑场只是为了警示我，但最后他肯定会颁下恩诏的。恩诏到时，我从刑场下来就去夕照寺，在那里等着去流放之地。你先回家准备长途旅行所需之物。"（重臣被处死时，皇帝经常在最后一刻刀下留人。柏葰以为自己不是被流放到新疆，

---

1 这一年的诗歌考题是"赋得万竿烟雨绿相招"，是唐朝人马丞的诗句，考生多误为王维（王右丞）。
2 见《文宗显皇帝实录》第二百七十六卷。
3 驾帖是刑部秉承皇帝旨意签发的最后处死或赦免罪犯的公文。清朝皇帝常以驾帖的形式在临刑前将一二品大员的死罪改为流放等徒刑。
4 以下的记载见于陆保璿编《清朝稗史》"肃顺"条。

就是被发配去军台。）

他刚说完话，监斩的第二人赵光的轿子就到了，他是柏葰的老朋友，眼睛已经哭肿。他一直在宫内等候驾帖下达，看最后决定是处决还是减刑。柏葰一看到他，就说："这下完了。皇上自己断不肯如此，一定是肃顺从中挑拨。是他让皇上下的狠心。我死不足惜，但肃顺有朝一日也会跟我一样下场。你就等着那一天吧。"

说完他就向刽子手示意，刽子手上前单膝跪下，说："请中堂大人跪下，我送中堂大人升天。"柏葰照着做了，行刑者屈一膝以示尊敬，一刀就砍下了他的头。

在签署最后的死刑令之前，咸丰召赵光进见。皇帝坐在宝座上，手里拿着朱笔，但是犹豫不决，下不了笔。他踌躇了很长一段时间，反复感叹说："罪无可逭，情有可原。"肃顺回答说："虽属情有可原，究竟罪无可逭。"

软弱的君主仍然下不了决心签字。他在绝望中把笔递给了肃顺，肃顺敏捷地用朱笔在柏葰的名字旁边打了钩。赵光痛哭了起来，离开皇宫奔赴刑场。

柏葰死后，他的一个门生写了一副挽联，赢得了不少赞赏，被认为在处理难以下笔的题材方面堪称范例：

"其生也荣，其死也哀，雨露雷霆皆主德；

臣门如市[1]，臣心如水，皇天后土鉴孤忠。"

两年后，慈禧以精明手腕扳倒了企图篡权的摄政大臣们，这次轮到肃顺在他的受害者柏葰身死的同一个地方被问斩了[2]。但柏葰之死无人不为之惋

---

[1] 暗指大人物周围门庭若市。——原注

[2] 见《慈禧外纪》，第47—48页。——原注

惜，肃顺的死却让北京人拍手欢庆。他赴死时身穿一袭白色麻布长袍[1]。当他从内城的顺治门出来去刑场时，可以看到他满面尘土，因为那天刮着大风。到了西市以后，他从死囚乘坐的囚车上步履不稳地下到地上，对奉慈禧之命监斩的睿亲王[2]说了几句告别的话。他来不及说完，就被拖上前，强行按倒跪下，一瞬间他的头就掉了下来，人群用一阵长久的鼓掌声迎接了他的死。正是同一个刽子手两年前发送了柏葰。肃顺的亲人都未能在场送他一程：他的儿子们去了监狱门口，但是监狱看守用鞭子把他们赶走了。很少有高官像肃顺这样不受北京城的百姓欢迎的。

当有高官大员不幸被公开斩首的，刽子手按照习俗，为了换取一大笔贿赂，会在砍下受害者的头之前先在他的心口上捅一刀，因为这样一来就不会流血，或者只会流出一点点血。刽子手在上前时，会端着水盆和毛巾，准备为犯人擦身。但是肃顺完全没有享受到这些精心的礼遇。按照习俗，在被砍下的脑袋刚刚落地以后，刽子手就会立刻把头缝回到身体上：为此他通常会收取一千两白银[3]。但肃顺的尸体被弃置在原地，野狗过来舔他的血。他的首级在广场上示众了很久。

肃顺的同党、图谋篡权的摄政大臣怡亲王和郑亲王，1861年按照慈禧的命令也走上了死路。他们两人面对死亡都不缺少哲学家的镇静。怡亲王的家人获准在宗人府陪伴他最后一程，他向他们详细指示了死后的葬礼和财产分配事宜。他死时想要穿一身白色丝绸长袍，希望他在遗像（遗像通常画于死后，在祖先崇拜的仪式中有着半神圣的意义）里也以身穿素服的形象出现。郑亲王表现得较为紧张，他的最后遗言含混不清，但他的家人在他死时也在

---

1 见薛福成《庸盦笔记》："肃顺身肥面白，以大丧故，白袍布靴，反接置牛车上。"
2 这个睿亲王是仁寿。
3 1901年当着八国联军的面被斩首的启秀就得到了这种待遇。——原注

场陪伴。

绞死这两人的绞索都用细滑的丝绢编织而成。在宗人府的"空房"[1]里放了两个低矮的茶几，请两位亲王登上茶几，在他们各自亲人的恸哭声中调整绞索的松紧。怡亲王很配合，茶几刚被抽走，他就断了气。郑亲王就没那么幸运了。他体重惊人，刚把头套进绳圈，绳子就断了，他重重地跌落到了地上。第二次他才成功上了吊。宗人府的下人们自然不肯放过机会向这两位曾经有权有势的亲王的不幸亲人们索贿。他们的亲属被迫交出十万两白银，才获准将尸体带回家加以厚葬。

◎ 27岁的奕䜣。费利斯·比特拍摄于1860年11月2日，《北京条约》签订后不久

1861年8月，三十岁的咸丰在热河驾崩，当时他正在逃亡途中，身体完全垮了，他把帝位留给了他的独子同治皇帝，当时不过是一个六岁的小孩子。在同治未成年时，由慈禧和慈安皇太后共同掌政，朝中酿成祸乱的因素都被暂时清除了，政府很大程度上掌握在恭亲王和文祥那样睿智开明的政治家手里，统率皇家军队的也是有才干的将领，如曾国藩和左宗棠。

关于同治的统治，还有他对帝国命运所施加的个人影响，在此没有必要多提，因为他到了1873年2月才成年和亲政，1875年1月就驾崩了。看来他从来就没打算活得很长，也不打算谋夺慈禧毫无异议的权位。同样确定无疑的是，她还鼓励了他的贪欢好色，或者至少不打算阻止。他荒唐的恶名在

---

[1] 这个名字起得相当委婉，意思是这间屋子除了在对王公或者宗室处刑时总是空的。——原注

◎热河避暑山庄

北京城里流传，最终他死于在汉人的烟花街传染上的花柳病。[1]下面的轶事来自一个年老太监的回忆，他在1908年慈禧去世后就从宫中退休，他的回忆包含了对了解那一时期宫廷内史的种种细节极有用处的信息，关于同治与他那位富于美德但命运悲惨不幸的皇后阿鲁特氏的大婚则记载尤为详细。

根据太监的日记，年轻皇帝在大婚前就爱逛前门区的窑子和戏园子，由一个姓周的太监陪着，为了出宫（因为宫门已闭）他还特意在西门永定门[2]的墙上开了一扇小门。周太监的车由一头脚力极佳的骡子拉着在此等候。京

---

[1] 见《慈禧外纪》，第119—120页。——原注
[2] 永定门是北京城外城城门，并非宫城城门。

城里飞短流长，说天子经常参与酒后不名誉的斗殴事件，甚至在他成年以后，还经常过了上朝的钟点才回宫。白天他经常会微服出入于琉璃厂的书店和画店，购买浪荡的北京八旗子弟所爱好的春宫图。

同治害怕并憎恶他母亲所宠信的声名狼藉的大太监安德海——如果关于宫中的传闻是真的话，他根本不是什么太监。他也讨厌肃顺，因为肃顺经常恐吓和逗弄这个孩子。

1872年秋天，到了给皇帝安排大婚的时辰，这年的早些时候，从众多符合条件的秀女中选出了两位少女，一位是阿鲁特氏（崇绮之女），一位是凤秀之女，她的父亲是荣禄的朋友。慈禧更喜欢后者，但和她一同掌权的东宫皇太后更偏爱阿鲁特氏。两宫皇太后意见不能一致，慈禧最终提议让同治自己做决定："让他观看两女[1]，选出他自己中意的人。"慈禧认为同治肯定会听从她的意旨，结果最后闹得很不高兴，因为同治被领进来，一旦了解情况以后，就毫不犹豫地说："我选阿鲁特氏当我的皇后。"在这种情况下慈禧也不好多说，于是阿鲁特氏成了正宫皇后，而凤秀的女儿被封为慧妃[2]，最后成了皇贵妃。

慈禧在儿子婚后经常斥责和辱骂他，说他做出了愚昧的选择。"你应当按照我的意思选慧妃当皇后。我发现她处处聪明勤谨，而阿鲁特氏华而不实，不知宫中礼节。如果她不知改正，我就要考虑废后了。希望你不要动辄出入中宫，应该以政事为重。"夜间她经常派太监李莲英将慧妃送去皇帝的寝宫，希望她能生下皇位继承人，从而确保她（慈禧自己）能继续在没有争议的情

---

[1] 这是不同寻常的做法，传统禁止男女在举行婚礼前见面，因为新郎无权给自己选择妻子。——原注

[2] 这位妃子1909年闹过事，她出于怀恨，在老佛爷下葬后坚持留在东陵不走，但隆裕皇太后答应提高她的品级和月俸，劝诱她回到了北京。——原注（译者注：坚持留在东陵的应为同治的瑜妃，并非慧妃，作者将两人搞混。）

◎ 同治帝

况下垂帘听政很久。按照宫中礼仪的规定，李莲英将慧妃背在背上，她的身上只裹了一件披风，然后将她放在龙床的较低一头，她需要从那儿爬到御枕之侧。

但同治对这个妃子并不钟情，尽量找机会回避她。他担心母亲干涉自己的家务事，干脆在汉人居住区的花街柳巷流连不归，就算他在紫禁城过夜，他也经常弃龙床上的慧妃于不顾，干脆在养心殿独宿。

在同治病倒以后，慈禧把一切都怪到阿鲁特氏头上，大声责骂她，说她从母后身边把皇上拐走了。他的死给他不幸的遗孀很大的打击，她哭肿了眼睛。她的父亲是个见风使舵的人，一天进宫去看她，上奏慈禧说："既然皇后哀痛难平，那她还不如趁早去地下陪伴大行皇帝的好。"

◎同治帝的皇后阿鲁特氏

两个小时后她就死了，有些刻薄的人说正是崇绮秉承慈禧的意旨行事，给皇后鸦片膏让她自尽，因为他看出如果她生下皇子的话将会带来麻烦，会威胁到慈禧的地位，令他无法自处。朝廷中有很大势力的一党会要求皇子即位，除非慈禧被夺权（这不太可能），否则她定会向阿鲁特氏的家族复仇。所以，作为一个识时务的人，他采取了预防措施。

1861年咸丰驾崩后，他精力充沛、才智过人的遗孀（慈禧）坚决支持曾国藩、左宗棠这些杰出的武将，成功地扑灭了太平天国运动——其间得到了戈登的"常胜军"的协助，这是确有其事的。起义持续了十三年，战火波及九个省份，给数百万未载入史册的人带来了死亡和灾难。自1855年开始，

◎左宗棠

太平天国运动初期的高度煽动性和半宗教性质消失了，蜕化成了一支冷血无情的庞大的流窜大军，日复一日[1]以在乡间抢劫为生。今天是什么样，昨天就是什么样；起义军懂得战斗，会攻城略地，但他们没有系统性，也缺少凝聚力，无法取代他们图谋颠覆的统治者。今天是什么样，昨天就是什么样；抢劫的贪欲，搜求战利品的不知餍足，官军和起义军都是这样堕落的；直到戈登将军带着新的军事理念现身，双方的交战毫无目的地拖延着，只徒然增加了平民的伤亡。

不管怎么样，值得记住的是太平天国起义就像中国其他起兵反对一个不得民心的王朝的大起义一样，起初都起因于起义领袖们真诚地想要改变现状，想要用更高效、更公正的政权取代清王朝。当时的记载证明，直到最后太平天国还留存有一小部分没有丢弃崇高理想的领袖，他们极力约束麾下无法无天的军队。下面这段简短的文字出自同时代人的笔记，讲述的是李秀成最后的日子，当时天京已经陷落（1864 年 7 月），起义实际上已经结束了。[2]

这个人在整个江苏都以"忠王"的称号闻名，太平天国起义的很大一部分要归功于他，还有"天王"统治下那个勉强维持了井井有条外表的政府。他的军事才华是不容否认的，他的个人品德也是值得尊敬的；不仅是他手下的士兵们崇拜他，受他保护而免遭压迫的百姓也拥戴他。他军纪严明，从不

---

[1] 原文为法语 au jour le jour。
[2] 关于他死在曾国藩手下的记录，可参见后者的奏章，见《慈禧外纪》，第 73 页。——原注

◎清军攻克天京

扣发军饷，对于强奸妇女者处以极刑。他具有一个优秀武士的特质，同时又性格温和，为人虔敬；他恪守佛教戒律，对于在战场上牺牲的人抚恤其家庭，每年都在佛教的盂兰盆节为死难者举办超度仪式，他亲自出面焚香，为死者念经。他是一名勇敢的战士，同时也是一位绅士。

1863年冬天，李秀成的军队在苏州抵挡戈登军。就在苏州城被攻陷前，12月的时候，起义军和城中百姓已经弹尽粮绝。军队好几天没有吃过一顿饱饭了，但是李秀成坚忍不拔的勇气激励了所有人。他派一个部下向南京的"天王"洪秀全送信求救。他的信使被官军捉住杀死了，他的信落入一个武官之手，这个武官——出于对李秀成卓绝勇气的敬意——将这封信保存了下

---

1 耐人寻味的是袁世凯总统去年命令专利局寻访太平天国领袖们的后人，如果他们还有后人在世的话。该局报告说，李秀成的长子李成祥现年五十六岁。他交给专利局一份关于太平天国的记录，是由他的父亲所写，可收入官史。李秀成可能要得到死后的哀荣了。由此可以看出，在中国历史上没有什么人的言行会永远遭到谴责的。后人的孝敬和其他因素可能都会让他得以恢复身后的名声。——原注

来，抄录了数份，分送给了他的朋友们。信用清秀的行草体书写，不仅足以体现李秀成勇武的精神，还显示出他的广博学识：

"婴城自守，刁斗惊心。沉灶产蛙，莫馈鞠穷之药；析骸易子，畴为庚癸之呼。伤哉入瓮鳖，危矣负隅虎。金陵主公所定鼎，本动则枝摇；金闾主公之辅车，唇亡则齿敝。一俟重围少解，便当分兵救援。锦片前程，伏惟珍重，磨循作字，无任依驰。秀成手奏。"[1]

李秀成从已经变成杀戮场的苏州逃出，参与了太平天国大戏的最后一幕，也就是次年7月的天京陷落，"天王"在此役中殒命。李秀成活着逃出了南京，随身只带了两名少年。他们其中一人是"天王"洪秀全的次子洪福瑱，另一个是李秀成自己的侍童。洪福瑱不能骑马，很快就与他的同行者们失散了（从而被官兵捕获）。李秀成和他的侍童在夜色中匆匆而行，最终迷失了道路。他们于拂晓时分在一座树木茂密的小山上休息，遇到了八个樵夫。其中一个樵夫认出了李秀成，称呼他作忠王。李秀成求他们不要出卖他。"如果你们能将我安全带到浙江湖州，我就给你们三万两银子。"他们被他的遭遇感动得流下了眼泪，答应为他带路。

夜间一行人下了山，来到了他们的村子"涧西村"。他们在路上走得很慢，因为李秀成和他的侍从随身带着许多财宝，还有一头背上驮满了金条和珠宝的骡子。樵夫们把他们藏在内室，劝李秀成改装剃头[2]。他拒绝了，说："我是太平天国的臣子；现在国亡君死，如果被清军所获，我断无生理。但如果要我剃头逃命，我就愧为起义军了。"[3]

其中一个姓陶的樵夫生性狡诈贪婪，想要出卖李秀成，获得巨额的赏金，

---

[1] 见于佚名作《太平天国轶闻》。
[2] 太平天国为了表示反抗清朝，不剃前发。——原注
[3] 同见于佚名作《太平天国轶闻》。

但又害怕他的同伴们坚持忠于李秀成。于是他找借口外出，去一个姓萧的清军将领[1]营中寻找熟人求助。他的熟人把李秀成藏在邻村的事告诉了将军的亲随，最后传到了将军耳中，将军将陶姓樵夫留下，以酒食款待，同时赶紧派遣了一支骑兵去将李秀成抓获。他们把李秀成带了回来，还吞没了他的财宝。将军不想透露风声，下令将陶砍头，但是陶已经逃走了；陶因为出卖了李秀成，后来在他的一个同伴的盛怒下被杀死。将军因为捕获了李自成和缴获了他的财宝而被封侯，但他手下的士兵有好几人被樵夫们所杀，他们借此祭奠李秀成的英灵。曾国藩听说了他们的所作所为，将他们召到自己营中问话。他们大胆无畏地以实情相告。曾国藩一向仰慕李秀成，赞美了他们的忠义，又馈赠他们礼物，他们犹豫着接受了。中国的史家们哀叹说，这些忠义的樵夫竟然没能留下姓名，实属可惜。

下面这个故事[2]记录了清军最终攻陷南京时的情景，说明了在天京中也是英雄气短，儿女情长。当南京城被曾国藩的军队围困时，"九洑洲"是全城的要害之地，天王洪秀全在这里派驻重兵把守。一旦清军攻破此洲，南京城就任人宰割了。此役之胜通常归功于曾国藩，但其实是起义军中有人出卖了军队部署的秘密，清军才能集中兵力攻击其最弱一环的。

在"天王"统治下的南京，曾经举办过两次科举考试，在第二次考试中，一个名叫卜应期的江西籍书生考中了探花。他容貌俊美非比寻常，自命为陈平再世（陈平是公元前2世纪汉王朝建立时的功臣，也是一个风流人物）。

在举行殿试的时候，"天王"的妹妹洪宣娇从帷幕后观看一众应试者，看中了卜应期的相貌。是她让哥哥把他选为探花的。当他不久后到宫中谢恩

---

[1] 这个将领叫萧孚泗。
[2] 见徐珂编《清稗类钞·考试类》"卜应期为粤寇开科之探花"。

时，洪秀全对他说："还不感谢天妹。"命太监把他带去见洪宣娇。卜应期在她面前跪下谢恩，"天妹"伸手把他扶起来，说："我们今后可以常常见面，我会在朝中给你一个大官做。"

几天后卜应期就被任命为内廷供事，他和天妹的关系不久就不再是手足之情了。天妹已经嫁人，丈夫叫作李绍深[1]，他对此十分烦恼，但也不敢干涉她。

"东王"杨秀清像所有称王的义军首领一样，王府中都有一群女官侍奉他，充当府中主管，或者负责引领招待，还有许多其他职务。其中一个女官是秀才的女儿，精通翰墨，而且比起天妹来更具姿色。她也迷上了俊美的卜应期，经常把他请到自己的闺房。随着这两人打得火热，天妹的妒火也熊熊燃烧，但是她只得忍耐，因为"天王"不愿意与"东王"争吵。卜应期有一段时间坐拥两女，风流快活，但他逐渐厌倦了她们的美色，而且预感到太平天国的日子不长了，他决定偷偷离开南京，回江西老家。

他在逃跑时被萧孚泗将军的部下捉住，为了保命，说："我有机密要事相告。"他被带去见将军，说："反贼靠九洑洲供粮，他们全靠这一线补充供给。只有先攻下九洑洲，才能攻破南京城。我身上带有地图，上面对于兵力和大炮部署都做了标记。有一侧是无法攻破的，但也有防守薄弱的地方。从兵力薄弱之处攻其不备，得九洑洲就易如反掌了。一旦攻下此洲，敌人的补给就被切断，他们就不过是一群关在笼子里的老鼠了。"

清军按照他给的情报行动，南京城被攻陷。卜应期得到了游击的官职，但中国的笔记作者们似乎天然就同情一切反叛，他们谴责他的行为，不客气地形容他为贰臣，服务于两个王朝，一次是作为文官，一次是作为武官。

---

[1] 原文作 Li Shao‑shen，按洪宣娇之夫为西王萧朝贵，此说不知何考。

第 18 章　光绪愁思纷纷

The Sorrows of His Majesty Kuang Hsü

光绪皇帝一直活在手段高明的慈禧的阴影里，个性受到她的压制，甚至在他理论上是亲政的时期（1889—1898年），他的个人才能和志向也难以得到发挥；王朝的实录是在"老佛爷"的命令下编纂的，总的来说，其中对他也是十分轻视。甚至在慈禧名义上归政于皇帝的时期，尽管从外表的征象上看她放弃了最高权力，皇帝本人和整个朝廷也都很清楚所有国家大事的决策权仍然属于那位如今已退居颐和园袖手旁观的独裁者，无论是在京城还是在外省的衙门里，她的心腹和党羽都占据统治地位。她从来没有给过他对官员陟罚臧否的实权；所有重要官职的任命权仍然留在她手里，因此众人都只忠诚于她一个人。宝座上的皇帝却不值一提，高层的大臣们都只效忠于那恩宠的源泉；对官僚阶层来说，他的价值还不如大太监李莲英。除了在百日变法期间，这位不幸的君主从未鼓起勇气并鼓动起足够多的支持者来实现自己的意志，而变法又促使慈禧提前于1898年发动政变，重新公开掌握政权。

确实，他在有些场合下竭力要挣脱枷锁，按照自己个人的意旨行动，特别是在他得到张荫桓和北京的变法领袖们的有力支持的短暂时期内；但是他

◎光绪帝

的努力注定是徒劳，他想要消除弊端，废除特权，但总会触犯到周围人的利益，而在他周围安排种种障碍正是慈禧手段的巧妙之处。

1894年1月，在与日本开战前，大太监李莲英不知羞耻地卖官鬻爵，皇帝陛下为吏治日益腐败而忧虑不已。在此事上他有把握获得最正直的大臣的支持，因为他们的道德心无疑也被慈禧宠臣的肆无忌惮所冒犯了，他们的利益也受到了触犯。整个士大夫阶层和大部分保守派的官僚都震惊于这种明目张胆的贪赃枉法，这种不问买家等级出身的卖官鬻爵，所以在此事上光绪敢于表达自己的看法。他这么做了，但并未引发"慈母皇太后的雷霆之怒"，下面就是一个这样的例子。

1894年1月，前任上海道台聂辑规升任巡抚，上海道台的官职出缺，军机处官员们向光绪呈上一份有资格优先升任道台的人选名单，请皇帝陛下甄选。皇帝一言不发地从袖中取出一张字条，上面写着一个名字"鲁伯阳"[1]。他皱着眉头把字条递给了军机处官员们，要他们上报此人之前的官阶和履历。军机处官员们退下翻阅档案，但是没能找到和这个名字相关的材料。他们如实上奏，光绪下令召来吏部尚书和户部尚书。军机处官员们看出光绪是受到慈禧的授意任命鲁伯阳的，他的履历无关紧要，于是他们巧妙地回答道："既然陛下已经知道此人，那么最好是无须进一步调查。可能在吏部和户部都查不到他的名字。如果查出他确实不符合要求，到时候再给他这个官职就不好看了。"光绪叹了口气，给了这个人官职。

不久后，又发生了更加明目张胆的玉铭案。此人是一个隶属内务府的旗人，他从未担任任何官职，是北京一家建筑承包行的管事，花钱捐得了候补

---

[1] 相传鲁伯阳其实是走珍妃的路子买官的，见胡思敬《国闻备乘》："鲁伯阳进四万金于珍妃，珍妃言于德宗，遂简放上海道。"

道员的资格。四川盐茶道的肥缺空出了，在慈禧的施压下[1]，他获得了这个官职。

他如期朝见皇帝谢恩。光绪对他说："你以前在什么部门当差？"他回答说："奴才在广顺当差。"（广顺是上面提到的那家广有资财的建筑承包行的名字。）皇帝不明白他说的是什么意思，又问了他一遍这个问题。玉铭回答说："皇上从来没听说过广顺行吗？它是西城第一大建筑承包行。奴才一向在那里充任管事之职。"皇帝笑道："啊！那你是经商的了。在大的商行当管事算得上是美差了，你怎么又想要做官呢？"玉铭回答得很是流利："因为我听说四川盐茶道的收益比经商更多上至少十倍。"

这时候光绪内心已经被他的厚颜无耻所激怒，但暂时还隐忍不发。"你能写或者说满语吗？"他问。"回皇上，不能。""你能写汉文吗？"玉铭犹豫了半天，嗫嚅着说："可以。"皇帝把笔和纸扔到地上，叫在旁候命的太监把玉铭带到外面。"在殿外台阶上我能看见你的地方写下你的履历。"

过了很久玉铭才又进入大殿，把写了字的纸呈上。他会写的字只有："奴才玉铭，满洲镶黄旗人。"每个字都有茶杯大小（按照礼仪要求，呈上给皇帝阅看的文件应当用蝇头小楷书写）。玉铭的字颠倒错乱，不可辨识，甚至组成他自己名字的两个字他都写不对。

这时候皇帝才大为震怒："回去做你的候补道员吧，"他说，"继续等候补缺。"（意思是他失去了道台的高位，重新回到了低微的候补之列，而且多半再也没有升官的希望了。）"我任命张元普做四川盐茶道。着军机处

---

1 见李岳瑞《春冰室野乘》"德宗皇帝圣德恭纪"。亦见于《翁同龢日记》光绪二十年四月初八日："新放四川盐茶道玉铭，曾充库兵，开木厂，又与中官连结⋯⋯今日奉旨召见，询问政事，未能谙悉，开缺以同知候选，改张元普。"玉铭是木厂的管事，不是建筑承包行的。日记中提到的"中官"不知是否即李莲英。玉铭案亦被写入谴责小说《孽海花》。

呈奏。"这一次光绪敢于违抗慈禧。

笔记作者们说玉铭回去干了他的建筑承包老本行,在李莲英的帮助下,他获得了承包修建光绪生父醇亲王祠庙的美差,从中发了大财。用榨到的油水,他贿赂新任醇亲王(后来的摄政王)手下的太监,将亲王府邸中的珠宝珍玩盗出。他的罪行被发现了,皇帝下令将其抓捕归案,但他剃光了头,出家当了和尚。他躲避在西山的一所佛寺里,后来还和一些外国人结交。最终他因为和京城中的贵妇有染,被逐出了寺庙。至于那位上海道台鲁伯阳,铁面无私的两江总督刘坤一知道他来历不明,拒绝让他上任,以受贿为由弹劾了他。他遭到罢免,付给李莲英的七十万两白银(太监和他的皇家情妇平分了这笔钱)打了水漂,因为他甚至一天都没有当上官。他就此厌弃了做官,出家做了道士。光绪的坚定立场因此做到了有始有终,慈禧对此也没有表现出不悦。

◎颐和园玉带桥

◎颐和园万寿山全景

不能说这位不幸的皇帝陛下完全没有朋友和近臣：朝廷中很多人对贪财的大太监和他飞扬跋扈的情妇的统治感到又恨又怕。但是慈禧以铁腕统治群臣，尽管京城的风气下传统的士大夫偶尔也有英雄之气，但通常是通过以死相谏，而不是敢于天天抗命。那些同情皇帝的人和那些认为太后专权不利于国家的人，他们极力（但也小心翼翼地）想要劝老佛爷让渡出一部分权力，放松她对国家事务的控制。

举例说，1896年初，当太后退居颐和园时，御史王鹏运上奏折反对皇帝每天去颐和园向慈禧请安。他说："臣又闻前次皇上还宫，乙夜始入禁门，不独披星戴月，圣躬无乃过劳。而出警入跸之谓何，亦非慎重乘舆之道。伏愿皇上念时局之艰难，体垂帘之德意，颐和园驻跸，请暂缓数年。"[1]

---

1 见况周颐《餐樱庑随笔》中王鹏运《请暂缓驻跸颐和园疏》。

这篇奏折的真正用意是希望皇帝能摆脱慈禧的控制，不至于每做决定必请求她的批准，换句话说，王鹏运想要看到光绪从裙钗干政的局面下解放出来。幸好老佛爷当时心情甚好，宽容大度；要是赶上她心情不好的时候，这位御史可就要付出很大代价了。仅仅在一个月前，一个姓寇的小太监[1]就因为敢于劝谏皇帝选亲信为侍从而被斩首，他的用意在于让皇帝免受太后的监视。自那以后军机处就每日惴惴不安，唯恐哪个御史上奏反对将寇处斩，或者弹劾到老佛爷跟前；所以当他们收到王鹏运的奏折时，极为惶恐不安。恭亲王和李鸿藻焦急地讨论此事。李鸿藻评论说："此事大臣不敢言，而小臣敢言，我等真该自愧。此人不可处分，应当想办法保全他。殿下入内觐见时，请皇上善言安抚太后，或者将奏章隐匿不报。"[2]恭亲王表示同意，但也说要压下奏章是很困难的。在上朝时他将奏折呈上给光绪，光绪看完后说："太后必定问此人的死罪，你有什么建议？"恭亲王重复了李鸿藻所说的话。"此言甚是，"皇帝回答说，"但你不记得寇太监是为何被处斩的吗？此人尚不及王鹏运直言敢谏。"恭亲王回答说："太监不应干预朝政。太后将他问斩，正是依照祖宗家法。但御史本就是谏官，其人不可侵犯。"

光绪叹息道："你以为我想要限制谏官进言吗？你知道我的立场。我只是害怕太后看到奏章后震怒而已。我只能把奏折上交给她，不然她也会从别人那里听说的。你最好与李鸿藻重新商量此事。以后不要再上类似的奏章了。"

恭亲王退下，他在李鸿藻的协助下，起草了一篇奏章，开头如下："该御史冒昧渎奏，亦属忠爱微忱，臣等公同阅看，尚无悖谬字样，可否吁恩免究。"[3]光绪带着两份奏折去颐和园向慈禧请安，温顺地下跪请求慈禧恩典。

---

1 即著名的"烈宦"寇连材。

2 李鸿藻和恭亲王的对话以及下文恭亲王与光绪的对话见于况周颐《餐樱庑随笔》。

3 见况周颐《餐樱庑随笔》。

◎康有为

老佛爷那天上午心情甚佳,阅后仅微笑而已:"进谏乃御史之职,我又怎会不悦,汝等不必紧张若此。"

光绪在回紫禁城的路上对恭亲王说:"幸而太后今日宽宏大量,但如果再有人就此事上奏,上奏者和此次逃过一死的王鹏运恐将一齐被处斩。"

但慈禧从中心领神会,事后不再要求光绪时时前往颐和园问安,即使问安时,也让他比以往更早回宫。说到底,她是个通达世故的人。

戊戌政变时,很多维新派一党的人都诧异老佛爷为何从一开始就熟知康有为密谋的种种细节以及他同党的名字。解释如下:在慈禧发动政变前数天,皇帝知道保守派对康有为的敌意,所以不再召他入见。他起用维新派林旭,让他从中传递消息。林旭福建口音很重,皇帝听不懂他说话,所以让他把一切要事都写到纸上,并留下奏章供翻阅。

在性命攸关的8月5日前一个礼拜,老佛爷忽然从颐和园不告而至,想要看皇帝在做什么。她已到西门时,才派人告知皇帝,令他速往西宫门口跪迎太后,如以往一般。

光绪和林旭当时正在宫中商议大事,太监忽然入内,说:"老佛爷20分钟内便到,我已经安排御辇,您可前往迎接。"皇帝慌忙命林旭收拾好文件离宫,自己前往迎接太后。林旭急于在太后的太监们看见他以前离开,不幸在恐慌中遗落了一纸重要文件,上面列出了派兵包围颐和园捉拿慈禧的计划。李莲英的一个手下捡到了这张纸,李莲英将其交给了太后。这张纸宣判

◎光绪的囚禁处——南海瀛台

了维新派的死刑。

在接下来的两年里,光绪实际上等同囚犯,遭到老佛爷和李莲英的刻意羞辱与无视。在他被单独幽禁期间,他染上了一种深重的、慢性的悲愁,深知自己已经命不久长,一身任由冷酷无情、报复心重的老佛爷摆布。政变后,慈禧经常去光绪凄凉的监狱"瀛台"探访自己悲惨可怜的外甥,跟他平静地谈起他身后的安排,说是一切都会规矩得体[1]。她知道他天性敏感骄傲,于是故意用他即位的不合法统(完全是她一手安排)刺激他,说他的统治时期在王朝的实录中只会留下一段空白,就好像同样倒霉的明代皇帝景泰(1450—1457年)一样。

---

1 见《慈禧外纪》,第212页。——原注

光绪对他这位同路人的历史发生了一种忧郁的兴趣，他经常连续几个钟头思考着景泰的命运。在这位明朝皇帝和他自己的命运之间的确有许多耐人寻味的相似点。景泰也是由当时的皇太后扶上皇位的，因为他的长兄被蒙古人俘虏了。他是在举行祭祀时被太监们背信弃义地谋杀的[1]。他的统治从明朝的实录中被删除不录（日后又得到追认），他的遗体没有葬入北京以北的皇陵，而是被安葬在颐和园附近一个相对寒酸的墓穴里。

1900年，他们一同从北京逃亡患难与共过一场以后，老佛爷对他的态度多少有些软化了，光绪被从单人囚禁中释放了出来，但他仍然郁郁不乐，对景泰帝的命运念念不忘。他从颐和园的窗子里能望见那位不幸的先行者的坟墓，悲叹坟墓年久失修。他让自己身边的一名太监在墓上重新种植松树，并整修配殿的柱子。但是他叮嘱太监一定不能让老佛爷知道他是听了谁的命令。如果她知道这是皇帝的主意，她就一定会大怒；如果太监在被发现后说这是他"积德行善"掏自己腰包维修陵墓，慈禧则多半会夸奖他用心良善。但朝廷上下每个人都知道了光绪对景泰命运的可悲兴趣，所以到了1908年光绪驾崩后，张之洞冷嘲热讽向摄政王提建议，说要用"景"字（意为"显赫的"）做光绪的庙号，以纪念两人之间这种耐人寻味的相似。

1908年11月，光绪那神秘而又致命的病症到了末期，他忽然表现出不

◎张之洞

---

[1] 景泰是先被软禁后来才死的。

同寻常的主动性和思想上的自主。11月11日，也就是他死前两天，他从病榻上起来，表达了他想去慈禧床边问安的愿望。王朝的实录记载了他对圣母皇太后的虔心孝敬，但他真正的动机大概是想要亲眼看到压迫自己终生的人终于倒下了。不管他用意为何，他已经有心无力，走了几步以后就晕倒了。太监们把他抬到他卧室南面的床铺上，他再也没能从那张床上起来。

11月10日，周太医被唤来诊治皇帝陛下的病情，他对皇帝居室内陈设的简陋和整体的污秽感到震惊，这个病人根本没有得到照料。室内用中国北方穷苦人家常见的白土火炉取暖，炉子只值几文钱，散发出煤烟的恶臭。他的床褥粗劣不堪，只有商店学徒才会睡在这种床上。床边有几卷史书，但是房间里没有任何装饰，也没有任何可以提供慰藉的东西。黄色的桌布已经脏污，明显已经几个月没有更换过了。在他死后，他的灵柩被送到西陵，暂时寄放在义庄，等待陵墓修好。按照习俗，他生前日常所用之物也被送去殉葬，根据在场的人说，皇帝的吃穿用度还比不上一个平民家的店主。在不可一世的大太监李莲英经手下，可不会有一个子儿浪费在天子身上。

皇帝在临终的病榻上向老佛爷最后表达了一次遗愿，从中可以显明地看出1900年的悲剧事变给他的精神带来了多么深刻的影响，以及他对那个给他不幸的一生带来爱情与忠诚的女人是多么的矢志不忘。这就是"珍妃"，她是在八国联军进入北京城、他们从皇宫逃出的那天早晨被太后下令谋害的。将这个忠诚的灵魂送上死路的是李莲英，是他把珍妃推进了井里，但一直在太后面前进谗言诋毁她的则是另一个姓崔的太监，因此他才是害死她的主谋。这个卑鄙小人甚至在他恶毒阴谋的受害者掉入井内后还往下扔石头，并且嘲笑皇帝的悲痛。光绪没有忘记这件事，也没有宽恕他，最后时刻他决定向这个往他伤口上撒盐的人复仇。他恳求老佛爷将崔姓太监逐出皇宫，并没收他的万贯家财。即使在这个时候，他也没有忘记老佛爷在一切与她的至高权力相关的事情上都是极为敏感的,所以他尽可能不直接提及当年的悲剧事件,他相信她后来是反悔了的。他只要求惩办那名太监,因为他"欲对太后谋逆"。他的愿望实现了(崔太监的家财在这项决定中很可能是一个重要因素),在光绪驾崩的那天,这名太监被丢脸地赶出了皇宫。

宫中的"狐鼠之辈"对这位命运悲惨的皇帝少不了侮辱和轻视,他们似乎以伤害他敏感的天性为乐。李莲英一旦发现太后对皇帝流露出温情,就大肆渲染皇帝平时对她是如何不敬。

按照老佛爷之命,皇帝被囚禁在瀛台,周围被一个窄湖包围,和皇宫的其他区域之间只有一道吊桥可通。他除了负责监视他的两三个太监以外见不到任何人。甚至他的皇后和宫中的其他嫔妃都很少能获准来看望他,老佛爷偶尔来访,也绝不是为了让他喜笑颜开。他的寝宫很少有人打扫,室内陈设少而又少;甚至门上悬挂的竹帘都是散架的,窗户纸也是有破洞的。宫中安装了电灯,只有皇帝的居处没有通电。内务府官员们对老佛爷的想法心领神会,绝对不敢关心皇帝的福祉。有一次,光绪命内务府大臣继禄给他更换竹帘,因为他的旧竹帘已经不堪使用了。继禄照着办了。第二天早晨伺候太后的太监们幸灾乐祸地告诉他,老佛爷慷慨地赏赐了其他内务府大臣貂皮袍穿,对继禄却只赏了一只西洋哈巴狗。这种温和的暗示正是典型慈禧的所作所为,有效地阻拦住了继禄给光绪好日子过。不过应当承认的是,在两宫从西安回来以后,光绪的待遇有所改善,他有了自己的随从,口袋里也多了几个私房钱。

第19章 庚子年（1900）纪事

Memoirs of the Boxer Year

在义和团之乱到达顶峰和八国联军围困北京期间，北京宫廷的内史已经由景善大人的日记交代得非常清楚了，这部日记我们在1910年的《慈禧外纪》中曾经首次公布于众。自那以后，又出版了许多经历过这次围城的西洋人的回忆，以及中国人出于自我辩护的立场所进行的抨击也见诸文字，这些都验证了景善不仅广闻多识，而且他对那段怒潮汹涌的日子的记述是极为精确的。在清帝逊位之前，几乎没有办法寻找官方证据来证明景善耸动的描述的确为真的。慈禧的后继者是隆裕皇太后，她特地下令翻译了一版《慈禧外纪》，并禁止本国出版的书籍对这部著作进行任何指涉，在她看来，这部书自然是犯了大不敬罪，而且到了登峰造极的程度。然而，自从共和国建立以后，许多汉人和满人在公开或者私下都撰书回忆慈禧的统治，揭晓了那一时期的许多重大事件，也使清王朝的历史更加为人所知。这些中国作者常见的立场是将这次东方人的失败归罪于身居高位者的邪恶行径，在这些难以捉摸的记述中仍然可以放大和验证一些我们了解到的重要细节。

所有这些文献最引人注目的共通之处是它们默认了这段政治上的动乱时期起因于发泄私怨，无论是什么时候、什么党派掌握大权，他们都不放过这

◎ 1900 年八国联军士兵（从左到右：英国、美国、英属澳大利亚、英属印度、德国、法国、奥匈帝国、意大利、日本）

个机会挟私报复。老佛爷接受了义和团的"扶清灭洋"政策，结果被支持义和团的大臣们——端亲王、徐桐和刚毅——所利用，他们不是为了进一步推行这一政策，也不是为了解除国家危难，而是为了排挤他们私人的仇敌。甚至当八国联军已经到了北京城下的时候，这些人心中想着的更多是如何报复他们的政敌，而不是如何保护他们的君主和都城。在那些恐怖的日子里，围绕着龙座展开了一幕幕关于人类激情的残酷戏剧，而这些作者就事论事的态度让这些事件变得更残酷了，因为在他们看来不过如此而已，他们在其中看不到往昔埋藏的阴影，也看不到笼罩未来的阴霾。

在提及这场戏剧中最值得注意的一些事件之前，我们可以先阅读一段一位满族官员的日记，其中记录了清朝宗室王公贵族们的放荡不羁与旁门左道，早在他们变成义和团的首领之前，他们就是如此了。作者给他的回忆文章取标题为"亡国乱象"[1]：

"服妖之说，凿然有之。辛有伊川之叹、子臧聚鹬之事，三代前已启其端。昔史所记，如南唐之天水碧，北宋之女真妆，南宋之错到底、快上马，其事皆信而有征。盖国之将亡，其朕兆先见于起居服御之间，气机所感，固有莫之为而为者，不得谓五行家武断附会之说也。光绪中叶，辇下王公见勒，暨贵游子弟，皆好作乞丐装。余尝亲见之，不知其所自始。而一国若狂，争以寒乞相尚。初仅见诸满洲巨室，继而汉大臣之子孙亦争效之。淄川毕东河尚书之诸孙，盖无人不作此装也，今其家已式微矣。

"犹忆壬辰夏六月，京师燠暑特盛，偶登锦秋墩谊暑。锦秋墩者，在南西门内，直陶然亭之北，都人呼之曰窑台。崔然小阜，高不及二丈，顶平宽可亩许，杂树环之，四围皆苇塘，无人家烟火，故盛夏无暑气。每岁午节后，辄有人设茶肆于此。陈百戏杂耍，兼沽村酒，竹篱茅棚，颇有村落间气象也。

"邻座一少年，面黧黑，枯瘠如尪，盘辫发于顶，以骨簪贯之。京师无赖子，夏间皆作是装。袒裼赤足，仅着一犊鼻裈，长不及膝，秽黑破碎，几不能蔽其私。脚蹑草履，破旧亦如之。

"最奇者，右拇指穿一汉玉班指，数百金物也。雕羽扇一，碧玉为之柄，价亦不下百金。箕踞而饮酒，聆所谈，皆市井秽亵语。然酒家佣奔走其侧无停晷，趋事惟谨，不类侍他客，方深异之。俄而夕阳在山，游人络绎归，忽见右下一朱轮后档车[2]，行马二十余拥之。众皆大诧，因驻足观其竟。则见有冠三品冠、拖花翎者两人，作侍卫状，一捧帽盒衣包，一持盥盘漱盂之属，诣少年侧，鹄立启曰：'大爷，舆已驾矣。傍晚尚有某王府饭局，须早去也。'

---

1 作者这里引用的实际是李岳瑞《春冰室野乘》中的"服妖"。
2 这种车只有贵人才能使用。——原注

少年竦然起，取巾韍面讫，一举首，观者愈惊愕，几失声。盖向之黧黑者，忽变而白如冠玉也，然后悟其以煤炭涂面耳。

"盥漱既竟，徐徐着衣冠，则宝石顶而三眼翎者。两侍卫拥以下，既登车，游龙流水，顷刻渺矣。

"佣保乃耳语余曰：'此某贝勒也。'余益骇曰：'何至是？'友人哂曰：'君尚不知辇下贵人之风气乎？'乃屈指为述某王、某公、某都统、某公子，皆作是时世妆。若此贝勒者，犹其稍守绳检者耳。

"因慨然曰：'不及十年，其将有神州陆沉之变乎？'

"友人故旗籍，官内务府，故知之如此其悉也。果未及十年，而有庚子之乱。闻王公大臣之陷虏者，克勤郡王为洋兵所迫，日负死尸，怀塔布为使馆担粪，吞声忍辱，甚至被鞭笞，莫敢自明。呜呼！宝玦青珊，路隅饮泣，荆棘十日，身鲜完肤。哀王孙之诗，乃于吾身亲见之矣。痛定思痛之余，其亦有能力洒斯耻者乎？亦尚有乐从牧豕儿游者乎？"

下面的段落也是引用自一名旗人的日记[1]，解释了为什么老佛爷在多次犹豫不决和各方征求意见之后，仍然决定向西方世界开战。

"六月，联军集大沽。时端王、庆王、荣禄、刚毅、赵舒翘皆值军机，大沽失守后，孝钦召见军机，传谕单叫起，问战守之策。首端王力陈战利。次庆王，'请圣明决断，依奴才愚见，则和利'；次荣禄，力陈和利；次刚毅，力陈战利。最次为赵，奏对最久，有'不如先战，战北再和，亦未为迟'之语。且谓：'现在大军会集京师，各省勤王之军亦将到，即使战败，外人亦决不能长驱直入。'慷慨激昂，语极动听。孝钦意遂决。"

按照合约草案，赵舒翘必须以死赎罪，虽然他在义和团运动中扮演的角

---

[1] 实际上是引用自孙静庵笔记《栖霞阁野乘》卷下"记赵舒翘之轶事"。

◎中国——列强的蛋糕

◎东交民巷（使馆界）

色是相对微不足道的。慈禧在所降圣旨中说，对他的量刑考虑到了他被召见时所表现出的摇摆不定；但他毕竟是慈禧的宠臣，慈禧已经尽了全力保护他不被判处死刑。

  主要有三个人影响了慈禧的决定，促使她心中的天平向主战派倾斜，其中端亲王是个动刀动剑的狂热分子，相对刚毅和徐桐而言，并不是什么有趣的典型；刚毅和徐桐对外国人的仇恨从他们的传统观念中自然生发，他们认为自己的行为完全是出自一名爱国官员的对己尽责、对国守忠。大学士徐桐对西洋人和所有西洋事物的敌意到了冷血与无法通融的程度，但他至少贵在对自己的仇恨不加掩饰。早在义和团兴起之前，他对洋人的仇恨就使他在北京城出了名；有好多年他出家门时（他家住在东交民巷）总是从偏门走，不愿意踏上洋人的碎石子路面。他的儿子徐承煜尽管对洋人的态度也谈不上开

---

1 见《慈禧外纪》，第368页。

明，但他会在当地的餐馆用西餐，而且和大学士家隔壁的一家洋人保持了友好的关系。正是由于这名洋人出于善意加以干涉，徐桐才得以从被八国联军围困的街区逃出，老佛爷对这名洋人的善举也给予了奖赏。

徐桐接下来两个月迁居已故大学士宝鋆府中；他天天都去宫中朝见，除了端王和刚毅以外，他是劝太后信靠义和团最力之人。

两宫西狩以后，徐桐本来也想跟随太后而去，但一道圣旨将他封为议和全权大使。他的儿子徐承煜对父亲说："父亲大人已经八十多岁了。耽误国事到如此地步，却还苟活人世，是还有什么值得期待的吗？"老人气愤地教训他不该如此不孝。儿子反驳道："你已经是不忠之臣，不忠之臣正应当有不孝之子。"（同样的话1644年吴三桂曾经说给过他的父亲听，当时吴三桂的父亲投降了推翻明朝并自称皇帝的李自成。）老人的态度变得温顺起来，回答说："那就做你应当做的吧。"于是他的儿子把他领到花园里的一棵树旁，树上挂着一个绳圈，他协助大学士上吊自杀。如果他也同时受死的话，他的行为本来会得到赞许的，但他苟且偷生，五个月后也被斩首处死。

在义和团闹得最厉害的时候，一向考虑周到的徐桐经常对他的朋友们说："在驱逐洋人之前，我们应当先消灭一龙、二虎、十三羊。"龙是指皇帝，虎是指荣禄和李鸿章，羊是指扬子江流域的诸总督，庆亲王、袁世凯、王文韶以及其他京城和外省的温和派人士。

毓贤是山西总督，人称"屠户"，上了八国联军的黑名单，他先被判处流放，但是在他走到甘肃兰州的时候，甘肃总督松蕃[1]接到了太后的圣旨——她在洋人的施压下犹豫不决——说毓贤应当被处以斩首之刑。松蕃是毓贤的老友，在接到圣旨的前一天还邀请毓贤到自己府上赴宴。宴会正进行到一半，

---

1 新甘肃总督松蕃此时尚未到任，监斩人为代理总督何福堃。其事见《拳变余闻》《十叶野闻》等书。

老佛爷的圣旨送到了总督面前，要求立即将毓贤问斩。松蕃读后变了脸色，慌忙将圣旨藏起。毓贤请求一观，在遭到拒绝以后，愤怒地放下筷子，准备离开。松蕃看到于事无补，就让他看了圣旨。毓贤看到朋友神色悲伤，笑着说道："征战是你死我活之事。我是军人，知道你必须服从命令。君王有令，臣子敢不服从？邀我赴宴，是私情；将我处斩，是公义。先喝了这杯酒，再谈公事。"毓贤于是喝得大醉，向他的朋友告辞，安然地度过了一天。第二天早上总督派卫兵把他送往悬挂了红布的刑场，悲伤地见证了朋友被处死的场面。

刚毅是徐桐以下最顽固好斗的主战派，他是一个无知的文盲，一个偏执狂，还笃信魔法和咒语的力量。他对义和团的信仰是他幼稚的迷信所必然导致的结果；他最喜欢的读物是著名的神怪传奇小说《封神榜》，他的幕僚几乎天天都要将这本书读给他听。在担任军机大臣的时候，他经常说俄罗斯、英格兰、德意志和法兰西这些国家或许是真实存在的，但这些洋人口中的其他国家——瑞典、荷兰、奥地利和西班牙无疑都是捏造出来的，为的是用来吓唬中国。

1894年，有一次他从自己担任总督的广州回到北京，他推荐自己手下的一个副将升任要职。光绪问他此人有何长处。刚毅回答说："此人正是奴才的黄天霸[1]。"黄天霸是康熙治下某位督抚的心腹之人，是传奇故事中的一员勇将。光绪明白了他的意思，但是为之忍俊不禁，因为他知道刚毅的历史知识不外乎来自戏曲和鬼怪故事。

如今再回顾义和团运动，冷静地看待它的起源，它的领袖都是些什么人物，它的野心与冲动是多么幼稚儿戏，就不能不觉得欧洲列强对中国施以的

---

[1] 黄天霸是著名的戏曲人物。在朝见皇帝时提到梨园人物已是极为不妥，更不用说拿他们跟官员做比了。——原注

惩罚是缺乏同情心的,且忽略了许多基本的事实。比如,义和团的领袖之一是女流,据说原本是天津的一名下等娼妓,就是这样一个人驱使成千上万名本来无辜的人走向了厄运,人称"黄莲圣母"。在迷信她法力的追随者眼中,这个女人就是一位东方的圣女贞德。在义和团风头正盛的时候,任何人只要被怀疑和洋人有来往,就会被带到她面前,由她裁定是判处死刑还是当场释放。李鸿章的长子李经述当时正在天津,被义和团抓住,带到了"黄莲圣母"面前。"圣母"命令他跪下,对他露出了慈祥的微笑。他的随从和一名义和团首领交好,花钱买得了他的自由——这也是得到了"黄莲圣母"默许的。

◎李鸿章

总督裕禄邀请她来到自己的衙门,请她预言义和团后事如何。她来到时,裕禄身穿朝服,在大堂外跪迎,向她行三跪九叩大礼。他说:"洋人就快到了。请圣母大发慈悲,以法力消灭洋人。"她回答说:"我已请来一员神将,将以天火烧灭洋人。汝可以无忧。"[1] 她最终在李鸿章的命令下被逮捕砍头。

在那个时代,平民百姓的看法是无人重视的,他们谦卑本分,任人压迫,

---

1 见《奴才小史》"裕禄"条。

把自己的看法藏在心里。而大人物们却把整个帝国的命运拿来孤注一掷。下面这段回忆文章忠实地记录了平头百姓的看法，文章由一个旅居北京的江苏人所写，他的笔名叫作 Heng Yi。

"时间是光绪二十六年，"他写道，"我家住在三条胡同西头，离使馆区不到四百码远。5月24日德国公使被杀以后，董福祥的乱兵到我家邻里挨家挨户抢劫。24日和25日两天我都能听到被杀的妇孺的惨叫声，还有甘肃口音的叫嚷'把二毛子[1]带出来！'26日（公历6月22日）一个满人御史在御前弹劾了甘军的暴行，老佛爷召来他们的将军董福祥，要他惩治为首的凶犯。那天晚上，二十个士兵在我家巷子口被砍了头。

"这次杀鸡儆猴并没有平息事端，因为第二天又来了一伙士兵大肆抢劫，这次快要来到我家所在的地方了。我的堂兄吩咐看门人下了大闩，但我劝他不必如此。'我们要逃过一死，就只能好说歹说，劝他们不要动手。'堂兄赞同我的看法，于是我们把全家人聚集在一间大屋里，叮嘱他们不可惊扰呼叫。我刚刚安置好他们，十九个甘肃兵勇就冲进了大门。他们的刀剑和衣服上染着血，就好像刚刚大杀过一场。我上前迎接他们，彬彬有礼地说：'我知道你们是来找二毛子的。但是我家谁也没有吃过洋教。你看我们后屋还供着灶王爷。我们全家人都在这间屋里。你们要不要搜查有没有教民躲在我们家里？'我的意思是他们可以想抢便抢。我还叫来了一名佣人为他们沏茶。客人们得到这番款待，面有得意色，在四下抢掠过一番以后，又回到我们的会客室，有几个人坐下来喝茶。其中一个人说：'我看你们是些好人，可惜住在这个地方，这里都是洋鬼子和探子。'他们待了一会儿，就谢过我们，为打扰我们道歉，然后又去继续抢劫了。这时候已经下午两点钟。我们被抢

---

[1] "二毛子"——是当时对中国基督教徒的称呼。——原注

走了大概值四千元钱的财物。没过多久，我们邻居家的房子就都着火了，于是我下决心带着家人躲藏到城北的朋友家里。尽管有这些暴行，仍然有些有志之士相信甘军是国之干城，能够打退洋人的大军。我的一个朋友估算说那年夏天北京城有二十五万人送了性命。我在家中，一向厌恶拳匪，有的亲戚相信他们，以至于管我叫作'二毛子'。我的堂兄害怕我被拳匪所杀，把我带到他们在奶子府的祭坛前面叩头。时至今日我仍然后悔，那次本不该屈膝的。"[1]

在义和团风头最劲时，五位重臣死于主战派的仇愤或者私怨，这时候八国联军已经兵临北京城下了。其中两人是老佛爷下令处决的——他们是袁昶和许景澄——理由是他们企图保护洋人[2]。其余三人是立山、徐用仪和联元，他们是被端亲王匆匆处死的。[3] 许景澄是一位勇敢有礼的绅士，一位匿名的作者在回忆录里对他多有描述，回忆录的题目是《回忆一个令人心惊的时代》[4]，兹引用如下：

"浙右老儒某君者，与许竹筼侍郎布衣交。自侍郎持节欧西，即入其幕中，十余年未尝一日去左右。某君尝为人言：侍郎下狱之日，晨起，都市尚平安，寂寂无所闻。日晡饭罢，方坐书室中与某君闲谈，一面令从者驾车，云将赴总署。未及整衣冠，忽阍人持一名刺入，云有客求见。侍郎审其名，非素所识，令阍人辞以即赴总署有要事，不暇接见。阍人出，须臾复入，则来者自云系总署听差武弁，奉庆邸命，请许大人即入署，两邸诸堂已先在，云有要公待

---

1 此日记无考，有可能是出自作者伪托。
2 见《慈禧外纪》，第294页。——原注
3 景善在日记中称老佛爷对此一无所知，但这令人难以置信。很可能是她没有经过事先考虑一怒之下做了决定，后来又后悔了。——原注
4 直译就是《猿疑鸟惊录》。——原注（译者注：此书不知何考。下文实际上是引用自《春冰室野乘》第八十四"庚子拳乱轶闻"条目下"许侍郎、袁太常因诳授命"。）

商也。侍郎乃出见之。立谈数语，某弁即辞出。侍郎乃入，具衣冠，语某君曰：'昨晚散署时，未闻有何要事，何今日两邸诸堂同时俱集耶？'君曰：'想必有事。公出，我亦欲至城外，看外间消息如何。'言已遂去，俄复入云：'请公之某弁尚未去，方在门外，顾盼非常，甚可疑诧。且总署武弁数人，吾备识之，未尝见此人也。公可多带数人去，有不测，当饬其还报也。'

"侍郎笑置之，不以为意。及驱车出胡同口，则尚有提署番役数人俟焉。某弁一指挥，争蜂拥侍郎车，不东向而北驶。问何故，则曰：'此间有人伺大人，不须汝等矣。'侍郎入，引至一小室内，即反扃其门而去。侍郎闻隔壁室内有一人叱咤声。审之，即袁太常也，然亦不得相见。

"从者既归，某君大惊愕，急诣王文勤宅探闻消息，并请其论救。文勤尚不信，曰：'顷散直时，并未奉旨，安得有此事耶？'

"某君奔走终夜，卒不获要领。三鼓后，始闻侍郎及太常皆送刑部。次早，又得刑部某部郎密书，谓顷者堂官从内出，即饬预备红绒绳，恐目前即有不测。故事：大臣临刑，必用红绒绳而缚也。

"某君得书，犹欲诣文勤乞援。甫出门，闻人言囚车已出城者。急奔赴西市，则二公皆已授命。监刑者徐侍郎承煜，已驱车入城复旨矣。"

至于立山的死，同一个作者说他送命并不是因为义和团觊觎他的巨额财富。真正的原因是他和辅国公载澜之间早有怨恨，载澜才是害死他的人。许多年前，有一位名妓名唤"绿柔"[1]，艳名轰动京师。载澜和立山都与她有往来，都想将她独占，因为在他们眼中她的美貌值得他们"金屋藏娇"。但那时载澜闲散没有官职，手头无钱可使，因此绿柔最终被立山迎娶回家。对此载澜怀恨在心，而义和团给了他一个报复的机会。

---

1 原文作 Green Monkey，想是作者将"绿柔"误作"绿猱"。

内阁学士联元在端亲王命令下同时被处死，他曾上奏反对继续攻打使馆。他在离宫时遇到了前任步兵统领崇礼，两人就在景运门外头谈天。崇礼惊叹一声问道："怎么这么早就进宫啦？"（当时天还没有亮，联元这么早上朝正是为了递交奏折。）联元告诉了他个中情由。崇礼愤怒地回答道："当然了！你早就忘记了你的满人出身，跟那些汉人的叛贼一样了！"

联元不认为自己有错，一怒之下转身就走。崇礼的怒气更甚，他把这件事上报给了端亲王。几天后联元就在"西市"被弃市了。就在他人头落地之际，一个全副披挂的义和团头领纵马奔驰而来，马后拖着一个沾满尘土污泥的难以辨识之物。当骑手驰近刑场时，旁观者们才看清那是一个手脚被攒绑在一处的人。此人的面部已经残损到认不出来是谁，但是在询问过信使以后，他们发现那就是立山。

第三个受害者徐用仪，是他们当中最为不幸的。他是浙江人，以户部小吏起家，考入军机处为军机章京，在经历了五十年官场浮沉后，最终升任尚书。他天性谨慎小心，处理部中事务肯于通融，为官清正廉直，说话缓慢而有分量，略与已故的德文郡公爵相似。他的死让所有人都吃了一惊，因为没有人知道他有仇敌。慈禧一直对他抱有好感，后来也声称他的死与她毫无关系。

尽管如此，真正应该为他的死负责的人是徐桐，他早就秘密地憎恨着徐用仪了，起因是一件极为微小的事，当时两人一同担任考官。有一名考生是大学士徐桐的门生，徐用仪发现了他一个书法上的错误将其黜退，这个错误其他考官之前都没有注意到。徐桐那种人是不会忘记也不会宽恕别人让他丢"面子"的。

在立山和联元死后，端亲王、载澜和刚毅嗜血的欲望并没有得到餍足，他们想要更全面地扫荡他们的政敌，如果可能的话，最好连荣禄也一起收拾掉。前礼部尚书廖寿恒（江苏人）不在军机处已经数月了，他1900年6月已从总理衙门辞官，但刚毅和端亲王都长期对他抱有私怨。他们预定在 7 月 22 日（公历 8 月 16 日）将廖寿恒和一些其他官员处斩，廖寿恒在他们的单子上位居榜首。他们并不对自己的意图保密，消息传遍了京师。廖寿恒把自己的家人送回了南方，自己独居在东华门外的一家小庙里。听到消息以后他大为惊恐，请求他的一个担任过督抚的亲戚出面拜托荣禄救他的性命。荣禄答应会尽力而为，但是第二天他就传来消息，说所有努力都白费了。他在当天早晨朝见时向老佛爷一再叩头，恳求她饶廖寿恒一命，但是老佛爷不肯改变主意，谁也无法说服她。荣禄于是劝廖寿恒自尽。

廖寿恒收到了荣禄的传信，但是他下不了决心自尽。就此而言，他是明智的，因为 21 日，也就是预定的处决日的前一天，北京城陷落了，他逃过了一死。他马上启程回到南方老家，在那里不久后就过世了。他曾经寄居过的寺庙中的僧人后来说，当廖寿恒听到他被判死刑的消息以后，他在院子里发疯似的绕了一圈又一圈，就这样过了好几个钟头，一刻都没有停。他粒米不进，苍白如纸。[1]

当时很少有人知道王文韶也险些未能逃出生天。在上述的五大臣被处死以后，载澜又上了一道奏折，要求炮轰使馆区。奏折还有一纸附片，上面有这些话："诸臣通敌者已尽典刑，独王文韶在耳。斩草不除根，深恐终贻后患，请并诛之，以清朝列。"[2]

奏章到了军机处，荣禄先打开看过了一遍。他什么也没有对同僚们说，只是将奏折的附片收进了自己袖子里。他把奏章的正折递给了王文韶，王文韶读完后问同僚说："载澜公尚有一纸附片，现在哪里去了？"荣禄平静地

---

1 这个故事同样见于《春冰室野乘》第八十四条"庚子拳乱轶闻"下"廖尚书绝处逢生"。
2 同见于《春冰室野乘》第八十四条"庚子拳乱轶闻"下"荣禄保王文勤免诛"。

回答说："可能是已经交给了太后，不会公布了吧。"

几分钟后，军机大臣们都被宣入朝见。在日常事务奏报完毕后，荣禄从袖中取出附片，说："载澜这道折子极为不通，辱及太后，请太后下旨严加申斥。"

老佛爷看了一眼附片，她的"慈颜"阴云密布。她自言自语了几句，眉头紧皱着坐了下来，荣禄很了解她脸上的表情，那说明惹怒她的人要倒霉了。最后她严厉地说："你能保证此人没有二心吗？"荣禄叩头说："即使您的朝廷里每一个人都是犯上作乱的叛贼，这个人也必定是赤胆忠心的。奴才愿拿自己的性命为大学士担保。即使奴才有一百张嘴，也要用来为他作保，即便人头落地也不怕。"老佛爷仍然踌躇未决，脸上是一副难以捉摸的表情，平静得看不出她的心思。最后她用一副严厉警告的嗓音说："好，那么我就把这个人交给你看管了，如果我发现你所言不实，他确有异心，你们两个人都是死罪。"荣禄匍匐在地感谢太后恩典。这一仗算是打赢了。他和他的同僚们告辞离去。

王文韶耳背得厉害，而且一直跪在离宝座较远的地方。他完全不知道老佛爷在跟荣禄说什么。事后荣禄把这个故事讲给他的朋友们听，评论道："在我为王文韶的性命力争的时候，老佛爷屡次怒视他，她厉声说话，把我和礼亲王都吓得浑身发抖、面无人色，刚毅还在一边冲我们冷笑，只有老王含笑自若，不知道出了什么事。"王文韶一直到死都不知道他是怎么逃过一死的，后来还经常问荣禄，在1900年那个命中注定的早晨老佛爷究竟对他说了什么。

在使馆解围后一个月，出现了一篇作者署名为"宗室子弟"的笔记[1]，

---

[1] 这段描写实际上是引自林纾的《宗室寿富公行状》。

下面这段关于联元的女婿寿富之死的悲惨描述就是从中摘录的，寿富在八国联军入城时全家殉死，不愿意在异族手中遭遇侮辱和暴行。寿富这种类型的人在维新派（他的确是维新派人士）中并不鲜见，诚挚、正直、容易冲动，但并不十分明智，也谈不上通达世故。他的冲动源于他的无知，导致他全家送了性命；然而这一类悲剧在那个充斥着战乱、谋杀和暴死的时代是很常见的。至少在当时的中国是寻常事。

"方拳匪之初发难也，公尽然悲忧，一日慨然曰：'毋庸问矣！此局至贴危，顾身为高庙子孙，一死尚足自断。'时外城垂陷，有叩以急策者，公曰：'先护皇帝出险，再行作计。'或请避兵，不答；又请以弟寿薰挈妇幼出居墓庐，公曰：'皮之不存，毛将安傅？'又曰：'大宗如此，遑言小宗？'寿薰者，公同母弟，生平以节概自命，所见乃与公同，语人曰：'图全果太无为。'

"七月二十三日，外兵陷国门，入城中，喧传竖白徽者得逭死。公知皇帝已出，即趣寿薰合药，立泚笔作书与华太史曰：'大事已去，侍国破家亡，万无生理。老前辈如能奔赴行在所，敢乞力为表明：侍已死于此地，虽讲西学，未尝降敌。家人有不欲死者，尚乞照拂；苟死亦听。外有先大夫奏疏年谱及生平著作，并以奉渎，亦乞量力保全。敢百拜以请。'其下系绝命词三首，有云：'今日海枯看白石，二年重谤不伤心。'书后，兄弟遂同进药，未殊；女弟隽如夺药，先饮其八岁之妹淑如，后始自引决；侍婢隆儿感主人义，亦尽其余沥。忽言外兵穷索，已逼东院，公惧不即死，为敌曳辱，引缳，缳绝而坠。寿薰神宇坚定，为更结四缳，公及二妹与婢咸殊，寿薰一一异置别榻，更结巨缳于门，从容而逝。时为七月二十三日巳刻。公年三十有六，寿薰三十有二，隽如与寿薰同庚，亦三十二，淑如八岁，隆儿二十一也。

"小屋同时列尸五。敌骑充斥，不可得榼。邻人傅兰泰假百金购柳棺五具，瘗之后圃。公子橘涂裁九岁，寿薰二子仅扶床立。娣姒均崔氏学士汉军联元女也。学士重儒术，恶新学，颇病公所为。及内召，与公论国势，则倾襟推抱以合之。都下事急，召对诸臣，学士痛哭力陈公使必不可戕，某王叱去之。夜中遣骑收联公，未及结袜，迟明斩于东市。公闻耗大悲，自咎以言论陷联公于厄，于是死志已决。联公家属时适避公私第，知公兄弟忠概不可挽，则力持两夫人不听殉，存鞠三孤，识者咸疑其有天幸焉。"

笔记作者总结说[1]，自从甲午中日战争之后，寿富就明白了中国只有变法才能自强。无疑他宁可活着为国尽忠，而不是一死殉国；但他的英雄气概一定可以告慰他的祖先努尔哈赤在天之灵，也让他的敌人看到了一位真正的爱国者是如何死于国难的。

---

[1] 这段话为作者自行添加。

第20章 关于老佛爷

Concerning the Old Buddha

◎慈禧太后

　　《慈禧外纪》的读者可能还记得，在我们对这位不同寻常的女性的性格进行总结的时候，我们提到过在她去世时，尽管存在着大量的日记、档案和回忆录，出自京城官员和她的近侍之手，但在当时涉及她的一生与她的时代的出版物里，很少有具备人性方面的趣味与价值的。《闻尘偶记》是在清政府鞭长莫及的英租界所写，书中的描写明显被作者对满人的民族仇恨扭曲了，在许多细节上也随意写就，不求精确，导致这部书毫无用处。《景善日记》第一次提供了权威证据，关于慈禧周围的人是如何看待她的

◎慈禧绘画　粉牡丹 　　　　　◎慈禧绘画　黄牡丹 　　　　　　◎慈禧绘画　鸟与水果

缺点与美德的。《景善日记》得到了公众的肯定，从这部书所透露的信息来看，太后"尽管心情善变，喜怒无常，尽管像小孩子一样缺乏道德心，但她不择手段的权力欲，她强烈的激情与仇恨，都让她不仅仅是《闻尘偶记》里那个凶恶的怪物，正如她不是美国杂志上描绘的那个性情慈祥、穿着时髦的女慈善家一样"[1]。

在论及慈禧的早年生活，以及她的同时代人和后世人给她加上的罪名的时候，我们强调她一生都行其所以为是，所作所为无不依据她的民族和阶层的信条。她二十四岁就掌握了自身的命运与帝国的大权，没有人告诉过她不能按照自己的喜怒或者恩仇行事，她又怎么能清除紫禁城中的野蛮恶行与弊端呢？要记住中国人惯常是如何给自己的政敌肆意构陷罪名的，考虑到慈禧

---

[1] 见《慈禧外纪》，第478页。——原注

生活在"大起大落、亦喜亦悲"的紫禁城里，她的罪名是要大打折扣的。

尽管有这些前提，有一点还是没有疑问的，就是在慈禧的儿子同治的未成年时期，她一直有着奢侈靡费与行为不检的恶名，导致中国官员中的正直人士普遍对她怀有厌恶和不满。她人生中屡次遭遇到的危机，都是这些士人的情绪酿就的，最终清朝被受过西方教育的广东革命党人推翻，无疑也与她大有干系。比如，在1898年，维新派人士杨锐在他呈交给光绪的奏折中就鼓吹要捉拿并软禁太后，揭发她的严重失德，控告她和多名达官贵人有私情，其中之一就是荣禄。杨锐的奏折把她在颐和园的秽行与淫宴跟商朝的妃子妲己相比，把她的罪行说成众所周知的事实。当然，这是新党的排满运动所持的态度；然而他们不需要对自己提出的指控负责，他们的揭发也就令人生疑，我们必须考虑到这些作者赤裸裸的偏见，他们的言说不可尽信，至少远不如慈禧本人的谕旨和官方发布的自我辩护书来得可信。

慈禧最常被控诉的罪名是她干预皇位继承。她之谋害"珍妃"或者勾结拳匪，反倒不怎么受到严厉批判；人们默认中国的最高统治者总是要排除他或者她前进道路上的一切障碍的，除了合法的皇位继承顺序不可动摇。在此事上，新党的想法似乎不自觉地和旧制度下的传统士大夫苟同了，因为中国整个社会的根基就在于祖先崇拜，而这就要求皇位承继有序，将天命一代代传给合法的继承人。

关于同治的年轻遗孀、贞洁的阿鲁特氏在1873年3月的早逝，还有她所怀的遗腹子，我们写道"关于她传说中的自杀，意见无法统一，也将永远如此"，但在权衡了各种能接触到的证据以后，我们认为这其中无疑是有黑幕的。在慈禧被控的各种罪行中，这曾经是、现在也是最为丑恶与冷血的，同时也是对她继续统治中国最为必要的。考虑到当时的情形，无怪乎大众的意见会一致认为这个不幸的女人是死于慈禧之手；但一直到民国期间，小册

◎皇后御寝

子和笔记作者们才开始罗列其中证据。这些证据很难讲是出自可靠的证人之口，还是出自作者们内心的想象。我们手头所收集的作品都出自刻意要丑化满人特别是老佛爷的作者之手。关于传闻中她犯过的许多罪恶——谋害与她一同垂帘听政的慈安皇太后；放任她的儿子同治沉溺声色；除掉阿鲁特氏，害死光绪——这些新党作者的结论高度一致，但他们所提出的证据在细节上却有重大差异，他们的作品在整体上体现的是一种人为构建的记忆，这种记忆同时还非常富有弹性。

下面的片段分别取自四名作者的近作，在此引述是为了读者能够对这位伟大的皇太后尚在人世时的名声形成自己的看法。作者中有惹是生非的广州新党，也有存心诋毁她的北方政敌。不管他们对于太后所犯血债下的定论是否符合事实，他们各自以及作为整体都描绘出了一幅紫禁城生活的可悲画图，那里腐败滋生，龙座不稳，在气派宏伟的大殿投下的阴影中，爱和快乐都短暂易逝，只有冷酷的命运毫不留情。

第一部作品出自才华横溢的学者潘祖荫之手，19世纪90年代初，他在京城是南党的领袖，1897年去世。他的回忆录在清帝逊位后不久由他的孙子出版，他的孙子是上海的一个革命党人。潘祖荫给他的回忆录取名叫《云海斋漫记》[1]，云海斋是他的室名[2]。许多年来他在翰林院中扮演了一个类似桂冠诗人的角色。下面这段文字写于1880年4月，记录了慈禧是怎样最初登上政坛的：

"1861年肃顺被斩首时，官方记载和坊间传闻都说他在咸丰帝死后妄图篡位，肃顺一党本想要发动政变，幸而被机智又有勇气的慈禧太后所挫败。许多人都盛赞她诛杀肃顺及其同党时的行动迅速，手段果决。然而此事的通行版本与实情相去甚远，我熟知宫中之事，可以就此一言。西太后要处死肃顺的真正理由是他对她的事所知甚悉，因此不能让他存活于世。死人是不会讲故事的。

"当慈禧初入宫时，她还不是嫔妃，只是一个下等宫女。她被编入圆明园内别馆'桐阴深处'。她在那里从事杂役，刺绣，灵巧地干着一切适宜于女子的活计。她的一项天赋就是她天生有一副好嗓子，她会唱许多南方小曲，因为她本是在南方出生长大，向乳母学会了唱曲。咸丰有一天在圆明园中漫步，听到从一片树林中传来一个曼妙的声音，正唱着一支南方小调，其音袅袅。君王被迷住了，他走上前去要结识这个唱歌的美人。这是他第一次与叶赫那拉氏相遇。当天晚上他在她的陪伴下度过，她工于逢迎，又不显得奴颜婢膝。她精于揣测上意，擅长戏谑和模仿，皇帝对她迷恋不已，第二天早上就把她

---

[1] 据考潘祖荫作品中并不存在此书。潘氏乃慈禧朝臣，死于慈禧尚在世时，应不可能著书详言慈禧丑事，所谓潘祖荫所作，疑为本书作者伪托。以下这段故事亦见载于《清稗类钞·宫闱类》"孝钦后诛肃顺之异闻"。

[2] 潘祖荫的室名应为"滂喜斋"。

带回了北京宫中。不久她就为他生下了一位皇子，从那天起她贵不可言的命运就已经注定了。

"在诞下皇子的大喜之日后，她按照满洲的习俗被封为贵妃。她的升至妃位完全改变了她的性情，她的态度变得傲慢不逊起来。对皇帝她任性骄纵，抗旨不遵；对其他嫔妃，她飞扬跋扈，含讥带讽。她的行动就好像天下已经属于她了一样，咸丰根本制不住她。他甚至无法阻止她和一个年轻的侍卫有染，此人是她娘家的亲戚，名叫荣禄。太平天国之乱给了她绝好的机会策划阴谋，结党营私；皇帝已经技穷智竭，大清朝似乎注定要一蹶不振。叶赫那拉氏掌握了局面，她经常出面举荐官员，于是很快有了一群自己的忠实拥护者。

"她逐渐手握大权，甚至皇帝也为之黯然失色；奏折都呈交给她批阅；软弱的皇帝从旁看着她，渐渐由妒生恨。肃顺这个时候是宗室中最有权势的大臣。咸丰对他恩宠备至，喜欢有他在一旁陪伴，重视他远胜过自己心怀不满的弟弟恭亲王。朝廷中没有人受到的宠遇能跟肃顺相比。叶赫那拉氏知道自己失去了皇帝的宠爱，于是更加急于把肃顺变成自己的盟友；她做了一个女人所能做的，也就是勾引他来向自己求爱。肃顺直白地对她说，她太过水性杨花，不对他的脾胃。从那天起叶赫那拉氏就对他燃起了熊熊怒火。

"端午节的时候，她劝皇帝和她一起去乘龙舟。叶赫那拉氏擅长摇橹，她先上了船，然后在船上等着咸丰和肃顺。就在天子登舟的那一刻，她忽然在水面上点了一下船橹，咸丰有失体面地头朝下栽进了水里，还扭伤了脚腕。这次无礼的恶作剧激怒了皇帝。也正是在这个时候，皇帝的姐姐提醒他不要忘记那个古老的预言：'叶赫那拉族哪怕只剩下一个女儿，也会夺走爱新觉罗的天下。'他有一次对肃顺说了以下的话，当时有一个太监在场，太监后来把这件事告诉了我：'我打算不久后就效仿汉武帝处置钩弋夫人的做法。

你认为如何？我应当杀死贵妃吗？'肃顺一言不发，但他的沉默在皇帝看来无异于默许。把这件事告诉了我的同一个太监当时就把咸丰的想法报告给了叶赫那拉氏。她骄傲的天性因此收敛了一段时间，但她马上着手巩固自己的地位，皇帝的日渐衰弱也使他无法断然采取行动。就在这个要紧时刻，与蛮夷的战争开始了。咸丰为之大惧，尽管受到叶赫那拉氏的阻拦，他还是逃出了北京。在热河，他的身体更是一日差似一日，终日郁郁不欢，他把叶赫那拉氏囚闭在了一间侧殿里，禁止她与外界往来。如果不是她的拥戴者们忠心耿耿，她就会饿死在那里了。

"在临终的病榻上，皇帝决定不让有罪的妃子活下去，不能让她玩弄权术还有好结果。他亲笔起草了一道遗诏，内容简短而直言不讳：'朕宾天后，即杀西宫以殉，从朕于地下，断不许伊苟存人世，扰乱国政。'咸丰召来肃顺，把这份敕谕交给了他，命令他照着执行。肃顺把遗诏放到了皇帝的御枕下面；遗诏必须留在皇帝驾崩的房间里，不然就会被说成是伪造的。

"有一个叫李莲英的年轻太监，平时伺候皇帝，他精于按摩之术，快死的皇帝四肢风湿疼痛，只有在他按摩以后才能得到几分解脱。皇帝和肃顺说话时，他正等候在前殿，偷听到了遗诏的事，连忙跑去告诉叶赫那拉氏。醇亲王和他的福晋（慈禧的妹妹）当时正在热河，等候着皇帝的死讯。李莲英设法捎话给了醇亲王福晋，告诉她有这样一道遗诏，恳请她施援手救救她亲爱的姐姐。在宣布给皇帝穿上寿衣的时候（也就是说他已经弥留了），福晋被请进宫中照料后事。慈禧也从幽禁的地方放了出来，带着她所生的皇太子进了皇帝的寝宫。皇后慈安手里拿着遗诏，但是叶赫那拉氏和她的妹妹劝说她将遗诏交出，立刻将其烧毁。大家都认为慈安是自愿交出遗诏的，因为她不想在这个时候再起纠纷，她对肃顺也没有好感，而且她手里还有一份类似的遗诏，授命她如果慈禧祸及社稷，可以随时将其诛杀。总之那道致命的遗诏是被烧毁了；肃顺在处理完公事后，重新进入了皇帝的寝宫，问皇帝是几时宾天的，因为按照习俗这应当写到宣布皇帝驾崩的诏书里。慈禧面有怒色，解下一只怀表给肃顺看，用冷冰冰的口气说：'你自己看吧，他刚死了一会儿。'她不想显得中间空过了一段时间，以免让人联想到烧毁遗诏的事。从那天起她就下定决心要置肃顺于死地。她清楚宫中许多人都知道皇帝打算对她斩草除根，所以肃顺不死，她就无法平安度日。俗话说得好：'最毒妇人心。'叶赫那拉氏是豺狼之心，尽管她曾经有恩于我，我本不该这样放肆说话。"

◎醇亲王奕譞

我们接下来要引用的是一部回忆录，也可以说是小册子，它在坊间流传时的署名是"安徽士人"。作者首先提到了清朝是通过征服叶赫那拉族而起家，最终又因为叶赫那拉族的得势而灭国（此时他慨叹了时光无情地流转），然后他开始解释慈禧对清朝衰落所应负的责任，文章如下：

"在咸丰初年，年轻皇帝有着很好的名声。但太平天国一再取胜令他忧虑不已，又加上宫中太监的引诱，他不久就沉迷酒色，不理朝政。他厌倦了后宫中的旗人女子，听从了肃顺的劝诱宠幸汉女，肃顺利用他好色的弱点乃是为了削弱叶赫那拉氏的力量。在大太监的帮助下，肃顺从江浙选出三十名

◎慈安皇太后

美貌的汉女，将她们带到北京。然而，清朝的祖制禁止汉女入宫。[1]肃顺于是向咸丰建议说，现在四境不宁，需要采取特殊措施护卫皇帝，不如用这三十名汉女充任侍卫，夜间在寝宫附近执勤。她们分班轮值，每班三人，在咸丰寝宫外的院子里打更。咸丰觉得此计甚妙，于是这些戎装的丽人成了宫中的一道风景。

"尽管叶赫那拉氏生下了皇子，咸丰却不喜欢她的为人，经常和肃顺讨论怎样才能废掉她。在临终的病榻上，他写下一道遗嘱，交给他的皇后（慈安），遗诏中说：'西宫母以子贵，不可不尊之为皇太后。然其人实不可深信，恐日后祸之将至。汝应自决政事，不可听彼主张。如彼安分守法，汝可以礼相待。如彼失德无行，汝可召集朝臣，出此诏，立即将彼赐死。'咸丰从来没考虑过要让两宫同时垂帘听政：叶赫那拉氏后来拿出的遗诏是李鸿藻伪造的。

"在咸丰驾崩后，两宫皇太后的封号有了显著的不同：位尊者慈安获得了更显赫的封号'母后皇太后'，而叶赫那拉氏被封为低一等的'圣母皇太

---

[1] 这条祖宗家法是清朝入关后第一代皇帝顺治的母亲所制定，为了让她的儿子不至于沉迷女色，也为了保持清朝皇室的纯正血统。她在皇宫大门处立了一根铁柱，上面刻着谕旨："有以缠足女子入宫者斩。"——原注

后'。（对欧洲人来说其中几无区别；然而在中国人眼中这两个头衔有着天壤之别。）皇帝嫡母地位高于生母，这在明朝万历年间（十六世纪）有过先例，当时也是为了挫败一个妃子的野心。叶赫那拉氏勃然大怒，不久她就取得了一个能与从前的皇后平起平坐的封号。她被尊为'慈禧皇太后'，根据研究这一类尊称的专家们说，这头衔只比'慈安皇太后'差一点儿。

"在热河，叶赫那拉氏初次对军机处提出要垂帘听政。从大臣们的反应来看，他们明显并不支持她的想法，但他们也不敢公开和这个精明的年轻女人作对，只除了杜翰，他公开反驳她的主张，指出这是公然违背祖宗家法的。叶赫那拉氏当时没有再说话。两宫太后垂帘听政的主意在初次提出时，并没有受到朝臣的欢迎；后来众人却都点头称是了，因为肃顺的飞扬跋扈得罪了许多人，他还公然藐视宗室中的几位亲王，他们连成一气反对他。后世因为肃顺的骄横，对他的评价多有不公。此人实在并非恶人，相反还比他的大部分同时代人更加廉正。至少他不是那种顽固不化的旗人，他施加影响把很多重要的军职给了胡林翼、左宗棠这样的汉族大臣。在朝中人们管他叫'皇上的警钟'。

"至于慈禧，关于她只能说：'家丑不可外扬。'整个帝国很快就听说了皇太后的种种风流韵事：例如她和安德海的纠葛，所有人都传说他根本不是太监。有一段时间坊间流传说她有孕在身，人们窃窃私语说，如果同治死后无嗣，下一代皇帝只怕会是私生子，就跟秦朝的'始皇帝'是吕不韦的儿子一样。因为这桩丑闻，慈安皇太后才下定决心要除掉安德海。他的尸体没有示众过，所以也没有人知道他到底有没有净过身。

"同治大婚的时候，叶赫那拉氏非常中意凤秀的女儿，想让她做皇后，

---

1 一句老话。——原注

但是慈安让她的想法没有实现。中选的阿鲁特氏端庄贞静，饱读诗书。端庄在慈禧看来算不上优点，她这边也瞧不上皇后。她甚至禁止皇帝去看望皇后，强迫皇帝和凤秀的女儿做伴，她此时已被封为'慧妃'。同治对慧妃不感兴趣，有一段时间他宁可在乾清宫独宿。在这种情形下，不奇怪他会在太监的带领下，去京城中寻花问柳；在花街柳巷他自称为'江西拔贡陈某'。在有一次这样的私访中，他在酒馆里遇到了侍郎毛昶熙，向他微笑点头。毛昶熙大惊失色，马上去报告步军统领说皇帝在宫外微服私访，从此同治夜游时身后多了一班卫兵跟踪。同治对此可不高兴，在下次朝见时，他严厉谴责毛昶熙不该如此多事。

"皇帝一病不起后，慈安派人去请皇后阿鲁特氏，为了安慰她，让她亲自照料丈夫。按照古老的宫中习俗，皇帝想要临幸某位嫔妃时，必先由皇后传达谕旨，让被召幸的嫔妃准备好迎接天子。谕旨必须盖上皇后的印玺，没有皇后许可，嫔妃不准迎接皇帝。（这是1542年嘉靖皇帝被刺杀未遂后立下的规矩，当时宫女杨金英在一个妃子宫内袭击了他。）同治已经病得几乎起不了床，但他还是请求皇后为他传递谕旨、盖上印玺，因为他想召幸一个妃子。事后不久，他的病情就无可挽回了，他预料到大限将至，于是派人去请他所信任的李鸿藻，李鸿藻来到时，他就让人掀起门帘，把李鸿藻带进寝宫。阿鲁特氏正站在床边，看到来人，就想躲避，但是同治阻止了她，说道：'太傅是先帝老臣，我有要事相商，你可以留下来听我说了什么。'李鸿藻双膝跪倒叩头；同治让他起来，说：'这不是讲礼节的时候。'他握着李鸿藻的手，继续说：'我活不久了。'李鸿藻和阿鲁特氏都开始哭泣，但是他让他们收起眼泪，继续听他说，因为他没有多少时间了。他转向他的妻子问道：'朕如果驾崩，你认为谁应当继承皇位？'她回答说：'国家需要长君。我不想怀抱幼帝做太后，那只会给国家招来灾祸。'皇帝微笑着说：'你如此明白，我放心了。'他告诉李鸿藻他想让九王爷的儿子贝勒载澍[1]继承大统，做咸丰皇帝的嗣子。接下来他口述了遗诏，令李鸿藻在他床榻之侧抄写。全文约有千字，其中都是想尽办法防备他母后篡权的话。将死的人将写好的遗诏看了一遍，甚感满意，说：'很完善了！你先下去休息。日后我们还要再见。'

"李鸿藻出宫以后面无人色，浑身战栗，他直接去了慈禧宫内，要求立即进见。叶赫那拉氏召他进来，他没有打过招呼，就从袖中取出遗诏呈上。太后像往日一样面不改色地读完，但最后她还是怒不可遏。她站了起来，将遗诏撕碎，踩在脚下践踏。'马上给我出去，'她对李鸿藻说。然后她下令不准送任何饮食或者药物给皇帝，任何人也不准到他身边去。她自己匆匆赶到儿子寝宫中，发现他已经死了。慈禧一直为李鸿藻这次出卖同治帝而感激他。的确，她1884年把他赶出了军机处，但十年后他重新又位高爵显了，在死后还得到了最高级别的谥号'文正'。李鸿章经常说太傅李鸿藻这次的举动害苦了爱新觉罗家，清朝算是被慈禧的第二次垂帘给拖累了。在1898年政变后，他把整个故事讲给了他的幕僚马建忠听，还说：'李鸿藻一个人就毁了大清朝。甲午中日之战和后来的其他祸事他都难辞其咎。'[2]这些话是马建忠告诉我的。

"同治死的时候正是黄昏时分。军机大臣们立刻被召到偏殿议事，他们在殿上只见到了叶赫那拉氏一个人。她站在皇帝的宝座旁边，身穿常服。王公大臣们问起皇帝的病况，当时还没有人知道皇帝已经驾崩了。叶赫那拉氏含笑回答道：'皇帝龙体无恙。'她只说了这一句话，但是群臣们都明白皇帝已经不在人世了。

---

[1] 这位王爷在1898年的政变后被慈禧下了大狱；后来摄政王醇亲王在1909年袁世凯倒台那天恢复了他的爵位。——原注

[2] 说句公道话，在李鸿章的同胞们看来，他才是要对中国大败于日本负责的人。——原注

"又过了一会儿，慈禧忽然又开口说话，这一次语含怒意：'皇帝已驾崩了。此非讲礼节之时，须先商量大事。'接下来的讨论中，只有文祥敢于出言顶撞慈禧，强调应当给同治而非咸丰立后嗣。他对同治的遭遇满腔义愤[1]，最后他只比同治多活了几个月。

"在光绪初年，慈禧对朝政显得不感兴趣，她还经常避不上朝。这本身就是极可惊异的事，然后在1881年2月，她病倒了，整整两个月在自己宫中闭门不出。很多人都相信她当时生下了一个孩子，而荣禄就是孩子的父亲。如果宫中太医给她开产后调养的药，那是于礼俗不合的（叶赫那拉氏是寡居之人），所以他们把她的病当作痢疾来治疗，病情自然越来越重。太医薛福辰从江苏被召来，他看出了慈禧的病症，他开的都是对症的药，但是在处方笺的第一行总是小心地写上'治痢疾'，这样尊贵的病人就不会有失体面。（宫中开的所有处方都必须在太医院存档。）

"慈安看出了她的同侪形迹可疑，慈禧想必妇德有亏，但是她天性宽容仁厚。在慈禧大病初愈后，她邀请慈禧到自己宫中庆祝。酒过三巡以后，慈安让所有侍从退下，希望能通过回忆旧事来打动慈禧的良知。她谈起了她们幼时的光景，她自己的父亲对败落的叶赫那拉家的恩情，然后又谈到出奔热河，和载垣的阴谋，那一次险些葬送了她们两个人。叶赫那拉氏做出深受感动的样子，在慈安回忆的时候流了许多眼泪。东宫皇太后又继续说：'我们姊妹俩年岁已大，恐怕你我当中的哪一个不久就要随侍先帝于九泉之下。你我共处了二十年，从未发生过龃龉。如今我有一件东西，当初是得之于先帝，现在已经没有用处了。我害怕有朝一日我不在人世，此物被他人所得，会说我们两人貌似和好而私下却是仇敌。那对你我来说都是憾事，也会不称先帝

---

[1] 见《慈禧外纪》，第185页。——原注

之意。'说完后她从袖中取出一张纸,递给叶赫那拉氏,她读完后脸色惨白,几乎无法自制。因为这正是咸丰临终前留给慈安的遗诏,授权她遇事可以诛杀慈禧。慈禧读完以后,慈安把遗诏要了回去,说:'妹妹勿怒,如果我对你有歹意,就不会给你看了。希望你看过以后,能明白我爱护你之心。'她当着慈禧的面把遗诏焚毁,微笑着说:'现在此物已经无用了,最好是销毁,我也算是对先帝尽到责任了。'叶赫那拉氏内心气愤难平,但强自掩饰。她甚至还故作感激之态,掉下了几滴眼泪,一边胸口起伏啜泣不已,一边抓着慈安的手不放。慈安安慰她,劝她回宫休息。从这天起慈禧决定要置东宫皇太后于死地。俗话说得好:'不能驯虎者,勿拔虎须。'慈安本该记住这句话的。

"几天后慈安去拜访她的同侪,发现她远不似以前傲慢。如今她简直是谦逊和友爱的典范,陪侍的太监都摸不着头脑,搞不清他们的女主人是怎么了。至于慈安,她心中暗自庆幸自己驯服了慈禧骄傲的脾性。在离开以前,慈安抱怨说肚子饿了,慈禧于是命李莲英送上一盘糕饼。慈安吃了几块,觉得比御膳房所制的糕点更加味美。叶赫那拉氏说:'这些点心是我弟弟桂祥的媳妇做的。如果姐姐喜欢,我明天让她再做。'慈安正要辞谢,叶赫那拉氏微笑着说:'我家就是你家,难道还需要谢我的弟媳吗?'两天后,桂祥的妻子果然送来了数盒糕饼,外表花式和慈安吃过的一模一样。慈安又吃了一两块,这次觉得味道微苦。天黑以前她就死了——被毒死的。

"碰巧在前一天晚上,慈安身体不适,派人召来了那个曾经治好了叶赫那拉氏的太医薛福辰。他上奏说,此等微恙实不足道,无须服药。但太监们一再坚持要他开药,于是他就给她开了清热的方剂,然后就退下了。第二天他去拜访他的朋友大学士阎敬铭,两人正在谈天,阎敬铭手下的一个司员从户部而来,拿文件请他签字。司员要走之前,提到他离开部里的时候到处都传说东宫皇太后已经薨逝了。'他们已经在准备"吉祥板"[1]了。'他说。薛太医对此难以置信，失手把杯子摔到了地上，喊道：'我刚刚才见过太后，她不过稍感风寒，何至于宾天呢？恐怕是西宫皇太后旧病复发，外面传错了吧？'然而过了不久，内务府就派人送来了噩耗。薛太医听了非常悲痛，说：'天地间竟有如此之事。我还可以活命吗？'他因为医术高明，最近已经升任某旗的副都统了。

"在慈禧病中，都是慈安独自召见群臣。那天晚上左宗棠在军机处轮值，当时慈安的死讯尚未公布，他便问起太后身体是否安康。他们告诉他太后已经薨逝，他为之惊怖，感叹道：'今早上朝时我还见过她，当时她声音清朗，精神健旺，这恐怕不像是善终。'恭亲王连忙打断了他，不让他再继续说下去，但是太监们已经听到了他的话，并如实转述给了他们的女主人。左宗棠不久就被外放做地方官了。

"宫中藏有各种毒药，有的毒性极大，一沾唇即死，还有些的毒性要几天后才会发作，按照中国人的方法完全无法查出形迹。许多毒药都是从明代传下来的。还有些据说是康熙年间洋人从意大利带来的。慈禧用其中的一种毒药杀死了外号'阴刘'的刘大太监，他的权势一度甚至超过了李莲英。这个太监比李莲英资格更老，尽管李莲英渐渐得宠于太后，他仍然天天侍候在太后左右，唯恐被年轻的对手排挤掉。李莲英对他恨之入骨，找一切机会对太后进谗言，但刘太监也极为狡诈，每次都能巧言化解，平息慈禧之怒。然而有一天他还是得罪了太后，太后厉声呵斥了他一番。这一次，慈禧听进去了李莲英的话，终于勃然大怒。她命令刘太监立刻来见她。他一来，她就列举他一条条大罪，总共有三十条之多，最后说：'你不觉得你罪该问斩吗？'

---

[1] 宫中管棺材叫"吉祥板"。——原注

刘太监知道已经没有活命的希望了，于是叩头说：'奴才罪该万死，求老佛爷念在奴才三十年犬马微劳上，赐我一个全尸。'她沉吟了一会儿，回答说：'好，你先退下候旨。'她让侍女们把他带到一间小室锁了起来。然后她忍不住笑出了声，把伺候她的太监和宫女都叫到身边。'我今天有个新玩意儿给你们看。'她说。她命一名宫女从她寝宫内取来一个小盒子。叶赫那拉氏从腰上解下一枚小巧的钥匙，打开了盒子。盒子里有大约二十个小玻璃瓶，她选中了一个，将瓶中的粉红色粉末倒了些许进杯子。她以水调和粉末，命侍从送给刘太监，吩咐刘喝下杯中物后应当静卧不动。侍从很快就回来了，报告说刘太监谢恩以后就遵旨照做了。慈禧等了大概十分钟，然后说：'你们现在有新鲜光景可以看了。打开门，看看他怎么样了。'刘太监躺着像熟睡一样，尽管他已经死了，但面容看上去并不痛苦。叶赫那拉氏的确是心如铁石，'最毒妇人心'。"

另一部回忆录，署名是"宫中人语"，讲的也是同一个悲剧故事[1]。他自称从慈安的心腹太监处听来的或真或假的说法，跟"安徽士人"的说法大同小异，控诉慈禧的都是差不多的罪名，但两部书中她送毒糕饼给慈安的动机则有所不同。很容易下结论说其中一个（或者两个）作者是信口开河，凭空想象出一种他觉得最符合前因后果也最适合归咎于慈禧的解释。

这名作者自称要给出"关于慈安皇太后之死的基本事实"。

"东宫皇太后在1881年忽然薨逝的时候，"他说，"大家都怀疑慈禧，她是最能从中获益的人，却没有证据能证明她与此事有关。"宫中的隐秘总是少有人知。1908年4月，我正在京师，碰巧在前门外的一家店铺里和一个太监相遇，后来我与他的关系就变得很密切了。他以前是伺候慈安皇太后

---

[1] 这个故事见于《清宫琐闻》"慈安太后之暴殂"，注明是引自葛陂道人《云海楼随笔》。《述庵密录》中也有类似故事，但伶人姓金。

用膳的心腹太监，名字叫作刘文品。很难讲慈禧为什么不把他一道斩草除根，但老佛爷一向不主张过多杀人。这个人把整个故事告诉了我，仅从表面看来，我觉得他的说法是可信的。他说：

"慈安并不赞同让光绪继承大统。在他登基后，她对于国事比同治年间参与得更少了。她最讨厌的就是撕破脸，所以对慈禧的暴脾气感到发愁。她虔诚信佛，遵守戒律，只要礼俗许可她就吃斋。僧人们在她宫中出入，每日诵经不辍，各地有洪涝灾害时，她总是连续几个钟头不停地祷告。

"那个时候北京城最受欢迎的名伶是杨月楼，他相貌昳丽，见者无不喜欢。慈禧将他召至宫中演出，被他的风度和机敏应对所倾倒，后来就和他有了私情。他不分时辰出入慈禧的寝宫，最后她干脆给了他一个御前供奉的名分。这招致了不少流言，但朝中没有王公大臣敢于劝诫她，只除了一个勇敢的御史曾经在奏章里暗示她公然不守祖宗家法。杨月楼经常整晚都在慈禧身边度过。一天晚上，慈安有官吏任免之事要跟慈禧相商，必须在第二天早上之前议决，于是来到慈禧的寝宫。她没有打招呼就突然登门。慈禧正在院子里，不在屋里，屋里只见杨月楼正坦然地倚靠在老佛爷的'凤床'上。慈安将他看得清清楚楚，吃了一惊退走，事后派侍女将她要跟慈禧商量的事捎信给了慈禧。

"慈禧回屋后得知自己已经事发，心中惊恐。像寻常一样，她行动非常迅速。她命令杨月楼起身，给了他一杯杏酪，说：'东宫皇太后马上就会回来，你必须离开这里。这是我自己的饮食，你可以当着我的面喝完。'男宠感到受宠若惊，将杏酪一饮而尽，他才刚到家，就腹中剧痛而死。那杯杏酪中下了砒霜，慈禧觉得这种毒药最为有效。

"慈禧回到自己的卧房，自称生病无法上朝。慈安在目睹了那一幕以后大为震惊。如果她性格更为坚毅的话，就会废黜慈禧，下诏书数说她的失德；

她甚至可以以死惩处慈禧的严重失节和有辱先帝在天之灵。但她太畏惧慈禧，不敢冒险招惹她，她也从来没想过哪怕是为了自卫，她也必须有所行动，因为慈禧是不可能忘记或者宽恕别人这样抓住自己把柄的。慈安非但没有揭发慈禧，反而天天派太监前往探病，劝她重新上朝视事。

"不巧这时候来了一份外省的奏折，讲述了一个青年孀妇的节烈行为，这个女人宁可饿死，也不肯屈从于富有邻居的求欢。巡抚向两宫皇太后上奏，要求为她建立贞节牌坊，以表彰'宁死不屈的贞妇'。慈安把奏章拿给慈禧看，问她该如何处理。她可能是想打消她同侪的疑心，让慈禧以为她既然如此坦然地谈起贞妇的名节，想必是对那日之事并不知悉。但慈禧可不是那么容易被哄骗的。她敷衍了事地答了话，心中一直迅速地盘算着。她最后认为慈安是想要委婉地暗示她知道自己的失节，所以她决定马上行动，绝不迟疑。

◎太和殿宝座

慈安说：'看了这道奏章你应当知道，国事少了你不可，请你赶快回来。'慈禧回答说：'这个女人做得很好，可以给她一个贞节牌坊，让她成为天下女子的榜样。'话题就此打住，但第二天慈禧就派她最宠爱的宫女给慈安送去一盒蜜糕，向她致意。慈安吃了蜜糕，几个钟头内就毒发身亡。左宗棠（他夜间才到军机处轮值）第二天上朝的时候，听到了慈安的死讯。他愤怒地踩脚说：'为什么事前并无病状，又为什么不从太医院传太医？太后薨后亦无诏书，不合礼法，尤为可异。'

"慈禧正在大殿里召见群臣，很快就从她手下的太监那里听说了左宗棠所说的话。她尽早解除了他在军机处的职务，外派他到南京去做两江总督。她知道左宗棠对她有所怀疑，所以不久传来他的死讯时，她松了一口气。他毕竟身为重臣，手握兵权，并非她用自己平常的雷霆手段就可以对付的。我自己幸而没有引起太后的疑心，她对我也一直慷慨大方。我仍然为她当差，不过我现在的差使让我很少能出宫了。

"太监的供述就到此为止。几个月后慈禧自己也'凤驭上升'了。无疑她在阴曹地府也还能为所欲为，她的同侪见了她也只能对她的影子低头。"

最后，我们引用一个中国随笔作者拙劣且充满偏见的文章[1]，他的笔名是"出世人"。这些小册子作者千篇一律地重复着老佛爷和出身卑贱的男子私通的故事，仿佛是串通好了要败坏她的名声，这在东方倒也是惯常的手法。

这位作者说道："在老佛爷生前，下面这个故事在宫禁中只通过低声细语口口相传，但所有人都知道其中确有几分真实。这个故事也解释了太后为什么不按长幼之序让光绪即位，比目前通行的官方版本更加能取信于人，官方版本说慈禧选中他是因为他年幼体弱，所以她还可以垂帘听政很久。

---

1 以下的故事见于《清宫琐闻》之"清宫秘事"。

"老佛爷非常喜欢一道小吃，北京的饭馆管它叫作'汤卧果'，其实就是在鸡汤里煮过的鸡子儿。在她第一次垂帘听政期间，她每天清晨都要派太监安德海为她采购这道小吃，在安德海死后，李莲英接过了这个营生。汤卧果是从金华饭馆买来的，这家饭馆坐落在皇城西门外，他家的汤卧果特别有名。（顺便说一句[1]，老佛爷吃四个如此烹制的鸡蛋就要花二十四两银子，而通常的价格是二十文钱，所以安德海和李莲英一定从中赚了不少油水。）在安德海倒霉丢了性命以后，李莲英和饭馆的一个伙计交上了朋友，这是个年方二十岁的英俊少年，姓史，肤色尤其白皙动人。李莲英把这个少年带到了宫禁之中，甚至带他去了慈禧宫里。有一天皇太后注意到了他，看中了他的英俊相貌，问李莲英此人是谁。在听说了他的名字和来历之后，慈禧满意地说：'这是我很久以来见过的最漂亮的小伙子。在宫中给他一个职位，他可以伺候我用膳。'史某到处都陪着她，但结果令李莲英不快，因为慈禧珠胎暗结。她当年三十六岁。孩子生下以后，显然不可能在宫中养大，所以慈禧求助于她最要好的妹妹，醇亲王的福晋。婴儿被匆匆送到西城醇亲王府上。很明显亲王也知道实情，所以老佛爷才对他格外恩宠。这个故事也解释了为什么李莲英毫不掩饰自己对光绪的鄙夷，因为他无法忘记光绪卑贱的出身。同治皇帝驾崩后，慈禧置祖先法统于不顾，让她的次子登上了皇位，这个孩子成了他同母异父兄弟的继承人。这个孩子能坐上皇位完全有赖于他的母亲，结果他长大以后却对母亲桀骜不驯，心怀敌意，可以想象慈禧内心的酸楚。吴可读[2]很可能也知道实情，如果当真如此的话，他的冒死进谏就和目前人们所解读的大不相同了。他恐怕是想让爱新觉罗家的王朝免受私生子的侮辱，

---

1 原文为法语，en passant。
2 这个有名的谏官在同治帝的陵墓前自杀以身相殉，为的是抗议光绪登位的不合法统（见《慈禧外纪》，第132页）。——原注

所以建议一有机会就另外选择皇位继承人。如果是这样的话，老佛爷1900年想结果皇帝的性命也是有道理的了。她可以争辩说，她尽可以废掉她自己拥立的儿子。"

文章的结论很能体现"出世人"写这些野史的想法："如果革命的目的在于排满，那么其实大可不必，因为雍正的妃子、叶赫那拉氏等早就改变了皇室的血统。"

将中国新党笔下的慈禧与曾国藩、刘坤一还有其他许多国之重臣所尊敬的那个慈禧做比，就会让人忍不住猜想，后世的汉人历史学家们会将哪一种说法载入史册。明显是头脑清醒的传统士大夫阶层的观点更加真诚和接近事实，如果我们不介意他们对出身的偏见的话，他们的看法也代表了大部分慈禧同时代人的本能判断。但新党所办的学校里的课本不见得会从传统的实录里撷取老佛爷的形象。就像弗劳德（Froude）[1]所说的，历史不是科学的研究对象：如果他了解到中国的史书通常是采用什么材料编纂而成的，他大概会把这句话表述得更有说服力一些。

---

[1] 詹姆斯·安东尼·弗劳德（1818—1894），英国历史学家、小说家、传记作家、编辑。著有《英国史：从沃尔西主教倒台到伊丽莎白女王之死》《卡莱尔传》等。

第21章 摄政王的朝廷
The Court Under the Last Regency

继光绪皇帝于1908年11月14日驾崩后，慈禧太后次日也相继离世，皇位又一次传给了一名稚子，这次是宣统皇帝。很多人都对他继承皇位持反对态度，而且言之成理，此时由他人摄政的风险是显而易见的，但慈禧只把自己的话当作法律，她把一切反对意见都压了下去。她选择醇亲王（这位醇亲王是已故的光绪帝的弟弟）的年幼儿子继承皇位的动机难以一句话说清楚，但她临终的遗言说明她并不是不知道她的独断专行会给国家带来什么样的危险。影响她做决定的关键因

◎溥仪

素之一，是她想要借她的侄女隆裕皇太后（光绪的遗孀）之手，让叶赫那拉族的势力延续下去；另外，就像她自己公开说过的那样，她要兑现自己当年对荣禄的承诺，当时她把荣禄的女儿许配给了现任醇亲王，她说这桩婚事生出的第一个儿子将来会继承大统，她将以此来报偿荣禄一生对大清朝和她自己的忠诚。

但不管她的动机究竟为何，她行动的直接结果是创造出了一个与同治皇帝以及光绪幼年时类似的政治环境，当时她在其中可是如鱼得水的。需要牢记的是，在她1908年11月14日颁布诏书，指定醇亲王的年幼儿子为皇帝、而他本人为摄政王的时候，她可不打算马上就死。如果她活了下来，摄政王也不会比他命运悲惨的哥哥享有更多的权力。在第二天大限将近的时候，她才下了一道诏书，把全部的政务都交托给了他；同样需要牢记的是，即使到了这个时候，她还是只给他权力的名分，而不给他权力的实质，因为她在诏书的结尾下令"遇有重大事件，必须请皇太后懿旨者，由摄政王随时面请施行"[1]。

命运多舛的摄政王发现自己从一开始就吃了闷亏，受人牵制，并非天命所归。慈禧的最后一次出手的确聪明毒辣，既分权给了不同的人，又可以延续叶赫那拉一族在宫中的势力。摄政王的地位被诏书的最后一句话有效地削弱了，这句话给了新皇太后和叶赫那拉一族监管与干涉的权力，可以随时推翻他的决定。摄政王和他的一党从走第一步棋开始就被将了军：真正的皇权永远掌握在他的嫂子隆裕皇太后和他的妻子、性格强硬的荣禄之女手里。慈禧在断气之前还告诫她的重臣们"以后勿再使妇人预闻国政"，然而她的遗诏又制造了牝鸡司晨的既定局面，这种局面还因为存在两个精明的女人争夺权力而变得更加复杂了。

---

[1] 见《清实录·宣统朝政纪》第一卷。

如果摄政王是一个目标坚定、手腕灵活的人的话，他本可以巧妙地通过分而治之[1]的手法赢得至高权力；但是他主动出击的精神、勇气、才智都欠缺，经常失策犯错，反而让隆裕从中得利，让她干预国家事务在群臣眼中变得合情合理、师出有名。看来历史的确在一丝不苟地重复着自己。如果不是杀出了革命的拦路虎，把摄政王、叶赫那拉族以及清王朝的所有爱恨都扫进了历史的垃圾堆，那么皇太后、小皇帝生母和摄政王还会重演咸丰死后西宫慈禧和东宫慈安两宫皇太后共同垂帘听政而恭亲王担任"议政王"时期的所有重大事件。隆裕忠实地追随慈禧的脚步，她多半能够剥夺醇亲王的摄政王地位，让醇亲王的福晋即皇帝的生母再也掀不起风浪。

隆裕1913年2月22日死于"颐和园的深宫之中"[2]，在光绪死前许多年，他们的关系就很疏远了。1889年慈禧选中她做正宫皇后，更多的是为了通过她巩固叶赫那拉族[3]的势力，而不是为了增进光绪皇帝的幸福。双方对这一点都很清楚，所以如果他们琴瑟和谐反倒是咄咄怪事了。光绪的皇后从来没有假装过爱慕他、敬重他、服从他。除此以外，她还痛恨他宠爱"珍妃"，经常与她的夫君争吵。皇后其貌不扬，性情则极为和蔼，但她像她那位令人生畏的姑母一样，具备精明的天性和玩弄权术的才能。

在慈禧去世后，当上了皇太后的隆裕毫不迟疑就开始树立权威，结果是宫中近臣和京城官员们立刻分成了两派，一派拥护太后和她的家族，另一派支持摄政王及其同党。宫中的太监也瓦解为激烈对立的两派，一派追随慈禧太后年迈的大管家李莲英；另一派支持隆裕的新宠、傲慢的年轻太监"小德张"张元福，两派互相冲突，争权夺利。历史又一次自我重复，一切都单调

---

[1] 原文为拉丁文 Divide et Impera。
[2] 隆裕应当是死于紫禁城内的长春宫。
[3] 她是慈禧的弟弟桂祥的女儿。——原注

地顺着王朝旧而有之的轨道进行，结果也是一样的可悲可叹。

隆裕在一切事情上都效仿慈禧。有些人幻想在实行新政后就能根除太监专权的恶政，一扫皇宫中的藏污纳垢之风，并以此来展示清王朝在其他方面力行改良的诚意，这些人很快就幻灭了。新皇太后，就像之前那位高高在上的太后一样，都不缺乏良好的用心，但是在行为上她也效法青年时代的老佛爷，像她一样奢侈靡费，耽于玩乐，于是她的宫廷迅速成为丑闻与恶习的温床。在人们呼吁她通过厉行节俭、整顿秩序来改变宫中风气时，她的确削减了太监的人数，遣散了一部分宫女，但是从宫中被打发走的这些人无一不是摄政王的眼线。她对政府运作颇感兴趣，无论是京城还是外省的事务，但她有兴趣过问这些事不外乎是因为她想中饱私囊，多捞几个私房钱。

1909 年的一个秋日，隆裕带着她宠爱的宫女和太监们去北海游湖。他们谈起了御史们和报界人士对太后的一些讥评。"这等人的议论，我并不在意。"隆裕说，"太皇太后至圣至明，尚且受到奸人毁谤。我凡事均依太皇太后为榜样。她最晓得恩威并施，也晓得防民之口甚于防川。"

她的随从们听到她这番议论都喜不自胜，明白一旦时机成熟，她就要像慈禧一样垂帘了。所有太监都下跪叩头，"小德张"张元福说出了他们的心声："太后若能痛下决心，那是国家的福气，也是我们这些奴才的福气。"

隆裕学习她显赫的先辈的榜样，很早就注重小皇帝的教育，特别留心只选择亲信太监伺候他，务必要让他对生身之父摄政王失去好感，只认她自己做最高权威。同时她也恪守传统与宫廷礼仪，下面这道谕旨（1911 年 7 月 10 日）的措辞就其陈腐和虚伪而言，和慈禧的经典作品相当一致。谕旨是按照她的命令，由摄政王颁布的。

"监国摄政王面奉隆裕皇太后懿旨：皇帝冲龄践祚，寅绍丕基，现当养正之年。亟宜及时典学，以裕圣功，而端治本。

"著钦天监于本年七月内，选择吉期，皇帝在毓庆宫入学读书。著派大学士陆润庠、侍郎陈宝琛，授皇帝读。其各朝夕纳诲，尽心启沃，务于帝王之学，古今中外治乱之原，详晰讲论，随事箴规。当此世界大通，文明竞进，举凡数十年来通行之宪政，发明之学理，尤当按切时势，择之务精，语之务详，仍不外乎孔子格致、诚正、治平之要旨。庶几弼成日新之德，即以培成郅治之基。

"皇帝读书课程及毓庆宫一切事宜，由监国摄政王妥为照料。至于国语清文，乃系我朝根本，著派记名副都统伊克坦随时教习，并由监国摄政王一体照料。钦此。"[1]

几个礼拜后，太后又采取措施禁止从她的私库里"任意浮冒开销"[2]。她就此事颁布的谕旨颂扬了"深宫崇尚节俭"[3]的美德，与慈禧青年时代的谕旨之间具有一种不容错认的家族上的相似，当时的慈禧耽于享乐、奢侈无度，却又要唱道德上的高调。其中提及建筑工程之处尤其露骨，因为太后此时正在筹划大兴土木，她的心腹太监以此为由侵吞了一笔巨款。谕旨如下：

"监国摄政王面奉隆裕皇太后懿旨：度支部奏纠参内务府堂司各官一折，据称内务府于近年款目任意浮冒开销，并杭州织造一切陋规未能革除等语，实为非是。著将该承办司员等交该衙门查取职名分别议处。

"该堂官等失于觉察，均著传懿旨申饬。以后一切用款及工程款目，总当严加核实，用副深宫崇尚节俭之至意。钦此。"[4]

这番自白其高尚节操的宣言是在1911年8月做出的。四个月前，一个名叫庆福的满人御史上了一道格外直言不讳的奏折，其中着重控诉了太监"小

---

[1] 见《清实录·宣统朝政纪》第五十五卷。
[2] 见《清实录·宣统朝政纪》第五十七卷。
[3] 同上。
[4] 同上。

德张"张元福在宫中的建筑承包和维修合同上臭名昭著的营私舞弊，表达了所有还关心宫廷尊严的人的情感。这一类的恶行暴露出清王朝的腐败已经不可救药，给南方的革命党人提供了有力的论据，对普通老百姓来说，其效力远胜过革命党人的政治理想。

御史在奏折里说："凡宫中有用钱处，太监张元福直向度支部、内库取用，且随意私吞。近日张与三名满人整修中和殿、太极殿，并宫中祭祀所需乐器，共索款四十九万两白银、三万两黄金（注：约十八万英镑）。整修乾清宫大殿，获款五十七万两。单宫中油漆一项，即索款二十六万两。修理宫中水沟，仅费七千两，而向度支部索款竟达八万两。整修宫中庭院，户部实付一百二十万两。计共私吞二百万两。张贪心不足，又托名整修尚新之长春宫，索取一百万两。去年八月二十六日（注：1910年9月）内务府上奏，言此巨款度支部应付一半。奉太后懿旨曰'知道了'。

"闻此番整修长春宫所费不过三十万两，余之一百二十万两现已入张之私囊矣。

"又闻太监张元福私窃宫中珍宝，其价至数百万两无算。张现与商贾二人合开当铺、木厂，一名李乐亭，一名刘普庆。当此军费吃紧、外省亏空之秋，此太监竟将巨款任意私吞，伏乞皇太后将其家产充公，其人送交刑部问罪，则国库亦得一意外之款矣。"

这道奏折压下未发，太后严厉谴责了上奏的御史。张太监的权势和骄纵气焰自此之后更是大涨。他变得趾高气扬，对大人物也是如此。很快宫中就再也没有人敢于和他作对了，甚至摄政王在他面前也要退让三分。他成了隆裕不可或缺的亲密伙伴，和她寸步不离。在这次被弹劾后不久，他又从宫廷演戏中捞了一大笔银子。在他的影响下，制定皇家年俸的举措也被废止了。不久他就闻名京城，就像在他之前的李莲英，甚至还要有过之而无不及。两年内所有人对他是既恨又怕。在这段时间内他单单从宫中费用就侵吞了一笔约一百万英镑的巨款，这还未把官员的贿赂和"资助"计算在内。

李莲英在他的女主人死后就明显大势已去；他不再盛气凌人，对钩心斗角也失去了兴趣。在罹患两年的慢性痢疾以后，他死于 1911 年 3 月 4 日，时年六十九岁。在他死的那天，一些他所收藏的最珍贵的珍珠被小德张手下的太监从他家中窃走了；后来有一个叫李义春[1]的太监自称是李莲英的义子，向小德张索要这些珠宝。小德张设计陷害他，使他被终身囚禁，这些珍珠现在入了小德张的库存，或者至少在清帝逊位之前还掌握在他手里。

此人不可思议地迅速就将隆裕置于自己的支配之下，以及他毫无限度的放肆与骄倨，都像慈禧年华正盛时宠幸"假太监"安德海一样，引起了流言蜚语四下流传。但他的经历与众不同，因为他十八岁才"离家"（中国人的委婉说法）成了太监。在这以前他曾经娶亲，并且生了两个孩子。1899 年他从河间府去了北京，到宫中寻事情做，当时他无权无势，举目无亲，但他说服了一个当总管的太监同乡，给了他一份下贱的差事。他外貌极其俊俏，又懂得音乐，善演京戏，所以很快就引起了注意，被选去侍奉隆裕用膳，1900 年两宫西狩时他陪伴隆裕到了西安。

他的生活方式也助长了那些怀疑他女主人贞洁的流言，因为 1911 年他过起日子来完全像是一个有妻有子的人。这一年，与他一起从事建筑承包和珍宝倒卖的三个同伙（其中之一是前文的奏折里提到过的店主李乐亭）献给

---

1 胡思敬《国闻备乘》："太监李莲英有养子四人，曰福恒、福德、福立、福海，各捐郎中，分列户、兵、刑、工四部候补。"未载有名李义春者。李义春之名见于蒋芷侪《都门识小录》："太监李义春，某日潜入中和殿，窃取槅扇上之铜件什，为景运门值班大臣查见，奏交大理院审办。经刑科四庭讯明，查太监混入西华门内，至中和殿行窃铜件什等物，律无治罪专条，拟依偷窃大内乘舆服物者，绞立决例，减一等，拟以流三千里，交顺天府尹定地发往配所，收入习艺所工作十年，限满释放，奉旨依议。闻李义春与小德张积不相容，前次发见死阉李莲英藏金，小德张欲据为己有，李义春与之争殴，故衔之尤甚，闻者早知李义春之不免矣。"但未言李义春是李莲英义子。

了他三个出身良家的处女,她们是专门从天津采买来的。没有必要把这些事及其所引发的谣言看得太重,因为北京城有钱的太监们经常会假装自己有家有口,这对他们来说是"要面子"的权宜之计。

小德张在短暂的摄政时期攫取了大量财富与权力,这一点是没有什么疑问的。到了清朝末年,他实际上就等同于清政府本身。他所摆出的半皇家气派的威风,他对最高官阶的满汉官员们的骄横,都成了自和珅以来北京城见所未见的丑闻。他的一生装点了清王朝最后时日的传奇,也说明了这一时期的风气,在这里花笔墨交代他最恶名昭彰的行径与习性并不算浪费篇幅。

在宫中服丧期结束以后,他获得隆裕的事先批准,在宫中上演大戏,靡费无数,此举且为孝义和体统所不容。在演戏期间发生了一件小事,足以说明新上台的皇太后将她声名显赫的前辈研究到了极致,也就是说她同样将自己的话看作法律。这时候禁烟运动在北京和天津十分活跃,清政府也下诏、订立法规、设立禁烟局,如果说他们无法提供物质支持的话,至少在精神上予以支持。理论上无论是在宫中还是在官府里,都不该还有人继续抽鸦片烟了。此时中国北方最有名的京剧演员姓谭,绰号"叫天";他当时年已六十岁,仍然英姿潇洒,而且一直是个大烟鬼。隆裕指名要他来宫里演出,但尽管征召了他三次,他都不肯应召。内务府大臣派人去找他,打算惩戒他的无礼,但是谭叫天对他们说:"我瘾头很重,每天必吸一斤烟土,否则不能唱一句。现在天下禁烟,我又怎敢触犯国法,在大内抽鸦片烟呢?"[1]大臣们请教隆裕,隆裕说:"让他抽他的烟吧。"她甚至还签署了一道特别的谕旨,写道:"谭鑫培奉旨抽烟。"

隆裕在看戏的习惯和对戏子的评点上处处模仿老佛爷。这种评点有时候

---

1 其事见刘菊禅《谭鑫培升平署承值杂记》,但出现在这个故事里的是慈禧。

颇像欧洲未开化时的作风。举例说，有一次名演员杨小楼在隆裕和整个宫廷面前演出了一折极需要感情充沛的剧目"长坂坡"。太后陛下认为杨小楼的念白表现力不足，"在太后御前未能唱做俱佳"。她命令大太监（小德张）将杨小楼打了四十大板赶出宫中，永久革去内廷供奉之名。[1] 宫中许多人都说他的失宠与演技无关，而是因为他没有让小德张赚到"油水"，而且他曾经的靠山是已故的李莲英。

按照祖宗家法，紫禁城中所有的建筑工程在"国服"期间都必须中止；然而小德张却说服隆裕皇太后花大笔银子修筑了一所西式宫殿——延禧宫。这座宫殿不合礼制，也没有像以往那样委派官方的监工。一切均由小德张报价，工程由小德张自家的永德木厂监修。同时同一家木厂还全程修建了小德

◎戏剧演出

---

[1] 此事不知何考。

张坐落于永康胡同的私邸。最后这处私邸修成了一座宫殿，装点着樟木家具和漆画屏风。建筑风格与宁寿宫相同（除了屋顶不是黄色），本身就构成了大不敬之罪[1]。他的豪宅里到处安装了电灯，都是从慈禧宾天的仪鸾殿里拆下来的。从仪鸾殿里还取来了许多珍玩，包括一座四英尺高的纯金观音菩萨像，当初是在西安献给老佛爷的。他的花园里有一个出名的翡翠金鱼缸，是从紫禁城北边的御花园里搬过来的。假山石也和宫中一模一样，按照宫中式样，还建造了六座凉亭。

在他的住宅和隆裕居住的长春宫之间有专属电话线相通，这同样是大不敬行为。他的桌上堆满了从宫中取来的青铜器和祭器；其中有很多无疑是由太后赏赐给她的宠臣的。

他还下令拆除了宫中的恒寿斋，将所得的樟木和紫檀木都储存在永德木厂，预备用来装修自己宅邸最新建成的一翼。

随着隆裕对他越来越言听计从，他对摄政王的态度也越来越傲慢自大，到了1911年后半年，摄政王已经对他望而生畏了。有一次，摄政王大着胆子警告他不要再从宫中盗窃珍宝，他竟取出一块隆裕的金牌，说："我是奉命行事。"摄政王怒视着他，快要按捺不住怒气了，而小德张倨傲地说道："宫中之事，与王爷无关。太后若有事问王爷，我等自会去问。王爷办事是在三所（紫禁城东边拨给摄政王居住办公的三个院落），来此又是为何？"

李家驹被任命为资政院副院长时，提交了一份奏折，说宦官制度不是文明国家应该有的。这时他刚刚从日本考察宪政归来。他本人对太监的存在倒并非义愤填膺，但既然必须提交宪政报告，讨论为了国家利益应当做出哪些改革，那么不攻击宦官制度是说不过去的，毕竟几百年来所有的中国统治者、

---

1 见对和珅的弹劾及本书第十四章相关内容。——原注

朝臣和正人君子都反对宦官。但此事可惹怒了小德张，他完全不打算掩饰自己的怒火。1911年4月的一天，李家驹被召见，正在前殿等候。小德张忽然身穿盛装华服而来，不打招呼就坐在了李家驹的上座，居高临下[1]地对李家驹说：

"太后已经读了你的奏折，她和我都发了怒，你为何竟敢声言废除祖制？"李家驹大为窘迫，回答说："并非如此：您误解了鄙人的意思。我不是要让你们各位大爷丢掉差使，只是建议从此以后宫中不再招收新的太监，这样一来这一制度就可以自然消亡。这世上没有文明国家还使用太监的，中国不可以和其他国家两样。请您助鄙人一臂之力，在太后面前解释几句，让她不要发怒。如果您和我们作对的话，此事就永无实现的希望了。"小德张回答说："太后对你大为光火，说宫中之事与你有何相干，你偏要多管闲事。你以后引以为戒吧。"说完小德张就蛮横无理地拂袖而去。

两个月后又发生了一件事，让北京城的市民们大开了眼界，也让他们不得不承认宫中已经冉冉升起了一颗新星。许多年来，李莲英以狡猾的手腕将朝臣们玩弄于股掌之间，但这新来的一位的手段中却是包藏了毒针的。

每年的6月中有十五天[2]，北京南门永定门外都会举办赛马。这曾经是、现在也是一项顶级时髦活动，满族亲贵中的翩翩少年大多会前来赴会，不管是亲自参赛，还是在旁观礼。在这种场合，他们彼此的跟班和亲信们经常发生争吵，特别是在比赛规则和当地的礼节受到触犯的时候。此地的赛马与别处不同：赛道十分狭窄，两边堵满了围观者，骑手们或快步小跑，或慢步遛马，展示自己作为骑师的技巧，观者不时鼓掌喝彩。这与其说是赛马，不如

---

1 原文为法语，de haut en bas.
2 即阴历的五月初一到五月十五。

◎永定门平视图

说是游行，速度并不是关键，一匹马超过另一匹马被认为是极度失礼的行为，只有在两名骑手是亲密好友的时候才可以这么做。

宫中的太监一向都非常期待这个节日，这样一来他们就有机会当众遛遛自己的骏马与骡子。围观者中不乏时髦的满洲贵妇和京城的贵公子，所以在"南顶"[1]（赛马节会的名字）、"丢面子"对纨绔子来说是自尊心难以承受的重大打击。

1911 年 6 月，太监小德张也来参加节会，身边陪着对他忠心耿耿的沈太监[2]（也是隆裕的一个宠臣）。他还带来了大群仆从和四匹俊秀的黑骡，其中一匹由沈太监乘骑。小德张本人在场外围观。当沈在赛道上奔驰的时候，

---

1 原名"南汀"，京音讹为"南顶"。
2 这个故事见于蒋芷侪《都门识小录》，但记载中并未提及小德张在场。沈太监名沈柳亭。王姓者为天津盐商。

忽然间，有一个姓王的天津人纵马超过了他。沈感到丢脸，顿时勃然大怒，命令仆从们把王拉下马来。不仅如此，他们还痛打了他一顿。小德张全程都在场外辱骂他。场面一片混乱，辅国公溥善[1]忍不住出面干预了，他就坐在小德张旁边。"我们都知道你有权有势，"他说，"但是你总不能欺辱皇室。这个姓王的人是我的朋友。如果你不马上让沈太监道歉，我就要向肃亲王告状了。"（肃亲王当时是民政大臣。）小德张听了这番话露出轻蔑的冷笑："你最好向太后本人告状，"他说，"我会让你有状可告的。"说完他叫来自己的走狗们，把辅国公溥善从座位上拉了下来，用马鞭狠狠地抽打他。巡警一直袖手旁观（他们害怕得罪任何一方都会惹祸上身），此时也上前恳求小德张看在他们的分上放过辅国公——一旦出了这种乱子，警察总是会受到严厉责罚。他们的长官袁德亮[2]想让双方讲和；因为天色已晚，城门马上就要关了，太监们这才放公爵离开，然后他们自己也出发回宫，发誓还要进一步报仇雪恨。

第二天，他们全副武装又出现在赛马场，还从永德木厂拉来了一百名壮汉，所有人身上都带着木匠的工具用以自卫，太监们则手持棍棒。这天额外来了一大队巡警，辅国公溥善发誓不报此仇誓不为人，也带来了一群满族家臣。这次碰面在各方面都耐人寻味；但是（就像通常个人情面受到严重伤害时那样），冲突先以双方互相大肆辱骂的方式展开，其间另一位公爵出面调解，说自己可以代溥善道歉，因为是溥善一方失礼在先。他恳请涉事的三名太监和他还有溥善第二天晚上一起到一家很受欢迎的饭馆用晚餐，作为公开谢罪[3]。小德张觉得这样自己就保住了面子。当着一大群围观者的面，溥善

---

1 他是嘉庆的曾孙，小皇帝溥仪的第二代堂兄。——原注
2 袁德亮并非巡警，实际上是南营参将。
3 原文为法语 amende honorable。

也勉强嘟囔了两句道歉的话。接下来好几天里这成了北京人唯一的谈资，他们议论着这个太监的权势是多么炙手可热，甚至皇子皇孙遇到他也无计可施。

辅国公溥善很快把这件事报告给了肃亲王，肃亲王对他的丢失脸面表示同情，但坦白地说自己也无能为力。"你难道想让我去求太后赶走小德张吗？她宁可赶走你。最好还是忍气吞声，以后也不要得罪他。"

回到摄政王身上来。他遇到的麻烦与困难并不都是隆裕制造的。他自己的福晋是荣禄的千金，经常将他惹得大怒。她是一个不缺少才情又颇为独立自主的女性；她让摄政王在自己家里也长期陷入一种呆滞的恐惧，这种恐惧比已故的皇太后的种种明枪暗箭还要更加难以忍受和折磨神经。摄政王福晋这种女性是西风东渐的显著成果——她靠着半便士小报的吹捧，充盈了中国公众的耳目，她的轶事令他们大为振奋，她在很多地方都效仿她获得了解放的活跃姐妹们，也就是那些西方国家争取选举权的妇女。在摄政王下台前，她的足迹踏遍了北京城；生意行，政治界，社交界，梨园界，处处都有她不肯安分从中插手，人人都听见她尖声下命令。普通老百姓对她公开表示敬畏，他们觉得她虽然奇怪了一点儿，却是当今的天仙下凡，管她叫作"八妞儿"，因为她是荣禄的第八个女儿。

摄政王作为政界要人行事谨慎，福晋的所作所为让他深感不安，她的奢侈无度，她的不顾体统，她对妇女解放的大胆观念，全都让他感到烦恼。除此以外，她还只让她的继兄弟良桂一个人陪着她上戏园子，此人是个声名狼藉的纨绔子与浪荡儿。庙会和城外的集市经常能看到她的身影，她观看赛马，下时髦馆子，因为平民百姓都认识她，她走到哪里都有一群人跟随其后，对她称羡不已。她经常出入卖洋货的商店，开出吓人的账单，留给她的丈夫或者兄弟付款。有一次，摄政王鼓起勇气，责备她不该孤身一人不带随从就在汉人居住区四处游荡，她回答说："西洋的女王和王后可以随意出行，想去哪里就去哪里，我也一样。我可不用你跟着我。"在革命爆发时，她正打算去上海一游——她听说那里"模范街区"的店铺和戏园子不同凡响，并且对丈夫担心她会遭到革命党人刺杀嗤之以鼻。她相当大胆无畏，她这种女人不浪费时间思前想后。就独立的个性而言，她很像是骄傲不驯的美国女人。有记载说，甚至在她小时候，她也是少数几个敢接老佛爷话的人，有一次慈禧对荣禄说："你家姑娘这脾气是改不了了；她谁都不怕，甚至不怕我。"然而慈禧很喜欢她这脾气，所以将她指婚给了醇亲王。在摄政时期，她的近亲桂春是唯一能控制她脾气、限制她行为的人。

摄政王的运气显然算不上好，在对他短暂掌权的失败进行评判时，必须考虑到他一方面受到来自隆裕的威胁，这是个野心勃勃又喜欢玩弄权术的女人；另一方面他又被他的"内人"掣肘，他料想不到也无力制服她的浮浪轻佻。

结论
Conclusion

　　无论是在欧洲还是在美国,那些最近两年关心过远东局势走向的人,也就是说,关心过清朝的屈辱灭亡和新党的短期上台以来时事的人,一定都不约而同众口一词地认为,自从采取了共和制以来,中国可算是改天换地了;他们还会说,人民的本性从此也改头换面了,中国的社会和政治机制都得到了重生。学习历史和社会科学的学生们很熟悉这种自欺欺人的老生常谈。就像赫伯特·斯宾塞(Herbert Spencer)说的,这种见解来自"对人性的缺乏了解,人性尽管有无限改变的可能,但改变之途唯有渐进;任何想要在短时间内一蹴而就的法律、体制和公器,都会不可避免地一败涂地"。旅居中国的传教士和慈善家大都囿于此见,公道地说,这也是他们的职业使然。报纸的特派通讯员们也抱持这种看法,因为记者们天然受到新时代的吸引,相信可以一夜之间翻天覆地,毕竟他们的职业就是"见证历史";许多政治家也鼓励这种看法,他们的动机可跟慈善毫无关系。每一种煽惑过世界的政治思想,靠的都是人类这种不肯死灭的乌托邦幻想,尤其是文明国家更是这一类思想的温床,因为它们更喜欢以合乎常规的理想的外衣掩盖残酷的现实。

相信用共和制度就可以改变一个民族的社会结构，甚至改变这个民族的本性，正是这种无法根除的妄想的最常见症状。中国因为经历了最近的改朝换代，在欧洲受到了舆论的热烈喝彩，在美国甚至更受嘉许，说是远东从此迎来了幸福的未来与崭新的黎明，尽管同时发生的墨西哥革命揭示了寄托所有人希望的共和政体是多么的不稳当。被门罗主义吹嘘成"人类前所未有的幸福"的共和政府，在墨西哥正如在中国一样，只让大众的苦难变得更加漫漫无期，又一次证明了某些民族从天性上就不适合实行代议制，要在他们当中维持法律与秩序，专制统治就是必不可少的。在民族的天性没有缓慢地自然演化之前，一旦推翻这种统治，结果就像穆勒（Mill）所说的，只会造成另外一种专制——"这种专制行使的暴力并非合法的，而是非法的，专制轮流由一系列政治冒险家实行，在他们统治下，代议制的名义和形式都无实质可言，只起到让专制统治无法稳定下来的作用，而稳定本是唯一能贯彻专制的少数优点而抵偿其缺陷的"。美国政府如今对中华民国的态度，和它对墨西哥共和国所不得不表现出来的态度之间迥然不同，这其中大有可供我们思考的地方；人们以虚幻的希望自欺，以为单单是政治制度就能起到脱胎换骨的作用。我们徒然在华盛顿或者世界其他地方寻找有识之士，但没有人意识到"只要公民们的性格在本质上没有发生变化，那么就不应当改变他们长期以来发展出的政治制度"[1]，换句话说，每个民族的政府都是他们应得的，毕竟父债子还。

所有研究社会学的学生都会从中国的现状中得出这些结论，袁世凯恢复了专制统治也会让他们意识到这一点。他这样做是中国历史的自然结果，不光是在本书述及的历史时期，早在明朝推翻蒙古统治以前就是如此。袁世凯

---

[1] 斯宾塞《社会学研究》，第六章。——原注

如果还能活很久的话，他统治中国的方法会和波菲里奥·迪亚兹[1]使墨西哥政府的统治稳定下来的方式非常相似。换句话说，在清朝入主北京的时代是政治真理的，在今天也是。就像1644年史可法将军说的："若夫天下共主，身殉社稷，青宫皇子，惨变非常，而犹拘牵不即位之文，坐昧大一统之义，中原鼎沸，仓卒出师，将何以维系人心，号召忠义？"[2]

一个受过中等教育的欧洲人，他的日常生活处处受到在西方已经逐渐普遍实现了的政治体制的影响；他所受的教育告诉他，物质生活上的富足是一种福音，而经济生活和同一个社会里的法律与政治思想是紧密结合为一体的，所以他自然就会被中国革命党人所从事的政治活动的表面现象所打动，认为他们的政治属性比实际上更加重要。中国就像印度、波斯、土耳其诸国一样（甚至日本也不例外），国民生活如同幽深的海洋，只有发生动乱时才能看到海面上瞬息即逝的表面现象，看到新的社会结构在形成中；但是大众所处的社会状况和他们政治上的无力自治，仍然停留在与未皈依基督教以前的南欧人民相似的水平。一个普通的观察者也能注意到这些事实，然而他往往忘记用进化论的眼光来看待社会问题。

至于这种或者那种文明在道德上的优越性，究竟应当像欧洲人一样积极进取，还是像东方人一样消极服从，那就无怪乎欧洲国家的主流舆论（即便是那些爱好道德说教的人）反而会反对基督教创始者所主张的消极服从精神了。我们在此不多做讨论，只能说如果文明的价值在于普通个体是否能获得幸福，那么东方人很可能拒不承认西方人自封的道德优越性，我们对中国西化未来的自满展望，也只会让他们心怀痛恨。

---

1 波菲里奥·迪亚兹（Porfirio Diaz, 1830—1915），墨西哥将军和总统，统治墨西哥长达三十五年。
2 见原书第181页。——原注

我们从三个世纪的中国历史中收集来的这些实录和笔记可以证明，中国的政治制度如果不符合大众的深层心理与传统，那就不可能做到稳定与高效。哪怕只仓促浏览一下这个国家的历史，也会让我们免于犯下混淆表面现象与本质现象的错误。很可能，就像一位著名的美国教授近日来在中国之行后写下的，"四十年后，中华帝国的一千三百个县城里全都会有电话，电影，摘除阑尾的手术，各种卫生设备，九局棒球赛，和誓不嫁人的独立女性"。[1] 蒲安臣（Anson Burlinghame）[2]先生在四十年前也做过类似的预言，让我们拭目以待，希望中国受到它的贫困状态的保护，不至于传染上这些不应得的祸害。如果它命中注定该遭此劫，那么我们扬扬自得的物质主义的这些或者那些产物也不会扰乱东方人对那些真正重要的事物的态度，至少在几代人之内是如此；他们对生活的目的和事物的相对价值的认识也不会改变；他们对出生、婚姻和死亡的看法同样不会有两样；无法被动摇的是所有构成他们的内心生活的基本真理和信仰，也就是一个民族的灵魂。那位威斯康星州教授相信"人类大家庭的四分之一人口正在我们面前获得新生，而我们只需要坐在正厅后排观看舞台"，因为"在今天的世界上距离变短了，历史以飞机般的速度前进"，这或许能满足他内心的善意。但是全部人类经历和生物科学都异口同声地告诉我们，一个民族的本能只能通过极其缓慢的过程实现进化与渐变，而中国人的民族心理是处处渗透到他们的社会与政治体制之中的。如果"新生"的意思就是说一个民族的道德理想和传统文化发生天翻地覆的变化，而且对过去的崇敬还是这个民族的本能，如果我们期待看到许多世纪积累的成果在一夜之间发生蜕变，那么历史（历史就记载在那些实录里）禁

---

1 E.A.Ross 教授，《变化中的中国人》，1911 年。
2 蒲安臣（1820—1870），美国驻华公使，后来又担任清政府全权大使。

止我们抱有这种不切实际的幻想。

中国的历史清晰地显示，对这个经常发生经济和政治动荡的国家来说，最大的威胁并不在于外敌的入侵，也不在于异族的统治，而在于古老的道德律对这个民族的约束力的减弱，这些道德律曾经支撑起了世界上最古老的文明；也是从这些道德伦理中，这个民族汲取了不可战胜的力量。日本的历史和它的国家元老的智慧也说明了同样的真理；如果说大日本经历了维新的危机迄今为止仍然安然无恙，如果说它能够改造西学以为己用，那么，就像小泉八云公正地评价过的那样，"那是因为尽管有了新的规则，社会活动出现了新的面貌，它却仍然在很多事情上遵守古制"。变革是势在必行的，对日本来说如是，对中国来说亦如是，但同样必要的是这种变革的性质不可以严重到伤害它的立国之本。

那些支持在中国建立共和制并且相信能药到病除的人，他们所鼓吹的正是会严重危及中国立国之本的东西，因为共和制会破坏整个中国社会的道德基础。当前袁世凯统率的政府并不比忽必烈的政府更像是共和制。他从一开始就像日本的伊藤博文一样意识到，让古老传统继续传承是多么至关重要。他知道这个民族以其全部本能和经历都会接受他的专制威权，只要他依照前人的榜样统治，不违背民众的传统情感。我们曾经引用的实录在每一页上都写着这个民族理解并且接受专制君主的统治，无论君主的手段是仁爱抑或暴虐，只要他的统治符合四书五经里的族长制先例。可以用西方发明的奇技淫巧装点中国人生活的表面，但是蕴含了这个民族的道德与社会阅历的海洋深层是不容扰乱的。

至于日本的时代思潮，那里物质主义和商业化的现象已经非常外露与明显了，怎么也无法不注意到，小泉八云在十年前观察道：

"如果认为祖先崇拜已经被外部影响严重削弱，或者认为祖先崇拜只是因为虚有其名的传统才继续延续，都会是极端错误的。没有宗教——特别是崇拜死者的宗教——会忽然失势的，既然正是这个民族的情感发展出了这种宗教。甚至在其他方面，最新出现的怀疑主义也只是表面现象；它还没有危及这个民族的核心。"

如果说这些话对日本来说符合情理的话，那么对中国来说就更加符合了。因为两国的宗教和社会背景不同，日本在与西方接触后的危机中体现出了爱国心、勇气和忠诚，这些正是中国人缺少的。中国所保留的那些消极的美德来自崇拜祖先的宗教，其中最给他们带来凝聚力的，是对死者的责任感。这种情感赋予世界上最古老的文明以哲学家式的尊严和幸福，西方人对此也本能地感到尊重与艳羡；即使在丧失尘世的财富以后，这种情感也能令他们的美德继续存续。为了让这种情感能够继续存在下去，古老的传统就必须延续不断，包括君主制—族长制的政府。在我们这部书所涉及的并不漫长的中国历史时期内，仍有少数人忠于四书五经的圣贤精神，出色地体现了传统的坚忍勇气和忠诚无私，他们的存在甚至照亮了那些丧权辱国、多灾多难的最为黑暗的时代。中国的新党嘲笑古代圣贤，特别是那些受过外国教育、从西方获得灵感的人。学生阶层满脑子都是来自东京、哈佛和爱丁堡的新的主义，他们一夜之间就会将孔夫子哲学的辉煌华厦拆毁于无形，用自己脑海里诞生的偷工减料的建筑物去取代它，而汉朝的子孙是无法在这种建筑物里安居的。人民从内心深处害怕和不信任这些人，还要甚于害怕和不信任异族入侵者，不光因为他们抛弃祖制，也因为他们带来的新制度在道德的天平上是不过关的。甚至在广州，现在都已经发生了不可避免的反动，出现了传统卷土重来的征象。

所以，皇权和宫廷仍然是中国的社会制度与祖先崇拜不可缺少的一部分，这个民族出于本能早晚还会执着地回归本原。正是因为觉察到这一真理，李

◎曾经的荣光已经远去，只有残存的建筑还在诉说着往昔的辉煌

鸿章才会在1901年无条件地支持清朝，不是因为清朝的统治者多么贤明，而是因为他们在场。在他看来，在中国没有任何个人或者家族在不打赢内战的情况下就能获得人民的支持，建立起新的王朝。袁世凯是否能够胜任还有待时间检验，不过他的势力每一天都有增无减。通过静待时机，他严格遵循了先人的范例，正如明朝那位既领兵打仗又曾经是僧人的开国皇帝一样。对共和国这种海市蜃楼一般的事物，他毫不掩饰自己的轻蔑，对他来说这不过是"不稳定的民主制蔓延的结果，只会造成分裂与不和"。无论是士大夫阶层，还是不善辞令的大众，都和他抱有相同的情感。他明白中国的希望不在于来一场革命彻底颠覆旧秩序，而在于缓慢稳步地前进，在于教育，这样这个国家才能渐渐适应已经改变了的环境。他知道，中国无论是作为君主制国家，还是受到异族统治，都拥有不可征服的活力，中国的生命力久经时间考验，汲取自普通民众的道德品质，这个民族乐天知命，辛勤劳作，具备英雄主义精神而不自知，身心坚韧，世世代代既不动摇，也不气馁。这个民族就像赫德爵士（Sir Robert Hart）说的那样，"明辨是非，不屑使用武力"；这个民族经常反过来将征服者征服，以后还将如此，因为它具备了基本的基督教美德，从不把物质利益看作活在世上唯一的目标。圣人说："国不以利为利，以义为利也。"

我们引用实录勾勒出其轮廓的这段历史时期，为中国初次接触西方世界做了铺垫，读者读后应当会从中了解到中国古老的社会制度所孕育出的经济与政治痼疾，也认识到是哪些作用力磨砺了这个国家的人民。为了理解当今困扰着这个国家的各种问题，就有必要用同情的眼光看待他们的宗教与社会的演变进程。倾听新党的发言对我们达到这个目的是没有什么帮助的，因为新党对自己的国家来说是一群外人；纵使他们取得了成百上千个外国学位，也不能改变中国民众还处在族长制阶段的事实。不幸的是中国的新党（就像印度的新党一样）喜欢发声，在国外听者甚众，造成了很多假象，他们所造成的表面上的瓦解却被许多人当作引起了深层的剧变；因为中国的新党夸大了他们自己的重要性，对他们自身和对国家都造成了危害。那些读过明清两代的历史、了解其衰亡的人，必然知道这些话都是千真万确的；中国这个民族无论是在社会上、道德上还是经济上，向来都是自成一家，直至今日仍与千年之前无异。甚至是那些新党，自命为打破偶像者，也不自觉地服从着年深日久的阅历在这个民族内心深处铸就的道德戒律。他们勇敢地在讲台上和报纸上展示着自己的外国衣装、外国思想，但是当他们回到无人打扰的家里，来到集市上，甚至是在他们外国建筑风格的政府大楼里，他们就又返祖归宗，屈从于旧律，逃不过传统力量的支配。下面这段话说得好，在中国"法律不是自上而下，而是国民生活的法则，在未成文之前就运用在实践中了。所以在中国，政府并非独断专行，亦非不可或缺。即使消灭中央和外省的政府，我们的生活也不会有什么改变。即使风吹雨打，家庭的力量也坚不可摧，同样不变的还有精神上的态度，对秩序的爱好，勤俭的观念。正是这一切造就了中国"。